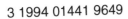

Humberto López Morales

La andadura del español por el mundo

TAURUS

PENSAMIENTO

D.R. © Humberto López Morales, 2010

D.R. © Santillana Ediciones Generales, S. A. de C. V., 2010
Av. Universidad 767, Col. del Valle
México, 03100, D. F.
Teléfono (0155) 5420 7530
www.editorialtaurus.com.mx

Primera edición: octubre de 2010

ISBN: 978-607-11-0774-9

D.R. © Cubierta: Jorge Matías-Garnica

Impreso en México

ÍNDICE

Segunda parte
La situación actual

Introducción

El libro que el lector tiene en sus manos no es una historia interna de la lengua española, en la que se explique el largo proceso que va desde sus orígenes hasta nuestros días, y se presente la situación actual de todas sus variantes fonológicas, sintácticas, léxicas y discursivas. Aunque en estos temas aún queda terreno por caminar, lo cierto es que muchos de esos objetivos ya han sido total o parcialmente cumplidos por un corto pero bien documentado grupo de lingüistas, a través de trabajos monográficos de gran calidad. Aunque apoyado en estas obras y en algunas investigaciones propias, mi propósito al escribir este ensayo es otro: señalar los momentos cumbre de este devenir histórico, indicar lo más relevante de ese proceso, con énfasis especial en el español americano, y mostrar el posible camino —muy feliz por cierto— que parece aguardar a la lengua española.

Los señalamientos que aquí aparecen se proponen servir de base para las consideraciones de diverso orden que sugieren esas realidades y, sobre todo, apuntar con mayor conocimiento de causa lo que estas significan, al trazar nuestro posible futuro.

De esta manera, quien lea este ensayo disfrutará de las ventajas de saber de qué premisas —fragmentos de la marcha o andadura de nuestra lengua y de lo que de ellos pueda inferirse— se parte para entender adecuadamente esos pedazos de historia vivida ayer y hoy, y de ellos sacar deducciones responsablemente adecuadas al mirar al futuro.

Esta obra no es solo para especialistas —que aquí encontrarán datos útiles y de muy reciente factura— sino para todo aquel interesado en esta importante parcela de nuestra vida cotidiana. Así ha sido concebida; de aquí la prosa directa, la casi total ausencia de tecnicismos lingüísticos y la abundancia de apoyos para la mejor comprensión textual. Quería estar seguro de que no hubiese obstáculos de ningún tipo para entender y asimilar estas líneas. Será el lector quien diga si este objetivo se ha conseguido.

PRIMERA PARTE
UNA MIRADA AL PASADO

Capítulo 1
Del castellano al español

El latín clásico se entendía mal y con dificultad, aun en los casos de personas de alguna cultura

El español, cuyos primeros documentos han cumplido más de diez siglos, ha tenido unos orígenes relativamente bien conocidos. Las llamadas "glosas", breves comentarios o traducciones del latín al romance de los primeros tiempos, evidencian dos cuestiones de importancia: la primera, que los primitivos dialectos hispánicos ya tenían para entonces una vida oral suficientemente asentada, y segundo, que el latín clásico se entendía mal y con dificultad, aun en los casos de personas de alguna cultura.

La paulatina desaparición del latín popular en la antigua Hispania sería consecuencia obligada del auge del astur-leonés, del castellano y del navarro-aragonés, por ejemplo. Las circunstancias históricas y políticas quisieron que ese mosaico dialectal originario fuera cediendo terreno a favor de la variedad cántabra. En el siglo XIII empieza a afianzarse en la lengua literaria, en las obras historiográficas y en importantes textos jurídicos. Ya desde antes la Escuela de Traductores de Toledo vertía al castellano —a través del latín— obras filosóficas y científicas procedentes de la cultura griega y de la árabe, trabajo que estuvo muy lejos de decaer en la época alfonsí que, salvo en una parte de su producción lírica, lo hizo suyo en sus obras, y lo elevó a lengua oficial de la Cancillería regia.

Nos, don Alfonso, mandamos fazer

Puede fecharse, al menos simbólicamente, el año de 1252 como el momento en que se inician en firme los trabajos de codificación de los empleos lingüísticos del dialecto castellano. Hasta entonces, sobre todo en la época de Fernando III, en que se unen los reinos de León y de Castilla, los códices escritos en este todavía dialecto no eran pocos, pues la Cancillería regia fernandina había producido textos en castellano, cuando este dialecto no estaba aún unificado y, sobre todo, cuando la tradición solo reconocía al latín. El proceso lo empezaría en serio su hijo Alfonso X, llamado posteriormente "el Sabio".

En aquellos momentos, el telón lingüístico de fondo de la mitad norte de la península ibérica era el siguiente: gallego portugués, astur leonés, leonés oriental, castellano occidental (Palencia y Valladolid), castellano oriental (Álava, La Rioja, Soria), y más al oriente, navarro aragonés, aragonés y catalán. Tal fragmentación dialectal conspiraba decididamente contra el despuntar de un dialecto unificado y firme que sirviera de soporte a textos oficiales y de todo tipo, al menos en algunas de estas regiones.

Mapa 1.1: Fragmentación lingüística de España a mediados del siglo XIII

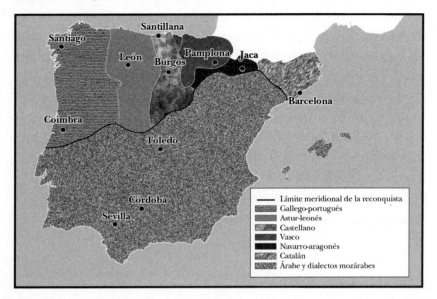

Unificar en un dialecto aquellos que componían —en el caso de los occidentales— un mosaico tan variado parecía tarea imposible por aquel entonces. En primer lugar estaba el problema de la selección de una variedad lingüística dada; por una parte había que considerar el prestigio, por otra, la conveniencia y el grado presupuesto de aceptabilidad. Pero eso no era todo. Era necesario dotar a la variedad seleccionada de medios y posibilidades expresivas, es decir, capacitarla para que pudiera convertirse sin fracasar en un medio útil y cómodo de comunicación, y una vez que se hubiesen obtenido estas dos metas preliminares, codificar sus empleos lingüísticos.

Puntos a favor del castellano eran, por una parte, la reciente unión de León y de Castilla (1217-1230), y todavía más favorecedor, el hecho de que muchos de los documentos despachados por la Cancillería de Fernando III —que había sido rey de Castilla antes que de León— nada menos que el 60% de ellos, estaban escritos en castellano. La década que va desde 1230 hasta 1240 vio ampliar considerablemente la documentación en este dialecto y a partir de aquí la Cancillería la duplicó. En cambio el leonés, que comenzó a emplearse en documentos y diplomas privados y locales de cerca de 1230, fue languideciendo paulatinamente hasta finales de ese siglo. La imposición del castellano no era, por lo tanto, una novedad ni una decisión rara, sobre todo si a la documentación cancilleresca añadimos la producida por la curia arzobispal de Toledo que, aunque menor en número, tenía mucha importancia.

El uso institucionalizado del castellano tenía las puertas abiertas. Solo faltaba el monarca que se empeñara personalmente en lograrlo, y ese fue Alfonso X, que dio inicio a esa tarea desde 1252, el mismo año de su elevación al trono. Fue, por lo tanto, a mediados del siglo XIII cuando comienza sistemáticamente la institucionalización del uso del castellano.[1]

Bajo la autoridad real la práctica escrituraria del castellano se fortaleció de manera muy notoria, autoridad de que carecían las variedades leonesas, sus más cercanos contrincantes.

No hay que olvidar —como señala atinadamente Fernández-Ordóñez (2004: 384)— que

… la unión de los reinos implicó el asentamiento de la nobleza y de la iglesia de León a la autoridad del rey castellano. Pero, sobre todo, el castellano fue la lengua preferida para las prácticas jurídicas y administrativas concernientes al conjunto del señorío castellano-leonés porque ya desde años atrás, desde mediados del siglo XII al menos, Castilla era el reino con más peso demográfico, el de mayor extensión territorial y con una economía más pujante.

Durante algo más tres décadas el castellano fue impulsado por la Cancillería alfonsí en una muy importante cantidad documental a través de todos los territorios del reino. Pasados los primeros momentos en que las denominaciones a la lengua empleada en estos documentos eran vagas, comienzan a triunfar otras más concretas, como *lenguage de Castiella, romance castellano, romance, castellano* y *lenguaje castellano*. El castellano se convertía así en la lengua de la Corte, con lo cual relegaba de facto a las demás lenguas del reino. Su avance era imparable, y no solo en los documentos sino en su uso habitual.

La notable y cuantiosa producción del *scriptorium* alfonsí —el *Fuero Real*, el *Espéculo*, las *Partidas*, la *Estoria de España*, la *Generale storia*, entre docenas de obras "originales" y traducidas— fue una prueba viva del ímpetu y del auge de textos en castellano que alcanzó esta época áurea e incomparable de la cultura peninsular. Alfonso se involucró personalmente y con mucho entusiasmo en esta gran obra escrituraria; a cada paso de esta extensa producción se leen textos como "Nos, don Alfonso, mandamos fazer" y otros muchos de semántica paralela.

Pero queda un punto de sumo interés. Junto a las diversas denominaciones de castellano que hicieron el rey y sus colaboradores de *scriptorium* se deslizan tres realmente curiosas: *lenguaje de España, lengua de España, español*. ¿Pensaba el rey sabio en la posibilidad de desarrollar una entidad más amplia y abarcadora, tanto política como cultural y lingüística, o simplemente utilizaba el término España como sinónimo de Castilla?

TANTO MONTA, MONTA TANTO ISABEL COMO FERNANDO

Las campañas de la Reconquista fueron extendiendo el castellano hacia el sur de la península: Granada e Isabel la Católica son dos nombres clave en este recorrido geográfico que va desde un rincón de Cantabria hasta las costas mediterráneas. Más tarde, el norte de África y Canarias. No finalizó el siglo XV sin ver que el castellano cruzaba el Atlántico.

Entre 1474, cuando se proclama reina de Castilla a Isabel I, y 1516, al morir Fernando II de Aragón, suele fijarse el período del reinado de los llamados Reyes Católicos, también bautizado por algunos historiadores como el período en que comienza en la península la Edad Moderna. Los que así piensan se basan en que ambos monarcas —Tanto monta, monta tanto— propician y consiguen que nazca una unidad política y, con ello, los primeros bosquejos del concepto de Estado moderno.

Martínez Shaw (2004: 659) resume así los logros de los monarcas:

1) Pusieron las bases para la unidad territorial de lo que hoy sigue siendo España,

2) Arbitraron fórmulas para fomentar la unidad política aboliendo los muchos siglos de divisiones que habían seguido a los acontecimientos que produjeron el fin de la España romana, o si se quiere, a la reconstrucción operada por la monarquía visigoda,

3) Fabricaron los instrumentos necesarios para la creación y consolidación de una monarquía absoluta, que pronto habría de beneficiarse, además, de la política expansiva abierta en un triple frente (militar, diplomático, explorador) para convertirse en el núcleo de una formación imperial, y

4) Pudieron conocer ya los primeros frutos de la que habría de ser una época de crecimiento económico y esplendor cultural.

Es evidente que la unidad territorial, de lo que desde entonces, aunque tímidamente, empezó a llamarse España, fue la base fundamental para el logro de una relativa unidad lingüística, siempre claro, dentro de un marco de coexistencia con otras lenguas peninsulares que lograron sobrevivir a la castellanización.

Los hechos de esta triunfal aventura, que son de sobra conocidos, terminan brillantemente con la conquista del último reducto moro: Granada.

Un importante cúmulo de sucesos históricos propició el éxito de estos planes. Entre ellos la suerte de que Isabel llegara a ocupar el trono de Castilla[2] y que, a causa de la muerte del rey Juan II, accediera al trono de Aragón su hijo Fernando. Así se hacía realidad la unión dinástica de ambas Coronas.

El proyecto de la "unidad de España" no era nada nuevo, solo que ambos monarcas, herederos de la tradición secular de la Reconquista, lo tenían en un lugar privilegiado de su programa político. Y no solo contaba la recuperación del honor mancillado, que tenía una gran importancia, y la soñada unificación de los territorios de la Corona, sino también las características de aquellos territorios dilatados —cerca de 30 mil kilómetros cuadrados— de especial riqueza agrícola, de próspera industria de manufacturas y, sobre todo, de feliz y conveniente comercio por el Mediterráneo.

Una ayuda inesperada fue sin duda la continua lucha interna entre Abul Hassan y su hijo Abu Abdallah (Boabdil) que debilitaba, y no poco, la dinastía nazarí. Las tropas cristianas resultaron por fin triunfantes y Boabdil, el que "lloró como mujer lo que no supo defender como hombre", como le echó en cara su madre, la sultana Zoroya, fuese desbancado del palacio de la Alhambra. Con ello, los Reyes Católicos se adueñaron de aquellos territorios. La heráldica granada de los vencidos pasó a ocupar un nuevo puesto en el escudo de los triunfadores.

Había caído el último reducto enemigo que bloqueaba los planes de los monarcas cristianos de conseguir la unidad política de la península, a la que poco después se añadiría el norte de África y las Islas Canarias. La suerte estaba echada, una suerte en la que el castellano daba sus primeros pasos para convertirse en lengua española.

Dentro del dominio castellano la proyectada unificación lingüística se vio favorecida por la difusión de la imprenta

En las primeras tres décadas del siglo xv la unidad lingüística de la zona central peninsular estaba a punto de ser conseguida. El castellano imperaba y otros dialectos se iban replegando poco a poco. El leonés, antiguo competidor, se había refugiado en el habla rural, y aun allí empezaba un acelerado proceso de mortandad, solo mantenido en la literatura pastoril, en boca de rústicos campesinos.[3]

El aragonés iba siendo influido cada vez más por el castellano; se fueron perdiendo los términos diferenciadores y la nivelación alcanzó cotas de importancia, como han señalado Alvar (1976: 220-221) y Lapesa (1980: 282). Poco después desapareció de la literatura y de los textos notariales, quedando sumamente relegado a zonas rurales y muy apartadas. Ya en 1513 Pedro Manuel de Uroca, que vive y escribe en una aldea aragonesa al pie del Moncayo, no recoge dialectalismo alguno en sus obras literarias. Y aquellos otros, como Jaime de Huete, que sí los utilizan en sus escritos, se ven obligados a disculparse ante sus lectores.

El dominio castellano era ya muy importante en todo el norte y el centro peninsular, donde destacaba Toledo, que entonces empezaba, aunque con timidez, a ser la capital cultural del castellano. No causa sorpresa entonces que su difusión en la literatura se intensifique en regiones de otros dominios lingüísticos.

Lapesa (1980: 284-285) nos recuerda oportunamente que Narciso Viñoles, traductor de un *Suplemento de toda la crónica del mundo* (1510), declaraba que

...osó alargar la mano suya para ponerla en esta limpia, elegante y graciosa lengua castellana, la cual puede muy bien, entre muchas bárbaras y salvajes de aquella nuestra España, latina sonante y elegantísima ser llamada [...]. Otro tanto sucedía en Barcelona, pues en el *Jardinet d'Orats*, cancionero acabado en 1486, hay 27 poesías en castellano de un total de 84 composiciones de que consta. En la misma obra figura la descripción de unas justas en que intervienen caballeros de la alta sociedad barcelonesa y los motes que sacan son coplas castellanas, con una cierta mezcla de catalán.

Y algo sumamente curioso, los escritores portugueses se alejaron del gallego-portugués, que durante siglos había sido el soporte lingüístico de su poesía lírica, para abrazar el castellano.[4]

Otro buen ejemplo es el del Descubridor, que aún habiendo recorrido tierras portuguesas en busca de ayuda para su gran proyecto durante nueve años, abrazara el castellano como lengua de cultura, aunque en él siguieron estando presentes términos de su genovés natal.[5]

El castellano estaba en un gran momento de auge.[6] Y no solo porque era la lengua del reino, sino porque en él se había producido, y se seguía produciendo, una actividad literaria muy importante, desde los viejos cantares de gesta hasta *La Celestina*, una de las joyas de la literatura universal.

En efecto, el triunfo de la Reconquista extiende el castellano, aunque no con éxito inmediato, hasta los límites costeros del sur de la península. Con la caída de Granada toda esa zona se hacía más homogénea, sobre todo, al producirse la expansión desde Sevilla al oeste —Córdoba, Antequera— y con la nacida en Granada, que llegó desde el sur de la zona hasta Málaga.

La llegada de la imprenta en aquellos momentos favoreció, y no poco, a la difusión de una lengua que, aunque no unificada, ya presentaba una modalidad culta en progreso.

Momento memorable es el de agosto de 1492, en que sale de las prensas salmantinas la *Gramática de la lengua castellana* del maestro Nebrija.[7] En más de un sentido esa publicación fue una auténtica revolución cultural, pues nunca antes una lengua vulgar había merecido el honor de recibir una regulación gramatical por "artificio" y "arte". Sin duda el empaque científico de esta *Gramática* borraba los toscos intentos anteriores sobre el francés, y una lengua, considerada doméstica, que se aprendía tradicionalmente de los labios maternos, ahora recibía análisis científico.

LA EXALTACIÓN QUE EN TODA LA PENÍNSULA ARDÍA EN AQUEL MOMENTO CONVENCIÓ A NEBRIJA DE QUE SIEMPRE LA LENGUA FUE COMPAÑERA DEL IMPERIO

La obra del nebrisense tenía un conjunto importante de bondades. No solo desentraña el funcionamiento del castellano de entonces, mostrando puntualmente lo que lo hace diferente de la lengua sabia, el latín, ni se contenta con elaborar una terminología gramatical en la lengua vulgar ni con unir el estudio clásico con aspectos fundamentales de la métrica y las figuras retóricas, sino que, además, tiene el valor de rechazar los latinismos forzados que algunos incluían en sus escritos.

Sin embargo, nada tan importante como la finalidad que pensaba para su obra:[8]

> … lo que agora i de aquí adelante en él se escriviere, pueda quedar en un tenor i entenderse por toda la duración delos tiempos que están por venir, como vemos que se ha hecho con la lengua griega i latina, las cuales por aver estado debaxo de arte, aunque sobre ellos han passado muchos siglos, toda vía quedan en una uniformidad (Vol. I: 9).

La lengua siempre fue compañera del imperio.

> El tercer provecho de mi trabajo —continúa Nebrija— puede ser aquel que, cuando en Salamanca di la muestra de aquesta obra a Vuestra Real Majestad i me preguntó que para qué podría aprovechar, el mui reverendo padre Obispo de Ávila me arrebató la

respuesta; i respondiendo por mi, dixo que después de que Vuestra Alteza metiesse debaxo de su iugo muchos pueblos bárbaros i naciones de peregrinas lenguas, e con el vencimiento aquellos ternían la necesidad de reçebir las leies quel vencedor pone al vencido, e con ellas nuestra lengua, entonces por esta mi *Arte* podrían venir enel conocimiento della, como agora nos otros deprendemos del arte dela gramática latina para deprender el latín (Vol. I: 10-11).

Es evidente que Nebrija no podría haberse referido a América (como algunos con mucha fantasía han llegado a suponer), sino al norte de África, pero sin saberlo el Almirante, su vaticinio se convertiría en una hermosa realidad nunca soñada allende los mares. Tampoco su *Gramática de la lengua castellana* desempeñó el menor papel entre los predicadores de la fe de Cristo en América. Hasta 300 años después de descubierto el nuevo continente no llegó a América ninguno de los ejemplares de esta *Gramática*, sí los de su *Gramática latina* que, en cambio, fue utilizada por los frailes predicadores con suma frecuencia, sobre todo en sus estudios de lenguas indígenas.

Tuvieron que pasar muchos años para que en América fuese conocida la obra que acompañaría al imperio, y muchos, muchos más, para saber que las lenguas no se aprenden con una gramática por excelente que esta sea.[9]

El provenzalismo "español" fue arraigando porque venía a llenar un vacío

Durante muchos años los más importantes lingüistas de España y de fuera de ella —Menéndez Pidal (1904), Meyer Lübke (1935), Aebischer (1948), Alvar (1953, 1976), Coll i Alenton (1963, 1968), Pariente (1968), Castro (1973), Lapesa (1971, 1985) y Maravall (1974), entre otros— se empeñaron en dilucidar la etimología del nombre de una lengua que iba extendiéndose progresivamente de norte a sur de la península, a medida que los territorios africanos e insulares se iban incorporando a la Corona.

A los comienzos de la Reconquista, cuando los moros ocupaban todo el mediodía peninsular y más, los términos *Hispania* o *Spania* eran manejados con suma frecuencia para designar a la España musulmana. La palabra *espanesco*, aunque con escasa presencia documental, significaba entonces "moro" o "morisco".

Lapesa (1971:135), que ha puesto punto final a este asunto, recuerda que los moros de Al Andalus se diferenciaban de los norteños —asturianos, gallegos, leoneses, castellanos, navarros, aragoneses y catalanes— no en sentirse hispanos o no, sino por la religión que profesaban: cristianos[10] y musulmanes. Sin embargo, cuando a partir del siglo XI se rompe el aislamiento peninsular con el resto del continente europeo y se encuentran con otros cristianos, la diferenciación empieza a imponer el término *españoles*. Ya para el siglo siguiente, al tiempo que empezaba a reducirse el dominio musulmán, España iba dejando de ser sinónimo de España "mora".

Español es un provenzalismo (de *hispanioli*), documentado en Castilla desde mucho antes que su rival *españón*, uno más entre otros muchos (*homenaje, vergel, deleite, solaz, donaire, doncella, maestre, fraile, monja* y un largo etcétera). ¿Por qué este préstamo? El provenzalismo "español" fue arraigando porque venía a llenar un vacío, y además, como explica Lapesa (1971: 136), porque

... aparte de que muchas tierras occitanas fueron feudatarias de soberanos aragoneses, el influjo de la inmigración "franca" fue beneficioso: trajo corrientes europeas que impidieron la total semitización de la España cristiana, donde si hubo arte mozárabe y mudéjar, florecieron también el románico y el gótico. Con el tiempo el elemento franco se incorporó sin residuos a las formas de vida españolas: Jorge Manrique, máximo poeta de la actitud castellana frente al mundo, la vida y la muerte, tuvo entre sus antepasados a Ermesinda de Narbona, casada en el siglo XII con el conde don Malric de Lara; y por don Ponz, noble occitano asentado en tierra leonesa bajo Alfonso VII, descendía de Juan Ponce de León, el conquistador que buscó en la Florida la fuente de la eterna juventud.

Notas

1. La decisión alfonsí fue todo un acierto y, además, un éxito, pues al siglo siguiente hasta los rasgos leoneses de los manuscritos castellanos empiezan un destierro lento pero seguro, y pronto pasan a ser una marca sociolectal baja. *Vid.* Morala (2005: 567). Sucedió lo mismo —nos informa Enguita (2005: 578)— con los rasgos navarros y aragoneses, que se olvidan para dar paso al castellano, situación que los llevó a una progresiva dialectalización, que en el caso del navarro termina con la muerte a principios del siglo XVI. Paulatinamente, el castellano cobró un importante nivel de estandarización, debido a la encomiable labor de planificación desarrollada por Alfonso, que dio como resultado la formación de un "castellano drecho", instrumento válido para tratar de ciencia y de filosofía. *Vid.* Moreno Fernández (2005c:119). En la actualidad se cuestiona que el rey haya tenido una intervención decisiva en la creación de un castellano de estas características, y menos en cuestiones ortográficas; Sánchez-Prieto (2005: 428-429) en un trabajo muy elaborado desmitifica, en este sentido, la labor alfonsí.

2. La subida al trono de Isabel la Católica fue producida por dos acontecimientos fortuitos: el primero fue que Juana, "la Beltraneja", hija de Enrique IV fue desheredada drásticamente por su padre; el segundo, que Alfonso, hermano del monarca, en quien el rey decidió que recayera la corona a su fallecimiento, murió antes de esa fecha. De manera que su hermana Isabel tuvo el camino despejado para su coronación.

3. Un buen ejemplo de ello es que a finales del siglo XV y principios del XVI, cuando Juan del Encina escribe sus églogas, llena de leonesismos los parlamentos de sus pastores, precisamente para impartirles un fuerte perfil de rusticidad. *Vid.* Lihani (1958) y López Morales (1967).

4. Sin duda el ejemplo más significativo de los que pueden mencionarse es el de Gil Vicente y su obra dramática; lo han señalado reiteradamente Zamora Vicente (1962) y Reckert (1977).

5. El asunto ha sido y sigue siendo amplia y extensamente estudiado desde que Menéndez Pidal (1940) diera inicio a estos trabajos: Arce (1971), Alpignano (1971), Milani (1973) y Vidos (1977) son entre otros los más notables.

6. Esta preferencia tan acentuada por el castellano dejaba atrás no solo a variedades dialectales que carecían de relieve en la creación literaria, sino a otras lenguas peninsulares, como el gallego-portugués, el catalán y el valenciano, que

contaban con una tradición muy reconocida. Como anota Quesada Pacheco (2008a: 9), estos hablantes de variedades no castellanas estaban pasando por un estado de baja estima y poca fidelidad lingüística, rechazando su propia forma de hablar para la composición artística; aquí el claro testimonio del aragonés Gonzalo García de Santa María no deja en pie la menor duda: "E porque el real imperio que hoy tenemos es castellano y los muy excelentes rey y reyna nuestros senyores han escogido como por asiento y silla de todos sus reynos el reyno de Castilla, deliberé de poner la obra presente en lengua castellana. Porque la fabla comúnmente más que otras cosas, sigue al imperio. E cuando los príncipes que reynan tienen muy esmerada y perfecta fabla, los súbditos esso mismo la tienen. E cuando son bárbaros e muy ajenos de la propiedad del falar, por buena que sea la lengua de los vasallos e subjugados, por discurso de luengos tiempos se faze tal como la del imperio". En consecuencia, el castellano del Siglo de Oro se abre paso a Europa y al Nuevo Mundo —como señala Quesada Pacheco— en tres baluartes: a) el tener una gramática, la primera en lengua romance, b) el ser lengua administrativa del Estado, y c) el tener una fuerte tradición escrita y expansionista que venía desde el siglo XIII.

[7.] La bibliografía sobre la obra del maestro Nebrija es inacabable; incluso ciñéndonos solo a su *Gramática de la lengua castellana*, también los estudios son muy numerosos.

[8.] Las citas de la *Gramática* de Nebrija van por la edición de Galindo Romeo y Ortiz Muñoz (1946), cuyo texto fue establecido sobre la *princeps*.

[9.] Hace ya casi 70 años el germano-chileno Rudolf Lenz escribió lo siguiente: "Querer aprender una lengua por el estudio de su gramática es como aprender a tocar el violín leyendo tratados de música y métodos de violín sin tocar el instrumento, sin ejercitar los dedos", y una década más tarde, Américo Castro repetía la idea, aunque acudiendo a otras comparaciones: "Una primera confusión que conviene remover es la idea absurda de que el idioma se enseña enseñando gramática [...] La gramática no sirve para enseñar a hablar y a escribir correctamente la lengua propia (podría añadirse que tampoco las extranjeras) lo mismo que el estudio de la fisiología o de la acústica no ensañan a bailar o que la mecánica no enseña a montar bicicleta", y añadía: "Eso es de tal vulgaridad, que avergüenza tener que escribirlo una y otra vez". Sin embargo estos deslindes entre lo teórico, representado por las llamadas gramáticas-reflexión, y el desarrollo de las destrezas comunicativas, no han llegado a su fin, como cabría imaginar; todavía se hace necesario seguir insistiendo en que la enseñanza de la gramática teórica tiene unos objetivos muy precisos que, desde luego, no son la base para la adquisición de estrategias y habilidades que permitan expresarse satisfactoriamente y comunicarnos con éxito. *Vid.* López Morales (1984).

[10.] La palabra *cristiano* sobrevivió como designación de "español", pero solo en aquellos casos en que se quería distinguirlos de los muslimes. *Cristiano* con este mismo sentido pasó a América con los conquistadores, pues su presencia en el *Martín Fierro* no podría explicarse de otra manera. *Vid.* Rosenberg (1969).

Capítulo 2
El español llega a América

El *Libro del saber de astronomía* ya presenta cómo se puede navegar a través del océano fuera de la vista de la costa

A finales del siglo xv, subraya Cerezo Martínez (Morales Padrón 1986: 34), la Península Ibérica estaba constituida por tres naciones distintas, las tres marítimas:

> Los reinos de la corona de Aragón, que estaban volcados hacia el Mediterráneo y concentrados con su sistema económico ancestral, con sus consulados comerciales extendidos hasta los confines de este mar; Portugal, que estaba interesado en el Atlántico, empeñado en profundizar en el descubrimiento de las costas africanas, y Castilla, una nación marítima bifronte, es decir, dos sistemas de relación internacional […] totalmente distintos: la Castilla marítima del norte, vertida a su comercio con los países del área del Cantábrico y el Mar del Norte, con el tráfico de las lanas, y la Castilla del Sur, Andalucía, que después de la reconquista y de la conquista de Canarias había lanzado a navegar sus naves por el Atlántico en competencia con Portugal para conseguir unas determinadas ventajas de tipo económico en el golfo de Guinea. Castilla tenía en el sur, en Andalucía, un lote de hombres preparados para afrontar una empresa que ni siquiera ellos se han imaginado, hasta que llega Colón y se la propone.

Habría que remontarse hacia atrás y recordar que el impulso de relación marítima de Castilla arranca con la conquista de Sevilla por Fernando III, con la ordenación marítima que inicia este monarca y acaba Sancho IV, pasando por Alfonso X, aquel gran rey impulsor indirectamente de la ciencia náutica, porque en su magnífica obra titulada *El libro del saber de la astronomía*, ya presenta cómo se puede navegar a través del océano fuera de la vista de la costa. A Castilla, que estaba preparada cultural y espiritualmente para lanzarse a navegar y cruzar el Atlántico, es a quien corresponde el honor del descubrimiento.[1]

… ES AQUELLA ISLA —CUBA— LA MÁS HERMOSA QUE OJOS HAYAN VISTO

La andadura del español en tierras americanas comienza su historia cuando las naves de Colón llegan a aquel archipiélago que luego llamaríamos antillano, un 12 de octubre de 1492.[2] Ante la vista de esas encantadoras islas y frente a un cielo espléndido, todos quedan asombrados con aquel mundo maravilloso que se les presenta. Es el Almirante el primero en confirmar las nuevas visiones y las vuelca, elogio tras elogio, en su *Diario* de navegación y más tarde en las cartas que envía a los monarcas. Cada tierra que ve, con sus playas y sus ríos, su exuberante vegetación, presidida por elegantes palmeras, la riqueza y el colorido de las flores, el trino exquisito de las aves, le parece más hermosa que la anterior: "… es aquella isla —Cuba— la más hermosa que ojos hayan visto"[3] (citado por Alvar 1976: 108).

De continuo se desprenden las descripciones hiperbólicas. En lo que después sería La Española encuentra un puerto hondo "para cuantas naos hay en la Cristiandad", un río en el que cabían "cuantos navíos hay en España", y unas montañas "que no las hay más altas en el mundo". Y los indios de esa tierra son descritos por él como

… de amoroso trato, de habla dulce (no como otros que parece cuando hablan que amenazan), de buena talla, y no mal color […] practican el principio evangélico del amor recíproco, o las virtudes humanas de poseer habla mansa, ser de buenas costumbres y tener buena memoria (1976: 183, 187).

Allí se enfrentan, cara a cara, con los desnudos aborígenes y los ven morenos e ingenuos. Tratan de hablar con ellos, pero como era natural, no pueden entenderse. Las precauciones lingüísticas fueron vanas. De nada le sirven a Cristóbal Colón los intérpretes que le acompañan, expertos en latín, griego, árabe, arameo y hasta en tártaro. Una total incomprensión fue el resultado de estos primeros intentos[4]. Todavía no sabían —Colón nunca llegó a saber—[5] que no habían llegado a Cipango ni al Catai-Mangui, pero sí que no le había sido posible entregar las cartas que llevaba para el Gran Khan, en "la tierra afortunada de Marco Polo".

"Las manos servían aquí de lengua", dice fray Bartolomé

Y así fue en efecto: "las manos servían aquí de lengua". Nada nuevo. El lenguaje gestual ha existido desde siempre, y su utilidad en la comunicación humana, cuando no hay lengua común entre los sujetos que participan en el acto comunicativo, es importante. Claro que no es perfecto puesto que comporta muchos malentendidos y, en ocasiones, produce más confusión que inteligencia. Si hubiera un lenguaje gestual universal las cosas serían de otra manera, pero es asunto que se discute con ahínco. Ha estudiado el tema con mucho detenimiento Martinell Gifre (1992:123-137) quien nos indica que, dentro de una colectividad dada, el lenguaje no verbal utilizado es de carácter instintivo (frotarse una zona adolorida con la mano); también imitativo, pues los miembros de una comunidad repiten los gestos que han visto usar en su grupo, por lo que se convierte en algo "enseñado", sobre todo cuando hablamos de cortesía y educación.

En la recepción de los signos —nos dice esta autora— hay interpretación, no atribución de un significado fijo. Son señales espontáneas, el emisor tiene menor control sobre ellos que sobre el lenguaje verbal; además, puede dejar de hablar, pero no de expresarse con su cuerpo. Por eso se dice que engañan menos los gestos que las palabras; el receptor duda de la veracidad del mensaje lingüístico que le llega, pero, en cambio, confía en su valoración de los datos procedentes de otros canales, como la mirada o las manos del interlocutor.

Son muy importantes en este y en otro tipo de comunicación la expresión facial, los gestos y la postura corporal.

Claro que hay una diversidad de posibilidades, según lo explícito del mensaje, y la habilidad de comunicación gestual que se tenga. También es imprescindible el deseo de interpretar y entender los gestos que se hagan. Por ejemplo, los españoles preguntaron para qué servía una cosa que les habían mostrado:

> Tomó un indio una pluma de las que llevaba y utilizándola a modo de yesca, "sacó fuego con el pedernal", lo que daba respuesta adecuada a la pregunta: "para encender fuego". Y así poner las armas en el suelo frente al enemigo (rendición), señalar con las manos donde sale el sol (preguntar si han venido del cielo), presentar sus dos manos atadas (que alguien merecía la muerte), etc. Cuando el gesto, sin embargo, no parece indicar algo más o menos explícito para el de fuera de esa cultura, el desentendimiento es seguro, al menos la primera vez: poner la mano en la boca dando golpecillos (señal de alegría).[6]

El principal problema de este tipo de comunicación es que no siempre es exitosa. Por eso los predicadores —más realistas que los conquistadores— no se fiaban nada de la comunicación gestual, y se pusieron enseguida a aprender las lenguas indígenas para predicar la verdad de Cristo.

Una solución intermedia era el uso de intérpretes, pero esto no siempre, y menos en los primeros momentos, era factible. Basta con contar aquellos que pudieron disfrutar de esa ventaja "cortesiana".

No cabe duda de que el desconocimiento de los idiomas aborígenes, subraya adecuadamente Solano (1992: XXVII-XXVIII)

… matiza con una tremenda atmósfera de inseguridad al Nuevo Mundo y marca las actuaciones de las primeras expediciones de descubrimiento y conquista por el ámbito de las Antillas y el Caribe. Y desde 1520 las sucesivas etapas de acceso al altiplano mesoamericano, al mundo de los Andes, así como en el Río de la Plata, la primera estrategia que debía ser solucionada era el conocimiento de la lengua. El número de idiomas y dialectos aborígenes, tan amplio como los espacios por donde se expandían los españoles, debería haber rechazado —o, por lo menos, limitado— esta sorprendente actividad española: el problema idiomático, no fue empero, un impedimento, ocupáronse los espacios posponiéndose las soluciones de comunicación para un tiempo, posterior.

Los primeros asentamientos europeos estaban habitados por pueblos anclados en la Edad de Piedra

Las actuales Antillas Mayores, las correspondientes a La Española, Puerto Rico, Cuba y Jamaica, en las que se producen los primeros asentamientos poblacionales europeos, estaban habitadas por pueblos anclados en la Edad de Piedra que no habían alcanzado un grado avanzado de agregación social. Los taínos, de origen lingüístico arahuaco y que señoreaban estas islas, procedían de la masa continental del sur y habían llegado desde las costas de la actual Venezuela, iniciando en Trinidad su periplo insular. Tenían una economía agrícola a nivel de subsistencia, en una fase recolectora, y su cultura material procedía del Neolítico. Este grupo indígena es fácilmente identificable, debido a sus trabajos artesanales de cerámica, piedras, conchas y madera, pero sobre todo por la peculiar y característica deformación craneana a que se sometían. La llegada de los descubridores sorprendió a los taínos en medio de un proceso migratorio hacia el oeste del archipiélago, sin duda empujados por los temibles y belicosos caribes, practicantes del canibalismo, que hacían incursiones cada vez más frecuentes y sangrientas desde las llamadas en la actualidad Antillas Menores.

Desde La Española, los taínos habían llegado a Cuba, a la punta de Maisí, en la parte oriental de la isla, entre 25 y 50 años antes de la llegada de Cristóbal Colón; se asentaron preferentemente en las zonas mesetarias de la región oriental, aunque poco después, a medida que aumentaban las migraciones de este grupo, se extendieron a otras regiones cultivables, hasta llegar a la actual provincia de Matanzas.

Los taínos se organizaban en cacicazgos, que formaban jefatura con la unión de varios de ellos. Los jefes máximos de los cacicazgos eran los nitaínos, nobles e hidalgos que integraban un consejo de nobleza que regía a estos pueblos. Tenían una sola divinidad, Yocahu Baua Macoroti. Según Cabrero (1986:12) la etimología de este término es la siguiente: *yocahu* es el cultivo de la yuca, alimento básico y fundamental de estos indios, *baua*, significa "mar" y *marocoti* es una palabra concreta "que indica la importancia que daban a su dios: significa 'sin principio', es decir, se trata de una dignidad que tiene madre, pero que no ha tenido principio humano, que no tiene padre". Va a regir la vida agrícola y religiosa de los taínos. La madre de Yocahu es Akabai, "la figura femenina que rige el agua y la agricultura, pero emanado del principio primero, que es su hijo". Ambas divinidades aparecen en sus cemíes, representaciones en madera o piedra, que casi siempre muestran figuras femeninas, dado el carácter matriarcal de esta cultura. El culto estaba en manos de los behiques, especie de sacerdotes que servían de mediadores entre los fieles y las divinidades. Entre sus rituales religiosos destaca el juego de pelota, que según José Tudela de la Orden (1986), no era una forma de entretenimiento, sino un acto totalmente ritual.[7]

Los dujos, las piedras tricornes o trigonolitos, las colleras y las espátulas son las representantes de este arte antillano. Los primeros son asientos realizados en madera —palo de guayacán y caoba, con representaciones de animales (iguanas, cocodrilos, etc.)— en los que se sentaba el behique para efectuar sus ceremonias. Los tricornes o trigonolitos de forma triangular, también con representaciones de ciertos animales —especialmente con formas muy estilizadas de murciélagos— para que sean propicios y no terminen con la guayaba, una de sus comidas favoritas, pero que también era alimento principal en la dieta de esta cultura; se solía colocar en las tierras de cultivo para favorecer las cosechas.

Las colleras son grandes collares de unos 20 o 25 kilogramos de peso que se colocaban en el cuello o en la cintura para danzar en los bailes rituales en los que participaban tanto hombres como mujeres, y las espátulas, que tenían igualmente carácter religioso, llevaban representaciones humanas o animales.

La Gran Antilla contaba entonces con otros habitantes indígenas. Un grupo, conocido con el nombre de siboneyes, procedía de una inmigración antigua, quizá del siglo VI d.C., y eran también arahuacos. Su cultura preagroalfarera dejó tras sí las huellas de sus instrumentos ceremoniales, entre los que destacaban las cuchillas de sílex y de piedra y los bastones y tazas de madera. Llegan a Cuba como los taínos, procedentes de las Antillas orientales, asentándose originalmente en la región de Banes. Sin embargo, el hecho de que se hayan encontrado restos arqueológicos suyos en el extremo occidental de la isla, en sus zonas centrales y en el golfo de Guacanayabo, demuestra una dilatada expansión hacia el oeste. Ambos grupos, siboneyes y taínos, convivían armoniosamente.

Del tercer grupo de los que se han logrado identificar con una cierta seguridad, los llamados guanahatabeyes, se sabe muy poco. Habitaban en cavernas situadas cerca de costas y ciénagas de la región más occidental de la isla; eran recolectores, pescadores y cazadores, que desconocían la agricultura y la cerámica, aunque tallaban con tosquedad la piedra y la madera. Se desconoce su origen.

Tanto taínos como siboneyes hablarían una misma lengua, procedente esta del tronco arahuaco, aunque los aproximadamente nueve siglos que separan a ambas incursiones habrían producido gruesas diferencias lingüísticas. El enigma siguen siendo los guanahatabeyes, pues, de acuerdo a testimonios antiguos, mientras los intérpretes lucayos de Colón se entendían bien con taínos y siboneyes, no eran capaces de saber lo que aquellos decían, ni de hacerse entender por ellos.

¿Cuál era entonces la población indígena antillana? La primera noticia la ofrecen Bartolomé de las Casas y el comendador Nicolás de Ovando, después de la primera incursión por la isla de Cuba. Ambos calculan que allí vivían unos 200 mil indios. Cuba debió de parecerle a fray Bartolomé casi deshabitada, pues para La Española, apenas una quinta parte de la Gran Antilla, su cálculo era de tres millones. De entonces acá las cifras han bailado hacia arriba y hacia abajo —desde varios millones hasta unas pocas decenas de miles—, de acuerdo a razones no siempre científicas, como el deseo de magnificar el "gigantesco genocidio" llevado a cabo por los conquistadores desde épocas tempranas de la Conquista.

En realidad, la población indígena de Cuba y de las demás Antillas debió de ser muy escasa. Tan temprano como en 1516, Bernal Díaz del Castillo ya habla del reducido número de indios. Al año siguiente se producen las primeras quejas en Cuba porque los indios no alcanzaban para todos los colonos que pedían encomiendas. Son precisamente hidalgos y soldados sin indios los que instaban al gobernador Diego Velázquez a abandonar la isla y poner rumbo a las ricas tierras continentales.

Un valioso censo de aborígenes llevado a cabo en esta misma isla en 1532 nos informa de la existencia de 2 781 indios encomendados, de 39 pueblos y de 119 naborías. Teniendo en cuenta que la media de indios por cacique o pueblo era de 71, puede conjeturarse que para entonces la población indígena, al menos la taína y la siboney, era de unos 5 669. De esa cantidad, la mitad, 2 769, no se había incorporado todavía al sistema de encomiendas. Cinco años más tarde los indios encomendados sumaban unos cinco mil. Hacia mediados de la mitad del siglo XVI estas cifras apenas habían cambiado. Al siglo siguiente —la segunda mitad del XVII— los indios constituían el 10% de la población total de la isla.

Estos números, por fuerza aproximados, excluyen siempre a los guanahatabeyes, a cuya zona no llegó nunca la presencia colonizadora antes de mediar el siglo XVI, y posiblemente a los siboneyes de la zona más occidental. Todo esto aconseja reducir considerablemente el número de la población indígena en el momento del descubrimiento. Si se considera la escasa cantidad de indios encomendados y que, además, las bajas que produjeron los dos encuentros bélicos de que se tiene noticia no debieron ser muchas, apenas podríamos explicarnos la gigantesca desaparición del elemento indígena que implicaría el partir de los 80 mil indios que se supone habitaban Cuba a la llegada de los españoles.

Esta situación se repite también en las otras Antillas. En La Española, el llamado repartimiento de Alburquerque, ocurrido en 1514, nos habla de 22 336 adultos (hombres y mujeres) y de algo menos de tres mil niños. Se supone que muy pocos años antes la población nativa era de unos 60 mil individuos. Aun contando con que haya habido población indígena no contabilizada en este repartimiento, el índice de mortalidad es de casi el 65% en un período muy corto, lo que equivaldría a una media anual de más de cinco mil defunciones. Para 1570 se nos informa de que no quedaban más de 500 indios; esto significa una tasa de mortalidad anual de menos de 500, pero ya esta cifra no sería sorprendente en ningún colectivo, y menos en esa época. Teniendo en cuenta que los 60 mil aborígenes constituyen una cantidad supuesta, que las otras son reales y que entre ellas media un abismo, conviene preguntarse sobre la fiabilidad de tal cálculo poblacional. Es una pregunta que atañe también a las cifras dadas para Puerto Rico (50 mil) y para Jamaica (40 mil).

Habría que tomar en consideración, además, algunos datos de índole antropológica. Los cronistas nos informan desde época temprana de que los nacimientos entre indios eran escasos —entre dos y cinco por pareja— y que esto obedecía al hecho de que las indias se veían obligadas a amamantar a sus criaturas hasta la edad de tres o cuatro años por no disponer de leche animal; era una importante motivación para ejercer sus conocidas prácticas abortivas. Si a esto se añade la homosexualidad masculina existente en la cultura taína, la hipótesis de la pobre densidad demográfica de estas islas cobra mayor sentido.

Hoy, supuestamente desaparecido el afán de agrandar las cosas, cuando no se manejan cifras con espíritu partidista, cuando no hay que subrayar el valor temerario de capitanes y soldados, cuando ha pasado el deseo de exaltar la obra evangelizadora de algunas órdenes religiosas y cuando no es necesario acudir a grandes números para enaltecer el pasado de algunas culturas indígenas, el panorama demográfico que aparece ante nosotros es muy diferente de aquel fantasmagórico de años anteriores, repleto de millones.

Con todo, es innegable que la mortandad indígena fue grande, y para explicarla vienen en nuestra ayuda una serie de variadas razones. Se trató de un impresionante suicidio colectivo, incluyendo los infanticidios, patrocinado por el hundimiento de su estructura social y por la destrucción psicológica que produjo la creencia en un evidente abandono de sus dioses o *cemíes,* que los dejaban indefensos ante el poderoso Dios de los cristianos; de aquí la negativa a la vida propia y a engendrar hijos. A acelerar la extinción indígena contribuyeron, por una parte, las viruelas, el sarampión, la malaria, el tifus, la varicela, las paperas y el romadizo, enfermedades europeas desconocidas en las islas, más las africanas, paludismo y fiebre amarilla, y por otra, los trabajos excesivos a los que fueron sometidos.[8]

Ni los deseos de la Corona, que veía en el indio la única riqueza de aquellas tierras sin oro, ni la vigorosa acción de los padres jerónimos en La Española, que desde temprano construyeron pueblos indígenas de 400 habitantes, lograron detener el proceso.

La población blanca, principalmente andaluza, aumenta

Por otra parte, la población española era mucho menos numerosa aún. En 1505 La Española contaba con 17 villas de tipo europeo: la Nueva Isabela, de 1496, fundada al sur, junto a la desembocadura del río Ozama, ya rebautizada como Santo Domingo del Puerto, y las fundadas en su mayoría por el gobernador Ovando: Concepción de la Vega, Santiago de los Caballeros, el Bonao, Puerto Plata, San Juan de la Maguana, Azúa de Compostela, etc., pero todas estas poblaciones eran pequeñísimas. En San Juan Bautista, el Puerto Rico de hoy, el capitán Juan Ponce de León había establecido la villa de Caparra en 1509, trasladada años después a la isleta que había junto a la bahía, con el nuevo nombre de "cibdad de Puertorrico", pero la pacificación de la isla no concluyó hasta 1511, año en que se establece la Real Audiencia de Santo Domingo, centro administrativo de las Antillas durante todo el siglo XVI; Jamaica no se empezó a poblar hasta 1509, pero siempre permaneció medio desierta. A Cuba los colonizadores llegaron en fecha muy tardía, al menos en número importante. Al carácter ralo de la demografía española se le unieron otros agravantes que impulsaron aún más la despoblación: el ocaso de la quimera áurea, el desencanto producido por los primeros fracasos de la fiebre azucarera, la necesidad de conformar las expediciones militares a tierra firme, motivadas por los cantos de sirena llegados desde el continente.

Hasta 1511 no comienza en la Gran Antilla el proceso de conquista y colonización. Diego Velázquez sale de La Española por la villa de Salvatierra de la Sabana, que él mismo fundara, al mando de 300 hombres, un grupo de servidores indios y unos pocos esclavos negros. Ese mismo año funda Nuestra Señora de la Asunción de Baracoa, uno de los primeros topónimos indígenas de la isla de Cuba en pasar a los papeles españoles. Dos años después, San Salvador del Bayamo, aún en el extremo oriental de la isla; Nuestra Señora de la Santísima Trinidad y Sancti Spíritus, ya en la región central, y al año siguiente, Santa María de Puerto Príncipe y San Cristóbal, origen esta última de lo que después sería La Habana. Velázquez cierra este período fundacional en 1515 con Santiago, al sur del extremo oriental, cuya espléndida bahía serviría para la comunicación con la cercana Española. Traslada el incipiente gobierno de Baracoa a Santiago.

Entre 1511 y 1518, debido a que Cuba se convierte transitoriamente en centro de atracción, llegan a la isla pobladores de La Española, de Jamaica y de Darién. La población blanca, andaluza principalmente, aumenta. Se calcula que en ese período habría unos tres mil españoles, incluyendo las mujeres de algunos colonizadores que fueron autorizadas a viajar a Cuba desde La Española. La población inicial, compuesta por los 300 hombres de Velázquez, unos 30 soldados traídos de Jamaica por Narváez para reforzar la expedición por tierra hacia occidente y unos 700 hombres que habían logrado sobrevivir al desastre de Darién, un total aproximado de 1 070, se habría triplicado en poco más de seis años.

Sin embargo, la formación de las grandes expediciones militares a tierra firme invirtió muy pronto aquel crecimiento incipiente. Entre 1517 y 1520 salen de Cuba cinco expediciones: la de Francisco Hernández de Córdoba a Yucatán (1517), la de Juan de Grijalva a Yucatán y a Centroamérica (1518), la de Hernán Cortés a Centroamérica (1518), otra del mismo Cortés a México (1518) y la de Pánfilo de Narváez (1520) en busca de Cortés. En ellas se marchan unos dos mil vecinos, los más jóvenes y vigorosos de la población que se había establecido allí durante la primera década de la historia europea. El afán de conquista, la fiebre de riqueza y el deseo de aventura eran los principales factores que arrancaron a aquellos jóvenes de la monotonía y de la muy relativa prosperidad de los cultivos y del desmedido esfuerzo de buscar arena de oro. Tras el éxodo quedaron en Baracoa, la villa primada, dos o tres vecinos.

Los documentos nos dicen que en 1534 el total de españoles que habitaba en la isla era de 1500. Las informaciones del entonces gobernador, Manuel de Rojas, hablan de 300 jefes de familia, de alrededor de cinco miembros cada una, distribuidas de la siguiente forma: Santiago, 80; La Habana, entre 70 y 80; Bayamo, entre 30 y 40; Puerto Príncipe, igual; Sancti Spíritus, unas 30; Baracoa, entre 30 y 40, y Trinidad, entre 15 y 20. Al mediar el siglo la población total de españoles era de unos mil, agrupados en 220 familias.

Canoa es una barca en que navegan, y son de ellas grandes y de ellas pequeñas

El conjunto de voces antillanas que leemos hoy en el *Diario* colombino está integrado por las siguientes palabras: *canoa, hamaca, ajes, cacique, cazabe, nitaine, tuob, caona, nocay, ají* y *tiburón*. Añádanse a esta lista *bohío* y *guanín*, ambas interpretadas erróneamente por Colón, que pensó que eran nombres propios de lugar, topónimos como *Cuba*; también *caribe*, gentilicio antillano que se estrena en un texto castellano.

La primera vez que el Almirante habla de las embarcaciones indígenas, el 13 de octubre, al día siguiente del descubrimiento, usa una palabra que tenía a mano, el arabismo *almadía*. Pero como entre las almadías ("balsas", "barcas de paso") y las embarcaciones indígenas había diferencias muy ostensibles, se vio obligado a consignar en su escrito los rasgos peculiares de la canoa: "Son hechas del pie de un árbol, como un barco luengo, y todo de un pedazo, y labrado muy a maravilla según la tierra, y grandes, que en algunas venían 40 y 45 hombres. Y otras más pequeñas, hasta haber de ellas en que venía un solo hombre".

Desde aquí hasta el relato que cuenta lo sucedido el 6 de diciembre, su palabra favorita es *almadía*; la usa 19 veces. Ya antes, el 26 de octubre, el Almirante vuelve a describir a Sus Majestades estas almadías tan singulares: "Son navetas de un madero adonde no llevan velas", y de inmediato se lee: "Estas son las *canoas*", lo que constituiría la primera aparición de este indigenismo.[9]

De cualquier forma, antes de sus descripciones de los primeros días de diciembre, ya el *Diario* ha identificado las almadías con las canoas en seis ocasiones; la más explícita de todas, dice: "Muy grandes almadías, que los indios llaman canoas". A partir del 7 de diciembre el triunfo de canoa es absoluto, pues el genovés no vuelve a acordarse más de las almadías en el resto de su relato. En lo que queda de texto aparecen 42 menciones de canoa, algunas de ellas con intento de definición: "Canoa es una barca en que navegan [los indios], y son de ellas grandes y de ellas pequeñas".

Aunque ningún otro término indígena aparece con la frecuencia altísima de *canoa*, este proceso de penetración de un indigenismo, tras quedar vencedor sobre la palabra castellana, o usada en Castilla, se repite en varias ocasiones. Tal procedimiento de paulatino acercamiento al indigenismo, como en el caso de *hamaca*, se da también partiendo de una descripción. Primero habla de "camas [...] que son como redes de algodón", y más adelante, el 3 de noviembre, nos dice: "redes en que dormían, que son *hamacas*". Es evidente que la falta de paralelo con las cosas de Castilla apresuró la adopción de este indigenismo, el más temprano después de *canoa*, y de otros muchos.

El indigenismo *aje*, por su parte, no aparece en el texto colombino hasta el 16 de diciembre; con anterioridad Colón emplea *niames* cada vez que hace referencia al tubérculo, tres en total: "*niames*, que son como zanahorias". En esa fecha introduce la comparación: "*niames*, a que ellos llaman *ajes*", y desde aquí es *aje* la única palabra que maneja en las cinco ocasiones en que tiene oportunidad de usarla. Lo mismo sucede con *cazabe*: habla de "su pan" [el de los indios] en dos ocasiones antes del 26 de diciembre; entonces explica: "su pan, que llaman *cazabe*".

El contacto cotidiano con el nuevo mundo hizo que los demás términos antillanos pasaran directamente al escrito del Almirante: *cacique*, que para Colón significaba varias cosas diferentes; *nitaine* (miembro de la clase social de los nobles), cuyo sentido se le presentaba algo confuso; los términos para oro —*tuob, caona, nocay*—, más *ají* y *tiburón*; todavía al escribir *ají* explica "que es su pimienta", pero *tiburón* la introduce directamente en el texto, sin el menor intento de explicar su significado. Esto ocurría ya de regreso a España, el 25 de enero, fecha en que sin duda ya estaba toda la marinería bastante familiarizada con tan peligroso pez.

El descubridor se asomó también a otras realidades americanas a las que no supo dar nombre más que acudiendo a términos del español: "hojas secas, tizón", "lagartos", "culebras y sierpes", "fuegos", "ratones grandes", "cangrejos grandísimos". Para dos de ellos, Las Casas mismo anotó al margen de su versión el indigenismo: en los dos casos de *sierpe* anota: "*Iguana* debió de ser esta", y en el de ratones grandes: "*hutías* debían ser". En el resto de los casos, el lector moderno suple las palabras que se esconden tras tales expresiones: *tabaco* por "hojas secas, tizón"; *caimanes* por "lagartos", quizá *barbacoas* por "fuegos" y *jaibas* por "cangrejos grandísimos".

Repárese en el proceso de penetración. Dos semanas después de haber llegado a Indias, el Almirante comienza a incorporar *canoa*, término procedente de algún dialecto arahuaco insular; entre principios de noviembre y Navidad, las voces arahuacas *hamaca, aje, cacique, cazabe* y *nitaine;* al final de su primera estancia americana, *ají*, también arahuaco, y ya en el viaje de regreso, *tiburón*, que, aunque de origen discutido, parece proceder también de una de aquellas lenguas indígenas antillanas. Todas estas voces van a mantenerse hasta hoy. Los términos *tuob* y *nocay*, en contraste con los anteriores, no pudieron resistir la competencia con el español *oro*, aunque el híbrido *caonilla,* "pepita de oro bajo", subsistió durante la primera mitad del siglo XVI.

Sin embargo, en cuanto a la afluencia de indigenismos antillanos al caudal común de la lengua, el *Diario* del Almirante constituye en realidad un preciado pórtico, más simbólico que real. Por un lado, porque la difusión de este texto fue muy escasa, si alguna, con anterioridad a la *Historia* de Las Casas, que manejó ampliamente estos materiales; por otro, porque el flujo constante de hombres y de documentos entre Indias y la metrópoli hacían innecesario el antecedente colombino.

Tras los viajes del Almirante vinieron las fundaciones inaugurales y los asentamientos demográficos: La Española, en lo que hoy es la República Dominicana y Haití; Puerto Rico, Jamaica, y por último, la Fernandina o Juana, bautizada unas veces en honor del rey y otras en el del príncipe don Juan, o Cuba, indigenismo que por fin triunfó.

El escaso tiempo de contacto entre el español y las lenguas indígenas y el carácter predominante de variedades de origen arahuaco fueron los factores que determinaron que los indigenismos léxicos que pasaron a engrosar las nóminas del español antillano —único rastro lingüístico del contacto— fueran tainismos en su mayoría, es decir, palabras arahuacas, o términos procedentes de otras lenguas del oriente del Caribe insular aposentadas en el taíno que los colonizadores aprendieron en La Española y reforzaron en Puerto Rico y quizá en Jamaica.

ALBORADA DEL ESPAÑOL AMERICANO

Los españoles que cruzaban el Atlántico para aposentarse en los nuevos territorios venían de todos los puntos autorizados de la Península y, aunque fraudulentamente en un principio, de Canarias, donde hacían escala obligada los barcos en su ruta a América. Sin embargo, casi en todo momento hubo mayoría de gentes meridionales. Entre 1493 y 1502, el 32% de los habitantes de La Española eran andaluces, y estas proporciones no cambiaron entre los años 1520 y 1539. En la época antillana, por lo tanto, el grupo más numeroso de expedicionarios que cada año se trasladaban a las nuevas tierras procedía de Andalucía; de ellos, el 58% eran sevillanos, y el 20%, de Huelva. De cada tres colonizadores, uno era andaluz; de cada cinco, uno procedía de la provincia de Sevilla; de cada seis, uno había sido vecino de la ciudad misma.

Durante las décadas que inauguraron el siglo XVI americano, las proporciones de viajeros a Indias fueron las siguientes:

Gráfica 2.1: Reparto por regiones de los viajeros a Indias

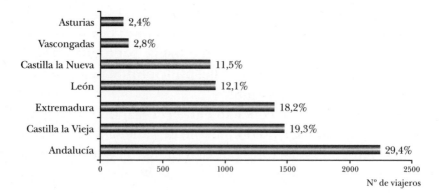

Entre andaluces y extremeños suman casi la mitad de todos ellos (47,6%). A medida que avanza el siglo, los procedentes de las dos Castillas disminuyen en número y, en cambio, aumenta desbordantemente la presencia de canarios, tanto, que a finales del XVI y principios del XVII estos constituían la cuarta parte de todos los inmigrantes. El predominio de gentes del sur y de Canarias era absoluto. Es evidente que el lenguaje de Sevilla, en general el meridional y el canario fueron decisivos a la hora de establecer las primeras normas lingüísticas en suelo americano.[10]

Desde el mismo siglo XVI, y quizá en algunos casos desde finales del XV, la pronunciación de andaluces occidentales, de extremeños del sur y de canarios se caracterizaba por una serie de fenómenos muy peculiares que los identificaba frente a los hablantes del centro y del norte peninsular: aspiraban y hacían desaparecer sus eses finales de sílaba y de palabra *(habere[s], somo[s], e[s]cuchan, conqui[s]tar)*; confundían las eres con las eles, y viceversa *(arma,* "alma"; *sordado,* "soldado"; *viral,* "virar"; *culva,* "curva"); eliminaban sus des al final de las palabras *(oí,* "oíd"; *bondá,* "bondad") y en medio de ellas cuando se encontraban entre vocales *(sordao, apresao);* pronunciaban las jotas con una aspiración muy suave; seseaban, y pronunciaban con /y/ las "ll" *(yueve, Seviya, cabayo).* Todo ello aparece documentado, por ejemplo, en un grupo de cartas privadas que varios andaluces radicados en Veracruz escriben a sus casas españolas en el siglo XVI. Estos mismos fenómenos se documentan también en manuscritos de la época escritos en Cuba, La Española, Colombia, Venezuela y Perú.

Debido a que meridionales y canarios eran el grupo lingüístico más compacto (frente a la gran diversidad del resto de los expedicionarios), estos eran los fenómenos que con mayor frecuencia se oían en las tierras conquistadas, por lo que pronto comenzó a producirse una nivelación lingüística en favor de ellos. No se trató, desde luego, de un proceso rápido, pero tampoco demorado. Algunos estudiosos afirman que la nivelación estaba muy avanzada aun antes de que se hubiese producido la primera generación criolla, al menos con respecto a algunos fenómenos como el seseo.

Otros investigadores, en cambio, insisten en que es necesario esperar a los hijos de los conquistadores para encontrarnos con fenómenos de pronunciación andaluzada ya generalizados, no importa cuáles hayan sido los dialectos originales de sus padres, y, por último, están los que no creen que la nivelación lingüística, y no solo el seseo, llegara a consolidarse antes de un período de 60 años, tiempo suficiente para alcanzar a la tercera generación.

Todo este proceso de nivelación, con independencia de que se hubiese consolidado en los primeros momentos o al cabo de varias décadas, se apoyaba en una serie de razones. Por una parte, en el enorme prestigio de Sevilla, cabecera indiscutible de la conquista americana, y doblemente poderosa tras la incorporación del antiguo reino de Granada, prestigio traspasado a su variedad lingüística. Por otra parte, la gran mayoría de los llegados a suelo americano eran hombres jóvenes, de entre 20 y 25 años de edad y de escasa escolarización, que habían dejado atrás su mundo habitual, rompiendo con su viaje las redes sociales que tenían establecidas en la Península; su trasplante a América en estas circunstancias, solos, sin haber establecido aún nuevas redes, que tardan años en constituirse, favorecería los cambios de todo tipo, entre ellos los lingüísticos, sobre todo si la nivelación se hacía en favor de una variedad simplificadora, como era el caso de estos dialectos del Mediodía peninsular y de Canarias, que, entre otras reducciones, habían eliminado la distinción entre *vosotros* y *ustedes*.

En 1676 Lucas Fernández de Piedrahíta, en su *Historia general de las conquistas del Nuevo Reino de Granada*, escribía a propósito de Cartagena de Indias: "... los nativos de la tierra, mal disciplinados en la pureza del idioma español, lo pronuncian generalmente con aquellos resabios que siempre participan de la gente de las costas de Andalucía". Y al siglo siguiente, un viajero que visitó el Río de la Plata afirmaba que "... no existe otro pueblo en América que, en sus usos y costumbres, tanto recuerde a los puertos de Andalucía, en la península: la indumentaria, el lenguaje y los vicios son casi idénticos" (citado en Fontanella de Weinberg 1993: 32).

No obstante, no podría decirse que el español de América es un andaluz trasplantado al nuevo continente. Al margen de que allí nacieran también otras variedades más cercanas a las del centro peninsular, la semilla andaluza que había sido sembrada desde el principio fructificó, en ocasiones, con total independencia de sus tierras de procedencia. Puede hablarse así de un desarrollo paralelo llevado a cabo a ambos lados del Atlántico, aunque con un abundante número de coincidencias.

Sin embargo, esta pronunciación meridional, fraguada en las Antillas durante más de dos décadas, chocaba mucho, en cuanto a prestigio, con la de la Corte española, que con su brillo oscurecía el muy notable alcanzado por Sevilla. A ello se debe que surgieran focos representativos, al menos en parte, de las formas lingüísticas cortesanas, según las pautas establecidas por Toledo, primero, y por Madrid, después. Estos focos coincidían fundamentalmente con los primeros grandes centros virreinales de México y de Perú, instalados en elegantes ciudades señoriales e hidalgas, y convertidos en importantes núcleos de cultura y refinamiento que reunían no solo a los virreyes y a su ilustrado séquito, sino a todo tipo de funcionarios y de letrados, al alto clero y a un considerable número de hombres cultos y cortesanos; estos hablantes rechazaban las nuevas creaciones lingüísticas de origen andaluz y favorecían las procedentes de Madrid, como ocurrió particularmente con el caso del tuteo, que terminó por imponerse desplazando al *vos*.

El español americano se bifurcó entonces en dos variedades

Es sorprendente que a tan pocos años del descubrimiento y cuando todavía no estaba terminada la conquista de aquellas tierras, ya comenzaran a fundarse grandes ciudades.

La ciudad de México era sede catedralicia en 1534; cinco años más tarde pone a funcionar la primera imprenta de América; en 1547 es cabeza de arzobispado y en 1553 inaugura su Universidad. Los testimonios son constantes y elocuentes en este sentido: el doctor Juan de Cárdenas, incansable viajero por tierras americanas, llegaba a afirmar a finales del XVI que la manera de hablar de los novohispanos era "pulida, cortesana, delicada y naturalmente retórica, mucho más propia y elegante que la de los españoles peninsulares", y el poeta toledano Bernardo de Balbuena, en su *Grandeza mexicana,* escribía a principios del siglo siguiente que México

> Es ciudad de notable policía
> y donde se habla el español lenguaje
> más puro y con mayor cortesanía,
> vestido de un bellísimo ropaje,
> que le da propiedad, gracia, agudeza,
> en casto, limpio, liso y grave traje.

Además de Balbuena, por México pasan entonces escritores de gran renombre, como Gutierre de Cetina, Juan de la Cueva, Mateo Alemán y Luis Belmonte Bermúdez.

Otro tanto podría decirse de Lima: funda su Universidad en 1553, establece la imprenta en 1584 e inaugura su primer teatro público en 1602. También cuenta con escritores ilustres que canten sus grandezas, como Bernardo de Vargas Machuca, quien escribía que la ciudad estaba habitada por "grandes caballeros lustrosos y muy ricos, gente valerosa y arriscada, y las damas criollas muy cortesanas y gallardas, muy instruidas en el canto y música, y en gran manera discretas". En este virreinato, como en el de la Nueva España, florecieron importantes escritores, entre los que destacan Diego Mejía y el Príncipe de Esquilache. No se olvide que este notable esplendor no era solo de Lima; en el Cuzco la Universidad abrió sus puertas en 1598, y de allí era, por ejemplo, Espinosa Medrano, uno de los más sobresalientes panegiristas de la obra de Góngora en todo el ámbito hispánico.

El español americano se bifurcó entonces en dos variedades: de una parte, la original andaluzada, producto de una decisiva etapa de nivelación, en la que se pierden pronto los rasgos lingüísticos discrepantes de otros dialectos peninsulares; se mantenía principalmente en aquellos lugares más estrechamente conectados con los puertos andaluces a través de la flota; de otra, una variedad surgida algo después en los centros virreinales y en sus ámbitos de influencia, imitadora de la lengua cortesana. A la creación de esta segunda contribuyeron las continuas llegadas de miembros del funcionariado, sobre todo, los altos y los medianos, y gente letrada y cortesana, procedentes, en su mayoría, de zonas centrales y norteñas. Este proceso de desnivelación, aunque no pudo erradicar el seseo ya general, ni parcialmente el yeísmo, dio al traste con aquellos fenómenos que eran producto de procesos de simplificación y debilitamiento fonéticos; por el contrario, fortaleció el consonantismo final, impidiendo las aspiraciones y las supresiones de sonidos consonánticos.

Esta señalada variedad de pronunciación, que pervive hasta nuestros días, se vio fortalecida por otras causas. Es posible que aquellos inmigrantes que pudiesen escoger sus lugares de residencia prefirieran las tierras y los climas más afines a los suyos de origen, y que, por consiguiente, los unos prefirieran las tierras costeras y bajas, y los otros, las altas: de esta manera, canarios, andaluces, extremeños y murcianos, por ejemplo, se instalarían en regiones marineras o en llanuras bajas, mientras los de la gran meseta irían a los altiplanos. En los casos en que esto ocurrió, se reafirmarían las distinciones lingüísticas que ya empezaban a surgir o estaban parcialmente arraigadas.

Por otro lado, las comunicaciones con la Corte metropolitana, muy delimitadas desde 1561 en que se establece el sistema de flotas, dividieron en tres las zonas americanas: las llamadas zonas centrales, que durante siglo y medio fueron México, Quito y Lima-Chacas en exclusiva; las intermedias, originalmente representadas por Centroamérica, Popayán, zonas norteñas de Colombia y Venezuela, y Tucumán, en el norte argentino, y por último, las marginales, cuyo ejemplo más representativo es Paraguay y las islas antillanas, con excepción de La Habana, lugar de encuentro de toda la flota antes de zarpar de regreso a España, lo que revistió a la villa de una importancia especial en el mapa de las comunicaciones atlánticas del período colonial. La Habana, junto con Veracruz y Cartagena, puntos finales de la trayectoria transatlántica, se convirtieron en ciudades mercantiles o burguesas, conservadoras de la variedad idiomática nacida en las Antillas, igual que otras zonas alejadas de la Corte y de las cortes virreinales; pero aunque por ellas pasaran los más altos administradores de la Corona en América sus destinos eran otros: los centros del poder virreinal, que en general se mantenían relativamente fieles a la norma lingüística madrileña.

NOTAS

[1.] En medio de este proyecto, sin duda de tipo comercial, de pugna con el rival atlántico, Portugal, "aparece Colón, que presenta un proyecto matemática y geográficamente descabellado, porque parte de unos conocimientos totalmente falsos de la Tierra. Para Colón —nos informa Cerezo Martínez (1986)— la Tierra era mucho más pequeña de lo que es, y las representaciones geográficas que existían de la Tierra —las cartas, los mapas— presentaban una proyección del continente euroasiático hacia levante, hacia el este, desmesuradamente grande, con lo cual resulta que el océano —el único océano que existía en el mundo, porque América no se había descubierto aún— era realmente pequeño. He aquí la razón de que se le rechace geográfica, matemática y cosmográficamente la idea del descubrimiento por parte de los componentes de la célebre Junta de Salamanca, presidida por Hernando de Talavera, que reconoció de inmediato el error de Colón. Sin embargo, el proyecto colombino siguió adelante. ¿Por qué? Porque Colón entra en contacto con la gente de Castilla del sur, de Andalucía, que está proyectada hacia el Atlántico".

[2.] La flota del Almirante estaba bien preparada para la expedición: tres naves con un total de 120 hombres, 90 de ellos pilotos y marineros: "todos españoles (andaluces y vascos) salvo tres portugueses; los otros 30 eran funcionarios (oficiales reales, escribanos, alguacil) a más de artesanos (carpinteros de riberas, ebanista, tonelero, sastre) y técnicos (médico, cirujano, farmacéutico) así como un orfebre lapidario, quien personificaba la esperanza de los lucrativos negocios que confiaban hacer en el extremo oriente. Como la expedición se había calculado para unas diez semanas, llevaba agua y abastecimientos suficientes. La comunicación con los asiáticos también estaba 'contemplada' y creían, incluso, que 'garantizada'". *Vid.* De Solano (1992: XXVI-XXVII).

[3.] El texto original del *Diario* de a bordo de Colón no ha llegado a nosotros, pero disponemos de dos versiones antiguas: una copia autógrafa de Bartolomé de las Casas y otra que ofrece su hijo Hernando, incluida en la *Historia del Almirante don Cristóbal Colón*. Sin embargo, ninguno de ellos pudo disponer del manuscrito original, sino de una copia de 1493. *Vid.* Serrano Sanz (1932), Menéndez Pelayo (1941-1942), Fernández de Navarrete (1954: 363) y Alvar (1976: 9). De la copia hecha por fray Bartolomé hay edición facsimilar de 1962. Nuestras citas van por la impecable edición de Alvar (1976).

[4.] La idea de llevar indios a España para que aprendieran español y se convirtieran en "lenguas", intérpretes, era inútil, pues en tierra firme no se hablaban las lenguas antillanas. Salvo casos muy excepcionales, como el de los apresados españoles que convivían por largo tiempo con tribus indígenas, el conocimiento idiomático de los españoles —señala Martinell Gifre (1992:17-18)— fue adquirido mucho más tarde que el geográfico; fue necesario esperar dos o tres generaciones para conseguirlo.

[5.] De vez en cuando surge la hipótesis de que Colón tenía noticias de la existencia del continente americano. Como afirma Morales Padrón (1986: 48), no era idea nueva, pues había surgido en el siglo XVI. Ha vuelto a revivir en la actualidad gracias a un libro del profesor Manzano, *Los Pinzones en el descubrimiento*, en el que afirma la antigua tesis del conocimiento previo de América. Según Morales Padrón la idea está más o menos aceptada, puesto que nada impide pensar que un protonauta hubiese llegado al nuevo continente. Se dice que en los mismos días en que zarpa el Almirante ese protonauta, identificado como Alonso Sánchez de Huelva, moría en su casa o en la de su suegro, no sin antes confesar sus saberes geográficos. Hay argumentos a favor y en contra, pero no parece que el Almirante haya actuado en su primer viaje con esos conocimientos bajo el brazo. De todas formas, antes que Colón habían llegado a América los vikingos, de los que se han encontrado no solo sagas que tienen por argumento estas incursiones sino restos de sus barcos. Parece que no lo pasaron bien en aquellas incursiones a Vindland, "tierra de los vientos". Sin embargo, como nos recuerda Ballesteros Gaibrois (1986), ninguno de ellos mantuvo profundos contactos coloniales con los pueblos que habitaban esas tierras nórdicas. No se produjo ningún tipo de mestizaje, ni estos aprendieron nada de los noruegos y "siguieron tallando huesos y cazando focas como hasta entonces; no fueron, por lo tanto, predescubridores".

[6.] Martinell Gifre (1988: 180-183) nos ofrece las citas que sobre gestos y señas aparecen en doce escritores y cronistas de Indias (Colón, Díaz del Castillo, Cortés, Cieza, Carvajal, Almesto, Sarmiento de Gamboa, Cabeza de Vaca, Gumilla, Fernández Piedrahita, el Inca Garcilaso y Rojas) señalándolas como señas y gestos, pero también los interlocutores usan conjeturas, meneos, muestra, señal, vestigio, visaje, etc.

[7.] A propósito del *batey*, Tudela de la Orden recuerda que las primeras de estas pelotas que se creían destinadas al juego aparecen en Sevilla traídas directamente desde las Antillas, y añade "que muchos de los objetos que llegaban de las Antillas van a ser recogidos por una gran figura que nunca estuvo en América pero que se benefició de todo lo que llegó de allá: Pedro Mártir de Anglería, que ocupaba un puesto importante en la Corte de los Reyes Católicos y, por ello, recibió muchos obsequios personales. De ahí que muchas piezas, en lugar de estar en los tesoros españoles, figuren hoy en tesoros italianos o en Viena, en cuyo museo se encuentra el gran dujo o asiento, generalmente trabajado en madera de palo de guacacán y caoba". Citado en Morales Padrón, ed. (1986:14).

[8.] Una buena parte de las huidas y de los suicidios de estos indios se debía a que los trabajos agrícolas eran demasiado fuertes para ellos. Los españoles trataron de implantar en aquellas tierras los cánones de la agricultura europea que, entre otras cosas, incluían jornadas de sol a sol.

9. *Canoa* es la primera y única palabra de origen indígena que Antonio de Nebrija recoge en su justamente famoso *Diccionario* (sin marca alguna de voz americana) posiblemente publicado en torno a 1495 en Salamanca, aunque no es nada probable que el gran maestro la tomara del *Diario* colombino, que fue durante muchos años un documento privado; sí pudo haberla leído en una carta de Colón a Luis de Santángel, tesorero real, que, por haber ido a la imprenta, tuvo alguna difusión. Aunque todavía no es un asunto esclarecido del todo, conspira contra la hipótesis del *Diario* como fuente del nebrisense el hecho de que no figuran en este importante recuento lexicográfico los otros indigenismos que aparecen en esas páginas.

10. Ya González de Oviedo hablaba sobre ello: "cuanto que han acá pasado diferentes maneras de gentes; porque aunque eran los que venían vasallos de los Reyes de España, ¿quién concertará al vizcaíno con el catalán, que son de tan diferentes provincias y lenguas? ¿Cómo se avernán al andaluz con el valenciano, y el de Perpiñán con el cordobés, y el aragonés con el guipuzcuano, y el gallego con el castellano (sospechando que es portugués) y el asturiano e montañés con el navarro? Etcétera, e assí de esta manera no todos los vassallos de la Corona Real de Castilla son de conformes costumbres ni semejantes lenguajes". El profesor Frago Gracia (1999) ha estudiado cuidadosamente y con erudición la contribución humana y lingüística de los viajeros a Indias en su etapa inicial. Aunque reconoce que el grueso de esos primeros viajeros procedían del mediodía peninsular y de Canarias, señala que la presencia de otros españoles tuvo también su importancia, y lo demuestra analizando cuidadosamente la lengua de viajeros a Indias de esa época procedentes de Castilla la Vieja y de León, de La Rioja, de Navarra y Aragón, de Cataluña, de Castilla la Nueva, de Extremadura y de Galicia, y las huellas dejadas por ellos en tierras americanas. No cabe la menor duda de que en el proceso de "criollización" estuvo también presente la contribución de todos los emigrados, aunque al final su peso lingüístico en la formación del "español americano" haya sido muy desigual.

Capítulo 3
La expansión territorial del Nuevo Mundo

En algo más de dos siglos, la Corona de Castilla había
visto crecer sus dominios desbordadamente

Tras las dos primeras décadas antillanas, el español se extiende
a tierra firme. Si antes había sido La Española la cuna de las expediciones (a Puerto Rico, Jamaica, Darién, Cuba, Trinidad y a
las costas de Venezuela y de Colombia), ahora serían La Habana
y Darién principalmente las que impulsarían las próximas conquistas.

La presencia hispánica en los territorios del norte, los que
hoy constituyen los Estados Unidos, se remontan al siglo XVI. Es
cierto que muchas de estas huellas resultaron efímeras por tratarse de incursiones eventuales, como el viaje a la Florida de
Ponce de León en 1513 —en busca de la soñada "fuente de la
juventud"—, fecha que abre este período temprano. Durante
este siglo y una buena parte del siguiente, los soldados españoles pisaron múltiples tierras: desde el sur de la Florida hasta lo
que mucho después se llamaría Canadá, desde tierras floridanas
hacia el oeste, hasta llegar a Texas. Hacia el otro extremo de
aquella masa continental: de California a Alaska, más largos recorridos para ir desde la costa del Golfo de México a Iowa, de
las Dakotas a Nebraska.[1]

Pero lo que verdaderamente contaba eran los asentamientos: la colonia de San Miguel de Guadalupe, fundada en 1526
por Lucas Vázquez de Ayllón, en tierras de las Carolinas; las misiones franciscanas establecidas en la actual Georgia, en 1565;
la fundación de San Agustín de la Florida ese mismo año por
Menéndez de Avilés; las misiones jesuitas de Axacán en Virginia,

en 1561 y la de Chesapeake nueve años después; la fundación del pueblo de San Juan de Oñate, en 1598, refundado y cambiado de sitio pocos años después con el nombre de Santa Fe, en Nuevo México; la Misión de El Paso, en 1682, y otra situada al este de la misma Texas, en 1690.

Después llegó el siglo XVIII, que fue testigo de un florecimiento importante de asentamientos españoles: en 1718 se funda la famosa Misión de San Antonio, en Texas; en 1763 se incorpora toda la Louisiana a la Corona española, y desde ese mismo año en adelante comienza en firme la colonización de California de la mano de Potolá y de fray Junípero Serra.

Cuando llegó a tierras americanas el *Mayflower*, en 1620, el imperio español ya estaba asentado con sus pueblos, misiones, parroquias y fuertes distribuidos por una buena parte de aquellos territorios, desde San Agustín a Chesapeake. Y así fue durante casi 200 años.

Hacia otra dirección, Arias Dávila establece la ciudad de Panamá en 1519; en 1521, el ejército de Hernán Cortés llega triunfal a la capital azteca; en 1532 se conquista el Perú; al año siguiente, Pedro de Heredia funda Cartagena de Indias, y en 1534, Pedro de Alvarado, Santiago de los Caballeros de Guatemala. Entre 1530 y 1550 nacen las primeras ciudades españolas en Ecuador, Perú y Bolivia. Por esas mismas fechas dan comienzo en firme las conquistas de Venezuela (1547) y de Colombia (1550).

Tras este período inicial de descubrimiento y colonización, realizado a lo largo de la primera mitad del siglo XVI, comienza la etapa tardía, que se prolonga hasta bien entrado el XVII. Desde el alto Perú, actual Bolivia, desde Chile, pero sobre todo desde Asunción, salen expedicionarios hacia el sur: en 1573 queda establecida Santa Fe, en 1580 tiene lugar la segunda fundación de Buenos Aires, y en 1587, la de la ciudad de Corrientes, todas ellas en los territorios actuales de la Argentina. Pero no es hasta tiempos de Felipe III, ya en la siguiente centuria, cuando la Corona ordena la colonización jesuítica de Paraguay y Uruguay, y habrá que esperar casi hasta finales de siglo para que las huestes españolas logren sojuzgar, tras feroz y prolongada guerra, a los indómitos araucanos de Chile.

En algo más de dos siglos, la Corona de Castilla había visto crecer sus dominios desbordadamente: cuatro mil kilómetros cuadrados en 1492, 50 mil entre 1493 y 1500, 250 mil de 1502 a 1515, dos millones entre 1520 y 1540, y otros 500 mil de 1540 a 1600. Todo ello, gracias a un grupo no muy numeroso de hombres valientes y arrojados. En muchos de estos sitios había comenzado también la colonización, la difícil empresa de ganar la paz. Comenzaban los tiempos en que en el imperio no se ponía el sol.

El hombre que dejó España para embarcarse en la aventura americana, en términos generales, lo hacía para tratar de encontrar un nuevo sentido a su vida: unos en busca de riquezas y otros movidos por la ilusión de alcanzar fama, es decir, que huían los unos y los otros de la pobreza o de la mediocridad.[2] No faltaron, sin embargo, los que habían sido llamados por el deber de extender la fe de Cristo. Y ya tan pronto como se comenzó a instalar la estructura social española en la vida colonial de los nuevos territorios, empezaron a cruzar el Atlántico cantidades importantes de todos los sectores y estamentos de la metrópoli.

La llegada de nuevos contingentes a América fue constante y muy nutrida: en menos de 20 años (entre 1520 y 1539) llegaron 14 mil hombres, y en otros 20 (1540-1560), nueve mil más. Es cierto que se necesitaban porque había llegado el momento de expandir la colonización hacia el norte de México y hacia América Central. No se trataba de gentes de ínfimo nivel social y de peor condición humana, ni de escapados de la justicia que iban a las nuevas tierras porque creían que era lugar adecuado para proseguir con su vida delictiva. No debe olvidarse que Cristóbal Colón, por ejemplo, fundó la Isabela con gentes de cierto linaje, como ocurrió dos décadas después con Darién. También nos recuerda Martinell Gifre (1992: 57-58) que en Perú, a mediados del siglo XVI, había tantos hidalgos pobres que se prohibió la llegada de otros: lo que faltaban era labradores, no hidalgos. El virrey tenía toda la razón en recomendar una acción prohibitiva, pues, durante los años que corrieron entre 1493 y 1519, de 1481 de todos los pasajeros a Indias, solo 33 eran labradores.[3]

Aunque en los primeros momentos abundasen los soldados y los clérigos, de la península y de las islas fueron a las nuevas tierras gentes de muy variada procedencia social

La experiencia antillana sirvió de algo a los conquistadores de las tierras continentales, pero no mucho. La situación encontrada en ellas era drásticamente diferente: inmensos territorios, culturas indígenas muy superiores, muchas tribus belicosas y violentas, y en ocasiones, una heterogeneidad lingüística de gran envergadura.

Las incursiones hechas hacia tierras continentales, al norte, al centro y al sur de las Antillas hacen que los españoles se encuentren con otras culturas indígenas muy diferentes a las caribeñas. Las culturas mesoamericanas se distinguían por sus grandes centros ceremoniales, que administraba un clero culto e investigador, cuyo conocimiento de la naturaleza tenía un alto grado. Tenían calendario, empleaban la escritura y poseían amplios saberes astronómicos y matemáticos. Sus culturas eran agrícolas; sus deidades —el agua, el viento y el maíz— tenían este mismo origen. Los templos presentaban forma de pirámides escalonadas, y en ellos ofrecían sacrificios humanos a sus dioses.

Entre las más antiguas civilizaciones prehispánicas está la olmeca, de la que salen dos ramas importantes: la maya y la olmeca histórica. La primera se asienta en las tierras de la actual Guatemala y la segunda más al norte, en territorio mexicano actual. Estos últimos, los teotihuacanos, serán vencidos, asimilados y finalmente borrados de la historia por los toltecas, supuestamente apoyados por el poder de su principal deidad, Quetzalcoatl, la serpiente emplumada. No duró mucho tiempo, pues a su vez fueron invadidos por los chichimecas, que constituían un conjunto de tribus de muy variada procedencia, entre ellas, la de los temibles aztecas. Poco tiempo después, fueron expulsados y se instalan en los islotes del centro de la laguna.

En su haber, las dos culturas —azteca y maya— llevan un desarrollo casi paralelo. Sorprende en ambos la existencia de un calendario más perfecto que el europeo, en el que fue necesaria la reforma gregoriana para subsanar los once días de retraso que se iban arrastrando. Sus escrituras, los glifos mexicanos, han sido descifradas, aunque con respecto a los mayas las dificultades han saltado por doquier. Lo que se sabe lo debemos a fray Diego de Landa, quien había enviado al fuego muchos de los textos antiguos; el franciscano, obispo de Mérida de Yucatán, nos deja saber cuáles eran los nombres de los días, meses y ciclos. Gracias a él, los estudiosos han podido fechar los monumentos que nos han quedado de esa cultura en que aparecen jeroglíficos con indicación de fecha.

Lo más interesante es saber qué quedó de aquellas culturas bajo el dominio español de esos territorios, pues los conquistadores establecen una especie de Nuevo Mundo, con cosas sorprendentes como una nueva religión, y en el mundo pragmático, una escritura distinta y una moneda antes inexistente. De todo aquello, nos informa Ballesteros Gaibrois (Morales Padrón 1986: 20):

> … quedaron unas masas dóciles, muy inteligentes, colaboradoras con los españoles, que además contribuyeron en toda la América nuclear, a que la colonia pudiera triunfar. De ellas van a salir los alarifes, los agricultores, los administradores de las grandes explotaciones, los artistas, los artesanos, etc.

Aunque parezca extraño, comenta este historiador (1986: 20):

> … a los aztecas y a los mayas de momento no les importó mucho cambiar de religión, porque estaban acostumbrados a tener un credo, muy complejo, y un clero. Además, lo que después aparece clandestinamente en ambos pueblos no es el regreso a los dioses

sacerdotales, sino las viejas supersticiones agrícolas. Ellos tienen realmente una gran devoción por la nueva religión, se convierten fácilmente, se bautizan; pero siguen leyendo con los antiguos sacerdotes los viejos manuscritos, para que les digan cuándo van a venir las lluvias, etc. Esto es lo que produce algunas reacciones, como las del padre Landa, que mandó quemar todos los manuscritos, haciendo un perjuicio terrible a los investigadores. Su conversión, pues, fue ingenuamente sincera, pero les fue difícil desprenderse de todas su antiguas creencias populares.

En el continente meridional, lo que se encuentran los españoles es una gran complejidad poblacional en esos casi 18 millones de kilómetros cuadrados que se extienden por la masa continental del sur. Es verdad que solo en la región central andina se lograron cotas de desarrollo cultural, social, económico, político y militar. Según Cuesta (1986: 20-21):

> Las viejas culturas de la costa, sojuzgadas, reaparecieron con energía, siguiendo esquemas precedentes pero con unas sociedades más complejas. Esquemáticamente podemos decir que donde estuvo la cultura mochica surgió la Chimú, la Chancay apareció sobre la región que ocupó la Lima precedente, y, finalmente, la Inca se estableció sobre los asentamientos que anteriormente fueron nazca. La población había ido creciendo, el desarrollo agrícola y explotación de recursos en aumento, y los trabajos de cerámica, metal, etc. en franco desarrollo y perfección; la pesca costera era particularmente interesante, dada la riqueza del océano. El último horizonte, tardío, fue el del dominio incaico, también de origen serrano. La llegada de Pizarro interrumpió la trayectoria histórica de aquellos pueblos.

Entre los incas y los aztecas había diferencias de mucha consideración. Estos últimos eran bárbaros, se dedicaban al robo y al pillaje, despreciados por los demás. Los incas, en cambio, eran uno más entre los grupos étnicos aposentados en una geografía amplia y diversa que, según Bravo Guerreira (1986: 25),

… impone la necesidad de controlar áreas muy diferentes también para poder sobrevivir, y que consigue ocupar ese vacío de poder que ha dejado el estado Huari, merced a un proceso muy largo de enfrentamiento. Aunque se ha descrito a los incas como una sociedad militarista, hicieron un uso bastante prudente y cauto de la fuerza; fue un pueblo negociador, cuyo ejército servía más para respaldar su propio poder y para servir de coacción a los pueblos que no querían incorporarse a su propia órbita política, que como fuerza de conquista. Eso no significa que si un grupo se negaba a entrar en la órbita del poder incaico, las represalias no fueran terribles, hasta llegar al exterminio de grupos étnicos completos […] Los incas trataban de justificar la falta de avenencia de los pueblos que se les iban incorporando por razones de conveniencia económica, porque si mataban a las gentes que ocupaban las tierras, no tendrían después una mano de obra con la que poner en explotación sus recursos. La sociedad militarista de los incas fue una especie de aparato más defensivo que ofensivo.

De toda la riqueza cultural indígena del enorme continente descubierto por los españoles solo (re)conocieron a los aztecas y los incas; de los olmecas, los teotihuacanos, los toltecas, no supieron nada. Por otra parte, los huari y los tihuanacotas eran, para ellos, incas.

No obstante los triunfos militares alcanzados y los subsiguientes poblamientos españoles, los indios constituían, claro está, la gran mayoría de los habitantes, distribuidos en una inimaginable variedad de etnias. Los españoles eran abrumadora minoría, entre los que destacaban los soldados y evangelizadores; cuando se habla aquí de las huestes cristianas, la referencia es a unos pocos centenares de hombres, que en algunas ocasiones ni siquiera llegaban a cien. Francisco Pizarro, conquistador del Perú, llevaba con él a unos 160 soldados, y el poderoso ejército de Hernán Cortés estaba constituido por tan solo 500 hombres o poco más, 16 caballos, algunos escopeteros, falconetes y lombardas; lo demás eran espadas.

Comenta Rosenblat (1971) que a América pasaron hidalgos sin bienes, y también clérigos, licenciados y bachilleres.

La rapidez con que se organizó una actividad religiosa, educativa, cultural y administrativa requirió la llegada a las colonias de contadores, alcaldes, catedráticos, médicos y cirujanos. Pronto hubo enseñanza instituida en los varios niveles, y con la misma rapidez se implantó en América una vida jurídica sobre el modelo de la española: la primera audiencia fue la de Santo Domingo, en 1511; en 1542 ya contaban con audiencia México, Panamá, Guatemala y Lima.

Durante los primeros 200 años, la colonización se planificó en Castilla, preferentemente en Madrid, donde quedó instalado el Consejo de Indias; se gestionó en Andalucía, sobre todo en Sevilla, sede de la Casa de Contratación, y contó con la ayuda inapreciable de Canarias. Aunque en los primeros momentos abundasen los soldados y los clérigos, de la Península y de las islas fueron a las nuevas tierras gentes de muy variada procedencia social: los hijos más jóvenes de la nobleza, que no heredaban la fortuna de sus padres, vástagos de familias distinguidas que se habían empobrecido (gracias, sobre todo, a las guerras de Reconquista), grupo en el que figuraban numerosos conquistadores, y pequeños grupos de prisioneros, a quienes se les conmutaba la pena para que se establecieran en territorios de reciente conquista y no del todo pacificados.

Una vez que se conseguía erradicar el riesgo, los asientos urbanos se iban llenando de tenderos, industriales (especialmente en paños), sastres, sederos, barberos, carniceros, curtidores, bordadores, cerrajeros, pintores, doradores, plateros, calceteros, canteros, maestros de obra y cantores de iglesia. Con la fundación de los virreinatos, comenzaron a llegar individuos de la auténtica nobleza, dignidades eclesiásticas, mandatarios de variado rango, administradores, mayordomos, abogados, médicos, catedráticos, escritores y artistas. Aunque, al menos durante todo el siglo XVI, la colonización tuvo un decidido signo urbano, también se establecieron grandes plantaciones y haciendas ganaderas, y se explotaban minas, que requirieron la presencia de empresarios, comerciantes, técnicos o "maestros", transportistas, etc.

Por razones sociales fácilmente explicables, el más encumbrado linaje, de una parte, y los campesinos, de otra, eran estamentos débilmente representados en las colonias; la seguridad económica de que ambos grupos gozaban en la metrópoli hacía poco atractivo su paso a América. En cuanto a los trabajadores agrarios, además, las nuevas tierras disponían de ingentes masas indígenas, o de esclavos africanos poco después, que se ocuparan de esos menesteres. Todo ello dio a las jóvenes colonias un aire ciudadano, alejado de las rusticidades de las zonas campesinas de la Península, lo que, sin duda, se reflejaría en el naciente español americano.

Las mujeres europeas llegaban a América en un escasísimo goteo: algunas, de mala vida, que pronto abandonaron su antigua profesión para efectuar matrimonios muy ventajosos; varias damas de compañía traídas por señoras principales, que casaron con rapidez. Nada, en fin, que pudiera terminar con las uniones mixtas, de español y mujeres indígenas, que abundaban sobre todo en las capas medias y bajas de la población española. Abundaban, pero no eran exclusivas de estas clases: ahí está el ejemplo del mismo Cortés, y más adelante, cuando la conquista se extiende hacia el sur, el de Pizarro, Almagro, Pedro de Alvarado, Benalcázar, Garcilaso de la Vega y un largo etcétera. Aquellos hombres repitieron, también en esto, la experiencia antillana y procrearon hijos mestizos profusamente. Es verdad que no todos fueron como el capitán Francisco de Aguirre, que se ufanaba de haber ayudado a poblar las Indias con sus 50 hijos, pero cada cual hacía lo que podía. Para 1650 había en México unos 150 mil mestizos.

La mujer española fue la gran ausente en la América del siglo XVI y aun en los siglos sucesivos. En la primera centuria de la colonización su presencia era tan escasa que sus rastros son fácilmente detectables en el texto de los cronistas. Aún en las postrimerías de la época colonial, la importante ciudad de México, cabeza del Virreinato de la Nueva España desde 1542, contaba con 2 335 españoles puros, y de ellos solo 217 eran mujeres.

Los mestizos llegaron a ser el renglón más numeroso de la población, después de los indios

En 1503, una Cédula Real llevada a América por Nicolás de Ovando recomendaba que se procurara "que algunos cristianos casen con algunas mujeres indias, y las mujeres cristianas con algunos indios". La protección oficial, al menos en el principio, dio la posibilidad de elevarse a una mejor condición social y un conglomerado de pasiones humanas dieron inicio a una gigantesca y prolongada cruzada hacia el mestizaje, situación que contrasta violentamente con la de otras zonas americanas cuya colonización fue realizada por otros pueblos.

Los mestizos llegaron a ser el renglón más numeroso de la población, después de los indios. Era el puente que se tendió constantemente entre ambas poblaciones, la española sobreimpuesta y la indígena sometida, y que logró fundirlas en no poca medida. Algunos de estos hombres se incorporaron a la clase social de sus padres y se emparentaban con la nobleza española. Su reconocimiento como hijos naturales logró que muchos otros alcanzaran altas jerarquías sociales y religiosas. Pero aunque estas situaciones estuvieran lejos de ser la norma, ninguno fue señalado ni despreciado. Es evidente que desempeñaron un importantísimo papel en la colonización del vasto territorio americano. Tanto, que esta no se concibe si solo pensamos en los pequeños núcleos de conquistadores y pobladores llegados de España.

Pero es innegable que, aunque el número y la importancia de los mestizos hubiesen sido, como fue, de mucho relieve, la extensión del contacto lingüístico no podía contar solo con ellos. Los muchos millones de indios, cuyo número se había mantenido sin alteraciones importantes en casi todo el continente, eran el gran reto.

Las imperiosas necesidades biológicas, la ausencia de discriminación racial por parte de los españoles y las circunstancias socio-históricas de la época impulsaron ampliamente el mestizaje, producto tanto de su unión con aborígenes como con negras. Pero las mezclas raciales no terminaron aquí, sino que se multiplicaron con amplitud, produciendo muchísimas castas. De la unión de un blanco y de una india nacía un *mestizo*; de la de un mestizo y una española, un *castizo*; de la de un castizo y una mestiza, un *chamizo*; de la de un chamizo y una mestiza, un *coyote mestizo*; de la de un coyote mestizo y una mulata, un *ahí te estás*; de la de un blanco con una negra, un *mulato*. Sirvan estos ejemplos como muestra de la enorme variedad de castas que conoció el Nuevo Mundo.[4]

Esta realidad exigía de la lengua la creación de un vocabulario especial que la etiquetase, pero la tradición española de este tipo de léxico era muy escasa, ya que la experiencia histórica se limitaba a moros y a judíos. De nuevo se pusieron en funcionamiento unos recursos recién inventados por los europeos, pues el aprovechamiento, previa reconversión semántica, de elementos indígenas fue muy escaso: el taíno *jíbaro*, el nahua *coyote*, el inca *chino* y el aimara *cholo*. Claro que se reconvirtieron semánticamente algunos viejos términos como *berberisco, morisco, mulato* y también *jenízaro*, pero el resto se adaptó.

Se aprovechó el parecido con los animales *(cabro, lobo, marabú)* o con algunas de sus peculiaridades, especialmente las del caballo *(cambujo, castizo, cuatralbo, lunarejo, mulato, requinterón, tresalbo)*, y se revitalizaron términos que en España iban perdiendo actualidad: *barcino, cabro, jarocho, moreno, jalfarro*. Como esto no fue suficiente, se hizo necesaria la invención: por una parte, creaciones humorísticas *(ahí te estás, notentiendo, puchuelo, sacalagua, tentempié, tentenelaire, tornatrás)*; por otra, analogías: sobre *cuarterón* se formó *tercerón, quinterón, ochavón* y *requinterón*; sobre *lunar* se inventó *lunarejo*, y muchos otros casos. En esta tarea se acudió una vez al portugués *(mameluco, criollo)* y a otras creaciones curiosas, como la de *chamizo,* que de "junco que cubre las chozas" pasó a designar al hijo de coyote e india, al ya aludido hijo de castizo y mestiza y a otras combinaciones.[5]

… SI PASAMOS AL ORDEN INTELECTUAL, A AMÉRICA SE LLEVA, EN PRIMER LUGAR, LA ESCRITURA ALFABÉTICA. TAMBIÉN LA LENGUA ESPAÑOLA

Los efectos que produjo la colonización de América fueron varios y muy ricos, y en las dos direcciones: de Europa a América y de esta a aquella. En efecto, América salió muy beneficiada con las nuevas técnicas agrícolas, aunque el avance solo hubiese consistido en la llegada del arado romano, primer instrumento de acero que, junto a otras herramientas, va a significar un gran avance en la agricultura de aquellos pueblos. Añádase a esto la llegada a aquellos territorios de nuevas plantas: el trigo, la vid, el olivo, la caña de azúcar y el plátano.

En el terreno zoológico también hubo nuevas importaciones: vacas, ovejas, caballos, mulas, asnos, perros y cerdos. También llegó la rueda. Y si pasamos al orden intelectual, a América se lleva en primer lugar, la escritura alfabética. También la lengua española. Otro bien que recibe América, esta vez en el ámbito de la construcción, fue el arco arquitectónico, que venía a desechar la falsa bóveda y el arco hecho por aproximación de hiladas, que no permitía cubrir espacios anchos y amplios.

La llegada del hierro y del bronce —los aborígenes solo tenían metales ricos, el oro y la plata, a los que daban muy poco valor— revolucionó la agricultura de aquellas culturas. Con las nuevas plantas se enriquecían las dietas alimenticias de los aborígenes y surgieron emporios comerciales, primero pequeños, pero, andando el tiempo, empresas de gran extensión y rendimiento: la caña de azúcar, plantada desde temprano en las Antillas, en la zona costera mexicana y en el sur de los Estados Unidos, y el plátano, que poco a poco fue adueñándose de grandes territorios de la América Central. La ganadería y la presencia de otros animales no fue un renglón menor. Cuadrúpedos solo se encontraban en la región andina —la llama, la alpaca, la vicuña y el guanaco— pero no podían competir en fortaleza con los recién llegados; la llama, por ejemplo, solo podía cargar unos 40 kilos. El trasporte de carga cambió drásticamente al disponer del mulo y del asno, que quitaron pesos increíbles de las espaldas de los indios, como reconocía Zumárraga, primer obispo de México.[6] Incluso la rueda, que ya era conocida por los aborígenes, pero que todo parece indicar que no la utilizaban para el transporte, empezó a funcionar en este sentido.

Con todo lo importante que son estos asuntos para la vida diaria, nada fue comparable con la escritura alfabética, que pronto vino a sustituir a otros sistemas escriturarios usados hasta entonces: la pictografía (los aztecas), la escritura jeroglífica (los mayas) y el quipu (zona andina), aunque esta última más que escritura era un sistema de nudos hechos en cuerdas que servían para recordar ciertos asuntos. Tras la llegada de los españoles, pronto los indios aprendieron a escribir, incluso sus propias lenguas, con este nuevo tipo de escritura. En cuanto a la lengua española, basta con decir que, más importante que poder acceder a la cultura europea, los aborígenes lograron comunicarse, de entre los varios centenares de lenguas vivas entonces en el territorio americano, con hablantes de las lenguas vecinas.

Desde luego que España y el resto de Europa también se beneficiaron —y no poco— de las tierras conquistadas. En primer lugar la revolución "ecológica y dietética" que supuso el descubrimiento de aquellas tierras terminó casi definitivamente con el hambre que asolaba periódicamente esas tierras. Serrera Contreras (Morales Padrón 1986: 44) indica que:

> Cultivos llegados de América, como el maíz, alcanzaron pronto una enorme difusión, tanto para la nutrición humana como para la alimentación animal. Tenemos noticia de su rápida implantación en Hungría, el Véneto, en Galia, en zonas de Irlanda, en donde el maíz permitió terminar definitivamente con esos problemas de escasez, puesto que además se podía almacenar durante etapas

prolongadas. Lo mismo va a ocurrir con la papa, con el tomate y con otros tipos de plantas medicinales y tintóreas.

Tan importantes como los productos anteriores fueron el cacao, el tabaco, el café y el azúcar, estos dos últimos procedentes del Viejo Mundo, pero una vez aclimatados en América, su triunfo logró desplazar de los mercados mundiales a la producción europea. No es necesario recordar aquí el impacto que el tabaco tuvo desde sus principios, su afición notoria por amplios sectores de la sociedad europea, y la consiguiente importancia económica que alcanzó. Otro tanto ocurrió con el cacao, tanto en su forma sólida, el chocolate, como en bebida. Su impacto fue de tal naturaleza que dio vida a toda una asentada y floreciente tradición en la repostería europea.

Lo del azúcar fue algo más espectacular, debido a que en la España —y la Europa de la época— su uso era fundamentalmente medicinal, lo que hacía que en el comercio se manejaran siempre cantidades muy pequeñas. En 1499, el Almirante Colón, en un memorial despachado desde la Isabela y dirigido a los Reyes, escribía: "non fará mengua el Andalucía ni Sicilia aquí, ni en las cañas de azúcar, según unas poquitas que se pusieron han prendido". Hacía referencia a La Española, adonde había llevado unos plantones en 1493, en su segundo viaje. La importación de la caña a los nuevos territorios de la Corona Española hizo cambiar en un poco tiempo el mapa mundial de la producción azucarera: el que fuera Mediterráneo islámico —Siria, Palestina, Egipto, África del Norte, Chipre, Rodas, Baleares y Al Andalus— fue cediendo su primacía al Nuevo Mundo ibérico. De La Española la caña llega muy pronto a Puerto Rico, a Jamaica y a Cuba; por esos mismos años, a tierra firme, a la Nueva España, llevada directamente por Cortés desde las islas Canarias. No se hace esperar demasiado su aparición en el resto del continente.

Todo esto ocurría cuando la industria azucarera decaía en suelo peninsular; aquí la caña, introducida en el siglo X por los árabes, había alcanzado un desarrollo espectacular. A principios del siglo XV, la costa malagueña, la granadina y la almeriense poseían importantes plantaciones; también algunas zonas del litoral levantino. Motril, uno de los centros de mayor relieve, contaba entonces con 14 fábricas que molían unos 15 mil marjales de caña. La expulsión de los moriscos, sin embargo, hizo que todo ese emporio palideciese hasta morir casi; la industria azucarera andaluza no se recuperaría hasta varios siglos después.

Suerte que quedaba Canarias, que había visto fundar sus primeras plantaciones en el siglo XV y que en la época del descubrimiento poseía una industria pujante. No existen pruebas de que los plantones llevados por Colón fueran de Canarias, pero el papel desempeñado por los canarios en la producción azucarera caribeña es de una importancia muy sobresaliente.

En la segunda parte del siglo XVI, España concebía el azúcar como un producto farmacéutico; los padres jerónimos enviaban azúcar a Sevilla desde La Española bajo la categoría de "drogas medicinales". Entonces la arroba de azúcar costaba 450 maravedís, pero a finales de la centuria los precios se habían disparado: en 1692 se pagaban 1 618 maravedís por arroba, y solo siete años después, 2 384. El azúcar era entonces poco menos que un producto suntuario. Pero la metrópoli aumentaba su demanda del edulcorante constantemente. El éxito alcanzado no tuvo parangón.

En líneas generales, resume Serrera Contreras (1986), frente a la revolución proteínica que experimenta el hombre americano a partir de su vinculación con Occidente, y sobre todo, por la incorporación de grandes cuadrúpedos de carga y comestibles —la gran revolución proteínica de origen cárnico—, Europa va a experimentar, a raíz del contacto con América y con la difusión en tierra europea de estos cultivos americanos, la gran revolución del carbohidrato. Frente a una dieta relativamente pobre en fécula, y sobre todo con una asimilación irregular, en razón de los irregulares ciclos de lluvia y de cosechas, esta revolución va a eliminar definitivamente la hambruna del mundo europeo.

El oro y la plata de América financiaron muchas cosas, pero no lo financiaron todo

Nadie discute que el oro y la plata procedentes de América contribuyeron a financiar muchas cosas, además del renacimiento "cultural" y "artístico", que es en lo que siempre se piensa. Sin embargo, estas afirmaciones necesitan de muchas matizaciones. Un importante aspecto positivo fue la necesidad creada de vencer una serie de dificultades que comportaba la navegación. Cerezo Martínez (1986: 46) indica que esos recursos sirvieron también para impulsar el estudio de la ciencia con el afán de obtener técnicas superiores en los caminos trasatlánticos. Esto fue también un enriquecimiento del Renacimiento.

Por otra parte, la adjudicación del Patronato Regio a los Reyes Católicos, lejos de ser un privilegio, constituía realmente una pesada carga. Pero la monarquía no reparaba en gastos si se trataba de la fe de Cristo. El ejemplo más aleccionador en este sentido es el de las Islas Filipinas, cuya conquista no reportó ninguna ganancia para la Corona y sí muchas pérdidas. Díaz-Trechuelo (1986: 40) subraya el hecho de que Felipe II había rechazado sistemáticamente los consejos que se le daban de que abandonase Filipinas, precisamente porque su mantenimiento costaba mucho dinero al erario real. La respuesta del monarca fue no, "por la mucha cristiandad que hay en ellas y porque no se pierda el fruto que se ha hecho en la fe".

De todos modos conviene subrayar que todo el oro y la plata que se enviaron de América en el siglo XVI, solo alcanzó para sufragar un 12 o un 15% del presupuesto del reino. Además las cantidades fueron menguando sistemáticamente; en ese mismo siglo, a partir de los años 30 y 40 las remesas fueron disminuyendo drásticamente.

La cruz frente a la espada

En los primeros momentos del contacto no era posible pensar en serio en la castellanización masiva de los indios. Problemas urgentes de comunicación entre conquistadores y conquistados requerían soluciones inmediatas. De aquí surgieron los primeros intentos, los de tomar indígenas y traerlos a España para que aprendiesen el "romance castellano". Fue el mismo Almirante el que dio inicio a esta estrategia. Esta gestión suya, y la de otros, quedó refrendada en 1526, en unas Ordenanzas Reales que permitían tomar indios cautivos en cada descubrimiento, uno o dos, para que sirvieran después de "lenguas", es decir, de intérpretes.

El otro sistema, muy lejos de estar programado y completamente ocasional, era la convivencia obligada con los indios de algunos prisioneros o náufragos españoles; como esta podía durar hasta varios años, los expedicionarios aprendían bien la lengua indígena, algunos con notable perfección. Tanto el indio-intérprete como los españoles que también eran "lenguas" estuvieron presentes en toda la primera etapa de la Conquista: ejemplo singular y de sobrada importancia fue el de la Malinche, en México.

Pero tan temprano como en 1503, una Instrucción Real ordenaba que se agrupara a los indios en pueblos "para ser doctrinados como personas libres que son, y no como siervos";[7] para llevar a cabo esta misión, debía construirse una iglesia en cada uno de ellos, y designarse a un capellán que instruyese a los niños, enseñándoles a leer y a escribir, y las diversas oraciones. En esta misma dirección iban las instrucciones de los padres jerónimos, que en 1516 especificaban que a los hijos de caciques y gentes principales había que enseñarles "romance castellano", y además, que se trabajara con ellos mismos, cuando fuere posible, de manera que hablasen castellano.

Para efectuar la castellanización de los indios, la Corona se apoyó en las órdenes religiosas, pero la política lingüística de los monarcas no fue firme ni sistemática. Se movió a lo largo de los siglos entre dos polos: el interés político reclamaba la castellanización inmediata, pero España había cristianizado su proyecto histórico: ya se ha visto que a los Reyes de España el Papa les había adjudicado el Patronato Regio de las nuevas tierras descubiertas y conquistadas, con la obligación de evangelizar a sus naturales, de seleccionar a los misioneros, de cuidar que todo se realizara según la voluntad de Dios. Era el precio que había que pagar por la legalidad de la posesión, y España parecía asumirlo de buen grado. Desde las primeras Cédulas Reales firmadas en Burgos hasta las últimas de ese primer siglo colonial, y las que vinieron después, el vaivén es una constante. Unos botones de muestra serán suficientes.

De la mitad del siglo XVI son dos Cédulas Reales que tratan extensamente el asunto; ambas, a nombre del emperador Carlos V, son despachadas desde Valladolid. Una de ellas va dirigida al virrey de la Nueva España: "... para la conversión a la fe católica de los naturales y que tomen nuestra policía y buenas costumbres, ha parecido que uno de los medios, y el más principal, sería dar orden como se les enseñase la lengua castellana".[8] Para que el deseo real se cumpliese se acude a los provinciales de Santo Domingo, San Francisco y San Agustín. El virrey debe informar

> ... de lo que en ello se hace, y si le parece que será esto bastante para que los indios aprendan la lengua o si convendrá proveer otras personas, y de qué se podrán pagar los salarios de los que en esto entendieren o si podrán contribuir los que de este beneficio gozaren para los gastos de las personas que en ello entendieren.

Y por ser negocio de tanta importancia, se encarga al virrey que ponga en ello la mayor diligencia. Tres años después se imprimieron doce mil cartillas para que los indios mexicanos aprendiesen español.

La segunda cédula iba dirigida al provincial de la Orden de Santo Domingo, también en la Nueva España, y estaba escrita en términos semejantes, subrayando la importancia concedida a la castellanización:

> ... nombre personas de su orden que particularmente se ocupen en esta obra, sin ocuparse en otra alguna, y tengan continua residencia como la saben tener los preceptores de esta calidad, y señalen las horas diarias para ello, a las cuales los indios vengan.

Hay dos puntos en estas cédulas que se repiten con ferviente reiteración en los papeles reales: si para la castellanización convenía acudir también a otras personas ajenas a la Iglesia y a sus órdenes, y cómo pagarían los salarios de los enseñantes. En el mismo año 1550 el monarca escribe de nuevo al virrey para insistirle en que se ponga escuela de lengua castellana para que la aprendan los indios. En el texto se lee:

> Decís que en la Nueva Galicia hay mucha diversidad de lenguas y que es tanta que casi cada pueblo tiene la suya y no se entienden; que los religiosos han querido que se pusieren allí escuelas de lengua mexicana y que lo habéis estorbado porque no conviene que entre allí esta lengua por el inconveniente que podría haber de entenderse los mexicanos con aquellos; y que habéis sido de parecer que, ya que se había de aprender lengua nueva, que sea la española, y así dijistes al Obispo que lo hiciere, el cual lo ha intentado, y como no tiene posibilidad para sustentarlo, no se hace. Al Rey le ha parecido bien lo que dice el Virrey, que se deprenda en aquella provincia la lengua castellana y lo que dijo el prelado, dé orden como se prosiga; y si fuere menester, que de la hacienda real se gasten en cada un año hasta cuatrocientos pesos para que se hagan escuelas para deprender la dicha lengua y, para sustentación de los que en ello entendieren, provea cómo se gasten.

La decisión real en favor del español será prioritaria hasta Felipe II. Durante este reinado, en 1596, se envió a América una Cédula Real que marcaba el inicio de la transición:

> ...os mando que con la mejor orden que se pudiere y que a los indios sea de menos molestia, y sin costa suya, hagáis poner maestros para los que *voluntariamente* quisieran aprender la lengua castellana, que esto parece podrían hacer bien los sacristanes, así como en estos Reinos, en las aldeas, enseñan a leer y escribir, y la doctrina.

Razones de índole positiva y negativa motivaron la política caste-
llanizadora; de una parte, la necesidad de manejar una lengua
común en los territorios de la Corona, tanto para el gobierno como
para la evangelización, y por otra, el peligro de que se fortale-
cieran y se expandieran las lenguas indígenas llamadas mayores:
varias insurrecciones de indios, algunas de mucha importancia,
como la de Jalisco de 1541, se habían producido porque los indígenas podían comunicarse entre sí a través del nahua. La fragmentación lingüística de Oaxaca, que aún subsiste en buena
medida, era la mejor de las razones para perseguir la uniformidad idiomática a base de la lengua oficial de los conquistadores.
Era la misma causa que impedía que los religiosos se empeñaran
en aprender las lenguas locales.

El argumento de la multiplicidad lingüística es puesto de
manifiesto por la Corona, al notificar al virrey y a los oidores de
la audiencia de la ciudad de México que el doctor Muó, maes-
trescuela, en nombre de la iglesia catedral de la ciudad de Antequera del Valle de Oaxaca, informaba de que hay

> … muchas y diversas lenguas de indios, a cuya causa no se puede
> proveer de ministros de la doctrina evangélica de que resulta gran
> daño y peligro para la salvación de los indios naturales; y aunque
> diversas veces se había intentado, por muchos medios, que algunos
> clérigos aprendieran las dichas lenguas, no se había podido hacer,
> por ser pueblos pequeños que no pueden sustentar los sacerdotes;
> y acontecía haber en un pueblo dos o tres lenguas diferentes.

Las recomendaciones de la Iglesia (en un informe que firman
el obispo, el deán y el cabildo de la catedral de Antequera) no
coinciden con el deseo real en ese momento, ya que sugieren
que se enseñe mexicano, como también solía llamarse al nahua, que se podrá aprender con gran facilidad por ser lengua
general, para evangelizar a los naturales en su propia lengua o
en otra lengua indígena más cercana a la suya, aunque bien es
cierto que dejan la decisión en manos del monarca. En este sentido, fray Rodríguez de la Cruz escribía a Carlos V:

A mí paréceme que V. M. debe mandar que todos deprendan la lengua mexicana, porque ya no hay pueblos que no haya muchos indios que no la sepan, y la deprendan sin ningún trabajo, sino de uso, y muy muchos se confiesan en ella [...] y hay frailes muy grandes lenguas [en ella].

No faltaban voces que argumentaban que a los indios les era imposible aprender el español, y otras, no menos pintorescas, que creían que la ignorancia del castellano venía a salvarlos de una serie de graves peligros.

En varias ocasiones, el rey dio respuestas ambiguas, dejando en manos de las autoridades religiosas "que vean lo susodicho y provean lo que parezca más conveniente en la reducción de las lenguas de dichos indios". En México la lengua general fue el nahua; en el sur, el quechua, para grandes zonas continentales; en Colombia, el chibcha, y el guaraní, en Paraguay. La difusión del nahua como lengua general obtuvo tanto éxito que los frailes consiguieron que se hablara desde Zacatecas hasta Centroamérica, es decir, una extensión muy superior a la que esta lengua había logrado durante la época más esplendorosa del imperio azteca. Lo mismo puede decirse del quechua, que también alcanzó su momento máximo de expansión durante el dominio español, a costa del aimara.

Toda la segunda parte del siglo es testigo de esta dicotomía: la Iglesia, preocupada por la evangelización, inclinándose en favor de las lenguas indígenas mayores; el poder civil, con preocupaciones más terrenales, pero comprometido con la catequesis, votaba por el español.

En una carta del oidor Tomás López, despachada desde Santiago de Guatemala en 1550, daba a la Corona una serie de razones pragmáticas en favor del español: 1) los naturales serán más y mejor y más presto doctrinados y enseñados, porque tantos maestros tendrán para su conversión; 2) será mejor para enseñarles la policía de que carecen en las cosas mecánicas y en las demás, pues cada español se convertirá en maestro, tanto clérigos y frailes como seglares; 3) existen pocos intérpretes;

4) muchos clérigos, después de aprender la lengua, se mudan a otros lugares o se vuelven a España, y otros que no se marchan dan mal ejemplo con su vivir deshonesto, y hay que sacarlos; mientras se consigue otro, los indios van olvidando lo aprendido, y por último, el conocimiento de la lengua local da lugar a una manera de ambición porque el que la sabe, viendo que no hay otro, hace fieros al obispo y al prelado, y quiere ser un rey en aquel pueblo. El oidor López remataba su larga carta subrayando las ventajas que la enseñanza del español traería para la evangelización y para la colonización:

> … porque, si no oyen ¿cómo creerán?, y si no entienden nuestra lengua ¿cómo oirán? Resultará otro provecho, que al fin tendrán nuestra buena lengua, elegante, y dejarán la que tienen bárbara y sin policía alguna, y entendiéndonos. Y nosotros a ellos, por la lengua se ha de trabar más conversación, y de ella, amor y amistad, porque natural razón es, por la lengua, trabarse la amistad.

El buen oidor no se conforma con sustentar su recomendación en buenas razones, algunas de las cuales parecían advertencias a la jerarquía eclesiástica, sino que también da indicaciones precisas de cómo ha de procederse para castellanizar.

Otro oidor, el doctor Diego García de Palacio, de la Audiencia de México, propone que en cada pueblo —se refiere a las provincias de Yucatán, Cozumel y Tabasco— haya un maestro de escuela y ocho cantores y dos sacristanes y dos cocineros, y que al maestro se le pague de los bienes de la comunidad, "en cada año lo que se suele y acostumbra a dar, y a cada cantor, 10 cargas de maíz, y a los dos sacristanes y cocineros, lo propio". Además de estas escuelas para indios, creadas por sus mismos pueblos y con sus propios recursos, hubo otras de rango mayor, creadas para hijos de caciques y gente principal, esta vez en ciudades españolas.

Lo que proponen estos documentos, el de ambos oidores, marca de alguna manera la política regia con respecto a la lengua. Son ideas, sugerencias y hasta disposiciones que se repiten a lo largo del siglo XVI. La perspectiva general de esta época puede resumirse en tres puntos: 1) creación de escuelas para que los niños indios aprendan español; 2) reducción de la diversidad de lenguas a la más general de cada provincia; y 3) conocimiento de lenguas indígenas por los catequistas. Este parecería ser el orden de preferencia de la Corona: insistencia en la castellanización como medida a largo plazo.

Es cierto que hubo puntos intermedios: unas Instrucciones Reales entregadas a Antonio de Mendoza hacían la siguiente recomendación "... es muy importante que, entre tanto que ellos saben nuestra lengua, [que] los religiosos y eclesiásticos se apliquen en saber su lengua y para ello la reduzcan a algunas artes y manera fácil como se pueda aprender". Muchos de ellos siguieron con puntualidad este último deseo de la Corona, y junto con sus *gramáticas* y sus *artes* escribieron una de las más importantes páginas de la historia de la lingüística amerindia.

Pero el deseo real, que en todo caso veía el uso de lenguas indígenas como una solución transitoria, no siempre fue seguido por las órdenes religiosas, en particular en aquellas tierras en que se manejaba una lengua indígena general. En estos casos, se prefería adoctrinar a los niños en su propia lengua en detrimento de la castellanización. Así había determinado en 1585 el Tercer Concilio Provincial Mexicano que la enseñanza de la doctrina no se hiciera ni en latín ni en castellano, sino en la lengua indígena. Y así se hacía en muchísimos lugares. Repárese en la actividad desplegada en Yucatán por los franciscanos. Los padres recogieron a sus hijos pequeños de los señores y los pusieron a vivir en casas que cada pueblo hacía para los suyos alrededor de los monasterios; allí estaban todos juntos los de cada lugar, sin padres ni parientes, que acudían solo para traerles de comer. La catequesis se hacía en maya, y, según los informes de que disponemos, alcanzaban tanto éxito que los niños pedían el bautismo con mucha devoción, y hasta rompían los ídolos de sus padres, denunciándolos a los frailes. Fray Diego de Landa nos dice que los niños aprendían a leer y a escribir en maya, siguiendo la gramática de fray Luis de Villapando, y que los padres de los niños cooperaban de buen grado enviando a sus hijos, una vez que habían comprobado que la intención de los frailes no era la de esclavizarlos.

Los documentos hablan de una castellanización lenta y azarosa que, a pesar de las escuelas y de otros recursos inexistentes en las Antillas, contrastaba con el éxito alcanzado en las islas. Y lo que es muy interesante: la castellanización triunfaba entre los hijos de los caciques y otras dignidades indígenas, que adquirían la lengua de los dominadores en los centros urbanos de entonces, rodeados de hispanohablantes, en una especie de técnica de inmersión. Marcan hitos significativos en la historia el Colegio de Santa Cruz de Tlatelolco (1536), en la Nueva España, y el de San Francisco de Borja, creado inmediatamente después de la conquista del Cuzco, ambos para indios nobles, cuando aún no existían instituciones paralelas para españoles y sus descendientes blancos. Los de a pie, por el contrario, solían ser alfabetizados en una de las lenguas indígenas de mayor extensión, aunque no faltan casos de lenguas menores. Comenzaba así a producirse una interesante situación discriminatoria, que duraría, aunque menos drásticamente, hasta nuestros días.

Aunque hay estudiosos que interpretan que la expulsión de casi tres mil jesuitas de América en 1767 era la primera gran medida tomada contra las lenguas indígenas, es necesario esperar a 1770, con Carlos III, para que veamos triunfar, definitivamente en los papeles, a los juristas sobre los teólogos; la célebre Cédula de Aranjuez de este monarca ordena que "... de una vez se llegue a conseguir el que se extingan los diferentes idiomas de que se usa en los mismos dominios [americanos] y solo se hable el castellano". Era la conclusión obligada tras una serie de informes enviados al monarca: el del Marqués de Croix, el de Fabián de Fuero y el de Álvarez de Abreu, aunque ninguno tan contundente como el del Cardenal Lorenzana:

Esto es una constante verdad; el mantener el idioma de los indios es capricho de hombres cuya fortuna y ciencia se reduce a hablar aquella lengua que aparta a los indios de la conversación con los españoles; es arbitrio perjudicial para separar a los naturales de unos pueblos de otros por diversidad de lenguas y últimamente es mantener en el pecho un fomento de discordia para que se miren con aversión entre sí los vasallos de un mismo soberano.

Pero estos ideales de la Ilustración no podían prosperar ya, bien porque no había medios para llevar la orden a buen puerto, bien porque las lenguas indígenas mayores estaban considerablemente asentadas.

Cuando estaba a punto de agotarse el siglo XVIII, en Hispanoamérica solo había tres millones de hispanohablantes —uno por cada tres vecinos—, es decir, que, tras casi tres siglos de colonización, la castellanización había dado frutos muy raquíticos, exiguos si reparamos en que esa cifra incluye a españoles y a criollos. Ya se sabe que la causa de esto hay que buscarla en la legislación lingüística del período colonial, fuertemente influida por la misión evangélica, que defendía la conservación —e incluso la extensión— de las grandes lenguas indígenas. Cuando se intenta cambiar este estado de cosas, ya era demasiado tarde. Los dominios españoles en América constituyen el único ejemplo que se conoce en el que lenguas dominadas, el nahua y sobre todo el quechua, hayan salido fortalecidas en su extensión geográfica al finalizar el período de dominación.

Los indigenismos llegan a los textos. El estudio de la penetración de indigenismos en el español general de la primera época cuenta con un gran aliado: la papelería

La primera gran etapa de entrada de elementos léxicos de origen americano, ya superados los momentos iniciales, se produce bajo los reinados de Fernando e Isabel, Carlos V y Felipe II, época en que la lengua general indígena de las grandes Antillas, el arahuaco, no había desaparecido aún. Las posibilidades del arahuaco como lengua fuente de préstamos léxicos habían terminado poco después de mediar el siglo XVI. El turno correspondía ahora al nahua, en México, y poco más adelante al quechua, en el Perú, en el Ecuador y en Bolivia, y en un plano más modesto, a otras lenguas del continente.

El estudio de la penetración de indigenismos en el español general de esta época cuenta con un gran aliado: la papelería. La costumbre española de documentar por escrito muchos aspectos de la vida pública y privada, que había logrado desarrollar una auténtica tradición en cuanto a creación de diversas clases de documentos, es trasladada a América desde muy temprano. Dos felices coincidencias: la tradición y el interés de la Corona por saber exactamente lo que ocurría en las posesiones ultramarinas y por controlar todos los procedimientos de la administración americana: a los constantes informes recibidos, a las peticiones, a las protestas, la metrópoli respondía con decisiones, instrucciones, interrogatorios y cuestionamientos, que venían a engrosar el acervo documental, celosamente producido por duplicado, lo enviado a América y lo que guardaban los archivos españoles.

Gracias a ello se puede hoy reconstruir lo que fue ese pedazo importante de la historia, pues los archivos antillanos muestran un vacío desconsolador, vacío que debemos a la incesante actividad de corsarios y piratas, con la consiguiente destrucción de los precarios archivos de entonces, y a los rigores climatológicos de ciclones y tormentas, que con igual poder destructor azotaban estos territorios con asombrosa periodicidad. A estas razones, sin duda importantes, hay que añadir el descuido multisecular que los manuscritos sobrevivientes han soportado —altísimos índices de humedad y de temperatura, pequeña fauna hambrienta de papeles—, factores responsables de que no se haya podido conservar la riqueza documental —fundamentalmente para el siglo XVI— que guardan Simancas y, sobre todo, el fabuloso archivo hispalense.

Por un lado, estaban los documentos emanados de la Corona (reales cédulas, reales provisiones, privilegios, libertades y franquezas, instrucciones y cartas); por otro, la papelería producida por las autoridades americanas (ordenanzas, pragmáticas, mandamientos, vedamientos, dispensaciones, capitulaciones o asientos, pedimentos, suplicaciones, bandos) para consumo americano principalmente, y un tercer grupo, constituido por documentos producidos en América destinados a los monarcas (informes, relaciones, memorias, memoriales, cartas). Al margen de esta papelería oficial u oficiosa está la rica y abundante tradición cronística, de la que el mismo *Diario* del Almirante es parte integrante: Fernández de Oviedo, Díaz del Castillo, el padre Las Casas, y un largo etcétera.

Entre 1494 y 1520 se encuentran unos 20 indigenismos en los documentos de la secretaría real. En ningún caso hay explicaciones de contenido semántico que hablen en favor de la novedad de los términos.

Los más tempranos tienen que ver con la política de reparto de tierras. El escribano de Ponce de León usa *conuco* en los papeles de venta anteriores a 1510, y dos años más tarde ya comienza a aparecer en Cédulas Reales destinadas a Puerto Rico y a Jamaica. El término *arahuaco* significó "pequeña heredad de labranza"; se oponía, por una parte, a las *granjerías,* que eran heredades mayores, también de labranza, y por otra, al *hato,* tierra dedicada a la ganadería. Sin duda la palabra *conuco* fue denominación y no medida como el *hato,* que equivalía a una legua cuadrada; para la agricultura la medida era la *caballería,* integrada por 200 cuerdas de 75 varas de lado. Había medidas agrícolas más pequeñas aún, la *peonía,* pero sobre ella no hay especificación de medida en los papeles antiguos. Con excepción de *conuco,* todo el vocabulario del régimen de tierras de las primeras décadas es patrimonial hispánico: *dehesa* y *pastos,* "sitios para pastar el ganado"; *ejido,* "tierra sin cultivo, propiedad colindante con los poblados, común a todos los vecinos"; *campos,* para terrenos en la ruralía, y para la explotación agropecuaria: *estancia* y *sitio.* Pero aunque *conuco* y su derivado *hacienda de conucos* perduró más tiempo en documentos americanos, desaparece pronto de la nomenclatura oficial española, sustituido por *tierra de labranza, pedazo de labranza,* y más tarde por *hazendilla.*

Otros indigenismos pertenecen al régimen de encomiendas: *naboría* o *naboria,* "indio asignado a un encomendero", y también, aunque con menor frecuencia, *cacique* y *nitaino,* quienes, a pesar de su rango dentro de la estructura social indígena, fueron incorporados también al sistema de encomiendas. Otros términos pertenecen a la alimentación: los colombinos *cazabe* y *aje,* más *yuca, ají* y *maíz.* La yuca era el tubérculo que servía de base a la elaboración del *cazabe,* descrita varias veces en documentos cronísticos y aun oficiales que, sin embargo, no conocen la palabra *cativía,* jugo venenoso que desprendía la masa del tubérculo una vez rallado; *cazabe* sustituye pronto, como vimos, a la expresión "pan de los indios" o "su pan", cuando el antecedente [de los indios] está expreso en el discurso, incluso a la expresión híbrida "pan de cazabe". Este indigenismo tuvo una difusión y un arraigo muy fuertes en las Antillas durante todo el siglo XVI, en lo fundamental porque carecía de competición con el pan de trigo. El cultivo del trigo y de la vid fueron auténticos fracasos agrícolas en el Caribe. La harina de trigo se importaba de la Península, pero en muy pequeñas cantidades y harto esporádicamente; todavía en 1644, el obispo López de Haro, hablando de San Juan de Puerto Rico, dice: "por la ciudad se vende pan de trigo a temporadas conforme vienen las ocasiones de la *arina*". Es cierto que desde temprano —1513— se traía a las jóvenes colonias cierta clase de pan ya hecho —*pan de quita quiebra, pan quita tara*—, pero lo que se vendía eran las poquísimas cantidades que sobraban del mantenimiento de las tripulaciones.

Los *ajes* eran un tipo de batata que ya desde Colón, debido a su sabor dulce, se identificaba con las castañas; el término tiene una difusión extraordinaria en la primera mitad del siglo XVI. La confusión con el afronegrismo *ñame,* iniciada por el propio Almirante, pervivió durante muchísimo tiempo. Pero *ñame* era mala grafía por *niame;* el ñame auténtico ya estaba aposentado en Canarias desde antes de las expediciones colombinas, y de aquellas islas llegó a América, pero se trata de tubérculos diferentes. La palabra *aje* sucumbió ante *batata,* uno de los pocos casos de lucha entre indigenismos con victoria para el genérico.

Ají, tomado del taíno de La Española, fue utilizado en exclusiva durante las primeras décadas del siglo; más tarde empezó la competición con el nahuatlismo *chile,* que aparece documentado desde 1540. Ninguno de los dos indigenismos logró afianzarse en la metrópoli, aunque sí convivieron por largos años. El triunfo peninsular de *pimiento* es muy posterior; en este período *pimiento* era el árbol de la pimienta, significado que se introduce en la lengua —al menos en la lexicografía hispánica— con Nebrija. *Maíz,* después de sufrir varias adaptaciones gráficas a partir del *mahís* original, vence desde muy temprano al *panizo* colombino.

Al margen de la alimentación se encuentran otros pocos términos relacionados con la vida indígena antillana: *bohío, hamaca, guanines* y *areyto. Bohío,* entendido ya de manera adecuada, como tipo de vivienda indígena, se usó insistentemente, no solo para designar esa realidad, sino extendido a otras construcciones algo más elaboradas y con propósitos ajenos a la vivienda. En un documento de 1513 se lee: "el bohío de la mar, que era de su Alteza...", y se refiere a una gran cabaña en la que almacenaban frutos cosechados, herramientas agrícolas, etc. El término *hamaca* se asentó con facilidad al no tener competición alguna, pues desde luego *cama* no la ofrecía. *Guanines* y *areyto,* el primero, referido a la "planchuela de oro y cobre en aleación usada para cubrir el pecho de los caciques y hombres importantes", y el segundo, a "baile indígena", van a convertirse con el correr de las décadas en indigenismos arqueológicos, de manejo obligado si se trata de referirse a una realidad del pasado. No llegaron nunca a calar la lengua general.

Relativos a la vida económica, los textos reales y oficiales solo recogen *copey* y *batea.* El primero es nombre del árbol del que se extraía la resina, producto este que constituía preocupación constante de los descubridores desde el primer viaje de Colón. La *batea* tuvo múltiples usos, pero aquí hacemos referencia a la *batea de lavar,* recipiente utilizado en la búsqueda del polvo de oro arrastrado por los ríos. El indigenismo, no arahuaco sino iñeri de las Antillas Menores, no hubiera pervivido mucho una vez agotada la escasa producción aurífera de la región, si no hubiese sido porque la expresión *batea de servicio* se manejó mucho como instrumento de cocina, pieza clave primero en la elaboración del cazabe, y después, de variado uso casero. Esta segunda acepción le aseguró una vida más prolongada en el español caribeño, pero no triunfó en la lengua general, que para entonces prefería *artesa* o *bandeja*. En las Antillas mismas, *batea* fue restringiendo su significado cada vez más.

Guazábara, de rica variación gráfica, con el sentido de "guerrilla, combate, escaramuza", fue el único término bélico incorporado a los documentos de la época; no tuvo vida muy prolongada el tainismo, pero todavía en una carta de Carlos V, fechada en 1546, el monarca escribe: "... fuistes —se refiere a Diego Ramos— al descubrimiento e población de la dicha ysla de Sant Joan donde nos servistes [...] especialmente en guazábaras de indios que en ella ha habido".

La palabra *cacona,* por último, ofrece un interés especial. En las primeras décadas de la conquista significó "botín de guerra"; así se desprende de los textos analizados en los que claramente se hace referencia a "presas" tomadas a los indígenas vencidos en encuentros guerreros, pero en arahuaco la voz debió significar "recompensa o galardón", lo que indica que fue reinterpretada por los españoles, particularizando su contenido semántico. De todas formas, *cacona* fue perdiendo su relación semántica militar antes de desaparecer del todo, pues Juan de Castellanos la usa con el sentido de "abalorio":

> En un duho sentaron al difunto
> con sus arcos y flechas en la mano,
> vasos de sus bebidas allí junto,
> y bollos y tortillas en su grano,
> compuesta y adornada la persona
> con joyas de oro, cuentas y *cacona.*

Toda esta polisemia parecía indicar alguna relación de *cacona* con el término *caona* que escribió Colón, y más tarde Las Casas, con el sentido de "oro", pero no es posible pasar de aquí en el análisis.

Los documentos oficiales u oficiosos producidos en América por lo general mantienen y aun amplían estas nóminas. La carta de Andrés del Haro a Su Majestad sobre medidas de buen gobierno en la isla de Puerto Rico, escrita el 21 de enero de 1518, es un ejemplo verdaderamente excepcional de ausencia de indigenismo alguno: para él, los indios siembran en *labranzas* y viven en *casas de paja,* nada de *conucos* ni de *bohíos.* Pero lo más frecuente es que estos papeles recojan términos indígenas comunes en el español de la época, entre los cuales se encuentran los manejados por el *scriptorium* real y por otros más.

De este segundo grupo, los términos *alcabuco* y *sabana* son los más tempranos, pues aparecen en una carta de 1519 escrita al rey por el secretario Figueroa: "... un llano entre unos montes que acá llaman alcabucos". En efecto, *alcabuco* significaba "monte lleno de maleza" y pervivió en la nomenclatura geográfica hasta mediados del siglo, momento en que sucumbió frente al castellano *monte.* El licenciado Figueroa, sin embargo, habla de *sabanas* sin explicación alguna: "... hállase luego muy gentil tierra de sabanas...", lo que indica la cotidianidad que el término tenía ya, al menos para él. A diferencia de *alcabuco,* que no tenía nada característico que oponer a *monte, sabana* no sucumbió ante *llanura* porque no era aquella simplemente "un terreno igual y dilatado, sin altos ni bajos", sino que, además, se trataba de una planicie cubierta de hierba, sin árboles o con muy pocos. El valor ganadero de las sabanas ayudó a fomentar esta diferenciación semántica que le permitió subsistir en la lengua general.

La palabra *jaguey* también se documenta tempranamente —en 1511— con el sentido de "balsa, hoyo subterráneo donde se detiene el agua", "pozo o depósito subterráneo de agua". Fue un indigenismo efímero, pues se olvida muy pronto frente a *aljibe, pozo* y *cisterna.* El antillanismo *huracán,* por el contrario, llega tardíamente a estos documentos; la palabra favorita en ellos es *tormenta,* sustituida ocasionalmente por *temporal.* Hasta bien entrada la segunda mitad del siglo no se lee *huracán* en la papelería oficial, a pesar de que ya un importante texto cronístico, el de Fernández de Oviedo, había introducido la palabra y la había definido: "tormenta o tempestad muy excesiva [...] grandísimo viento y excesiva lluvia, todo junto o cualquiera cosa de estas dos por sí". Todavía en 1582, la llamada *Memoria de Melgarejo* dice: "suele haber tormentas [...] que llaman huracanes", es decir, tiene necesidad de establecer la relación entre la palabra castellana y el indigenismo, y faltan menos de 20 años para que acabe el siglo.

Sin embargo, ninguno de estos documentos, aun los más pormenorizados, recoge el enorme caudal de indigenismos léxicos que es posible reunir tras la lectura de las crónicas. En estos textos se recoge una amplia gama de términos de fauna, flora, relativos a la vivienda, a la organización social, al trabajo, etc., en realidad incomparable, tanto, que hoy ha sido posible confeccionar con ellos un gran diccionario de más de 400 páginas a gran formato. Así, por ejemplo, mientras que los papeles oficiales solo recogen *bohío,* estos escritos nos dan, además, *eracra* y *bahareque,* "bohío grande, de techo cónico"; *caney,* "bohío pequeño, de poca elevación"; y no contento con tales especificaciones, Fernández de Oviedo nos explica cómo se construían los bohíos:

La construcción se fundamentaba en una serie de estantes o postes de buena madera, hincados en el suelo a la redonda o en circuito, a cuatro o cinco pasos entre sí, asentándose sobre ellos las soleras, vigas colocadas de plano sobre la fábrica de las paredes que a su vez servirían de apoyo a las cabezas o grueso de las varas que componían en su conjunto la varazón, que es la templadura para la cubierta, sobre las cuales se ponían de través, con separación de un palmo, cuarta parte de la vara castellana, las cañas o listones que sostendrían amarrada la techumbre. Esta podía ser de paja luenga o delgada, de hojas de *bihaos,* de cogollos de caña, o de hojas de palmas, *yaguas* o ramas de la palma real o palma manaca. La pared de bohío se hacía también con cañas, atadas con *bejucos,* que son unas venas de correas redondas que se crían envueltas a los árboles (y también colgando de ellos) que así servían de clavazón y ligazón en lugar de cuerdas y de clavos para atar un madero con otro, y para atar las cañas así mismo.

El historiador, con una fuerte vocación etnográfica, no termina aquí, sino que se extiende por el resto del folio y parte del siguiente en innumerables detalles de la construcción.

De todos estos textos, fundamentalmente de Oviedo y de Las Casas, entresaco cerca de 50 indigenismos, dejando a un lado el léxico fósil, compuesto por topónimos o nombres de lugares, antropónimos o nombres de persona y gentilicios. De accidentes geográficos aparecen ahora *seboruco* y *cayo;* el primero, con el significado de "peñascal o loma pedregosa", y el segundo, con el de "islote, isleta rasa, frecuentemente anegadiza"; el destino de ambos fue muy diferente: *seboruco* desaparece con la centuria, dejando solo algunos rastros toponímicos. *Cayo* se impone, y con mucha vitalidad, a juzgar no solo por su alta frecuencia, sino por el diminutivo híbrido *cayuelo,* que documenta ya el padre Las Casas.

La flora ocupa el renglón más importante del caudal indígena transportado a estos escritos. Nombres de frutas *(anón, guanábana, guayaba, mamey, pitahaya),* de árboles *(capá, ceiba, guayacán,* el famoso palo santo que curaba las "bubas", como llamaban a la sífilis, *maga, tabonuco, úcar, caoba, ausubo, huaraguao, majagua* y el curiosísimo *maría,* que no es otra cosa que una adaptación fonética de *mari-á,* masa y palma de *corozos).* Añádanse *atibunieix, guaraca* o *guaracara, guaracayca* o *guaragüey, guanaguax, lerenes, maní, yautías, yucaba, yucubía* (plantas de la batata y la yuca, respectivamente), *boniato, guayaro,* "ñame de Indias", *donguey, bícamo* o *jícama, boniama, yayama, yayagua,* arrumbados estos tres últimos muy pronto por la palabra española "piña", *cojoba, bijao, hicaco, marunguey, quenibey, tautúa* y *tabaco.* Más del 60% de este vocabulario desaparece de los textos en el mismo siglo XVI.

Con nómina menor, pero más persistente, está la fauna: *hutía, guacamayo, guanaxa, dahao, biajaca, balajú, manatí, jaiba, ca-*

rey, jicotea, iguana, caimán, cocuyo, comején, jején y *nigua*. La mayoría de estos animales eran inexistentes en otras zonas hispánicas, incluso americanas, por lo que las denominaciones respectivas quedaron circunscritas al Caribe; en los demás casos, unos triunfan definitivamente, *manatí, carey,* y otros sucumben ante los términos con los que comenzaron pronto a competir: *guacamayo* cedió ante "papagayo", posible arabismo que se encuentra documentado en España desde el siglo XIV, en las páginas del *Libro de buen amor,* y manejado con cierta abundancia en los manuscritos del siglo siguiente del *Calila; guanaxa, guanaxo* perdió ante "pavo", documentado ya en su forma moderna desde Nebrija (el antiguo "pavón", desde Berceo, en el siglo XIII). "Tortuga" se impuso a *jicotea; tortuga* y *galápago* están documentados en Nebrija —sobre todo la primera—, era la voz general española en tiempos del descubrimiento; la usan Oviedo y Las Casas, dando comienzo ellos mismos a la competición con el indigenismo. Por último, *caimán* no logra triunfar sobre "cocodrilo", voz antigua muy asentada en castellano desde el siglo XIII, aunque con múltiples variantes gráficas.

En el ámbito de la vivienda, los muebles y el ajuar de cocina, además de las edificaciones mencionadas, aparece *batey,* que del original "juego de pelota" y, por extensión, "plaza donde se jugaba a la pelota", pasó a designar "patio"; *ture,* "banquillo de madera o de piedra con respaldo"; *guayo,* "rallador para la yuca"; *sibucán,* "especie de manga vegetal para extraer el zumo de la yuca"; *jibe,* "cedazo para cernir la harina de la yuca", y *burén,* "especie de plato plano de barro donde se cocía la torta de cazabe". Todos son indigenismos arqueológicos, con excepción de *guayo,* que perduró más allá de las fronteras del siglo, aunque su dominio fue y es muy local.

Otro conjunto de indigenismos, referentes a diversos ámbitos de la vida de los aborígenes, llega también a las crónicas: *guatiao* se usó con intensidad en las primeras décadas de la conquista; significaba "amigo", "confederado", lo que traía aparejado la curiosa costumbre de intercambiar nombres. Según el padre Las Casas: "... trocaron los nombres, e hiciéronse grandes *gua-*

tiaos, llamándose Juan Ponce, Agüeibaná, y el rey Agüeibaná, Juan Ponce, que era una señal entre los indios de estas islas de perpetua confederación y amistad". Desaparece pronto de los papeles. *Piragua,* de origen caribe, no se mantiene ante la competición de *canoa,* primero, y de *lancha,* después. Un pequeño conjunto de instrumentos musicales hace su aparición —algunos, momentáneamente— en las descripciones cronísticas: *maraca,* "sonajero hecho del fruto seco de la higuera, limpio en su endocarpio, con piedrecitas o peonías en su interior, con un palo inserto que le sirve de mango"; *güícharo,* "calabacín largo, cilíndrico y algo arqueado, producto de un bejuco rastrero llamado *güiro;* se seca, se le extrae la masa y alrededor de la corteza endurecida se le hacen unas hendiduras paralelas contra las que se frota una varilla"; a este instrumento musical rústico llaman los documentos del XVI *guaxei. Maraca* y *güiro* han pervivido; son instrumentos musicales que no pueden faltar en ninguna orquesta de ritmos tropicales.

Cabuya, hico y *henequén* pertenecen al ámbito de las sogas, cordones, hilos, lazos; todas ellas aparecen con alguna frecuencia en estos textos, a propósito de los materiales de fabricación de las hamacas.

Un último conjunto de voces misceláneas: *cabao,* de significado un tanto incierto, al parecer alguna figura de piedra utilizada en los areytos; *cué,* figura religiosa; *mao,* especie de peto hecho de algodón; *tahey,* objeto de naturaleza indeterminada; *buhiti,* agoreros o adivinos; *cemí,* ídolo representativo del espíritu del bien, y *duho,* asiento cacical de tres patas construido en piedra o en madera. Todos ellos son indigenismos arqueológicos.

Si se repara en las nóminas presentadas hasta aquí, se observará que la cantidad de indigenismos incorporados a los textos está en relación directa con el tipo de documento: a medida que aumenta la oficialidad de los papeles, disminuyen los préstamos. Por el contrario, la pluma de los historiadores-etnógrafos de la primera mitad del XVI sobre todo, constata un buen número de ellos. Queda claro que los indigenismos que llegan a los papeles, sean estos los que sean, no fueron todos los manejados realmente por la lengua hablada de aquellos tiempos en que el bilingüismo debía promoverlos con más ahínco. No es una hipótesis. Aunque el patrón que se establece a lo largo de los siglos siguientes es de franca disminución, la lengua viva de hoy o de tiempos relativamente cercanos a nosotros ha conservado términos de fauna y flora, entre otros, que no se registran en esos documentos.

Con todo, una revisión de la llamada "literatura cronística" escrita entre los siglos XVI y XVIII revela que, aunque la extensión y el propósito del texto mismo influyen sobremanera en la cantidad de indigenismos utilizados, la densidad de estas unidades léxicas se mantiene bajísima. En los documentos del primero de estos siglos aparecen 224 términos indígenas de un total de 41 292 palabras; en los correspondientes al siglo XVII hay 21, de un total de voces de 23 240, y en los del XVIII, de 76 640, aparecen 438. Las densidades respectivas son de 0,54, 0,09 y 0,57%. Es verdad que el corpus del XVII es bastante limitado, pero obsérvese que el del XVIII es muy amplio, y sin embargo son solo unas pocas centésimas las que sobresale su índice de densidad con respecto al del siglo XVI.

Y eso que este conteo de indigenismos de los textos cronísticos ha tomado en consideración las repeticiones del mismo vocablo; si este factor desapareciera para ir en busca de la nómina de elementos léxicos autóctonos, el total solo alcanza 170, divididos de la siguiente manera: siglo XVI, 53; XVII, 10, y XVIII, 107. Ha de advertirse que de estos 170 vocablos, solo 21 de ellos alcanzan en los textos del corpus una frecuencia relativa superior al 1%; en orden decreciente: *cacique, caribe, maíz, areyto, canoa, cazabe, hamaca, batata, cemí, cacao, huracán, piragua, yuca, guayacán, yagua, bejuco, úcar, batey, ceiba* y *bohío.*

Si de este tipo de texto se pasara a otros que no mostraran tanto interés por el pasado como los examinados anteriormente, cuyo propósito es precisamente describir las realidades históricas indígenas, la necesidad de manejar un vocabulario arqueológico desaparecería del todo, con lo que la densidad de indigenismos llegaría a límites ínfimos.

Sin embargo, los conquistadores y primeros colonizadores de la Nueva España, hombres todos con experiencia antillana, llevaron consigo a las nuevas tierras diversos términos aprendidos en las islas; algunos de ellos no triunfaron, pero los que habían pasado a formar parte de su lengua habitual no pudieron ser sustituidos: *maíz* se impuso abiertamente a los nahuatlismos *centli* y *tlaulli; tuna,* a *nochtli; mamey,* a *melt,* y así una larga lista encabezada por *guanábana, barbacoa, guayaba, jaiba, mangle, naguas, yuca, papaya.* Allí solo cobraron actualidad los indigenismos que hacían referencia a cosas nuevas, desconocidas en las Antillas: *aguacate, atole, cacao, camote, chayote, chocolate, guachinango, jitomate, mole, tamal, tomate,* etc.

Un examen de la literatura cronística del siglo XVI indica que 63 de los 69 términos taínos que en ella aparecen se usan fuera de las Antillas, mientras que de las 95 palabras nahuas, solo 39 se recogen en textos ajenos a México, y tan solo ocho de un total de 24 voces quechuas son utilizadas fuera de la zona incaica. Para explicar estos casos del triunfo y la expansión de los antillanismos no es posible acudir a la necesidad de nombrar cosas desconocidas; no se usaban como signos, sino como símbolos, y lo que verdaderamente querían mostrar los conquistadores de México y de Perú era su veteranía en la experiencia americana.

Le ofrecen frutas con graciosos ritos, / guanábanas, gegiras y caimitos

Fue Cristóbal Colón, como se ha visto, quien inaugura la larga historia de la penetración de palabras americanas en textos españoles. Le siguen los principales cronistas, como era de esperar: Pedro Mártir en sus *Decades de Orbe Novo,* además de las que aparecen en el primer *Diario* de navegación, introduce en el latín de su escrito otros 14 indigenismos; el padre Las Casas en su *Apologética historia* maneja algo más de 300; Gonzalo Fernández de Oviedo en su *Sumario de la Natural historia de las Indias* utiliza unos 70, pero en su *General y Natural Historia* da entrada a un número tan considerable de ellos —más de 500— que se siente en la necesidad de excusarse ante sus lectores:

> ... si algunos vocablos extraños y bárbaros aquí se hallasen, la causa es la novedad de que se tractan y no se pongan a la cuenta de mi romance, que en Madrid nascí y en Casa Real me crié y con gente noble he conversado y algo he leído para que se sospeche que habré aprendido mi lengua castellana, en la cual de las vulgares se tiene por la mejor de todas, y lo que aviene en este volumen que con ella no consuenen, serán nombres o palabras puestos para dar a entender las cosas que por ellas quieren los indios significar.

Muy conocidos son los casos de los escritores de los siglos áureos: Cristóbal de Castillejo, Alonso de Villegas, Lope de Rueda, los grandes dramaturgos, Lope sobre todo, pero además Tirso de Molina, Calderón, Quevedo; en los textos de Cervantes pueden leerse los términos *cacao, caimán, criollo, chapetón, bejuco, huracán, caribe* y *chacona, potosí, perulero* que maneja como palabras auténticamente españolas, sin el menor tinte de exotismo; en Tirso aparecen voces como *inga, cazica, curaca, mametoya;* Lope de Vega en el *Arauco domado* intercala *perper, cocavi, munsay, macana, yanacona, chicha, tambo;* en la *Epístola V* de San Juan de la Cueva se citan *plátano, mamey, guayava, anona,* y Juan de Castellanos en su *Elegía de varones ilustres, canoa, cacique* y *caribe.*

La situación se repetía en los textos americanos, aunque con mayor lentitud. Pongamos un ejemplo pionero.[9] Muy a principios del siglo XVII, en una pequeña villa cubana, Puerto Príncipe, el grancanario Silvestre de Balboa Troya y Quesada escribe el *Espejo de paciencia,* composición épica de escaso aliento en la que se narran las vicisitudes del secuestro y la liberación del obispo Juan de las Cabezas Altamirano. Cuando Balboa termina de escribir sus octavas reales tenía unos 45 años, pero no sabemos con certeza cuántos había pasado ya en suelo cubano.[10] De cualquier forma, la influencia lingüística que ejerció en su obra el ambiente circundante fue muy pequeña y específicamente limitada al léxico. El canario elabora el *Espejo* de acuerdo a la estructura convencional de la poesía épica renacentista y, por lo tanto, maneja muchos de los elementos retóricos propios de ese código (invocación a las musas, recuento de guerreros, arengas inflamadas, intervención de los dioses, etc.).

En cuanto a la lengua, es fiel a patrones sintácticos panhispánicos, muy condicionados, como es de esperar, por las necesidades del metro y de la rima. También su vocabulario es patrimonial en unas proporciones muy notables, pero aquí se intercalan algunas palabras aborígenes, las suficientes como para dar un cierto sabor local al poema. Esto ocurre en el Canto primero, cuando, una vez liberado el obispo, acude a recibirlo una nutrida constelación mitológica que, en lugar de ofrecerle las clásicas frutas (manzanas, peras, uvas, etc.), lo obsequian con productos de la tierra y de los ríos:[11]

> Le ofrecen frutas con graciosos ritos,
> guanábanas, gegiras y caimitos
> ....
> y entre cada tres de ellas dos bateas
> de flores olorosas de navaco.
> De los prados que crean las aldeas
> vienen cargadas de mahí y tabaco,
> mameyes, piñas, tunas y aguacates,
> plátanos y mamones y tomates.
> ....
> Bajaron de los árboles en naguas
> las bellas hamadríades hermosas
> con frutas de siguapas y macaguas
> y muchas pitajayas olorosas;
> de virijí cargadas y de jaguas
> salieron de los bosques cuatro diosas.
> ....
> De arroyos y de ríos a gran prisa
> salen náyades puras, cristalinas,
> con mucho jaguará, dajao y lisa,
> camarones, viajacas y guabinas.

....
Y por regaladísimo soborno
le traen al buen obispo, entre otras cosas,
de aquellas hicoteas de Masabo
que no las tengo y siempre las alabo.

....
Y viendo al santo príncipe, humillado
su condición y abiertas sus entrañas,
le ofrecieron con muchas cortesías
muchas iguanas, patos y jutías.

La mayoría de los indigenismos de este texto pertenecen a la flora o a la fauna; son términos procedentes del arahuaco insular, tainismos y antillanismos de difícil o discutida filiación, dos términos del caribe continental y dos nahuatlismos. Estos indigenismos conviven con un americanismo semántico, *piña*, y con términos patrimoniales: *plátano, lisa, camarones* y *patos*. Añádase a este inventario las *bateas* en las que las napeas ofrecen las flores de *navaco*, y las *naguas* que llevan las hermosas hamadríades.

Dejando aparte los términos del nahua *aguacate* y *tomate*, el resto son palabras locales o muy vecinas. Proceden del taíno *dajao, guanábana, hicotea, iguana, jagua, jutía, mahí, mamey* y *pitajaya*. Del caribe continental vienen *macagua* y *mamón*, y de otras lenguas o dialectos antillanos, *caimito, gegira, guabina, jaguará, siguapa, tuna* y *virijí*. Excluyo del recuento la palabra *tabaco*, que con toda probabilidad no es indígena.

El contexto en el que aparecen estos indigenismos necesita de algunas explicaciones. Los sátiros, los faunos y los silvanos le ofrecen frutas al obispo: *guanábanas* y *caimitos* son voces que no presentan ninguna dificultad; ambas son frutas preciadas, la *guanábana* tiene "pulpa blanca, mucoso azucarado, de sabor grato y refrigerante", y el *caimito* igualmente posee "pulpa azucarada mucilaginosa, refrigerante, blanca o rosada, según la variedad". Sorprende, en cambio, encontrar las *gegiras* en esta serie; si es cierto que se trata de *jijiras*, estamos ante una especie de "cacto cilíndrico, estriado con diez o doce lomos, muy espinoso; flor blanca como la pitajaya, inodora"; no da frutas. Es evidente que la palabra está descontextualizada. ¿Qué explicación podría dársele a este hecho? No parece que haya ningún error, pues en la edición facsimilar se lee *gegiras* con toda claridad.

Si no hay error, la extraña incrustación de *gegiras* en una serie de sabrosas frutas tropicales pudo haberse debido a imperativos del ritmo. La palabra se encuentra en un endecasílabo de los llamados heroicos (o óo oo óo oo óo); seleccionados ya los términos *guanábana* para iniciar el verso y *caimitos* para terminarlo, necesitaba una palabra trisílaba con acento llano para completarlo, manera de conseguir acento en la sexta sílaba del verso. De no haber sido este el motivo, sin duda bastante superficial, habría que pensar que la palabra pudo haber significado otra cosa para Balboa y sus contemporáneos.

Las flores de *navaco* que traen las *napeas* son realmente muy olorosas; se trata de "ramilletes de flores blancas, a modo de campanillas hendidas en sus bordes por cinco partes, caedizas y de olor gratísimo en primavera", que da el arbusto silvestre, no muy abundante, del mismo nombre. Pero las napeas, además de flores, ofrecen al obispo *mahí*, *tabaco* y una serie de frutas: *mameyes, piñas, tunas, aguacates, plátanos, mamones* y *tomates*. Balboa se refiere aquí a una de las dos clases de *mamey* que se daban en la isla, el amarillo y el colorado; posiblemente a este último, descrito como "fruto de medio pie (poco más o menos) de largo, de figura aovada, cáscara muy áspera, pulpa de color rojo, dulce, muy suave". El llamado mamey amarillo posee una pulpa amarilla agridulce, también sabrosa, pero de difícil digestión (para algunos). Los españoles bautizaron *piña* a una fruta antillana por la semejanza que presentaba con la piña del pino; Balboa se referiría a la llamada *piña de Cuba,* única existente en la isla hasta el siglo XIX; en esa época se introdujo, procedente de Puerto Rico o de las islas de Barlovento, la *piña de la tierra,* que es la de "pulpa blanca, acuosa, dulce con algún ácido, aromática, deliciosa"; la de Cuba, conocida también como morada, es "muy ácida, y de gusto y aprecio inferiores".

No sabemos a qué tipo de *tuna* se referiría Balboa, si a la blanca o de Castilla o a la brava o colorada, aunque esta última era muy abundante. Ambas dan higos chumbos; no debieron de ser, desde luego, frutos muy preciados, pues los contemporáneos solo encarecen su valor diurético. Los *mamones* tienen pulpa azucarada y gustosa, por lo que vienen bien entre los apetecibles regalos. Con todo, esta serie carece de homogeneidad, pues las *tunas* son elementos tan sorprendentes como las *gegiras;* parece tratarse igualmente de un endecasílabo heroico.

Las hamadríades, por su parte, traen *siguapas* y *macaguas,* además de *pitajayas* olorosas. Con las *pitajayas* el obispo debió haber quedado muy complacido, pues esta especie de cacto da bellas flores "de suave olor", pero no así con los otros dos regalos; la *siguapa* no es una fruta como dice el texto de Balboa, sino un ave nocturna, "más fea que la lechuza", y la *macagua,* que sí lo es, aunque "dulce y agradable" tiene al cerdo como su principal consumidor. ¿Qué pintan aquí este horrible pájaro y esta especie de bellota para cerdos? ¿Necesidades de la tiránica rima (con *naguas* y *jaguas*)?

Tras las hamadríades aparecen cuatro diosas cargadas de *virijí* y *jaguas.* Las diosas de Balboa también parecen estar un poco despistadas, pues el *virijí* es el fruto del árbol silvestre del mismo nombre que comen los cerdos, el sinsonte y la perdiz, y la *jagua* es una fruta "como un huevo de ganso, cubierto de una corteza cenicienta, mucosa agridulce, pulpa con muchas semillas, de que gustan los animales y algunas personas". A estas alturas, ya el lector se imaginará que nuestro poeta ha vuelto a sacrificar la semántica a exigencias formales.

Las próximas ofertas son del reino animal; *jaguará,* sin embargo, es un indigenismo desconocido; algunos proponen su identificación con *jaragua,* pero es poco probable porque *jaragua* es un árbol, y a menos que se trate de otro caso insólito, no es fácil imaginar a las náyades saliendo de arroyos y ríos con *dajaos, lisas, camarones, viajacas* y *guabinas,* todos peces de río apreciados por su carne, y crustáceos, y con unos árboles de *jaragua.* Las *hicoteas* que le traen al obispo las lumníades son reptiles quelonios que constituyen "buena comida", así como sus huevos. Lo de *Masabo,* con mayúscula en el manuscrito, como si se tratara de un topónimo, nos es completamente desconocido; *Masabo* está en rima con *alabo,* formando ambas parte de un dístico ripioso que cierra la octava. ¿Qué punto de rima atraería al otro?

Por último, las oréades le ofrecen al obispo *iguanas, patos* y *jutías.* La iguana es un reptil o lagarto grande, "cuya carne y huevos se han ponderado siempre como muy gustosos"; en cuanto a las *jutías,* cuadrúpedos parecidos a las ratas, se ha dicho que "su carne es un recurso económico en los ingenios y cafetales que principian a formarse", aunque se añade que "para algunas personas es comida gratísima". Desconocemos si en el siglo XVII las iguanas y las jutías serían manjares, pero ya en el XIX sin duda que competían con carnes más apetitosas; recuérdese que la jutía fue comida de esclavos durante mucho tiempo. Si, como se sospecha, la jutía estaba lejos de constituir un plato señorial, pudo haber sido utilizada por Balboa también por razones de rima.

La crítica del *Espejo de paciencia* ha discutido durante mucho tiempo si Balboa vio realmente la naturaleza cubana. Los que se inclinan por la respuesta positiva suelen avalar su opinión precisamente con los versos que aquí hemos examinado; muchos creen que no hay que pedirle más al autor del *Espejo,* sobre todo cuando hasta el siglo XIX ningún otro poeta cubano se detiene a mirar la naturaleza que lo rodea. Pero nuestro análisis ha puesto de manifiesto lo superficial y anecdótico que ha sido Balboa en el manejo de sus indigenismos: pinceladas locales, sabor folclórico y poco más. Lo más curioso, y eso no lo supo nunca nuestro autor, es que casi ninguna de las palabras de este inventario eran oriundas de Cuba, sino pertenecientes a una lengua antillana general. Cuando la conquista y la colonización llegaron a Cuba, tardía y débilmente, estos préstamos eran ya un hecho (salvo los nahuatlismos, que se introducen en el siglo XVI). Pero de todas formas, en medio de la lengua pomposa y culta del poema, son llamadas a la tierra, al escenario de su materia poética.

LA DIFUSIÓN DEL ESPAÑOL EN EL NUEVO MUNDO… NO SOLO
CREÓ UN ESPACIO GEOGRÁFICO-SOCIAL, SINO TAMBIÉN UN
NUEVO ESPACIO MENTAL

Al margen de los americanismos léxicos, algunos de los cuales habían pasado a textos literarios de importancia a ambos lados del Atlántico,[12] ya a comienzos del siglo XVII se empezó a cobrar conciencia de la existencia de ciertas diferencias fonéticas entre americanos y peninsulares. Eran las más perceptibles, aunque en realidad, al margen del léxico y de la pronunciación, muy poco, si algo, se podría señalar: la morfosintaxis no presentaba apenas diferencias. Por supuesto que la legua escrita se mantuvo siempre fuertemente unida. *Vid.* Lope Blanch (1972: 29-46) y Guitarte (1988: 487-500).

No deja de ser curioso que hasta el XVII los hablantes peninsulares no hubiesen notado las diferencias que había entre ellos y los americanos, pero es verdad que los cambios que se estaban dando no eran extraños a sus oídos, pues pertenecían a dialectos españoles sureños y canarios.[13]

Lo que sí empezó a distinguirse, aunque quizás no con mucho refinamiento y no solo por cuestiones idiomáticas, era entre españoles llegados de España (*gachupines* o *chapetones*) y españoles nacidos en América (*criollos*). Nos recuerda Quesada Pacheco (2008a) que entonces se empiezan a registar prejuicios y a emitir juicios evaluativos entre unos y otros, que pueden ser tanto ameliortativos como peyorativos… Y para demostralo nos ofrece el siguiente pasaje del obispo ecuatoriano fray Gaspar de Villarroel: "yo prediqué muchas veces al rey en la capilla real, y hubo ministro que dijo a mi compañero: '¿Cómo si este padre es indio, predica tan español y es tan blanco?'". Líneas más abajo se queja de que los madrileños no distingan entre *indio*, *criollo* e *indiano*.

Cuando empezaron las valoraciones entre español de España y español americano hubo de todo, como era de esperar. Pero lo curioso es que muchos de lo elogios hechos a la variedad lingüística americana hayan estado en plumas españolas. He aquí un ejemplo muy elocuente, tomado de Quesada Pacheco (2008a:17):

Para dar muestra y testimonio cierto de que todos los nacidos en Indias sean a una mano de agudo, tracendido y delicado ingenio, quiero que comparemos a uno de los de acá con otro rezién venido de España. Y sea esta la manera, que el nacido en las Indias no sea criado en alguna d'estas grandes y famosas ciudades de las Indias, sino en una pobre y bárbara aldea de indios, solo en compañía de cuatro labradores; y sea assimesmo el gachupín rezién venido de España criado en aldea. Y, júntense estos, que tengan plática y conversación el uno con el otro: oyremos al español nacido en las Indias hablar tan pulido, cortesano y curioso y con tantos preámbulos, delicadeza y estilo retórico no enseñado ni articifial, sino natural, que parece ha sido criado toda su vida en corte y en compañía de gente muy hablada y discreta; al contrario verán al chapetón, como no se aya criado entre gente ciudadana, que no ay palo con corteza que más bronco y torpe sea. Pues ver el modo de proceder en todo del uno tan diferente al otro, uno tan torpe y otro tan vivo, que no ay hombre, por ignorante que sea, que luego no eche a ver quál sea cachupín y quál nacido en Indias (*vid.* Ortiz 2007). Son palabras de Juan de Cárdenas, médico sevillano.[14]

Es verdad que también se dieron opiniones diferentes, como la de los ingenieros españoles Jorge Juan y Antonio Ulloa, que ponen sus críticas en la manera de pronunciar:

… en aquella ciudad [Cartagena de Indias], como en Portobelo y ésta [Panamá] tiene sus moradores un método de prorrumpir las palabras, quando hablan, bien particular; y así como hay unos pueblos, que tienen arrogancia; otros dulzura; y otros brevedad; este tiene una floxedad, y desmayo en las vocales tal, que es muy sensible, y molesto al que le oye, hasta que la costumbre le va habituando a ello; aun más sucede en este particular, y es que en cada una de las tres ciudades llevan distinto méthodo en el descuadernamiento, flaqueza, y acento de las vozes, acompañado de diversa syllabas propias de cada uno; no menos distinguibles entre sí, que todas ellas apartadas del estilo, con que se habla en España (*vid.* Quesada Pacheco 2008a: 18).

En resumen,

> …a América pasó, pues, una lengua en proceso de consolidación unitaria, pero aún con grandes márgenes de variación interna. Pero pasó como español total y completo […] es decir, como conjunto variacional, no privado, por lo tanto, de alguna de sus variedades principales.

Pero lo que realmente importa de todo esto es que, en palabras de Rivarola (2004: 799):

> La difución del español en el Nuevo Mundo […] creó para la lengua no solo un nuevo espacio geográfico-cultural sino también un nuevo espacio mental dentro del cual se fueron labrando lenta, difícil y a veces contradictorialmente los signos de una nueva identidad idiomática.

Notas

1. El Inca Garcilaso da por límites de esta región: "Al mediodía al Mar Océano y la Isla Fernandina, o Cuba, que está enfrente de la Punta de la Tierra que sale del Golfo Mexicano. A Levante pone la tierra de Bacallaos, de suerte que en la Costa Oriental, que va inclinándose al norte pasada la provincia de San Agustín, están la Carolina, Santa Elena, Virginia, Pensilvania, Nuevo Gersey, Nueva York (antes Nueva Olanda), Nueva Inglaterra, y Acadia, hasta el Golfo de San Lorenzo (que deja a Isla de Terranova) y desde él, inclinándose al Norte, y siguiendo su rumbo, está la Baía de los Indios llamados Esquimos Pequeños; y aislando la Tierra de los Grandes Esquimos, y la del Labrador, o de Corte Real, y que también llaman los ingleses Nueva Bretaña, y los dinamarqueses Estotilandia (que dicen que es País fértil, especialmente de oro) en vna parte la abraza el Estrecho de Hudson, y de otra la Baía, pero los Españoles, solo poblaron el Cabo de Santa Elena, sin que desde él, hasta Estotilandia, aia avido Población suia. Al Poniente da el Inca por término las Siete Ciudades (que nunca se aiaron) en que incluie ámbas Riveras del Río de la Palicada, que los franceses llaman Colbert, San Luis, y ya Misisipi, como los indios, y todos los Geógrafos, si se cree a Moreri, comprehenden en Nueva España, las provincias que ai desde el itsmo de Panamá a la Florida, vnida al Nuevo México". Toscano (2009: 33). *Vid.* también en la misma *Enciclopedia del español en los Estados Unidos*, Chang Rodríguez, "La Florida y el suroeste: letras de la frontera norte", y Moreno Fernández, "Caracterización del español patrimonial".

2. No deja de ser sorprendente que muchos de ellos, a pesar de la pobreza, la alimentación exótica muy diferente, reducida a veces, en ocasiones inexistente, las enfermedades, fiebres, heridas, graves picaduras de animales desconocidos, unido a una serie de obstáculos psicológicos (soledad, extrañamiento, desánimo, desesperación, etc.) se mantuvieron firmes y con fuerza. Martinell Gifre (1992: 48) nos habla de inmigrantes nonagenarios —Bernardino Sahagún, por ejemplo— y nos indica que la mayoría de estos hombres murió entre los 60 y los 70 años, edad bastante avanzada para entonces.

3. No les estaba permitido viajar a América a los penados por la Inquisición, a los conversos y a los gitanos; los esclavos podían pasar, pero solo con sus amos, y eran estos los que decidían a cuáles llevar. Tampoco los extranjeros, entre los que curiosamente se encontraban entonces catalanes, valencianos y mallorquines, aunque frecuentemente lograban conseguir licencias para realizar el viaje.

En 1538 se estableció que tampoco podrían viajar al nuevo continente genoveses, alemanes y flamencos que, no obstante ser súbditos del emperador, necesitaban obtener una carta de naturaleza para poder embarcar, aunque dada la necesidad de armadores para las grandes empresas y de las imprescindibles instituciones y gestiones bancarias, actividades en la que estos eran auténticos expertos, pronto ese rigor fue suavizado.

4. "En los albores del siglo XVII (1605, 1609), escribe Alvar (1987:17-18), el Inca Garcilaso se dio cuenta de que la sociedad americana presentaba una extraña complejidad. Él, que por su condición de mestizo sabía muy bien de dos mundos encontrados, acertó a identificar los hechos y nos dejó unos comentarios de los que debemos partir. No es que tal o cual término no hubiera podido rastrearse con anterioridad, como, en efecto, podemos documentar, sino que Garcilaso sintió los hechos subjetivamente y quiso valorarlos. Porque es verdad que un documento peruano de 1517 dirá que en el país 'hay muchos *mulatos* y *zamba higos*, y indios sueltos y *negros horros*', o que en 1560, Cervantes de Salazar habló de los indios ladinos de Nueva España, pero lo que interesa señalar es el aluvión de términos que el Inca recoge, identifica o aclara: *castizo, criollo, cuarterón, cuatralbo, cholo, guineo*, etc. Tenemos que cien años después de la conquista había cristalizado una sociedad en la que los diversos cruces de sangre habían hecho nacer una terminología nada fácil y ya complicada".

5. En el "Vocabulario" que ofrece este investigador en la segunda parte de su libro, el lector puede encontrar el inventario de más alcance y más cuidadosamente estudiado de razas y castas americanas, integrado éste por nada menos que 82 términos con 240 acepciones. Véase Alvar (1987: 89-215).

6. Morales Padrón (1986: 38) recuerda que José Vasconcelos decía que el asno "merece más esculturas que tantos de nuestros libertadores" porque liberó al indígena de este tipo de trabajo y fue su auxiliar en muchas faenas agrícolas. Del caballo, que produjo tanto impacto al indio en la conquista y colaboró tan decisivamente en ella, dice Carlos Pereira que es uno de los tres animales de la conquista, con el perro y el cerdo. El mulo y la mula eran los animales más aptos para el trasporte de cargas por zonas montañosas. Por ejemplo, el transporte de mercancías de Veracruz a México se hacía con recuas de mulas.

7. De Solano (1992) ha recogido, en impecable trascripción paleográfica, 129 documentos referentes a la política lingüística de la Corona con respecto al español y a las lenguas indígenas americanas, producidos entre 1942 y 1769 (De Solano, ed. 1991). En ellos puede seguirse paso a paso el trascurso de los deseos reales, de sus defensores y de sus adversarios, a través de instrucciones, ordenanzas, cartas, cédulas, órdenes, breves pontificios, pastorales de obispos, crónicas y leyes. La formidable empresa de la colonización americana —urbana, espiritual, cultural, agraria, minera— trajo consigo un importante caudal de papelería, con el que es posible apreciar la marcha de los acontecimientos. Todo ello se reúne por primera vez en este volumen, cosa que no deja de ser sorprendente, tratándose de textos de una máxima utilidad para muchos estudiosos, historiadores, desde luego, pero también lingüistas.

[8.] Todos los documentos citados de aquí en adelante en este capítulo los encontrará el lector en el citado libro de De Solano (1992); allí aparecen completos, en transcripción paleográfica y con datos accesorios de gran utilidad.

[9.] No he querido referirme a otros textos contemporáneos e incluso anteriores al *Espejo* porque bien son obras escritas completamente en una lengua indígena (las 20 loas y una comedia del párroco José Antonio Pérez de la Fuente, en nahua), o traducciones a ellas (como las que hizo el presbítero Bartolomé de Alva de dos obras de Lope de Vega y una de Calderón), o bien a textos en español donde los autores no han dado entrada, al menos no de manera significativa, a indigenismos léxicos. Cf., por ejemplo, la *Oda al Darién*, de Páramo y Cepeda, escrita en 1697.

[10.] Desgraciadamente no disponemos de muchos datos sobre la vida del escritor: una partida de bautismo, fechada en Las Palmas a 30 de junio de 1563, una *Información* de limpieza de sangre del licenciado presbítero Juan de Balboa Quesada, su hijo, otro documento en el que unos testigos declaran la fecha de su traslado a Cuba, y varios otros extraídos y publicados recientemente del Archivo Histórico Provincial de Las Palmas. La información, sin embargo, parece proporcionar datos contradictorios, pues mientras dos testigos afirman que se había marchado de Canarias hacía 50 años, otros dicen que se había trasladado "mozo y soltero". Si las primeras fechas son correctas, Balboa habría llegado a Cuba en 1605, con alrededor de 42 años de edad. Lo único seguro es que nuestro autor estaba en Las Palmas en 1592, según consta en un documento del Archivo Histórico. Si nuestro poeta llega a Cuba en 1593, debió tener unos 30 años. *Vid.* Lobo Cabrera (1985-1987). Si es así, 15 años después terminaría el *Espejo*.

[11.] Cintio Vitier (1960), en el prólogo a su edición del *Espejo* hace un detallado recuento de las peripecias de los manuscritos y da somera cuenta de las ediciones anteriores a esta suya. Vitier intentó, para entonces en una edición facsímil, ofrecer un texto crítico del poema, pero no le fue posible lograr lo primero ni acertar en lo segundo. A pesar de que dos años más tarde publica la edición facsimilar de uno de los manuscritos tardíos (del siglo XIX) y de la existencia de otras dos ediciones canarias posteriores de carácter divulgativo, el *Espejo* sigue a la espera de que se encuentren manuscritos anteriores aunque no sea el autógrafo (que al parecer está perdido) y de que se realice una edición crítica rigurosa. Nuestras citas del texto van por la facsímil.

[12.] Los americanismos léxicos fueron sin duda los elementos lingüísticos más llamativos para los hablantes peninsulares. Los testimonios son muy abundantes, por ejemplo: "si algunos vocablos extraños e bárbaros aquí se hallare la causa es la novedad de que se tratan [...] y lo que oviere en este volumen que con ella (el español de España, en particular el del centro peninsular) no consuene serán nombres o palabras por mi voluntad puestas para dar a entender las cosas que por ellas quieren los indios significar", escribía Fernández de Oviedo, que presumía de madrileño (*vid.* Baluted 2000: 178), fray Pedro Simón, por su parte, también se disculpaba ante sus lectores: "Pareciome al principio destos libros poner una declaración por modo de abecedario de algunos vocablos, que solo se usan en estas partes de las Indias Occidentales, que se han tomado de algunas naciones de los indios, que se han ido pacificando, y para mejor poder entenderse los epañoles con ellos en sus tratos los han usado tan de ordinario, que ya los han hecho tan españolizados, que no nos podemos entender acá sin ellos, ni declararlos en las hitorias sin introducirlos" (Simón [1637] 1986: 51).

[13.] Sin embargo, Bernardo de Aldrete dejaba claro que a pesar de estos rasgos específicos de algunas zonas de la metrópoli, la lengua que hablaban en diferentes posesiones españolas era la misma: "Como hablan oi los Españoles en las colonias i poblaciones, que tienen en África, en Orán, Melilla, i Peñón de Vélez de la Gomera, Castellano como en México, i todas las ciudades de la nueua España, i Perú. La lengua de España, i de partes tan remotas, como estas i sus islas Philipinas toda es vna" (*vid.* Guitarte 1992: 67). Claro que, a pesar de esta declaración en la que no apunta diferencias dialectales de ningún género, Aldrete hace algunas precisiones importantes, sin duda movido por la ya clásica concepción cortesana, de que el habla toledana era indiscutible signo de buen hablar, sin duda, la mejor: "Cresció con esto la lengua Latina en las prouincias, u bien no tan pura i elegante como en Roma, donde ella era natural [...] Lo mismo sucede oi en el Romance, que sin duda se da mejor alos de Toledo, que alos de otras partes, i menos fuera de España" (1606: 56). Luego queda claro que el autor tenía una especie de escala evaluativa con respecto a la calidad del español: 1) de Toledo, 2) del resto de España, 3) de fuera de España.

[14.] El lector interesado podrá encontrar otros ejemplos similares de Bernardo de Balbuena, fray Martín de Murcia, el doctor Gregorio López Madera, y fray Buenaventura de Salinas, en Quesada Pacheco (2008a: 17-19).

CAPÍTULO 4
¿RUPTURA LINGÜÍSTICA CON LA METRÓPOLI?

AUNADOS TODOS BAJO EL CONTUNDENTE ARGUMENTO DE QUE
LA LENGUA ERA PATRIMONIO COMÚN

Hasta 1824, frontera que divide en dos la historia americana, con la independencia política de la mayoría de los territorios ultramarinos de la Corona, el influjo de Madrid sobre los hombres de letras del otro lado del océano había sido importante mas no absoluto. Pero los 14 años de contiendas armadas y el triunfo final de los ideales libertarios hicieron que, al menos parcialmente, se iniciara un cierto alejamiento de la antigua metrópoli: el Atlántico parecía agrandarse.[1]

Poco después dio inicio en Hispanoamérica un período de reflexión sobre el porvenir de la lengua española transportada a aquellas tierras desde varios siglos antes. Algunas de las voces que se levantaban entonces eran pesimistas; aquellos observadores pensaban que tras la ruptura política la fragmentación lingüística del español americano sería un hecho consumado en un futuro imposible de determinar con exactitud. Así lo creía, en 1882, el cubano Juan Ignacio de Armas, hombre inquieto, de múltiples intereses intelectuales, aficionado como pocos de su tiempo a cuestiones idiomáticas:

> Llamo lenguaje criollo, a falta de mejor nombre, al conjunto de vozes i construcciones peculiares, de uso corriente i jeneral en las islas de Cuba, Santo Domingo i Puerto Rico, en las repúblicas de Venezuela i Colombia, i en alguna parte de Centro América... i hoy constituye un cuasi dialecto castellano, que comprende el litoral del mar Caribe, i que será sin duda, para una época aún remota,

la base de un idioma, hijo del que trajeron los descubridores i colonizadores de América.

Otro lenguaje especial existe, i otro idioma, hermano del primero, preparan las evoluciones de los tiempos en Méjico i Centro América; otro, o acaso dos, en el Pacífico; otro en Buenos Aires, que como más apartado del foco de pureza en el idioma común, va actualmente por delante en la natural formación de un idioma propio. Las leyes del transformismo no pueden alterarse en la ciencia filolójica, como en ninguno de los otros ramos a que se extiende el estudio de las ciencias naturales. El castellano, llamado a la alta dignidad de lengua madre, habrá dejado en América, aun sin suspender el curso de su gloriosa carrera, cuatro idiomas, por lo menos, con un carácter de semejanza jeneral, análogo al que hoi conservan los idiomas derivados del latín (1882, reproducido en 1977: 115-116).

Eran momentos en que triunfaban por toda Europa las teorías lingüísticas que explicaban el nacimiento de las lenguas neolatinas a partir de la muerte del imperio: el latín se había impuesto militarmente a los idiomas aborígenes que se hablaban en los anchos territorios sometidos por Roma, pero estos hablantes conservaban poderosas influencias de sus respectivas lenguas maternas al hablar la aprendida; al desaparecer el poder político y cultural que actuaba como elemento de cohesión idiomática, la fragmentación lingüística se acelera. Se olvida la lengua oficial y surgen lenguas diferentes, producto de la fusión de aquella y de las lenguas autóctonas. El paralelo con América era muy tentador: otra lengua superimpuesta en grandes espacios territoriales, lenguas indígenas muy extendidas, pérdida del poder político uniformador, y un mismo resultado final: el español, madre de nuevas lenguas americanas.

Esto explica que la voz de Armas no fuera la única; también estaba la del ilustre filólogo colombiano Rufino José Cuervo, cambiando su parecer anterior

... es infundado el temor de que en la parte culta de América, se llegue a verificar con el castellano lo que con el latín en las varias provincias romanas —decía en 1899—: [...] hoy sin dificultad y con deleite leemos las obras de los escritores americanos sobre historia, literatura, filosofía; pero llegando a lo familiar o local, necesitamos glosarios. Estamos, pues, en vísperas (que en la vida de los pueblos pueden ser bien largas) de quedar separados, como lo quedaron las hijas del Imperio Romano: hora solemne y de honda melancolía en que se deshace una de las mayores glorias que ha visto el mundo. (Véanse también sus *Disquisiciones sobre filología castellana* [1867], 1950).

No puede reprocharse a los estudiosos y observadores de aquella época que se embarcaran en esa nave, pues eran momentos de gran desconocimiento de las realidades lingüísticas indígenas y de la variación dialectal del español, tanto de América como de España. Por otra parte, la independencia política de las colonias, aún reciente, había producido una cierta incomunicación entre el nuevo concierto de naciones libres y la antigua metrópoli, ahora con relaciones poco frecuentes y en principio frías. Este conjunto de factores hacía presagiar lo peor.

El distanciamiento parece haber dado comienzo en 1814, precisamente durante el reinado de Fernando VII, cuando empieza a producirse un notable alejamiento de la península de una parte de la intelectualidad hispanoamericana, que comenzó a mirar a Francia y a Inglaterra. Mientras que España representaba para algunos un pasado periclitado —tendeciosamente unido a la Inquisición y a posturas de vida trasnochadas y reaccionarias— estos otros países europeos, por el contrario, se veían, sobre todo entre los jóvenes, como símbolos de modernidad y progreso. En palabras de del Valle y de Stheeman (2002:15-17):

… junto a la indepencia política se produjo una especie de cisma cultural que habría de afectar profundamente la vida intelectual española y latinoamericana [sic], en tanto que condicionaba de un modo fundamental la visión y utilización del espacio trasatlántico que dejaba vacío el desmoronado imperio.

El siglo xix hizo cambiar mucho las cosas, pues ciertamente fueron tiempos en que la modernidad parecía instalarse de manera triunfal en España, como demuestran los éxitos técnicos (ferrocarril, correo postal, bancos nacionales) y educativos, culturales y de gobierno. La "Pepa", como popularmente era conocida la Constitución de 1812, ponía en su sitio muchas cosas: igualdad de los ciudadanos, burocracia centralizada, fiscalidad común, ejército nacional y supresión de las aduanas internas, por ejemplo. *Vid.* García de Cortázar (1999: 431).

La realidad es que tanto los unos como los otros, españoles e hispanoamericanos, tenían ante sí el mismo reto: acercarse lo más posible y cuanto antes al compás de los nuevos tiempos. España parecía tenerlo peor, puesto que su estructura como nación estaba fuertemente asentada desde hacía siglos, mientras que en la otra orilla del Atlántico las cosas estaban aún a medio hacer. Es de todo punto indudable que en estas mudanzas la lengua siempre ha ocupado un lugar muy sobresaliente, pero esto no parecía ser un problema, al menos desde el punto de vista teórico, ya que la lengua de ambos núcleos poblacionales era prácticamente la misma, aunque algunos se empeñen en aumentar las diferencias —que las hubo y las hay, afortunadamente— de manera empecinada.

Cuando comienzan a producirse estos acontecimientos la Real Academia Española había cumplido algo más de cien años, y seguía con sus actuaciones de siempre, y cumpliendo como podía y sabía con sus principios institucionales, igual o algo mejor que la Académie Française que inspiró su nacimiento, principios que no eran ciertamente la investigación lingüística sino la del cuidado de la lengua.

La Real Academia de Madrid quedó constituida en reunión celebrada el 3 de agosto de 1713, en la que fue elegido director Juan Manuel Fernández Pacheco y Zúñiga, Marqués de Villena, militar, político, embajador, pero por sobre todo, hombre de letras.[2] La Academia nació con una finalidad muy específica: la de fijar la lengua que, según sus miembros, había llegado ya a su última perfección en el siglo xvii. Así lo establece de manera meridiana el capítulo primero de los Estatutos, "del intento, y motivo de la fundacion de la Académia":

> Siendo el fin principal de la fundación de esta Académia cultivar, y fijar la puréza y elegancia de la léngua Castellana, desterrando todos los erróres que en sus vocablos, en sus modos de hablar, ò en su construcción ha introducido la ignorancia, la vana afectación, el descuido, y la demasiada voluntad de innovar: será su empléo distinguir los vocablos, phrases, ò construcciones extrangeras de las próprias, las anticuadas de las usadas, las baxas y rústicas de las Cortesanas y levantadas, las burlescas de las serias, y finalmente las próprias de las figuradas.[3]

Tras esta declaración se comprende mejor que la recién fundada Academia se decidiera por el lema "Limpia, fija y da esplendor" y por el símbolo del crisol en el fuego, que ostenta todavía hoy. El primer historiador de la real institución explicaba que el mote aludía

> ... à que en el metal se representan las voces, y en el fuego el trabajo de la Académia, que reduciédolas al crisól de su exámen, las límpia, purifica y dá esplendór, quedando solo la operacion de fijar, que únicamente se consigue apartando de las llamas el crisol, y las voces del exámen (I, XIII).[4]

Desde su fundación en 1713 hasta hoy,[5] la Real Academia Española ha sido una pieza fundamental en el ámbito cultural hispánico: ha trabajado y promovido con ahínco la unidad de nuestra lengua (Alonso 1956), se ha preocupado por la formación de importantes depósitos bibliográficos que guardan celosamente páginas y páginas de nuestro glorioso pasado literario, ha rescatado, gracias a la imprenta, obras de singular significado, y ha estimulado, a través de sus premios, a los talentos más jóvenes del mundo hispánico, a la par que consolida y consagra a figuras de envergadura de nuestro quehacer creativo, crítico y ensayístico.

Solo hay que acudir a los primeros años de vida de la Institución para observar la elaboración febril de las obras pilares: entre 1726 y 1739 se publican los seis volúmenes del incomparable *Diccionario de la Lengua Castellana*, conocido como *Diccionario de Autoridades*; en 1741, la *Ortographía Española*, y en 1771, la *Gramática de la Lengua Castellana*, con lo que quedaba atendido por completo el sistema normativo de nuestra lengua. La historia de cada una de estas obras está llena de trabajo y de ilusión; también de provecho, pues la Academia sentaba así las bases para el cultivo sólido y coherente de nuestra lengua, sujeta desde esos momentos a unos criterios universales de corrección idiomática.

Desde bastante antes de 1871, fecha en que se funda la Academia Colombiana, Madrid había recabado el concurso de ilustres hispanoamericanos, a los que abría sus puertas en calidad de miembros honorarios —el mexicano Miguel Reina Ceballos (1739) y el peruano Mariano de Carvajal (1773)—, mientras que a otros los había incorporado a sus filas como miembros de número: el mexicano Manuel de Lardizábal y Uribe (1775), que llegó a ser su sexto secretario, el peruano Diego de Villegas y Saavedra Quevedo (1783) y el peruano José de Carvajal y Vargas Manrique de Lara (1814), que se convirtió en su décimo director.

Entre tanto, voces nacionalistas, enarbolando banderas diversas —entre las que no faltaba el rescate de lo indígena autóctono—, fomentaban el hiato. Una parte del mundo intelectual hispanoamericano rechazaba la subordinación de las nuevas naciones americanas a la autoridad académica de Madrid; querían corporaciones propias que rigieran los destinos de la lengua desde una óptica nacional, e incluso hispanoamericana.[6] Algunos escritores iban todavía más lejos, pues, imbuidos por el espíritu romántico, querían romper definitivamente las ataduras con todo aquello que coartara la libertad artística de la creación. La actitud antiacademicista quedaba así sobradamente servida.

En la Real Academia Española, sin embargo, ni la independencia ni los cambios separatistas fomentados después por algunos —aunque a la postre, sin éxito— dejaron la menor huella. En 1845, se daba la bienvenida al argentino Ventura de la Vega como Individuo de Número; le siguieron otros intelectuales que habían fijado su residencia en Madrid: el peruano Juan de la Pezuela, Conde de Cheste (1847); el mexicano Fermín de la Puente Apezechea (1850), y el venezolano Rafael María Baralt (1853); y ya antes de estas dos últimas recepciones se habían nombrado miembros honorarios a José Gómez de la Cortina en México (1840) y a Andrés Bello, el gran gramático venezolano, en Chile (1851).

Muy poco después fueron seleccionados como miembros correspondientes el peruano Felipe Pardo Aliaga (1861), los mexicanos Bernardo Couto (1861) y José Joaquín Pesado (1861), los venezolanos Andrés Bello (1861) —que ascendía de la categoría anterior de honorario—, Cecilio Acosta (1869) y el chileno José Victoriano Lastarria (1870).

Con todo, el mundo hispánico era demasiado amplio para poder ser atendido desde Madrid únicamente, y los académicos, empeñados desde los orígenes en ampliar los horizontes de acción, sentían las enormes dificultades que entrañaba cumplir con este cometido, sobre todo en la labor lexicográfica. La solución estaba en conseguir un cuerpo de colaboradores asiduos y solventes, que permitiera relegar a segundo plano los informes esporádicos de viajeros entusiastas y de corresponsales ocasionales. El camino estaba más que preparado para que surgieran las Academias correspondientes en Hispanoamérica.

En una reunión de la Academia Española, celebrada el 3 de noviembre de 1870, Juan Eugenio Hartzenbusch informó a la Corporación de que José María Vergara y Vergara, autor de una *Historia de la literatura colombiana*, le había comunicado la idea, nacida entre varios literatos en Bogotá, de que se estableciese allí una especie de sucursal de la Academia. La idea fue acogida con enorme entusiasmo.

Varias razones de peso llevaron a la Real Academia Española a dar tan importante paso. En un informe rendido por la Comisión encargada de este asunto, redactado por Fermín de la Puente y Apezechea, nacido en México, como se vio, se declaraba que la Corporación madrileña había tenido

> … altísimas consideraciones de orden superior a todo interés político, que, por lo mismo, conviene que sean conocidas y apreciadas por los individuos de todas estas diversas naciones que, a pesar de serlo, tienen como se ha dicho, por patria común una misma lengua y por universal patrimonio nuestra hermosa y rica literatura, interesando igualmente a todos su conservación y acrecentamiento.

Por otra parte, se insistía en que aun siendo los hispanoamericanos políticamente extranjeros, no podían ser equiparados con los correspondientes de París, Berlín o Londres, pues la unión que propiciaba el idioma común —fundamental asunto de las tareas académicas— los hacía, junto a los españoles, miembros de una misma familia. Como colofón, se afirmaba: "… una misma lengua hablamos, de la cual, si en tiempos aciagos que ya pasaron usamos hasta para maldecirnos, hoy hemos de emplearla para nuestra común inteligencia" (*Memorias de la Real Academia Española*: IV, 274-289).

La Academia Española se proponía realizar lo que ya no era posible para las armas ni para la diplomacia: reanudar los vínculos violentamente rotos, vínculos de fraternidad entre americanos y españoles, es decir, restablecer, con algunas excepciones, la gloriosa comunidad literaria. Hispanoamérica aceptó el diálogo; en definitiva, no se había hecho la guerra "contra la lengua española", como afirmaba uno de sus intelectuales más distinguidos. Y ahí estaba el maravilloso ejemplo de Andrés Bello, que luchó, aun en plena contienda bélica, por la unidad cultural y lingüística de todo nuestro ancho mundo.

Tres nombres de extraordinario abolengo cultural, Miguel Antonio Caro, Rufino José Cuervo y Marco Fidel Suárez, "el triunvirato de la cultura colombiana", como los llamó Menéndez Pidal (1956), a los que la española hizo correspondientes suyos, dieron inicio en Colombia a la gran cruzada; en 1871, la

Academia Colombiana de la Lengua era un hecho consumado.[7] Siguieron muy pronto las de México (1875), Ecuador (1875), El Salvador (1880), Venezuela (1881), Chile (1886), Perú (1887) y Guatemala (1888).[8] Con estas fundaciones, una pléyade de hombres ilustres, lo más granado de la literatura, la lingüística, la historia y el pensamiento, tanto humanístico como científico, de cada país, fueron incorporándose a estas Academias nacionales, y también, de manera automática, a la Real Española, como miembros correspondientes de ella: los mexicanos Joaquín García Icazbalceta y Rafael Ángel de la Peña, el ecuatoriano Pedro Fermín Ceballos, el venezolano Julio Calcaño, el chileno Miguel Luis Amunátegui y el peruano Ricardo Palma, entre otros muchos.[9]

Pero tras la independencia política se fortaleció el trabajo de los voluntariosos que perseguían el distanciamiento lingüístico entre América y España y, si fuera posible, también dentro de América.[10] Las posturas más drásticas se dieron en la Argentina, concretamente en la zona rioplatense, en la que confluían diversas circunstancias propiciatorias. En primer lugar, la debilidad de la tradición hispánica en esos territorios, y en segundo, los ideales de independencia cultural y lingüística surgidos tras la separación política. Debe recordarse que aunque Buenos Aires fue fundada en 1580, no comenzó a alcanzar importancia hasta el establecimiento del virreinato del Río de la Plata en 1776. La cercanía de esta última fecha con aquella en que se declara la independencia del país (en 1810, solo 34 años después) explica sobradamente que los vínculos con España no hayan sido ni prolongados ni fuertes.

A este importante hecho es preciso añadir el afán de desligarse de la tradición cultural hispánica, a lo que contribuyó en no poca medida el espíritu del romanticismo literario de la época: "antipurismo", "antiacademicismo" y otros "antis" eran las banderas enarboladas. Los románticos argentinos, los de la llamada "Generación del 37" (sostenida en la filosofía del alemán Johan Herder), "sueñan con una *lengua americana* que los identifique como hijos, no del Nuevo Mundo, sino de un mundo nuevo que nace con la independencia y que nada tiene que ver con España". Esta conciencia lingüística tiene como máximos representantes a Esteban Echeverría, Juan Bautista Alberdi, Juan María Gutiérrez y José Faustino Sarmiento; también él chileno José Lastarria. Echeverría trae un cambio en lo literario inspirándose en el romanticismo francés; Alberdi habla de *un idioma nacional diferenciado* y se atreve a sugerir la adopción del francés; Gutiérrez también defiende la idea de un *idioma nacional argentino* y denuncia la lengua regida y legislada desde España. Sarmiento señala que "los idiomas [...] se tiñen con los colores del suelo que habitan, del gobierno que rigen y de las instituciones que las modifican", y defiende el derecho a la expresión propia independiente del escritor americano, revelando con ello una preocupación idiomática que iba más allá del rioplatense. Todo este nacionalismo lingüístico se fomentaba valorando la experiencia de lo rural e imponiendo las modalidades propias de Buenos Aires, pero por encima de todo, mirando a Francia, inspirándose en su literatura y defendiendo el galicismo.

Según Guitarte (1988: 487-500), por el contrario...

La emancipacion del español de América consistía [...] en reivindicar el derecho de los americanos en cuanto tales a entrar en la dirección del idioma y a desarrollarlo por sí mismos. No se trataba de legalizar barbarismos ni de crear nuevas lenguas en América, sino de presentar la forma que había adquirido el español en su historia americana y, según el lenguaje de la época, de adaptarlo a la vida moderna.

En primer lugar, había que aceptar la diferencias entre el español de ambas orillas del Atlántico, y en segundo lugar, introducir esas diferencias dialectales en la lengua general. Una especie de rebelión contra la Real Academia Española, precisamente en un momento en que la vetusta corporación de Madrid empezaba a comprender la necesidad de cambios y a emprenderlos, aunque con su acostumbrada lentitud de entonces. Desde el momento actual, y no tan actual, todos aquellos reclamos suenan a posturas arcaicas,[11] pues aunque aún queda mucho por hacer, el cambio académico ha sido de 180 grados.

A todos estos amantes de la intransigencia para con los modelos del buen decir castizo —que no eran muchos— regañó primero desde La Habana, y después desde Santafé de Bogotá, Rafael María Merchán (1886): "Confundimos dos ideas, á saber: que hemos hecho la guerra á los españoles porque han sido tiranos, y no porque hablan español. Parece increíble: la escarapela de nuestros disparates fraseológicos es una condecoración del odio" (1977: 202).

A ellos también se opuso con vehemencia un nutrido grupo de hombres importantes en el mundo cultural hispanoamericano, aunados todos bajo el contundente argumento de que la lengua era patrimonio común, bien irremplazable y con soporte histórico, entre estos, el famoso venezolano Andrés Bello, que decía: "Juzgo importante la conservación de la lengua de nuestros padres en su posible pureza, como medio providencial de comunicación y vínculo de fraternidad entre las varias naciones de origen español". Por otra arte, había escrito su notable *Gramática de la lengua castellana destinada al uso de los americanos* (Bello 1847), en la que se proponía evitar a toda costa cualquier ruptura lingüística que pudiera producirse. Su ejemplo fue verdaderamente aleccionador. Había propuesto unas modificaciones ortográficas al margen de las normas académicas, y gracias a su enorme prestigio el Gobierno de Chile las había impuesto en su sistema escolar, en el que estuvieron vigentes por varios años. Cuando Bello observó que sus propuestas no se generalizaban, y que, en vez de unir a todos los hispanohablantes, estaban consiguiendo abrir una frontera entre ellos, pidió a Chile —y a todos— que abrazaran la ortografía de Madrid.

El filólogo nicaragüense Juan Eligio de la Rocha —nos informa Quesada Pacheco (2008a: 21)— adopta el mensaje de Andrés Bello y lo pregona por América Central:

Preciso es que en Centroamérica se le de impulso a la mejora del idioma de nuestros padres con un estudio positivo de él, pues los

Estados y ciudades nuestros que hacen alarde de hablar mejor el español que sus vecinos, están equivocados. [También el filólogo guatemalteco Antonio Batres Jáuregui afirmaba:] Entre los elementos de cultura que trajo España a América, uno de los que deben perdurar es el de la lengua castellana [sic], que en el siglo XVI se econtraba en todo su auge y esplendor, extendido por inmensos territorios y quilatada por sublimes ingenios (Batres 1904:6).[12]

Dentro de las dos corrientes apuntadas entonces en Hispanoamérica se comenzó a desarrollar un movimiento conciliador: se partía de la tendencia unionista defendida por la mayoría, pero sin llegar a los extremos separatistas de la Generación argentina del 37. Era un movimiento compuesto por filólogos que no querían romper con la unidad lingüística del mundo hispánico y que estaban dispuestos a reconocer como "norma" al español peninsular, pero tomando distancia con la Academia de entonces —como bien describe Alfredo Torrejón (1991: 362)— consideraban al español americano como una variedad parcialmente distinta, pero tan válida como la española.

Y las aguas volvieron a su nivel. Lo de la fragmentación lingüística americana fue rebatido contundentemente. A lo señalado en su tiempo por Juan Valera (1900) ("... hubiese sido necesario en América una invasión de bárbaros que diera al traste con las estructuras político-culturales establecidas para que pudiese pensarse en una nueva fragmentación lingüística"), los estudiosos más actuales han reexaminado toda la cuestión, y encuentran profundas diferencias entre el "caso latino" y lo relativo al español americano. La independencia política de las antiguas colonias fue un suceso de escasa trascendencia para la cultura hispánica, no definitivo como la caída del imperio.

Las lenguas no son organismos regidos por leyes naturales inexorables, nos dicen, que los obligan a nacer, crecer, desarrollarse y morir; son hechos sociales que pueden vivir indefinidamente. La cultura latina, no tan bien asentada en los territorios de Roma, había experimentado ya un brusco descenso en su producción literaria entre los siglos VI y VII, en los que las figuras de Cicerón, y aun la de Séneca, pertenecían al pasado: "El latín —continúa Valera— ya había alcanzado el punto máximo de su perfección cuando se realizó la verdadera romanización de la mayoría de las provincias... En cambio, para toda la América española, el principal período de colonización empieza en el segundo cuarto del siglo XVI, mientras la lengua literaria clásica de España, si bien ya estaba en plena sazón en cuanto a sus posibilidades, no había alcanzado todavía la perfecta realización, suponiendo que, como es corriente, se considere representantes del español literario a Cervantes, Lope y Calderón" (Valera 1900).

EN GENERAL, SE TRATABA DE FOMENTAR EL BILINGÜISMO ESPAÑOL-LENGUA INDÍGENA

La situación americana era diametralmente opuesta al estado de los pueblos emanados de la latinidad a la caída del imperio; en las antiguas colonias se disfrutaba de un notable enriquecimiento de los sistemas escolares con especial brillo universitario, del apogeo de la imprenta, de un periodismo asentado, y de comunicaciones cada vez más frecuentes, y sobre todo ello, empeño explícito de la gran mayoría de la intelectualidad de mantenerse fieles a sus raíces hispánicas. No hay que olvidar que el español desempeñó un papel protagónico en la consolidación de los nuevos Estados americanos; durante todo el siglo XVIII, hablar "con pureza" equivalía a hablar "bien", y ello implicaba mantener una forma unitaria frente a las otras, tenidas por regionales, cuando no por viciosas o erradas. Para algunos esta idea de "pureza" coincidía con la norma del centro peninsular; mientras perdurara esa idea, y en ciertos hablantes —esperemos que no en muchos— perdura hasta hoy, no se podía plantear con seriedad la posible fragmentación del español americano.

En el momento en que estos territorios americanos cambiaban de estatuto político, aquellas repúblicas independientes estaban constituidas por una población marginal —190 individuos de cada 300— que desconocía completamente la lengua nacional, el español, y una capa demográfica —los restantes 110— compuesta en su mayoría por criollos blancos, mestizos e indios, de los cuales los primeros, escasísimos en número, tenían en sus manos las riendas absolutas del poder. Había, por lo tanto, muchísimos ciudadanos del Perú que no sabían que eran "peruanos", y así a través de todo el continente. No son suposiciones ni cálculos aventurados. En 1837, José María Blanco informa de que la ciudad de "Cuzco está poblada por 40 mil almas de toda clase y condición [de las cuales], las dos terceras partes solo hablan el idioma llamado quechua, el resto, incluida la nobleza, se expresa en los dos idiomas, castellano y quechua".

Los países de Hispanoamérica que contaban —y cuentan— con importantes núcleos de población indígena monolingüe se vieron forzados desde el principio a promover la castellanización general para fomentar el bilingüismo. Pero las grandes cruzadas castellanizadoras, que quedaron en manos de los regímenes republicanos, fueron escasas e inoperantes a lo largo del siglo XIX; los impulsos decisivos pertenecen al siglo XX.

Las lenguas indígenas quedaban en el más absoluto silencio

El avance del español en todos los frentes indígenas es evidente, aun en los casos en que la protección oficial parecía estar de parte de la lengua indígena, como en el Perú de la segunda mitad de la década de los setenta. Muchas, sin duda, han sido las causas de este avance reciente: el prestigio avasallador de la lengua oficial; el aliciente económico, social, cultural que su incorporación representa en el mundo de hoy; las campañas nacionales de castellanización, que persiguen incorporar a los monohablantes de lenguas indígenas a la vida colectiva de los países; la fragmentación dialectal de las lenguas de gran extensión, como el quechua, con variedades incomprensibles entre sí; la reducida extensión geográfica y el escaso número de hablantes de otras, y la actitud general de pesimismo hacia el porvenir de las lenguas indígenas, que hace que muchos padres bilingües en México, en Ecuador, en Perú, se nieguen a que sus hijos aprendan la lengua de sus antepasados.

Pero los avances del español, aun sin habérselo propuesto, trajeron como consecuencia el abandono de algunas lenguas indígenas o, incluso, su muerte. Tómese, a manera de ejemplo, lo sucedido en Honduras, que comparte la misma historia lingüística colonial que casi todo el continente; se trata de un pequeño país pluriétnico, pluricultural y plurilingüístico, subido también al carro de la castellanización. Un nuevo Reglamento de Educación Primaria, aprobado en diciembre de 1967, decía:

> Las escuelas de las comunidades indígenas orientarán su actividad en el sentido de lograr la plena incorporación de sus habitantes a la cultura nacional. Para tal fin se hará énfasis especial en los siguientes aspectos: a) Aprendizaje correcto del *idioma nacional,* b) Comprensión de *nuestras* costumbres, formas de vida...

El resto de las actividades señaladas persiguen objetivos muy prácticos de trabajo, higiene y alimentación. Las lenguas indígenas quedaban en el más absoluto silencio. Los estudiosos de la política lingüística de Tegucigalpa, desde la época colonial hasta nuestros días, indican que tal situación no es excepcional a partir del siglo XVIII. Es más, el nuevo acuerdo presidencial de 1994, que reconoce al fin el carácter plurilingüístico de esa sociedad, propone una educación bilingüe e intercultural para todas las etnias; pero, aparte de que todavía este acuerdo está en proceso de elaboración, las medidas llegan cuando ya dos importantes lenguas indígenas, el lenca y el maya-chortí, son auténticos cadáveres, y otras están en tal estado de abandono que sin duda serán de las primeras en desaparecer en esos acelerados procesos de mortandad lingüística que amenazan con borrar de la faz del planeta a casi el 90% de las lenguas actuales, en tan solo una veintena de años.

No se piense, sin embargo, que la castellanización, deseable y deseada (y hasta intensamente deseada por los hablantes de lenguas indígenas), se ha levantado siempre sobre restos de las lenguas aborígenes. Regiones y hasta países hay que ejemplifican lo contrario. No parece que, en general, los gobiernos se hayan propuesto expresamente deshacerse de esa riqueza cultural porque la viesen como estorbos o pensaran en su conservación como un objetivo extravagante para los tiempos que corren. La realidad es que en la mayoría de las ocasiones ha sido el factor económico el responsable de que no se haya podido dedicar esfuerzo de ningún tipo a su pervivencia. ¿Cómo podría el gobierno mexicano, de cuya vocación indigenista no debería dudarse, atender a las varias lenguas, con muchos y diversos dialectos cada una de ellas, que se hablan en un solo estado, el de Oaxaca, cuando algunas no cuentan con más de 200 hablantes? En estos casos, la única respuesta posible, al menos desde el punto de vista presupuestario, es la castellanización.

Aunque no contamos con estudios generales recientes sobre estos procesos en Hispanoamérica, los ya efectuados, que entre otras cosas nos dejan ver la polémica situación mexicana dividida tajantemente en dos, dan indicios claros de que se trata de procesos triunfales, aunque no siempre ejemplares. Casi en todas partes, las gestiones gubernamentales de carácter docente se han visto apoyadas por las actitudes positivas de los aprendices, y además, respaldadas por la actividad cotidiana, en auténticas políticas caseras de inmersión lingüística.

NOTAS

[1] No en lo lingüístico, sin embargo, pues los estudios hechos sobre las características de la modalidad idiomática predominante en las ciudades hispanoamericanas más importantes del Cono Sur en este período independentista y también posteriormente, no han encontrado diferencias significativas en el habla cuidadosa; en la coloquial, tampoco, pues en toda la región, esta respondía a una comunidad integrada por españoles, criollos, mestizos, "mancebos de la tierra", "mancebos de garrote", negros, y también "gauchos" y "paisanas", ni más ni menos que como siempre antes.

[2] No se trató, por supuesto, de una aparición súbita y completamente original en el panorama cultural español. Sus antecedentes son muchos, tanto en otros países como en la misma España. En esta última florecieron la Academia de los Nocturnos, la de los Montañeses del Parnaso, la de los Adorantes, la de los Ociosos y la de los Anhelantes, entre otras. Eran tertulias de inspiración cortesana, en su mayoría ocasionales, en las que intervenían escritores e intelectuales de muy variado abolengo social y literario. También la Academia Española nace en las tertulias de los jueves del marqués de Villena. Sobre estos antecedentes, véanse las obras ya clásicas de Sánchez (1961) y de King (1963), más el apretado pero sustancial capítulo de Zamora, "Antecedentes", con muy rica información bibliográfica. Sin embargo, en palabras de este último investigador, con estas Academias ".... aún estamos lejos de lo que va a ser la Real Academia Española. Les faltaba la conciencia de una empresa superior, el esfuerzo común, reconocido como tarea obligada y de interés colectivo, nacional, trascendido, y les faltaba también una condición de "oficialidad", de ser institución patrocinada por la nación entera, que era la primera en reconocer su necesidad. Y que, a la vez, valoraba su prestigio y su autoridad dentro de los territorios de la monarquía" (Zamora 1999: 18). Tras la Española, solo estaba realmente la Académie Française (*Vid.* Álvarez de Miranda 1995).

[3] Los Estatutos fueron aprobados en 1715; la Corporación los publicó de inmediato, y años más tarde los reimprimió al frente de su *Diccionario de Autoridades*, de donde tomo el texto citado (I, XXIII).

[4] El Marqués de Villena había encargado a los académicos que trajesen propuestas de lema para la Corporación. Tras estudiar el pleno las once propuestas que se presentaron, se aprobó provisionalmente la leyenda "Aprueba y reprueba"

y la imagen de una abeja volando sobre un campo de flores. Pero, al no quedar todos convencidos, el director hizo una nueva solicitud. Por fin, quedó aprobada la actual (de la que se supone fue su autor José Solís, Conde de Saldueña y Duque de Montellano) entre un total de 26 propuestas. No faltó alguna crítica, a la que respondió en su día Joseph Casani: "Con que de passo se satisface el reparo que se encuentra en los libros impresos en Francia, con el título de *Journál des Sçavans*: pues no se ignóra, que el fuego en lugar de fijar liquida los metales, pero también se sabe, que si estos tuvieran alguna escória: el que quisiere fijarlos sin esta imperfección está precisado a valerse del fuego y el crisól, donde se liquíden para purificarse, y despues puedan fijarse con nuevo, ò mayor esplendor: siendo constante, que ningun metál podrá purgarse de la mezcla impúra que tuviere sin que primero se liquíde el exámen del crisol, o el martyrio de la copéla. Y entendidas asi empressa y mote, no podrá negarse, que en el todo de uno y otro esta significado con rigurosa propriedád el asunto de la Academia". (I, XIII). *Vid.* Domínguez (1969), y Fries (1989).

5. La historia de la Corporación cuenta con una nutrida bibliografía, en general, de carácter monográfico. Esfuerzos importantes de ofrecer una perspectiva más abarcadora, en Casani (1713), [Mariano Roca de Togores] Marqués de Molins (1870), Cotarelo y Mori (1914), Gil Ayuso (1927), Cotarelo Valledor (1947), Diego (1963), Lapesa (1987) y Zamora (1999).

6. En 1823 se propuso en Buenos Aires que todo lo relacionado con la lengua en la Argentina fuese estudiado y dilucidado por una academia literaria de esa ciudad (*El Argos de Buenos Aires*, 1823); intento parecido nació en Bogotá por los mismos años y, en 1825, México alimentaba un proyecto muy ambicioso, la creación de una Academia Hispanoamericana de la Lengua, en la que participarían los más reconocidos intelectuales del continente. Pero este breve capítulo se cerró del todo, dejando tras sí apenas un curioso puñado de documentos para la historia.

7. *Vid.* las iluminadoras páginas de Suárez (1874) y de Caro (1920) con respeto a la fundación de la Academia Colombiana; algunas cartas importantes relacionadas con este hecho fueron publicadas por Guitarte (1962).

8. Las demás Academias tendrían que esperar al siglo siguiente. Entre 1923 y 1980 se fundaron la Costarricense, la Filipina, la Panameña, la Cubana, la Paraguaya, la Boliviana, la Dominicana, la Nicaragüense, la Argentina de Letras, la Nacional de Letras de Uruguay, la Hondureña, la Puertorriqueña y la Norteamericana. En 1951 se crea la Asociación de Academias de la Lengua Española, órgano que facilita la colaboración de todas ellas en los trabajos corporativos de índole común. En ese primer congreso de Academias, el fundacional, organizado en México, cuna de la Asociación, el presidente de aquel país, Miguel Alemán, justificaba la creación de este nexo, que involucraba de manera decisiva a las Corporaciones correspondientes en el trabajo pautado desde Madrid, con las siguientes palabras: "El idioma español ha sido para los pueblos americanos lenguaje de libertad y de dignidad humanas. En este idioma, dijeron sus arengas Hidalgo y sus discursos Bolívar: Morelos expidió los decretos de abolición de la esclavitud y de reparto de tierra; escribió sus ardorosos artículos Martí y cantó, la noche antes de ser ajusticiado por luchar por la libertad, el poeta Plácido".

"Es, por otra parte, copiosa la manifestación de los más altos pensamientos que dan estilo y nobleza inconfundibles a nuestros escritores, desde don Andrés Bello, maestro incomparable y legislador lleno de sabiduría, y desde Sarmiento, educador por excelencia, y desde Montalvo, execrador de tiranías, hasta Rufino José Cuervo, José Enrique Rodó, Enrique José Varona, don Justo Sierra, Pedro Henríquez Ureña y don Antonio Caso, y la infinidad de magníficos prosistas que también han sido varones esclarecidos y modelos de ciudadanos; tanto como los poetas nuestros, de excelsitud lírica, como Díaz Mirón y Rubén Darío". La suerte estaba echada. La nueva Asociación aseguraba la absoluta democracia —una Academia, un voto— de sus actuaciones y la continuidad y la cohesión de los trabajos de los congresos, la puesta en práctica de sus resoluciones y la coordinación interacadémica. Con este paso se debilitó el tradicional eurocentrismo de las labores académicas.

[9.] Tratan de la historia colectiva de las Academias Correspondientes: León Rey (1980), López Morales (1995) y Quilis Sánz (2002) son todas parciales y breves.

[10.] Es obligado mencionar aquí la dura polémica entre Rufino José Cuervo, el gran lingüista colombiano, y Juan Valera, escritor y diplomático (nadie lo diría) español, a propósito de la publicación de *Nastasio*, narración en verso del argentino Francisco Soto y Calvo. Si Cuervo no hubiese escrito una carta prólogo a este libro, sin duda que hubiese pasado sin pena ni gloria, pero las ideas, tan conocidas para entonces, del colombiano sobre el futuro de la lengua española, provocaron el enojo de Valera, que reaccionó con cierta violencia verbal. Las cosas no quedaron ahí. Cuervo respondió, explicando nuevamente su postura científica sobre la futura e imparable fragmentación del español, apoyándose, como había hecho antes en el prólogo al *Nastasio*, en el glosario que acompañaba a esta obra, cuyo protagonista —no se olvide— era un gaucho payador. Cuervo seguía fiel a sus nuevas concepciones (en las que antes no creía) y insistía en esgrimiendo sus argumentos, algunos absolutamente peregrinos y acientíficos (los diversos climas, los estilos de vida, las razas). En tanto, Valera insistía en defender su postura de la no desintegración del español, aunque sin el andamiaje lingüístico que hubiese tenido que manejar en sus respuestas, nada menos que a Cuervo. La historia, sin embargo, ha terminado dándole la razón a Valera. Y es que quizás Cuervo, en su extraño empecinamiento, no supo calibrar que el texto de Soto y Calvo estaba anclado en un escenario rural y que el español que allí se manejaba no tenía nada que ver con la lengua usada normalmente por los hispanoamericanos. Para toda este polémica, que a veces adquiría rasgos un tanto infantiles en ambos contrincantes, *vid.* el ya citado prólogo de Cuervo, que desencadena la polémica, y en orden cronológico: "Sobre la duracion del habla castellana"[sic], artículo publicado por Valera en *Los Lunes de El Imparcial* madrileño (1901) y reproduce después en *La Nación* bonaerense, al que Cuervo responde con prepotencia en las páginas de una revista científica, el *Bulletin Hispanique* (1901) titulado "El castellano [sic] en América". Responde Valera en un nuevo artículo periodístico, esta vez en *La Tribuna* de México, al que nuevamente contesta Cuervo en el ya citado *Bulletin* (1903). Un largo y detallado examen de estos "intercambios de opiniones" —mucho más de lo que esta polémica merecía— la hace José del Valle (2004: 93-197). *Vid.* también, sobre todo centrado en el primer artículo de Cuervo, Guitarte (1981).

[11.] Me refiero concretamente a los reclamos de Sarmiento: "Las lenguas siguen la marcha de los progresos y de las ideas; pensar fijarlas en un punto dado, a fuer de escribir castizo, es intentar imposibles; imposible hablar en el día la lengua de Cervantes, y todo el trabajo que tan laboriosa tarea se invierta, solo servirá para que el pesado y monótono estilo anticuado no deje arrebatarse de un arranque solo de calor y patriotismo. El que una voz no sea castellana es para nosotros objeción de poquísima importancia; en ninguna parte hemos encontrado todavía el pacto que ha hecho el hombre con la divinidad ni con la naturaleza, de usar tal o cual combinación de sílabas para entenderse; desde el momento que por mutuo acuerdo una palabra se entiende, ya es buena".

[12.] A esta tendencia lingüísticamente emancipadora se opusieron algunos ilustres filólogos americanos: Rufino José Cuervo, de Colombia, Juan Eligio de la Rocha, de Nicaragua, Carlos Gagini, de Costa Rica, Baldomero Rivodó, de Venezuela, y Antonio Batres Jáuregui, de Guatemala. No todas las reacciones fueron igualmente sensatas. El costarricense Juan Eligio de la Rocha (1858), citado en Quesada Pacheco (2008a: 21), por ejemplo, presentaba una postura retrógrada en grado sumo, pues decía: "la unidad podría lograrse por medio de la educación lingüística, prescriptiva, purista, siguiendo en principio el modelo peninsular; el buen hablar consiste en observar las reglas de la gramática, consultar el diccionario y procurar aproximarse al acento sonoro, marcado abierto rotundo y claro de los castellanos, destruyendo los arcaísmos, resabios y todos los provincialismos que tengan equivalente en español". Por lo tanto había que escribir gramáticas y diccionarios que condenaran todo tipo de expresión dialectal que atentara contra la unidad lingüística. A raíz de este movimiento, que se logró imponer en América por muchas décadas, surgieron manisfestaciones de corte normativo, purista y academicista, las que se reflejan en la serie de gramáticas prescriptivas, particularmente escritas para la juventud, además de diccionarios nacionales y locales correctivos. Siguiendo los mismos pasos, establecen una relación de familia, de modo que el español peninsular es la lengua madre y las variantes americanas son las lenguas hijas. La Madre Patria, en vista de su papel histórico debe desarrollar autoridad frente a sus hijas, y debe regir los destinos de la lengua; América debería seguirla.

CAPÍTULO 5
LAS LENGUAS INDÍGENAS AMERICANAS

LA ATOMIZACIÓN LINGÜÍSTICA DEL TERRITORIO AMERICANO
PARECÍA FAVORECER LA IMPLANTACIÓN DEL ESPAÑOL

A pesar de que las lenguas aborígenes que encontraron los conquistadores españoles a su paso eran de una variedad extraordinaria, tan solo unas pocas podían considerarse verdaderamente mayoritarias. El nahua tenía su asiento principal en la zona central mexicana; su influjo se extendía también hacia el sur, a lo largo de la costa pacífica de la América Central, hasta el territorio actual de Costa Rica, aunque con mayor debilidad a medida que se apartaba de su núcleo; en cuanto al norte, a los territorios situados hoy en Norteamérica (Nuevo México y Arizona), puede decirse que su influjo era sumamente reducido, si es que alguno tenía por las inmigraciones aztecas. Otra lengua de importancia fue el maya; se hablaba en todo Yucatán y hacia el sur, hasta lo que hoy es El Salvador y Honduras.

En las tierras continentales del sur la lengua de mayor relieve fue el quechua. Originariamente estaba afincada en los territorios peruanos de la actualidad, pero se extendió después por todo el Ecuador y el sur de Colombia, al norte, y por el sur hasta Bolivia y el norte argentino. El chibcha señoreaba la actual Colombia y parte de Panamá, y se prolongaba aunque muy débilmente hacia Costa Rica. El aimara convivía con el quechua en tierras peruanas y bolivianas, y además se adentraba en el norte de Chile. El guaraní se asentaba en el actual Paraguay y en sus zonas fronterizas con Bolivia y Argentina. Por último, el mapuche se hablaba a lo largo de todo lo que hoy es Chile.

Es evidente que, además del cúmulo de razones político-administrativas que así lo aconsejaban, la "atomización lingüística" del territorio americano también favorecía la implantación del español. Es verdad que, en aquellos sitios en los que los pequeños núcleos de colonizadores españoles convivían con poblaciones indígenas numerosas y de gran densidad política, social y cultural, la situación era muy compleja; ejemplos de ello eran la meseta de México, parte de la América Central, los actuales Perú, Ecuador y Bolivia, las tierras paraguayas y las misiones jesuíticas del Río de la Plata.

El colonizador español, carente por lo general de prejuicios raciales, siguió participando en uniones con indias...

La castellanización de los indígenas se abría paso muy lentamente, sobre todo, como una consecuencia inevitable del mestizaje. La mujer española llegó a América tardíamente y en proporciones limitadísimas. La conquista fue actividad de hombres solos, como era de esperar, pero también la colonización. El problema fue muy agudo en las Antillas. En los dos primeros viajes de Colón no embarcó ninguna mujer; en el tercero vinieron dos egipciacas expulsas. En viajes posteriores fueron llegando algunas con sus maridos, pero en 1511 estas no pasaban de 30. Eran épocas en las que estaba prohibida la entrada de solteras e igualmente de casadas si no era en compañía de sus maridos. En 1512, una Real Cédula permite que pasen a Cuba unas pocas esclavas blancas moriscas. Estaban destinadas al servicio de los vecinos, pero también a menguar en algo los prolíficos amancebamientos de españoles con indias. Esta es la primera muestra de preocupación de la metrópoli, que comienza a patrocinar el matrimonio español, aunque sin demasiado éxito, dada la escasez de mujeres europeas.

A pesar del interés de las autoridades civiles por aumentar la población blanca, y del clero, que luchaba por frenar el régimen familiar irregular existente, el colonizador español, carente por lo general de prejuicios raciales, siguió participando en uniones con indias y procreando mestizos, que, en muchas ocasiones, eran legalmente reconocidos. Esta descendencia habló muy pronto español, la prestigiosa lengua de los dominadores, así como un apreciable número de sus madres indígenas y del servicio, también nativo.

Todos estos hechos solo podían producir un resultado: índices cada vez más crecientes de mortandad de las lenguas indígenas

Repasemos los hechos: encuentros militares, lucha desigual entre aborígenes y conquistadores, imposición de un nuevo orden de cosas desfavorable a los vencidos, lengua y cultura indígenas postergadas, empobrecimiento demográfico nativo, imposición del régimen sociocultural español, intenso mestizaje. Todos estos hechos solo podían conducir a un resultado: índices cada vez más crecientes de mortandad de las lenguas indígenas, e imposición del español, previo estadio intermedio de bilingüismo. Según fray Bartolomé de Las Casas, hacia 1540 la extinción del taíno (léase lenguas antillanas) era un hecho consumado, y desde diez años antes no era necesario aprenderlas —dice— porque los indios sobrevivientes hablaban español. Con esta frase, casi lapidaria, se brindaba un testimonio a favor de la mortandad de las lenguas indígenas antillanas en una época muy temprana. Es verdad que tal afirmación ha dado lugar a controversias, pues la misma parece haber estado basada en la conocida exageración del sevillano, más que en datos procedentes de la realidad objetiva.

Es muy posible que para esas fechas, salvo en los pueblos de indios, imperara una situación de bilingüismo entre los aborígenes, con predominio del español en la comunicación pública y la lengua indígena circunscrita a lo doméstico, pero carece de fundamento histórico la afirmación del dominico.

Los guanahatabeyes, que "son como salvajes", sobrevivieron hasta el siglo XVII, si bien en lugares apartados del occidente. De los demás grupos las noticias son muy abundantes, y todas apuntan hacia los siglos XVII, XVIII y XIX. En 1608, el obispo Cabezas habla de Guanabacoa como "pueblecillo de indios", y en el mismo informe ratifica la presencia de indios como demografía predominante en Baracoa, y muy abundante en Bayamo y Puerto Príncipe. Durante toda esta primera centuria los indios vivían en número apreciable, además, en Santa Ana, Guanarules, Jiguaní Arriba, Los Quemados, Cautillo, El Sao, más en La Habana y en Santiago, villa esta que para 1682 contaba con un 10% de población indígena; en ese mismo año se funda San Luis de Canéis, pequeño poblado cerca de Santiago, y 31 vecinos indios se establecen en él. Algunos cacicazgos sobrevivieron en el este de la isla hasta el siglo XIX.

Los datos sobre la lengua que hablaban estos indios son extremadamente pobres. Desde luego, el tipo de contacto lingüístico que habían tenido con los españoles, salvo los que trabajaban en ámbitos domésticos, no había sido muy favorable a la castellanización. La esfera laboral agraria y minera de los primeros tiempos no fue demasiado productiva en este sentido; hay constancia documental, empezando por la del mismo Las Casas en su época de encomendero, de que los colonos no se preocupaban por fomentar ni las conversiones ni el bilingüismo. Estos, incluido fray Bartolomé, no se molestaron nunca en aprender la lengua de los indios, ni en enseñarles la española. Los procesos de castellanización que hubieran podido producirse en las encomiendas habrían sido en extremo rudimentarios. La predicación estaba por aquel entonces completamente desorganizada.

Aunque quizá no fueran muchos, todavía a principios del siglo XVII había indios monolingües en su lengua materna, sobre todo, los agrupados en "pueblos", y entre los otros habría muy diferentes grados de competencia lingüística en español.

La afirmación lascasiana hay que interpretarla a la luz de los siguientes hechos. Fray Bartolomé había llegado a América en

1502, en una expedición comandada por Nicolás de Ovando, nombrado gobernador de La Española. Va a Cuba a finales de 1511 o a principios de 1512, a petición de su amigo Diego Velázquez. Llevaba entonces más de ocho años en La Española, donde se había ordenado sacerdote poco antes de viajar a la Antilla mayor. Acompañó a Pánfilo de Narváez en su incursión cubana hacia el oeste; de San Cristóbal regresa la expedición al puerto de Jagua, pasando previamente por el valle de Trinidad. Velázquez entrega entonces a Las Casas una encomienda, que dirigió en compañía de su amigo Pedro de Rentería durante más de dos años. Renuncia a ella y marcha a España en 1515 para comenzar sus gestiones oficiales en pro del indio.

Aunque antes de 1539, cuando fue nombrado obispo de Chiapas, vuelve varias veces y vive temporadas en las Antillas, casi siempre en La Española, su experiencia inmediata era de oídas. Desde aquí hasta su muerte, ocurrida en 1566, sus actividades lo llevan por otros rumbos. Su *Historia de las Indias* la redacta entre 1550 y 1561, en medio de la tranquilidad de su convento vallisoletano. Para entonces, viejo y achacoso —la terminó con más de 90 años—, escribía de recuerdos sobre una realidad que no veía desde hacía muchísimo tiempo. Esto indica que la afirmación de fray Bartolomé no es producto de un examen reciente *in situ*, sino una proyección de su experiencia personal de antaño, muy mediatizada, sin duda, por sus intenciones propagandísticas.

Pero es cierto que las lenguas indígenas de América se fueron reduciendo paulatinamente a lo largo de los siglos coloniales, tanto en nómina como en hablantes. De las grandes cifras que se manejaban entonces se pasó a números de mucha menor cuantía.

En México, por ejemplo, los indios puros alcanzan la cifra aproximada de cinco millones y pertenecen a unos 53 grupos étnicos. Es verdad que existe en casi todos los casos (con excepción del nahua, lengua protegida por la política lingüística colonial) un grupo reducido de hablantes, que entre ellas hay muchas y muy significativas diferencias que las hacen mutuamente incomprensibles, y que sus hablantes se encuentran en lugares apartados, con zonas de acción realmente reducidas: los habitantes del pueblo de San Baltasar Chichicapán, por ejemplo, que cuenta con una población de 2 318 habitantes, solo pueden entenderse sin grandes dificultades con los de San Pablo Güila, un pequeño poblado cercano, pero no con los de San Miguel Tilquiapa, que se encuentra tan solo a diez kilómetros.

En el Perú la situación es más drástica, no en cuanto a la proliferación de lenguas diversas, sino con respecto al número de sus hablantes. El 40% de su población, unos doce millones, habla alguna de las seis variedades de quechua existentes como lengua materna, unos 200 mil hablan aimara, y otros 100 mil, alguna de las múltiples lenguas que existen en las estepas orientales de los Andes y en las selvas de las cercanías del Amazonas. En general, el 20% de la población de más de cinco años es bilingüe en quechua y en español, pero aquí se siente mucho el peso de la geografía. En el departamento de Ayacucho, el quechua es la lengua materna, si bien no la única, del 95% de sus naturales. Para 1940, casi una tercera parte de la población total del país era monolingüe en alguna lengua indígena; en 1972, la cifra se había reducido al 11%.

En Bolivia el 40% de la población habla español como lengua materna, el 35%, quechua, y el 25%, aimara. El bilingüismo, a favor del español, está adquiriendo cotas significativas gracias a la escuela y a un conjunto de factores sociales, como la reforma agraria de 1953, que puso en contacto directo a grupos criollos (urbanos) con los nativos (rurales).[1]

El caso de Paraguay es absolutamente excepcional pues el guaraní es la lengua mayoritaria en el país, hablada por más del 90% de la población, aunque los índices de bilingüismo son amplios. También es verdad que existen varios tipos de bilingüismo, como ha estudiado Rubin (1968) exhaustivamente. Por otra parte, la presencia constante del español durante años y siglos y su natural presencia en el guaraní del país también ha contribuido a crear nuevas variantes dialectales.

Se trataba de fomentar el bilingüismo español-lengua indígena, pero no faltaron los casos en los que la letra oficial recomendara que "se procurase por los medios más análogos, prudentes y eficaces, —subrayo— extinguir el idioma de los primeros indígenas" como se lee en las disposiciones del Congreso Constituyente del Estado de Guatemala de 1825.

Las clases medias ilustradas que regían los destinos de las jóvenes naciones se empeñaban en lo que llamaron "el perfeccionamiento de la civilización", para lo cual consideraban esencial la educación de las gentes en un idioma oficial y nacional único, que no era otro que el de la antigua metrópoli. De acuerdo a estos criterios, todos estos países se han movido, y se mueven, en el mismo escenario general, no importan las diferencias —que son muchas— que puedan existir entre ellos. México y Perú, por ejemplo, están unidos en esta misión, aunque hoy en la antigua Nueva España apenas lleguen al millón los indios monolingües en una lengua nativa, mientras que en el país del antiguo incanato, estos sumen más del 10% de la población total.

… CONVIENE DISTINGUIR CON CLARIDAD LAS DIFERENCIAS ENTRE ESTAS DOS ETIQUETAS CIENTÍFICAS: POLÍTICA LINGÜÍSTICA Y PLANIFICACIÓN LINGÜÍSTICA

Ante todo, conviene distinguir con claridad las diferencias —realmente importantes— que existen entre estas dos etiquetas científicas: política lingüística y planificación lingüística. La "política lingüística" se ocupa de la decisión, o decisiones, de un organismo de Gobierno con respecto a una lengua dada. En la mayoría de las ocasiones se trata de oficializar una de las varias lenguas de un Estado, o de darle carácter de cooficial. *Vid.* Mar-Molinero (2000). Es, por lo tanto, un acto de naturaleza política —de ahí su nombre—, que obtiene su expresión pública a través de uno o de varios actos legislativos.

En 1992, por ejemplo, la nueva Constitución nacional del Paraguay introdujo en su artículo 140 la siguiente ley:

El Paraguay es un país pluricultural y bilingüe. Son idiomas oficiales el castellano [sic] y el guaraní. La ley establecerá las modalidades de utilización de uno u otro. Las lenguas indígenas, así como las otras minoritarias, forman parte del patrimonio cultural de la Nación.

Este artículo venía a sustituir a otro de la Constitución anterior, de 1967, en el que el guaraní se declaraba "lengua nacional", conjuntamente con el español, pero no "oficial". Las diferencias son muy notables, puesto que el carácter "nacional" de una lengua solo le permite disfrutar de ese honor, pero no obliga al Estado a exigir su manejo en todo tipo de actividades públicas y oficiales.

Pero por muy importante que sea este tipo de decisión —la oficialización de una lengua—, salvo muy contadas excepciones, estamos solo ante el principio de un proceso que puede llegar a ser muy largo y complicado, si es que realmente se quiere su implementación. No siempre es así, naturalmente. Cuando un Gobierno decide elevar un idioma internacional a categoría de "lengua oficial" —digamos el inglés, el francés o el español en algunos países africanos—, apenas si es preciso trabajar en la lengua designada para tal fin. Estas lenguas están perfectamente codificadas, como queda expuesto en las gramáticas, los diccionarios monolingües o bilingües, y otros instrumentos de que dispone de ellas la comunidad internacional. Pero estos casos son pocos.

En la mayoría de las ocasiones, se requiere de una normalización lingüística, proceso que necesita del concurso imprescindible de lingüistas y de otros especialistas. Es un trabajo técnico altamente especializado.

Los casos menos frecuentes consisten en modernizar una lengua antigua, a veces muy antigua, para hacerla adecuada a todo tipo de temas de la moderna comunicación internacional:

es el caso ejemplar del hebreo. Esta "modernización" requirió de muchos especialistas. El hebreo es hoy la lengua oficial de Israel, gracias a un proceso lento y complejo. Refiriéndonos solo al aspecto léxico, por ejemplo, fueron dos los tipos de operaciones llevadas a cabo. De una parte se tomaron palabras antiguas de ese idioma que hacían referencia a realidades desaparecidas, y se las dotó de nuevos contenidos semánticos. Pero, como ese ejercicio no fue suficiente, hubo que añadir unos cuatro mil vocablos procedentes del inglés y del francés, adaptándolos a la fonética y a la morfología del hebreo. Así, en hebreo se puede hablar, escribir, discutir, etc., en cualquier foro nacional o internacional, sobre temas tan diversos como la comunicación vía satélite, la conveniencia o no de autorizar la investigación con células madre, las balanzas internacionales de pagos, los viajes espaciales, los problemas que conlleva la proliferación de armamento nuclear, y un larguísimo e inagotable etcétera.

Otro de los ejercicios posibles es la selección de una de las diferentes variedades regionales. En estos casos, el trabajo resulta menos complicado, si todos los concernidos están de acuerdo en la elección. Cuando en 1975, el Gobierno peruano, entonces en manos militares, decidió oficializar el quechua, se contempló esta posibilidad. El quechua posee seis variedades dialectales, algunas mutuamente ininteligibles. Se pensó entonces que, quizás, la más prestigiosa de todas fuera la cuzqueña, por ser esta la heredera directa del antiguo incanato.

Antes de que la ley quedase en papel mojado —que fue muy pronto— se prepararon encuestas de actitudes lingüísticas hacia las diversas variedades de esta lengua andina, con la esperanza de que los resultados fueran muy positivos hacia la variedad del Cuzco. Pero, lamentablemente, no fue así. No hubo consenso alguno entre los quechuahablantes de ese país. Este tipo de normalización, en el caso peruano, quedaba así en vía muerta.

La tercera posibilidad, la más compleja de todas, consiste en crear una nueva lengua —por lo tanto, una lengua artificial— aprovechando y mezclando elementos procedentes de sus diversas variedades dialectales. Los lingüistas estudian detenidamente todas las variedades (o, al menos, las más importantes, si estas son muy numerosas) y deciden qué tomar de cada una de ellas. Este ejercicio no debe darse por terminado sin contar con la aprobación de los usuarios; de lo contrario, el resultado puede encontrarse con un fuerte rechazo de la propia comunidad de habla.

Una vez que la lengua oficializada está lista, comienza el proceso de preparar su difusión y enseñanza. Lingüistas, pedagogos, editores, autoridades educativas y otros especialistas se unen aquí para lograr llevar a la realidad del país la nueva situación lingüística. Esta es sin duda la etapa más compleja: preparación de *curricula* a todos los niveles, creación de manuales y otros materiales de enseñanza, formación de profesores, etc., forman un abigarrado entramado que conlleva tiempo, esfuerzo, entusiasmo y mucho soporte económico.

LAS LENGUAS INDÍGENAS VIVAS EN LA ACTUALIDAD EN HISPANOAMÉRICA SON 271

En términos generales, las lenguas indígenas vivas en la actualidad en Hispanoamérica son 271, aunque con muy diferentes índices de mantenimiento. *Vid.* Arzápalo y Lastra, eds. (1995).

Son varios los lingüistas y los antropólogos que han intervenido en la clasificación de estas lenguas desde el punto de vista de su vigencia. Dos de los trabajos más actuales corresponden a Enrique Margery Peña (2005) y a Miguel Ángel Quesada Pacheco (2008b). El primero de ellos es un macroestudio que abarca toda Hispanoamérica; el segundo es un microestudio, concentrado especialmente en la América Central.

Margery Peña nos habla de cinco estadios (florecimiento, resistencia, declinación, obsolescencia y extinción). Las lenguas indígenas florecientes se caracterizan porque 1) poseen más de un millón de hablantes, 2) tienen escritura y 3) disfrutan de medios de difusión. En esta categoría solo se encuentran cuatro: el zapoteco (Oaxaca, México), el aimara (Perú, Bolivia y zonas norteñas de Chile y de la Argentina), el guaraní (Paraguay, partes de Bolivia y norte de la Argentina) y el quechua —quichua en el Ecuador— (Ecuador, Perú, Bolivia y zonas montañosas de Chile y de la Argentina) este último dato, sin tomar en consideración su fragmentación dialectal.

Entre las lenguas "resistentes", el total es de 22. Son las que 1) disponen de entre un millón y cien mil hablantes, 2) no tienen sistema escriturario y 3) carecen de grandes posibilidades de difusión. De esas 22 lenguas, once son habladas en el actual territorio de México, ocho en América Central y tres en América del Sur. Véase el siguiente cuadro:

Cuadro 5.1: Distribución de las lenguas resistentes por países y regiones

México	
chal	*(Chiapas, Tabasco, Campeche)*
huasteco	*(San Luis Potosí)*
maya peninsular	*(Yucatán)*
mazahua	*(Estado de México, Michoacán)*
mazateco	*(Oaxaca)*
mixteco	*(Oaxaca, Guerrero)*
nahua	*(Tlaxcala, Guerrero, Puebla, estado de México, Durango, Huautla, Tamanzunchale, Veracruz, Morelos, Oaxaca)*
purépecha	*(Michoacán)*
otomí	*(Estado de México, Tlaxcala, Querétaro, Guanajuato, Hidalgo, Puebla)*
totonaca	*(Puebla, Veracruz)*
tzeltzal	*(Chiapas)*
totonaca	*(Puebla, Veracruz)*

América Central	
guaymí	*(Costa Rica, Panamá)*
jacalteco	*(Guatemala)*
kekchí	*(Guatemala, Belice, El Salvador)*
mam	*(Guatemala, Chiapas-México)*
miskito	*(Nicaragua, Honduras)*
pocoman	*(Guatemala)*
pocomchi	*(Guatemala)*
quiché	*(Guatemala)*

América del Sur	
guajiro	*(Colombia, Venezuela)*
mapuche	*(Chile y sur de la Argentina)*
páez	*(Colombia)*

Las lenguas declinantes, con a) entre cien mil y diez mil hablantes, b) pocos monolingües, c) pocos medios de difusión, son 54, distribuidas de la siguiente manera: México, 19; América Central, 18, y América del Sur, 17. Las obsolescentes a) menos de diez mil hablantes; b) bilingües en su gran mayoría son 191: México, 19; América Central, 11; y América del Sur, 161.

En conclusión, las lenguas vigentes son 4 (1,5%), las resistentes, 22 (8,1%), las declinantes, 54 (19,9%) y las obsolescentes, 191 (70,4%). Si sumamos estas dos últimas categorías, el 90,4% de las lenguas indígenas de Hispanoamérica desaparecerá del mapa en un tiempo relativamente breve.

Carecemos de datos fiables para calcular la cantidad de idiomas indígenas existentes a la llegada de los conquistadores, pero es de suponer que hayan sido muchas las lenguas desparecidas durante estos cinco siglos, algunas de ellas, sin haber dejado el menor rastro.

Son muchas las causas que han producido estos procesos de mortandad lingüística. Al margen de las que persiguen la revitalización de la "leyenda negra", por lo general poco solventes, habrá que destacar un amplio conjunto, que va desde los encuentros bélicos —incluidos los tribales— hasta los sacrificios humanos y la antropofagia de algunas de estas culturas, más las prácticas abortivas y la mortandad infantil. No cabe duda de que otras causas, como, por ejemplo, los asentamientos lejanos y de difícil acceso, ayudaron a los núcleos poblacionales de estas características a prevenir peligros venidos de afuera.

Aunque algunas de estas causas no están presentes en la realidad actual, hay otros peligros que conspiran con igual o mayor tenacidad contra la supervivencia de muchas de estas lenguas. El mayor y más importante de ellos es la poca estima que muchos hablantes sienten por su lengua nativa. Decepcionados ante lo poco que se puede lograr con ella en las macroestructuras sociales hispánicas en las que está inmersa, terminan por no querer enseñar su idioma aborigen a sus propios hijos. Es una actitud de rechazo que suele estar acompañada de valoraciones muy positivas hacia la lengua y la cultura dominantes.

He aquí un ramillete de ejemplos, tomados de encuestas directas con estos hablantes:

[Respuestas a la pregunta *¿Por qué hablan ustedes español?*]
• Aquí hablamos español porque es nuestra lengua oficial.
• Hablamos español porque es más rico y más bonito, y más importante y útil que el baré.
• Porque somos racionales.
• Porque nos estamos civilizando.
• Porque queremos estudiar y aprender nuevas cosas.
• Porque entendemos la radio y la televisión.
• Para que nos traten mejor en las oficinas.

Y un dato más, de una elocuencia sobrecogedora: en una encuesta de Xavier Albó hecha a población inca del altiplano, se le acercó un joven, a cuya madre el lingüista boliviano había entrevistado en quechua, y lo increpó así: "¿Por qué habló Ud. a mi madre en quechua? Ella habla castellano mejor que Ud. Ahora Ud. irá con esa grabación por Europa o los Estados Unidos para que todo el mundo se entere que la madre de fulano de tal habla quechua".

El enojo de este joven habla con claridad del desprestigio que significa para él —y seguramente para su grupo— el hablar y entender quechua.

En cuanto a Centroamérica, la situación es la siguiente. Desde el punto de vista antropológico, está dividida en dos zonas bien delimitadas desde la arqueología, la cultura y la lingüística: el área mesoamericana y el área intermedia. La primera está formada por Belice, Guatemala, El Salvador, la mitad occidental de Honduras, el litoral pacífico nicaragüense y la península de Nicoya (noroeste de Costa Rica). La otra zona, siempre siguiendo a Quesada Pacheco (2008b), la integran la mitad oriental de Honduras, el centro y el Caribe nicaragüense y Costa Rica (con excepción de la península de Nicoya, en el noroeste del país).

Cuadro 5.2: Las familias y sus lenguas habladas del área intermedia

Familia	Lenguas	Hablantes
Misumalpa	sumu	700
	miskitu [miskitu, mosquito] (y en extinción, lenca)	1 500
Chibcha	paya [pech]	1 000
	rama	25
	maleku [guatuso]	750
	cabécar	9 000
	bribri	10 000
	teribe	1 500
	guaimí	160 000
	buglé [bocotá, norteño guaymí sabanero, murure]	5 000
	kuna	60 000

	boruca, en peligro de extinción térraba, en peligro de extinción huécar, extinta	
Chocó	chocó [emberá]	**10 000**

Otras lenguas que también se hablan son: jicaque [tol o to-luipan], con 350 hablantes; garífuna (de origen arawaco), con 10 mil hablantes, e inglés criollo, con unos 400 mil hablantes.

La comparación de estas lenguas minoritarias con el español en esta zona centroamericana puede verse en el siguiente cuadro:

Cuadro 5.3: Proporción de hispanohablantes de Centroamérica

País	Población total	Hablantes de español	%	Diferencia	%
Honduras	5 750 000	5 600 000	97,39%	162 550	2,61%
Nicaragua	4 600 000	4 347 000	95,00%	192 225	5,0%
Costa Rica	3 350 000	3 300 000	98,50%	26 250	1,5%
Panamá	2 400 000	2 100 000	87,50%	359 500	12,5%
Totales	16 100 000	15 347 000	95,32%	740 705	4,68%

Como se observa, solo un pequeño porcentaje de 4,68% habla alguna de estas lenguas indígenas; tres de ellas están en grave peligro de extinción y una ya ha desaparecido del todo. Las cifras no pueden ser más elocuentes.[2]

El autor nos ofrece unos criterios básicos para determinar el estado actual de estas lenguas centroamericanas que ya había utilizado con éxito Margery Peña para América.

Cuadro 5.4: Clasificación de las lenguas centroamericanas según su estado

Estado de conservación	Nombre de la lengua
Florecimiento	miskito
Resistencia	kuna, guaymí, garífuna, criollos de base inglesa
Declinación	paya, jicaque, sumu, gustuso, cabécar, bribri, buglé, teribe, emberá
Extinción	lenca, rama, térraba, boruca

Los criterios manejados para esta clasificación fueron los siguientes:

- Proporción de los hablantes según sus edades y grado de bilingüismo.
- Relación entre el número de hablantes y los cambios de población de la comunidad.
- Fluidez de los hablantes jóvenes.
- Manejo de la lengua materna en el ambiente familiar.
- Grado de asimilación de la lengua indígena a las estructuras de la lengua dominante.
- Grado de flexibilidad de la lengua para adaptarse a la cultura cambiante de la comunidad.
- Grado de alfabetización de esa lengua y derecho a una educación bilingüe.
- Oficialización de la lengua a nivel local o nacional y su reconocimiento como parte del patrimonio cultural de la nación donde se habla.

El miskito, como se ha visto, es la lengua nicaragüense más sobresaliente: goza de prestigio en la comunidad, disfruta de programas de alfabetización, hay acceso a la lengua escrita (medios académicos y religiosos), cuenta con programas radiofónicos, existe fluidez en su uso por jóvenes y niños, y se muestra orgullo por ella. A pesar de todo, en esta y en las otras lenguas aborígenes, sería sorprendente que no hubiese contaminaciones con el español, la lengua dominante en toda la región. Nos informa Quesada Pacheco (2008b) que hay una variación considerable de este influjo según el tema del discurso: mientras que son muy pocas las interferencias del español cuando se trata de textos narrativos que están directamente relacionados con el mundo mítico y cultural autóctono, éstas aumentan considerablemente cuando el tema gira en torno a la vida diaria, a eventos cotidianos, aunque casi siempre se trata solamente del campo léxico-semántico. Pese a que algunas de estas transferencias parecen ser ocasionales, otras, en cambio, permanecen con insistencia, por lo que se han convertido o están a punto de convertirse en auténticos "préstamos".

Sin embargo, en algunas ocasiones, lejos de manejar un préstamo, se prefiere el calco: arroz = *susrut* ("flor de sabana"); azúcar = *úp budón* ("arena dulce"); cafetera = *divbrojguá* ("para hervir agua"), pan = *crán utcá* ("palo podrido"), etc. El autor nos da muestras de textos recogidos por él en sus encuestas en los que se dejan ver varios tipos de interferencias:

> *Ese e un título* tigwe né [...] ne *un inicio, es un coro, coro* arebe tigwe né abugón *a veces* blitata né. *Ese palabra* né abugón ni ja arebe juwe ngabere nebú, *sino* kugwe né abu je ne, *a vece* que nugätä, *pero* é kugwe tre ni ñugätä ...

En lo que a política lingüística se refiere, en el Perú, en 1975, durante la dictadura militar del general Velazco Alvarado, se promulgó la Ley 21 156, que decía:

> Art. 1. Reconócese el quechua al igual que el castellano [sic] como lengua oficial de la República.
>
> Art. 2. A partir de la iniciación de año escolar de 1976, la enseñanza del quechua será obligatoria en todos los niveles de educación de la República.
>
> Art. 3. El poder judicial adoptará todas las medidas necesarias para que a partir del 1º de enero de 1977 las acciones judiciales en

las cuales las partes sean solo de habla quechua, se realicen en este idioma.

Siete años más tarde, en 1982, bajo la presidencia de Fernando Belaunde Terry, se publica el Decreto Ley 23 384 de la Ley General de Educación:

Art. 40. En las comunidades cuya lengua no es el castellano [sic] se inicia esta educación en la lengua autóctona con tendencia a la castellanización progresiva a fin de consolidar en el educando sus características socioculturales con las que son propias de la sociedad moderna.

Art. 45. La alfabetización se cumplirá en forma selectiva y progresiva, y es impartida, preferentemente en la lengua materna en las comunidades de lengua vernácula, integrado en su proceso de castellanización.

De nuevo, esta vez en 1991, en época del presidente Fujimori, se promulga una ley regional: la Ley Regional de Oficialización del Quechua en la Región Inca (departamentos del Cuzco, Apurímac y Madre de Dios).

… que el quechua sea idioma oficial de dicha región, siendo obligatoria su enseñanza, junto con el castellano [sic], en todos los centros educativos desde el nivel inicial hasta el superior.

Y dos años después, en 1993, la Constitución Nacional del Perú decía lo siguiente:

Art. 48. Son idiomas oficiales el castellano [sic] y, en las zonas donde predominen, también lo son el quechua, el aymara [sic] y las demás lenguas aborígenes, según la ley.

Pero este rosario de declaraciones no llegó nunca a buen puerto, puesto que ni siquiera se consiguió determinar qué variedad de quechua era la que se oficializaba, o en su defecto, qué lengua quechua construida ex profeso sería convertida, junto al español, en lengua cooficial. No digamos ya nada de planes de estudios, de diseños curriculares, de preparación de maestros, de materiales de enseñanza y un largo etcétera. Perú sigue contando con casi un 12% de su población que ni siquiera sabe que es peruana, que pertenece a una nación moderna, y que por ello tiene obligaciones y deberes, pero también derechos.

Un caso más halagüeño es el del Paraguay. Aunque en períodos muy recientes, las constituciones paraguayas han reconocido primero (1967) el carácter "nacional" de guaraní, y después (1992) su "oficialidad". Pero, a diferencia del Perú, su política lingüística ha ido acompañada de la normalización de la lengua indígena, y de la implantación de un vigoroso programa de enseñanza y de estudio e investigación.

En este caso, la normalización de guaraní fue una empresa relativamente fácil, por no ser una lengua muy fragmentada dialectalmente. Solo hubo que trabajar con empeño en su ortografía, reduciendo a uno los dos códigos con los que contaba. Hoy, además de su enseñanza obligatoria en varios niveles de la instrucción pública, hay investigaciones sobre esta lengua en varias universidades y en algunos centros especiales.

El futuro inmediato de las lenguas indígenas de Hispanoamérica no es halagüeño. Desprotegidas las más, otras consideradas por sus propios hablantes como instrumentos inútiles e incluso perjudiciales para el progreso personal y familiar, no pueden esperarse grandes milagros. De estas 271 lenguas, poco más de un 90% está en peligro, poco menos que inminente, de muerte. Serán candidatas favoritas a ese altísimo porcentaje de mortandad que verá culminar este siglo XXI (entre un 50% y un 80% de las actuales, según diferentes estudiosos). El otro casi 10% sobrevivirá algo más. Pero ¿cuánto más?

Al margen del vocabulario, las influencias indígenas no explican ninguno de los fenómenos del español americano

¿Qué es lo que queda de las lenguas indígenas en el español hablado hoy en Hispanoamérica?

Tomemos el vocabulario, por ejemplo, el nivel de lengua más fácilmente vulnerable por el contacto lingüístico. El *Diccionario de aztequismos,* de Cecilio Robelo, consigna en sus páginas 1500 aztequismos; Lisandro Alvarado, en su *Glosario de voces indígenas de Venezuela,* da 1700 entradas léxicas, y en Puerto Rico, donde la lengua indígena desapareció muy temprano, Luis Hernández Aquino recoge, en su *Diccionario de voces indígenas,* casi 300. Las cifras ya de por sí son enjutas, pero con todo dan la sensación de una pervivencia acusada de indigenismos en el español hablado en la actualidad que supera los límites de lo testimonial. Es verdad que estos lexicógrafos han actuado movidos por un fin común, la exhaustividad, y que sus recuentos no se han detenido ni en lo cronológico, ni en lo geográfico, ni en lo fósil; que para ellos la mortandad léxica no existe, la dispersión diatópica es simple asunto de geografía y un topónimo vale tanto como una palabra viva. De ahí que tales macroestructuras estén compuestas con términos arrancados a las páginas de los cronistas, aunque después hayan desaparecido sin dejar la menor huella, con palabras de uso reducidísimo (una comarca, un valle, una aldea) y con centenares de topónimos, antropónimos y gentilicios. Si estos últimos desaparecieran del inventario puertorriqueño de Hernández Aquino, su lista bajaría de 300 a 174 términos, casi el 50%.

Pero investigaciones léxico-estadísticas recientes han puntualizado más. En México, de los 1500 aztequismos de Robelo, solo 160 entradas fueron reconocidas por los miembros de un equipo de investigadores mexicanos, que se disponía a comprobar sus índices de uso en la norma léxica de la Ciudad de México; aunando todos los esfuerzos posibles, llegaron a reconocer unos 250, entre los que estaban incluidos, naturalmente, términos como *chocolate, aguacate, tomate, chicle,* etc., incorporados todos al español general, y aun a otras lenguas.

El equipo revisó un corpus general de 4,6 millones de palabras, producto de la suma de dos *corpora,* uno oral y otro escrito, ambos de igual tamaño. En el examen aparecieron 3 384 términos de origen indígena, pero entre ellos solo se encontraron 238 raíces diferentes. Luego en la Ciudad de México, ese gigantesco conglomerado demográfico, integrado por gentes procedentes de todo el país, las palabras indígenas constituyen —la investigación es de 1969— menos del 1% del caudal léxico común, que es, en lo esencial, de origen patrimonial hispánico. O lo que es lo mismo, es necesario que un mexicano —en términos estadísticos— use casi mil palabras españolas para escuchar un indigenismo.

En una pequeña cala hecha sobre hablantes habaneros, los indigenismos aparecidos en un conjunto de 39 695 vocablos diferentes (sacados de un universo de 94 515 palabras) fueron once, es decir, el 0,03%, entre ellos, *aguacate, canoa, hamaca, maíz* y *tomate,* que pertenecen al español general desde el siglo XVI.

Otras investigaciones se han propuesto medir el grado de conocimiento —mediante cuestionarios— de los indigenismos aparecidos en los diccionarios: se descubrió que de los 1 700 listados por Alvarado, el venezolano actual solo conoce 17; en Cuba se comprobó, en 1969, que de las inmensas listas ofrecidas por Esteban Pichardo en 1836, la muestra del estudio pudo reconocer 97; otra investigación dominicana, que manejaba datos léxicos del gran libro de Henríquez Ureña *El español en Santo Domingo,* concluye que los habitantes de Santiago de los Caballeros, la segunda ciudad del país, conocen 107 de ellos, y en Puerto Rico se ha llegado a la conclusión de que de los indigenismos que aparecen en las páginas del diccionario de Hernández Aquino solo son 100 los que realmente pertenecen a la norma léxica isleña, aunque con muy diferente intensidad.

En lo que respecta a aspectos gramaticales y fonológicos, ha pervivido cierta confusión. Todos los fenómenos que se han estudiado son —sin duda— el producto de transferencias de las gramáticas indígenas al español de sujetos bilingües con limitada competencia en español; son el producto de lenguas en contacto. Es lo que sucede, por ejemplo, con el tan citado fenómeno de reducción del sistema vocálico español a tres puntos /i a u/ por influjo del quechua. Conviene subrayar que es fenómeno que se da en hablantes bilingües del altiplano ecuatoriano y peruano, nada que haya permeado el español general de esas zonas ni el de los hablantes bilingües equilibrados. Al margen del vocabulario, las influencias indígenas no aciertan a explicar ninguno de los fenómenos del español americano.

LAS REIVINDICACIONES INDÍGENAS CONSTITUYEN UNA PÁGINA DE MÁXIMO INTERÉS EN LA HISTORIA EXTERNA DEL ESPAÑOL AMERICANO

Los movimientos indianistas, que persiguen también la recuperación de estas lenguas, existen desde 1930. Ahora se cuenta con movimientos, instituciones y con una larga sucesión de congresos "especializados", entre los más cercanos a nuestros días, la reunión internacional paralela, organizada en la ciudad argentina de Rosario, en oposición al III Congreso Internacional de la Lengua Española, realizado en noviembre de 2004.

El Congreso peruano de Ollantaytambo (1980), por ejemplo, dejó claro en sus conclusiones sus aspiraciones y reclamos:

> Reafirmamos el indianismo como categoría central de nuestra ideología, porque su filosofía vitalista propugna la autodeterminación, la autonomía y la autogestión socioeconómica y política de nuestros pueblos y porque es la única alternativa para el mundo actual en total estado de crisis moral, social y política.

El Movimiento Indígena Boliviano Pachakuti considera que es necesaria una reorganización que entronice el orden existente antes de la conquista española. Los lectores españoles (y los de todo el mundo) pudieron leer hace muy poco en sus periódicos, a grandes titulares, que los grupos aimaras bolivianos pedían, entre otras cosas, la supresión del dinero y la vuelta al sistema de trueque. Se comprende que tales ingenuidades no hayan otorgado respeto a estos movimientos. Pero, además, los extraños tintes políticos, las no pocas ambiciones personales y un conjunto de razones más palpables (entre las que sobresale el indiscutible prestigio cultural y económico del español dentro de muchas comunidades indígenas) no han permitido, hasta la fecha, ningún triunfo rutilante.

Las reivindicaciones indígenas constituyen una página de máximo interés en la historia externa del español americano. Pero no resulta contundente ni exitosa, ni en los casos en que estas han emanado del poder constituido, ni en los otros, nacidos al calor intelectual o popular, cuando no simplemente político.

Notas

[1.]Gutiérrez Marrone (1980) ha estudiado en la región andina boliviana, y especialmente en Cochabamba, la estructura sociolingüística de la ciudad con respecto a la relación entre usos lingüísticos y grupos sociales diversos; la estratificación social realizada allí por los propios hablantes es la siguiente: 1. gente decente, 2. birlochos, 3. cholos y 4. indios. La llamada "gente decente" son individuos urbanos, en su mayoría monohablantes de español; los "birlochos" son también urbanos, pero de menor nivel educativo, que suelen ser hablantes de español pero que manejan algo de quechua o de aimara; los "cholos" habitan en pueblos o en ciudades y su primera lengua, aunque conocen el español, es el quechua o el aimara; y los "indios" son campesinos en su mayoría y hablantes monolingües de quechua o de aimara. *Vid.* también Albó (1974).

[2.]"La razón de esta situación algo irregular de contacto lingüístico —nos informa Quesada Pacheco (2008b)— habrá que encontrarla en la historia demográfica del istmo a partir del siglo XVI, con las expediciones de colonización y asentamientos hispánicos organizados desde México y Guatemala, y llevados a cabo a lo largo del litoral pacífico y en ciertas zonas interiores (como el Valle Central de Costa Rica) de manera que donde se asentaba el español, se exterminaba la lengua de la región. Así, en vista de que la lengua española ha sido refractaria [continúa el citado autor] a la convivencia y a compartir espacios lingüísticos y culturales, las regiones centroamericanas donde mejor se ha conservado el plurilingüismo son aquellas que prácticamente quedaron vírgenes al control hispánico, sea por lo inhóspito o belicoso de sus habitantes, sea por lo intrincado de la topografía o de la vegetación, o por otras barreras que impidieron avanzadas colonizadoras. Estas regiones, como todo el litoral atlántico desde Honduras hasta Panamá, además de la región central de Nicaragua y las partes montañosas del interior panameño, incluido el Darién, se mantuvieron durante siglos protegidas del contacto directo con la cultura de fuerte contenido hispánico".

Capítulo 6
África en América

Los cargamentos de esclavos, ahora traídos de África, comenzaron a llegar a América desde principios del siglo XVI

Otro factor importante —además del indígena— en la caracterización del español americano ha sido su larga convivencia con lenguas africanas. Los negros, calificados por el Museo Nacional de Antropología de México como "tercera raíz de América", llegaron muy temprano a aquel continente; en una primerísima etapa eran sirvientes de funcionarios, de algunos frailes, de gentes de mal vivir, e incluso de simples aventureros. Antes de que Velázquez asumiera el gobierno de la isla de Cuba, ya se habían llevado a La Española a varios de estos negros. Eran todos *ladinos* que, por lo tanto, manejaban bien el español; todavía entonces podían pasar a América, pero una prohibición de 1526 cortó este flujo. Llegaban de España, en la que existían grandes concentraciones, principalmente en Sevilla, Cádiz, Huelva y, en número menor, en Valencia. Allí eran utilizados como sirvientes de las casas ricas y para trabajos pesados, como los portuarios, aunque también los había artesanos y mozos de espuela. A finales del siglo XVI había en España unos 100 mil negros, aunque sin duda fue Sevilla la que exhibía las cifras más altas —cerca de 15 mil al mediar el siglo—, en su mayoría esclavos, pero también libertos y una buena proporción de mestizos.

Los cargamentos de esclavos, ahora traídos de África, empezaron a llegar a América desde principios del siglo XVI, tan pronto como la Corona autorizó su exportación al Nuevo Mundo, y continuaron haciéndolo, con mayor o menor frecuencia según las circunstancias, hasta finales del XIX; el 13 de enero de 1880 se promulgó por fin la ley que abolía la esclavitud, pero hasta 1886 no se hizo totalmente efectiva. *Vid.* De Solano 1986.

No se conoce con exactitud la cantidad de esclavos llevados a América en esos casi 400 años de trata. Las estadísticas sobre la esclavitud varían drásticamente: las cifras van desde cálculos muy conservadores —un millón de entradas legales y otros tantos de "mala entrada", como se llamaba a los de contrabando (*vid.* Franco 1980)— hasta las más alucinantes que puedan imaginarse. Sin embargo, los estudios de disponibilidad de transporte transatlántico en esos siglos afirman que no pudieron ser más de nueve millones los que llegaron a las nuevas tierras, y es muy probable que hasta menos.

El Tratado de Tordesillas (1494) concedía a Portugal la exclusividad de los derechos coloniales en África, y consecuentemente lo relativo al comercio de esclavos, por lo que la entrada de España en la trata se realizó a través del país vecino. Con todo, los esclavos exportados a América salían desde Sevilla en barcos de la Corona de Castilla.

La puerta de entrada de los esclavos negros al Nuevo Mundo fueron Veracruz, Cartagena de Indias, Portobello,.La Habana y varios puertos venezolanos. Durante los dos primeros siglos coloniales los mayores contingentes de esclavos trabajaron en las minas del interior de Bolivia, Perú, México, Honduras y Colombia. En las islas antillanas, a pesar de que durante la primera mitad del siglo XVI, dadas sus circunstancias económicas precarias, la introducción de esclavos fue escasa —no habría más de unos tres mil—, su presencia debía de parecer harto numerosa, ya que tan temprano como en 1520 Fernández de Oviedo escribía que en La Española había ya tantos negros que "la isla parece una efigie e imagen de la misma Ethiopía", y poco después, a Juan de Castellanos le resultaba sumamente notoria, pues en sus *Elegías de varones ilustres de Indias* decía: "Tanto, que ya parecen ser Guinea, Haití, Cuba, San Joan y Jamaica".

Pero para 1560, cuando quedaban pocos indios, había, solo en La Española, 20 mil negros, hombres jóvenes en su gran mayoría, y se pedían más y más a la Corona. Una buena parte de la documentación antillana de este siglo está destinada a pedir permiso de importación para acrecentar la mano de obra esclava: los colonos preferían un negro a cinco indios; desde el punto de vista de la productividad era comprensible esta preferencia: en el cultivo de la yuca, por ejemplo, un indio fuerte hacía doce montones diarios, mientras que un negro hacía 140. Y piénsese en la importancia de este cultivo, materia prima en la elaboración del cazabe, único pan disponible entonces en unas tierras en las que no habían prosperado las siembras de trigo. Si pensamos en la exportación —el azúcar, el jengibre, las pieles—, las apetencias por el negro esclavo se multiplicaban. Aunque en cantidades muy inferiores a estas, el resto de las islas también aumentó considerablemente su población africana.

Paulatinamente el negro se extendió de las Antillas al continente, y pronto todas las tierras conquistadas eran testigos de su presencia. En el siglo XVIII dos nuevos puertos se abrieron a la importación atlántica: Montevideo y Buenos Aires. Es verdad que con el tiempo el reiterado mestizaje fue borrando su huella de muchos sitios, pero en Uruguay, por ejemplo, de población fundamentalmente blanca en la actualidad, entre 1829 y 1830 se podían leer en sus periódicos anuncios como el siguiente: "Se vende una negrita de 15 años, medio bozal y sin vicios algunos. Sabe lavar bien y tiene buenos principios de costura y de cocina. Su precio: 400 pesos cobre".

LOS NÚCLEOS PALENQUEROS HAN SIDO
POBLACIONES APARTADAS, INTEGRADAS POR ESCLAVOS HUIDOS
QUE CONFORMARON UN HABLA CRIOLLA

El descubrimiento del palenque de San Basilio, a unos 70 kilómetros al sur de Cartagena de Indias, y el consiguiente estudio de la lengua mixta hablada por sus habitantes dio lugar a que se abriera un nuevo capítulo en la historia de las influencias negras en el nuevo continente. Después se conocieron noticias sobre otras zonas palenqueras en Ecuador (*vid.* Chávez Franco

1930; De Granda 1978) y en Panamá (Whinnom 1968), y se señaló la existencia de otro núcleo criollo en Uré (De Granda 1978), también en suelo colombiano.[1]

En todos los casos se trataba de comunidades negras que durante muchos años habían vivido totalmente aisladas, sin contacto lingüístico exterior. San Basilio, por ejemplo, fue fundado a principios del siglo XVII por un grupo de 30 negros cimarrones, acaudillados por el guineano Domingo Bioho, llamado el rey Benkos, y allí, en las ciénagas y en las densas junglas de la región, protegidos por las colinas del norte, ya cercanas a la costa atlántica de Colombia, fundaron un pueblo fortificado en el que permanecieron apartados de todos y al amparo de la persecución oficial. Aunque después fueron atacados reiteradamente, siempre lograron triunfar. En 1713 se firmó un tratado por el cual se les daba la libertad y el autogobierno, con la condición de que no aceptaran a más fugitivos y de que no asolaran la propiedad española. El aislamiento de San Basilio fue casi total hasta 1907, en que un importante ingenio azucarero fundado en la región, el Sincerín, contrató mano de obra palenquera para las faenas de siembra y corte de la caña de azúcar. En 1953, la población contaba con 1 486 habitantes, a los que había que sumar otros 742, que residían fuera del pueblo.

Pero los núcleos palenqueros han sido siempre curiosas excepciones: poblaciones apartadas, integradas por esclavos huidos, insumisos, que conformaron un habla criolla, mezcla de diversas lenguas africanas y del español, dominante en su derredor. Con excepción del famoso palenque de San Basilio, los otros, que existían todavía a principios del siglo XX, han desaparecido completamente, y el de San Basilio se está "despalenquizando" a un ritmo sorprendente, al punto de que sus últimos investigadores se han enfrentado al problema de tratar de conseguir hablantes competentes en ese criollo. El éxodo hacia zonas industrializadas, de una parte, y la invasión de los medios de comunicación, de otra, están borrando ese lunar de la piel colombiana, están descriollizando el único ejemplo sobreviviente del palenquero.

Hasta fecha muy reciente no se puso en circulación la idea de la existencia de una lengua criolla en suelo antillano, y su conservación casi hasta el presente. Los estudiosos del elemento lingüístico afronegroide en el Caribe no habían considerado tal posibilidad, apoyados en varias razones de peso. Primero, en la gran heterogeneidad lingüística de los esclavos llegados a toda América; segundo, en el tipo de contacto sociolingüístico, y tercero, en las condiciones emanadas de una comunicación abierta. A todo esto se añadían algunos testimonios antiguos que parecían dejar en claro que los esclavos llegados de muy niños y los nacidos en el país hablaban ya español como los naturales, sin interferencia alguna de las lenguas de sus padres. *Vid.* López Morales 1980.

La heterogeneidad lingüística de los esclavos no admite el menor género de dudas: observadores antiguos nos dicen que en Cartagena de Indias se escuchaban no menos de 70 lenguas diferentes, y en épocas más recientes, en 1760, el padre Chome, misionero jesuita, nos informa de que en el Buenos Aires de entonces había miles de negros que no sabían español, hasta el punto de que se vio obligado a aprender la "lengua de Angola" para sus propósitos catequísticos; pero la adquisición de esta lengua bantú no logró solucionar sus problemas porque eran muchas otras las que los negros empleaban. Todavía a principios del siglo XIX, en 1804 y 1806, respectivamente, se requerían intérpretes de lenguas africanas para los juicios en los que intervenían negros; en ocasiones se llegaron a usar hablantes de ocho "diferentes nacionalidades", y ninguno de ellos logró traducir al acusado.

Los casos de Puerto Rico y de Cuba, lugares donde se ha señalado también la presencia de criollos, son de naturaleza totalmente distinta a los palenques. En Cuba, con excepción de las lenguas de las sociedades secretas, como la Abakuá, y de las sectas religiosas, como la santería, no se dio ninguna de las condiciones necesarias para conformar una lengua criolla. Menos aún en Puerto Rico.

La hipótesis criolla se fundamenta en los siguientes postulados. La concepción que contempla dos etapas en el contacto lingüístico producido entre esclavos africanos y población española debe ser sustituida por la de un proceso integrado por tres estadios. Entre el núcleo lingüístico africano (yoruba, bantú, etc.) y la adquisición del dialecto hispánico de cada región sería necesario intercalar otra etapa en la que los hablantes negros utilizarían una variedad criolla, emparentada con la que todavía hoy se maneja como lengua de relación en algunas zonas africanas: lenguas criollas de base léxica portuguesa. De esta manera el proceso de castellanización no se iniciaría a partir de la lengua materna africana, sino desde un criollo aportuguesado.

Los que mantienen este punto de vista afirman que las dos islas antillanas no constituyen ninguna excepción a este supuesto, con la ventaja de que mientras en otros sitios es necesario acudir a testimonios literarios o a textos del pasado, en el caso concreto de Cuba se cuenta con ejemplos "actuales" que permiten el estudio detallado de este criollo; se refieren a unas entrevistas hechas en las décadas de los cuarenta y de los cincuenta por Lydia Cabrera (1954) a varios negros nacidos en África, que recoge en su libro *El monte*.

Las circunstancias sociolingüísticas en que se produce el contacto entre negros esclavos y españoles o criollos nos son muy conocidas. La lengua relativamente homogénea de los dominadores se impuso desde el primer momento en todo tipo de comunicación, factor este que, sin duda, aceleró el proceso de castellanización de los esclavos y la consiguiente mortandad de sus lenguas maternas. El español era la lengua de prestigio, la que aspiraban a aprender rápidamente los esclavos para mejorar su situación. Y lo consiguieron en una alta proporción de casos. A ello contribuyeron causas diversas.

La constitución demográfica de las Antillas españolas durante los siglos de la esclavitud prueba, en contraste con las Antillas inglesas y francesas, que la población blanca fue siempre muy numerosa, aun en los momentos en que la fiebre del azúcar, por los años 1763-1867, incrementó considerablemente la importación de esclavos. En contraste con Cuba, La Española y Puerto Rico, las otras colonias caribeñas eran meras plantaciones en las que un pequeño grupo de hombres blancos, armados e imbuidos del más grosero espíritu utilitario, sojuzgaba a la mayoría negra en nombre de unos dueños que, en muchas ocasiones, eran compañías europeas de accionistas o terratenientes que ni siquiera vivían en la colonia. Así sucedió desde muy temprano en Barbados y un poco más tarde en el archipiélago de Sotavento: Antigua, Saint Kitts, Nevis y Montserrat; en Jamaica, desde 1655, en que los ingleses arrebataron la isla a la Corona española. Entre los años 1698 y 1707, el número de esclavos que fueron llevados a Barbados desde Jamaica ascendió a 42 572, y todavía así, apenas unos años más tarde, había en Jamaica diez esclavos por cada habitante blanco. Barbados tenía en 1684 una población de 46 mil esclavos, bastante más del doble que la población blanca, que apenas llegaba a 20 mil.

Por otra parte, en las Antillas españolas el sistema de esclavitud propiciaba el intercambio lingüístico entre amos y dominados casi constantemente, debido, entre otras cosas, a la relativa benignidad del sistema. Esta circunstancia está ampliamente documentada y aceptada; solo hay que revisar los comentarios de viajeros antiguos y la legislación esclavista. Antes del período plantacional, no era raro ver a menudo a los amos blancos y a sus esclavos trabajando juntos en las vegas de tabaco o en las fincas ganaderas; en este período el esclavo parece haber disfrutado de un cierto grado de privilegio, y no solo los encargados del servicio doméstico. Aun en los ingenios azucareros, escenario de las más duras tareas esclavas, no se dieron las condiciones de comunicación cerrada habituales en las islas-plantación del resto del Caribe; estos esclavos nunca fueron muchos hasta el siglo XIX: antes de esa época, los ingenios azucareros típicos no tenían más de diez o quince. En la segunda mitad del siglo XVIII, en La Habana solo había cuatro ingenios que contaran con más de cien esclavos.

Considérese también el alto índice de esclavos manumitidos en las islas españolas: en Cuba, en 1877, de un total de 471 572 negros, 272 478 eran ya libres, es decir, el 57,7%. En ninguna parte del mundo donde había esclavos —decía Humboldt— era tan frecuente la manumisión como en la isla de Cuba, y ello obedecía a varias causas: primero, a la legislación española, que, a diferencia de la inglesa o la francesa, la favorecía; segundo, porque los esclavos tenían la posibilidad de ganar algún dinero por su cuenta, con lo que podían ahorrar y comprar su libertad. "La situación de los negros libres en La Habana es más feliz que en ninguna otra nación de las que se lisonjean, hace muchos siglos, de estar muy adelantadas en la carrera de la civilización", escribió el sabio alemán. Este cambio de estatus y el fortalecimiento de los nexos de integración que la libertad adquirida producía no favorecían en absoluto la segregación social ni, por consiguiente, la formación de criollo alguno.

Los testimonios antiguos, por otra parte, son muy elocuentes. En 1757, Nicolás Joseph de Ribera informaba de que los negros se dividían en criollos y los de África (que llaman "bozales"). "Criollos son los que nacen en la isla, y bozales los que vienen ya nacidos. Aquellos hablan como españoles el castellano, que es el único idioma de toda la isla. Y los otros, más o menos, según su inteligencia y el tiempo que lo han oído".

ESTOS CABILDOS FUERON EL GERMEN DEL ÑAÑIGUISMO, ORGANIZACIÓN SECRETA DE CARÁCTER SEMIRRELIGIOSO

Alrededor de 1834 se establecen en Cuba los cabildos negros —supervivencia de una organización medieval sevillana—, asociaciones en las que se reunían los días festivos los esclavos de la misma tribu o nación con el fin de recrearse, generalmente mediante el baile, y de rememorar algunas prácticas religiosas de su África natal. Estos cabildos fueron el germen del ñañiguismo, organización secreta de carácter semirreligioso, concebida con propósitos de protección mutua, aunque más tarde haya degenerado en núcleo de peligrosa delincuencia. Los ñáñigos fueron proscritos en Cuba al inicio de la abolición de la esclavitud, y con ellos sus desfiles, danzas y pantomimas con que los cabildos celebraban el día de Reyes. Continuaron funcionando, sin embargo, en la clandestinidad hasta que, en 1909, obtuvieron licencia para salir de nuevo a las calles.

Los rituales secretos de algunas religiones afrocubanas —los abakuá, por ejemplo, los reyes de la santería hispanocaribeña— manejan unos textos ceremoniales (cada vez con menos asiduidad, dada la actual y feroz represión estatal) que parece indicar la pervivencia del yoruba o de otras lenguas africanas. Sin embargo, los que cantan y recitan estos textos saben lo que ellos dicen en general, pero en realidad no los entienden; son textos fosilizados en la memoria. Pero ni aun estos textos sagrados son manifestaciones ortodoxas; constituyen una lengua mezclada, un *pidgin* congelado en el pasado, en el que, por supuesto, no falta una amplia colaboración del español.

Los términos ñáñigos que han entrado en el español común de la isla son, naturalmente, poquísimos, y siempre relegados al habla vulgar: *ecobio*, "amigo, compañero"; *subuso*, "secreto"; *iyamba*, "jefe", y *manguá*, "dinero". La expresión *mal rayo te parta*, tan extendida en todo el país, puede que sea traducción de la fórmula ñáñiga de maldición *abasí entuane*.

La brujería negra, que desde la segunda mitad del siglo XIX empezó a desbordar los límites de la población de origen africano o la mestiza para hacer adeptos en gentes ignorantes, ha proporcionado al español del país algunos de sus elementos léxicos autóctonos y ha engendrado una corta serie de expresiones españolas con nuevo contenido semántico. La jerga sagrada de que se valen los *brujos* o sacerdotes nos es bastante conocida. Analizando los ritos y los ídolos principales de estas prácticas se ha podido establecer cierto paralelismo con el culto religioso de los yorubas, que con el nombre de "lucumís" fueron llevados a Cuba en no pequeño número; la lengua lucumí es la mayor proporcionadora de este vocabulario.

Las deidades principales son muy familiares gracias a la divulgación del folclore negro o negroide y a la poesía de estos temas. *Obatalá* (*Batalá, Babalá* o *Batarás* son variantes frecuentes; de aquí que al brujo o, mejor, a cierto tipo de brujo se le llame *babalao*) es el santo de mayor jerarquía. *Changó* es el dios lucumí del rayo, muy reverenciado; *Ifá* o *Bangá* es el que revela el porvenir, protege las relaciones sexuales y el parto. Del gran número de divinidades inferiores, las más difundidas son *Yemayá*, hijo de *Obatalá; Ochún*, mujer de *Changó*, y otros como *Ololú* y *Babayú* (o *Babalú*) *Ayé*. Casi todos estos dioses, en un extraño sincretismo de dioses y santos, han sido identificados con miembros del santoral católico, cuyas imágenes se empleaban muy comúnmente en el culto: la figura de san Lázaro se correspondía con la de Babalú Ayé; la de Aggayú Salá, con la de san Cristóbal; la de Changó, con santa Bárbara; la de Eleggúa, con san Antonio.

Entre los devotos de un santo se forma una cofradía; así los hijos del santo se dedican especialmente a su culto. Expresiones como *ser hijo de santa Bárbara, hijo de las Mercedes,* etc., frecuentes en el habla popular, son descendientes directas de esta terminología brujera. El *bembé* es un toque especial de tambor con el que generalmente comienzan las ceremonias; la palabra se emplea también con la significación de "fiesta con gran escándalo, borracheras y licencias eróticas". *Darle a uno el santo, caer con el santo, subírsele a uno el santo a la cabeza* son expresiones paralelas que denotan el estado semihipnótico que el canto, la música, el baile y el alcohol provocan en algunos fieles. Estas expresiones tienen intenso uso metafórico. El *daño* y la *salación* son nombres genéricos para las diferentes clases de dolencias que diagnostican los brujos a sus clientes: el primero equivale a dolencia física, la segunda es cualquier influencia maligna de carácter inmaterial. De aquí que *salar* haya alcanzado una amplia gama de significados ("dar / echar / transmitir mala suerte, desgraciar, entorpecer, molestar", etc.) según el contexto.

El brujo receta contra daños y salaciones, pero más común que la intención curativa es la preparación de hechizos o *brujerías* para dañar o "salar" a los enemigos. Si la *brujería*, término también usado metafóricamente, produce envenenamiento por ingestión de un líquido, se llama *jicarazo* o *candangazo*, pero actualmente estos términos han perdido por completo su significación, y se usan como sinónimos de copas de bebidas alcohólicas fuertes como el ron o el aguardiente de caña. Cuando se pide al santo, mediante la intervención del brujo, que lo libre a uno de todo el mal que le viene afectando, la operación y su ceremonial se denominan *hacerse una limpieza*.

La situación que se da con la letra de los cantos de bomba en Puerto Rico, que posiblemente en sus orígenes también tuviese implicaciones religiosas, es muy parecida a la de los rituales de las religiones afrocubanas. El visitante no entiende nada de lo que allí se dice al compás atronador del bongó y de la conga, pero muchos de los que cantan y bailan, tampoco. Son letras aprendidas de memoria, transmitidas por tradición oral, que ya no significan nada para los jóvenes intérpretes. Y no es una ininteligencia reciente. Cuando hace varios años hacía yo una encuesta en Loíza Aldea, una de las capitales de la bomba puertorriqueña, para revisar la vitalidad de ciertos afronegrismos léxicos, me encontré con que la mayor de mis interlocutores, una señora de 78 años (que me recibió con un pañuelo de flores en la cabeza y un llamativo conjunto de collares de colores diversos), no conocía el sentido de la palabra *yubá*, que según Álvarez Nazario (1961) es el nombre de un baile de bomba; en un principio, la mujer me dijo que sí, que la conocía, pero al preguntarle por su significado, se puso de pie, irguió cuanto pudo su cuerpo negrísimo como el ébano y me cantó el estribillo de una bomba donde aparecía la palabra; después, silencio.

LAS COMPARSAS HABANERAS, EL CARNAVAL DOMINICANO Y LAS FIESTAS DE LOYZA ALDEA, POR EJEMPLO, SON MANIFESTACIONES DEL FOLCLORE NEGROIDE...

Todavía hoy, en ciertos sectores de la población, hay ancianos que recuerdan algunas canciones de las que cantaban antaño los negros en épocas de carnaval, es verdad que sin entender su letra:

> Candombe, candombe,
> candombe, candombe,

candombe, candombe,
candombe, candombe.
Buriay curumbamba,
María Curumbé,
Hé, e,
Hé, e, Manuay Curumbé.

En Buenos Aires, otro punto blanco en la demografía actual, del total de la población censada en 1777, una tercera parte era negra.

Las zonas negras están hoy concentradas en las costas continentales (México, Panamá, Venezuela, Colombia, Ecuador, Perú) y, sobre todo, en las Antillas. Aunque también en estos y en otros sitios de Hispanoamérica han estado abiertas alguna vez las posibilidades de influjo, se suele señalar preferentemente al Caribe como la zona más influida de todas, debido en primer lugar a la antigüedad de sus asentamientos de esclavos, y después, a su continuada densidad demográfica negra. Según los cálculos hechos por Humboldt en 1823, mientras que la población negra de toda Hispanoamérica equivalía tan solo al 4%, en Cuba y en Puerto Rico había 390 mil negros y 200 mil mulatos frente a unos 340 mil blancos, con lo que la población de color casi duplicaba a la blanca.

Una serie de rasgos extralingüísticos, como algunos ritmos musicales, aspectos de la gastronomía, celebraciones folclóricas de variado tono y la pervivencia de ciertos ritos religiosos, han contribuido a que se piense que la influencia lingüística negra en esas zonas hispánicas es muy considerable. Pero aun estas últimas circunstancias deberían ser estudiadas con mayor detenimiento. Es cierto que la mayoría de los bailes, casi todos antillanos —el son, el mambo, el sucusuco, el mozambique, la conga, el merengue, la bomba y la plena—, hablan en favor de la africanía de la música de la región, pero no es menos cierto que se trata de bailes modernos, casi todos del siglo XX; antes de esa fecha, con excepción de la bomba y la conga, el elemento consustancial del cancionero tradicional antillano —zapateo, guajira, bolero, guaracha, seis, habanera y canción— es la música andaluza.

Por otra parte, las comparsas habaneras, el carnaval dominicano y las fiestas de Santiago Apóstol de Loíza Aldea, en Puerto Rico, por ejemplo, son manifestaciones del folclore negroide que compiten, en minoría, con las tradicionales fiestas patronales, verbenas y ferias hispánicas. También minoritarias son las prácticas de brujería y otros ritos, hoy en acelerado proceso de desaparición.

La presencia lingüística negra en el Caribe ha arrojado tres situaciones diversas: los palenques y otros casos de supuesta creación de lenguas criollas afrohispanas, la pervivencia de lenguas africanas en rituales religiosos y en cantos populares y su influjo en el español general de esa zona, y el vocabulario de origen africano que ha pasado a formar parte del habla común de la región.

Esteban Pichardo nos dice en 1836 que el "lenguaje relajado y confuso" que se oye en la isla es el de "los negros bozales o naturales de África", y es "una jerga más confusa mientras más reciente [es] la inmigración"; lo conservan eternamente, "a menos que hayan venido muy niños". De la Torre, años más tarde, en 1854, definía al negro *bozal* como el venido de África, "cuando aún no conocían nuestro idioma", y al *ladino,* cuando ya lo hablaban. Bachiller y Morales (1883) escribía:

El negro bozal hablaba el castellano de un modo tan distinto al que sus hijos usaban, que no hay oído cubano que pudiera confundirlos. No solo era la expresión trastornada, sino aun la inflexión, el dejo especial de cada interlocutor: a oscuras, con los ojos cerrados, de cualquier modo podría conocerse si ese negro era bozal, ladino o criollo.

Y esta misma situación se dio por todas partes. Léase este precioso testimonio de Concolorcorvo:

Casi todos los años entran al reino más de 500 negros bozales, de idioma áspero y rudo, y a excepción de uno que otro bárbaro...

todos nos entienden y se dan a entender lo suficiente en el espacio de un año, y sus hijos, con solo el trato de sus amos, hablan el castellano como nuestros vulgares. Los negros no tienen intérpretes, ni hubo jamás necesidad de ellos.

Los textos señalados para Cuba como testigos de la existencia de una lengua criolla intentan retratar —eso es lo que hace Lydia Cabrera— el habla de iniciados en el rito lucumí del Babalocha y en el congo del padre Hganga o Taita Inkisi, que al hablar de sus prácticas religiosas usan términos africanos para indicar el nombre de las ceremonias, de los atributos sagrados, de la configuración y preparación de los altares, de los rangos sacerdotales, del nombre de los dioses, etc., además de, naturalmente, en el texto de las oraciones, los cantos ceremoniales y otras piezas litúrgicas, los juramentos y las fórmulas mágicas. Las últimas investigaciones demuestran que estos iniciados no pueden usar esa lengua para nada más. Se trata de unos textos memorizados, y solo a grandes rasgos los recitadores o cantores saben su significado. Es evidente que toda comunicación en abakuá es imposible, pues nadie es ya capaz de entenderlo y mucho menos de hablarlo. Tanto es así que hace ya muchos años que la "iniciación" no requiere del candidato conocimiento alguno de la lengua, circunstancia muy explicable, especialmente después de los primeros años de este siglo, en que fueron suprimidos los cabildos, que eran, entre otras cosas, escuelas de lengua.

En estos textos de Lydia Cabrera los informantes negros hablan de sus religiones, sus supersticiones, magias y folclore; al margen de ciertas formas lingüísticas aisladas de procedencia africana, se maneja un español muy imperfecto, curiosas simplificaciones morfológicas, que han sido tomadas con valor de muestras de la pervivencia de una lengua criolla. Sin embargo, solo se trata de ejemplos de estadios individuales de aprendizaje del español, que denuncian una adquisición imperfecta. Todos ellos, curiosamente, aparecen en boca de negros bozales —es decir, nacidos en África—, ninguno en labios criollos.

Creo que no está de más recordar de nuevo los valiosos testimonios anteriores de que los hablantes negros que llegaban de adultos nunca alcanzaban a dominar el español, no así los que habían llegado de muy niños y los que habían nacido ya en Cuba, que hablaban igual que los blancos de la región. En 1917 había en la isla unos 1500 negros que habían nacido en África; esta cifra se fue reduciendo con los años, pero todavía entre 1940 y 1950 a Lydia Cabrera le fue posible entrevistar a negros bozales, es decir, nacidos en su tierra de origen, y en 1965, Concepción Alzola pudo encuestar en Cuba a Salomé Urrutia Vasallo, africano de 109 años de edad. Son ejemplos de hablantes que nunca pudieron superar las transferencias propias de quien aprende una lengua extranjera a marchas forzadas, en condiciones pésimas y a edad poco propicia. Si los hijos de estos hombres ya no son bozales, sino liberados u horros o libres de nacimiento, si ya manejan un español cubano estándar, desconociendo en la mayoría de las ocasiones la lengua de sus padres, no podemos estar ante lengua criolla alguna, porque el requisito imprescindible para que esta exista es que sea aprendida y transmitida de generación en generación como lengua materna. Los esclavos llegados a América no poseían, en general, conocimiento de un criollo de base léxica portuguesa, aprendido en África o durante la travesía, sino que disponían de sus lenguas maternas, muy diversas y, en la mayoría de las ocasiones, inteligibles entre sí. Al llegar a las nuevas tierras no se produce, por lo tanto, una situación bidireccional de contacto, pues las lenguas africanas de los esclavos provocan en los colonizadores actitudes negativas. Son los dominados los que se ven ante la necesidad de incorporar el código lingüístico de su nueva comunidad, proceso que parte de sus respectivas lenguas maternas, como demuestran los restos léxicos que han sobrevivido en algunos criollos palenqueros. La castellanización tiene diferentes grados de éxito según el momento en que se inicia el aprendizaje y las habilidades personales de quien lo aprende. Es cierto que la situación se repite desde el siglo XVI hasta el XX incluso, pues aunque la abolición de la esclavitud fue un hecho consu-

mado al final de la década de los ochenta del siglo XIX, todavía en los años cuarenta y cincuenta del XX, y excepcionalmente en 1965, se podían encontrar en Cuba africanos de origen, ejemplos —algunos— de castellanización imperfecta.

Imposible pensar en un código criollo que se implantara y se transmitiera de padres a hijos: los testimonios desmienten tal hipótesis. A pesar de los textos de que disponemos, no ha podido llegarse a descubrir en ellos una gramática criolla. Se trata de procesos individuales (aunque con rasgos coincidentes), claro está) de castellanización, en los que se observan múltiples fenó-menos agramaticales. En la mayoría de los hablantes se dan fe-nómenos polimórficos, en los que no faltan formas muy cercanas a las canónicas españolas. No se trata de casos de descrioliza-ción, como en los palenqueros, sino de adquisición progresiva de estructuras españolas.

EL VOCABULARIO PROPIAMENTE AFRICANO QUE DESAPARECE ES, EN PRIMER LUGAR, UNA VASTA LISTA DE GENTILICIOS

Si la influencia negra en la pronunciación del español caribeño es nula, es patente en el vocabulario, aunque en proporciones muy discretas. Es natural que, con la desaparición de la esclavi-tud y la incorporación de los antiguos esclavos a la ciudadanía plena, una buena cantidad de términos relativos a la trata y a toda la organización esclavista haya caído en el olvido. En su mayoría se trataba de voces españolas con antiguos o nuevos significados: *carabela*, "paisano que vino de Guinea en un mismo buque"; castigos como el *boca-abajo*, la *maza*, el *collar*, el *pregón*; *esquifación*, "las dos mudas de lienzo de cañamazo, una cha-queta y un gorro que recibía el esclavo para vestirse durante el año", etc.

El vocabulario propiamente africano que desaparece es, en primer lugar, una vasta lista de gentilicios: *ábalo, abaya, acongá, arará, cuévano, benín, bricamo, cabenda, carabalí, eyó, gangá, haitá, ibó, lucumí, mayombe, tacuá, viafara*, etc. Excepcionalmente per-

viven *congo* y *siguato*, pero estos adjetivos han perdido todo carácter nacional; a principios del siglo XX se llamaba *negro congo*
al negro bozal, que por las características de su lengua y por sus
costumbres se distinguía del resto de los esclavos. Hoy ha pasado
a ser sinónimo de "brujero", pero está muy debilitado. *Valer un
congo* es todavía una expresión viva. *Siguato*, "atontado, imbécil",
se usa, referido a los alimentos, para indicar su condición de
rancio.

Descontando los gentilicios, solo unos pocos elementos léxicos pueden ser anotados. Al desaparecer algunos bailes típicos
de los negros se perdieron nombres como *anaquillé, abobanga,
gatatumba, güineo, yambú*. Es posible que también *masucamba* sea
un afronegrismo. Lo demás no había pasado al español común
de la zona. Entre los términos de flora se conservan: *añó*, "especie
de yuca", aunque se emplea únicamente en el oriente de Cuba,
donde fue introducido por los negros de Haití en el siglo XIX;
arabo, deidad lucumí, es el nombre de un árbol, banana. *Butua* es
término de los negros calabares y significa "tubérculos de ñames"
o "ñames"; en el habla vulgar, *butua* es sinónimo de "comida"; la
ampliación del contenido semántico se comprende, ya que estos
tubérculos eran la base de la alimentación de los negros de toda
la costa del poniente africano. *Quimbombó*, tubérculo, y *sabicú*,
árbol. Quizá *malanga* y *jiquí*, este último, nombre de un árbol de
madera durísima, presenta fuertes semejanzas con el yoruba *iki*,
que es un árbol de madera también muy dura y difícil de trabajar.
Pervive algún plato de la cocina africana, como el *fufú*, originalmente se preparaba con ñames y plátanos hervidos y ama-
sados. El ñame parece haber desaparecido como ingrediente
de este plato y la expresión que se oye comúnmente es *fufú de
plátano*.

De la fauna, solo unos pocos: *bayaya*, especie de hormiga, se
convirtió en *báyaya*, y perdió su sentido original; ahora, "travieso,
maldito, canalla", y antes, lo mismo "persona de mucha actividad" que "persona que molesta constantemente". *Jubo* viene de
la voz yolofe *iouba*, "culebra", y *majá*, del congo *manjá*, "veneno".
Ambos nombres han llegado a ser genéricos: *jubo* para todo rep-

til pequeño y majá los que miden más de un metro. Como sinónimo de "haragán" se usa a veces majá y sus derivados maja-sería, "haraganería", y majasear, "haraganear". Macaco, cuadrú-pedo parecido al mono pero más pequeño, es afeísimo poco extendido con su definición zoológica; se conoce más en sen-tido metafórico por "feo, deforme". Quizá también guasasa sea de origen africano.

El vocabulario referente a las costumbres es muy variado. Nombres de bailes: bambuco, del carabalí bambuou; bembé, conga. Cucalambé y cucuyé son afronegrismos de Haití. Tumba, además de un tipo de tambor, es un baile popular de Oriente; cha-cha-chá es onomatopéyico, como onomatopéyico parece ser el chachá, "maruga, sonajero", que a veces se da como afronegrismo. Gua-guancó es hoy un tipo de composición musical, y no el nombre de un danzón como a finales del siglo XIX. Chambelona ya no es más un canto popular, sino palabra que forma parte del estribi-llo de una conga muy popular en el país: "Ahé, ahé, ahé la cham-belona,/yo no tengo la culpita ni tampoco la culpona./Ahé, ahé, ahé la chambelona".

No constituye, por lo tanto, ritmo o canto propio alguno. Chambelona es un tipo de caramelo o golosina infantil que se ca-racteriza por un palito que sirve de agarradera al que lo con-sume. Parece bastante probable que el nombre de esta golosina diera pie al estribillo y no al revés. No parece que estemos ante un afronegrismo; chambelona está formado sobre el arcaísmo lamber, "lamer", muy vivo en toda la zona del Caribe.

Entre los nombres de juegos, el único seguro es quimbumbia (también se oye cumbumbia). Consiste en poner la quimbumbia (pa-lito que termina en punta por ambos extremos, aunque también puede utilizarse la semilla de un mamey) en el suelo, dentro de un cuadrado; se golpea con otro palo por uno de sus extremos y se le hace saltar. Una vez en el aire, se le da a la quimbumbia para alejarla lo más posible del cuadro que sirve de base; gana el que la aleje más. Es posible que también cachumbambé sea afri-canismo. Consiste este juego infantil en una tabla larga y fuerte apoyada en su centro y libre en sus extremos para propiciar el

balance; en cada extremo se sienta un niño que impulsa continuamente el balanceo con sus pies. En general este juego se acompaña con un canto. Originalmente era: "Cachumbambé,/ señora Iné(s),/tuerce tabaco para comé".

Pero los niños de hace pocos años no cantaban esta letra (ni su variante "tuerce tabaco para vendé", como aparentemente se decía en la década de los treinta), sino: "Cachumbambé,/señora Iné(s),/que fuma tabaco y bebe café".

Sin embargo, el origen africano de este término resulta muy poco probable. Ya Pichardo pensaba en una combinación del marinerismo *cachón* y de *bamba*, "silla o asiento de columpio"; el hecho de que en la península existiera el término *cachumbeando*, bien castizo por cierto, termina por arrumbar la hipótesis africana.

Añádase a esta lista *bemba*, "labios muy gruesos"; *cumbancha*, "juerga", y sus derivados *cumbancheo, cumbanchear. Cundango*, "marica", viene del mandinga *kundingo*, que significa "pajarito"; *pájaro* en Cuba es "marica, afeminado", como *pato* en Puerto Rico y otras zonas antillanas. El término va desapareciendo; hoy solo es posible escucharlo en el habla muy vulgar y, en la mayoría de las ocasiones, para designar una de las figuras de los dados. *Champola* es un refresco hecho de guanábana y leche, aunque también existe la champola de anón. *Cheche*, "matón, bravucón", está formado por la duplicación del lucumí *che*, "vencer, sojuzgar, castigar". Hoy *cheche* tiene un contorno semántico impreciso que va desde el antiguo bravucón hasta el fresco que cree que todo se lo merece. *Sambumbia* se usa para toda bebida que por estar demasiado aguada ha perdido su sabor original, pero es mucho más común referida especialmente al café. El término *ñinga*, "mierda", solo se usa en frases hechas (que se vaya a la *ñinga*) y parece provenir del congo *mañinga*, "diarrea"; para muchos hablantes *ñinga* es un término vacío de contenido semántico. *Sirimba* es un desmayo; puede ser ligero, o violento, con convulsiones. *Yaya* es "herida, dolor" en el vocabulario infantil (equivale a *pupa*); está formada sobre una interjección conga que sirve para expresar dolor. Quizá *ñáñara*, "pequeña llaga", sea también voz conga introducida por las nodrizas negras. *Titingó* tiene aspecto de voz africana; significa "alboroto, pendencia". *Tonga,* ya como cubanismo en el *Diccionario* académico, reproduce el congo *tonga,* "medida, gran tamaño". La etimología del término *chévere,* "lo bueno, lo que está bien hecho", es sumamente discutida.

NOTAS

[1.] De todos los palenques que se han descubierto, ninguno tan estudiado como el de San Basilio. Empezó esta importante bibliografía el trabajo de Escalante (1954) y fue continuado por los de Montes (1962), Bickerton y Escalante (1970) y, sobre todo, por De Granda (1978).

CAPÍTULO 7
FILIPINAS Y GUINEA ECUATORIAL

EN NINGUNO DE ELLOS, EL ESPAÑOL LLEGÓ A SER LA LENGUA GENERAL

Antonio Quilis (1995), que tantas investigaciones dedicó a Filipinas y a Guinea Ecuatorial, resume la cuestión de la siguiente manera:

> Filipinas y Guinea Ecuatorial son dos países muy alejados en el tiempo —entre la colonización de ambos median casi cuatro siglos— y en el espacio —cada uno pertenece a continentes distintos y muy alejados—, pero ligados, más o menos directamente por vínculos comunes. Los dos dependieron administrativa y vitalmente a España. En ninguno de ellos el español llegó a ser la lengua general.

LAS ISLAS FILIPINAS, ASÍ BAUTIZADAS EN HONOR DEL MONARCA FELIPE II

Fue el 16 de marzo de 1521 cuando por primera vez llegaban los españoles a la isla de Cebú. Fue un contacto efímero debido a la muerte de Magallanes, que capitaneaba la embarcación. Tomó el mando de la expedición Juan Sebastián Elcano, en cuyas manos quedó el regreso a España, efectuado 33 años después de su salida de la península con el propósito de dar la vuelta al mundo. Se había conseguido. Con emoción y cargado de sorpresas de todo tipo, el italiano Antonio Pigafetta contó aquellas experiencias inolvidables en su libro *Primer viaje en torno al Globo*.

Tras este memorable viaje se sucedieron otras expediciones a Filipinas, pero la más importante fue, en 1565, la de López Legazpi, a la sazón alcalde de México, guiado por Andrés de Urdaneta, monje agustino que era, además, marino y geógrafo, que tomó posesión para España de la isla de Guam antes de llegar al archipiélago filipino. A él se debe que por primera vez se surcara el océano en dirección contraria: de Filipinas a México. Fue la llave que abrió la puerta al *Galeón de Manila,* que recorría la ruta México-Manila-México dos veces al año, asegurando así las relaciones mercantiles entre ambos polos del imperio.

Lingüísticamente las islas eran un abigarrado mosaico de lenguas muy diversas,[1] aunque sin duda el tagalo y el cebuano constituían el núcleo fuerte. Andando el tiempo y la convivencia con el español, se formó un dialecto híbrido de base española: el chabacano.

En los primeros momentos el aprendizaje del español por los nativos no fue obligatorio, pero pronto empezaron a fundarse establecimientos educativos que propugnaban su enseñanza. Comenzaba así un lento proceso de hispanización de las Islas Filipinas, así bautizadas en honor del monarca Felipe II.

En 1611 los dominicos fundan la Universidad de Santo Tomás, y en 1620, los Colegios de San Juan de Letrán; los jesuitas el Ateneo Municipal de Manila. Más tarde los Hermanos Predicadores abren la Universidad de San Carlos, también en Manila. A finales de siglo, en 1593, fray Domingo Nieva funda la primera imprenta; de sus prensas sale casi de inmediato el primer libro impreso en las islas, una *Doctrina cristiana en lengua española y tagala.*

A pesar de que desde el primer momento Filipinas llegó a poseer los instrumentos más importantes para avanzar en la castellanización —colegios y universidades, imprenta, alfabeto latino—, no se alcanzaron grandes progresos. Contra ellos conspiraba una serie de obstáculos de importancia: en primer lugar, la lejanía de las islas, que por entonces obligaba a atravesar dos grandes océanos desde España; el número, siempre reducido, de inmigrantes hispanohablantes; la escasez de escuelas y de maestros; y las entonces gruesas dificultades geográficas del archipiélago. Debe añadirse que la mayor parte de la evangelización se hizo en lenguas aborígenes. Se repetía parcialmente la historia americana.

A pesar de algunos esfuerzos importantes, no se consiguió avanzar demasiado. En 1765 se nombra un instructor oficial para cada una de las escuelas del archipiélago, enriqueciendo de esta manera la notable falta de maestros. Después, una cédula de 1815 insiste nuevamente en la obligatoriedad de enseñar español en las escuelas primarias de todas las poblaciones de las islas, incluyendo las de la Iglesia. En 1820 se dan varios pasos de gran importancia: se funda la Academia Naval de Manila, que instruye a unos 55 alumnos por promoción, y comienzan a establecerse escuelas del ejército donde los soldados filipinos, instruidos por suboficiales españoles, aprenderían español.

Un niño por cada 33 habitantes estaba escolarizado para 1840, porcentaje nada desdeñable para la época, y más adelante, en 1863, la situación mejora con la promulgación de sendos decretos de Isabel II que creaban dos escuelas en cada pueblo, una para niños y otra para niñas, en las que era obligatoria la enseñanza en español. También se aseguraba la idoneidad de la enseñanza con un mayor número de maestros preparados adecuadamente con la creación de una Escuela Normal en Manila. Poco después se crearon escuelas para adultos.

En 1891 existían en las islas 2 214 escuelas; sus directores eran filipinos en mayoría. Por otra parte, la Universidad de Santo Tomás contaba con una matrícula de casi dos mil alumnos, de los cuales únicamente 216 eran españoles.

Pero todo parecía terminar bruscamente en 1898, cuando los Estados Unidos se hicieron con el dominio de Filipinas.

MIENTRAS DURÓ CON VIDA LA COLONIA ESPAÑOLA PUEDE DECIRSE QUE EL ESPAÑOL VIVIÓ SU ÉPOCA DORADA EN GUINEA

Los actuales territorios de Guinea Ecuatorial pasaron de Portugal a España gracias al tratado de El Pardo, firmado por ambos países en 1778, que dejó cerradas al fin las disputas por la posesión de aquellos territorios africanos: la zona continental, que comprende la región del río Muni, y la insular, las islas de Bioko, Annobón, Elobey Grande, Elobey Chico y Corisco o Mandyi. Sin embargo, hubo que esperar más de 70 años para que la nueva metrópoli diera inicio al proceso colonizador.

Tan solo un año más tarde de la firma del tratado, la reina Isabel II permitió el traslado a la isla de Fernando Poo de todos los negros y mulatos libres de Cuba que lo desearan, lo que significó una pequeña inyección en la hispanización aún no comenzada de estos territorios.[2]

Entre tanto, Guinea Ecuatorial pasó a formar parte del Virreinato del Río de la Plata, y así se mantuvo hasta 1810, en que desapareció tal virreinato con la independencia de estos territorios americanos del Gobierno español. En 1959, la Ley sobre Ordenación y Régimen Jurídico de las Provincias Africanas convierte el territorio en dos provincias: la de Fernando Poo y la del Río Muni, y equipara los derechos de sus habitantes con los de España.

La colonia africana, sin embargo, solo se mantuvo algo menos de doscientos años, pues en 1968 el país obtuvo su independencia, y nació la República de Guinea Ecuatorial.

La historia del español en la zona ha sido zigzagueante: compartida con el portugués, hoy un criollo portugués hablado en la isla de Annobón, con el inglés y con el francés, este último con rango de lengua cooficial, igual que el español. Estas lenguas europeas conviven con las lenguas nativas, en su mayoría pertenecientes a la gran familia bantú: el fang, las más importante de ellas; también, aunque con rango menor, el bubi, el ndowe, el bisió, el baseke y el benga, lenguas ágrafas todas, más otras dos: el fa d'ambo y el pidgin de Guinea Ecuatorial.

Mientras tuvo vida la colonia española puede decirse que el español vivió su época dorada, gracias a la presencia de una serie de instituciones educativas de carácter misionero, como el Sagrado Corazón de María, las Madres Concepcionistas, el Seminario de Banapá, el Centro Profesional de la Salle, las Madres Teresianas o el Patronato Cardenal Cisneros. También a la instauración de las Escuelas Oficiales de Enseñanza Primaria y a la fundación de la Escuela Superior Indígena. Entre todas ellas lograron que la adquisición del español por los nativos alcanzara altas cotas de éxito.

Toda esta actividad quedó seriamente truncada con el gobierno dictatorial de Macías (1968-1979), en el que la lengua del poder pasó a ser el fang, lengua materna del nuevo mandatario; el español, mantenido para escribir las leyes y para las relaciones internacionales, fue declarado "lengua importada", y su uso prohibido.

Sin embargo, y a diferencia de otras colonias africanas, en las que las lenguas coloniales continuaron hablándose solo en las capitales y otros centros urbanos, el español es la lengua —casi siempre la segunda o la tercera— de la gran mayoría de los guineanos, aunque en sus orígenes solo se trataba de variantes pidginizadas.

Ha sido necesario esperar a tiempos más recientes para que el español fuese apoyado nuevamente con rigor.

NOTAS

[1] Esas lenguas fueron cebuano, ilocano, hiligaynon, bikol, waray-waray, kapampangan, pangasinan, kinaray-a, maranao, manguindanao y tausug.

[2] Este curioso episodio fue señalado por Roldán de Montaud (1982) quien se basaba en las tres reales órdenes, de 21 de marzo, 5 de abril y 26 de octubre, en que se menciona la existencia de disposiciones gubernamentales sobre el envío a Fernando Poo de negros emancipados cubanos que irían como asalariados o como soldados adscritos a la guarnición de la isla africana. La autora confesaba entonces que no había podido conseguir más información sobre este asunto. Germán de Granda (1988) retomó el tema pocos años después, y demostró que las causas de estos desplazamientos eran varias y complejas, pero, entre ellas, la más interesante fue sin duda el alejamiento de algunos negros de Cuba propuesto por el Ministerio de Estado debido "a razones de seguridad interna", sin duda como consecuencia de sus actuaciones en la "Conspiración de la Escalera". La petición se hizo en 1845 y fue aceptada y notificada en Real Orden de 13 de septiembre, que autorizaba a que: "... los negros y mulatos libres que espontánea y voluntariamente apetezcan hacer esta emigración... a su costa" pudieran hacerla.

SEGUNDA PARTE
LA SITUACIÓN ACTUAL

Capítulo 8
Un nombre para un concepto

… Algunos conceptos básicos permanecen en un estado calamitoso de confusión…

Durante mucho tiempo —y hasta hoy— algunos conceptos básicos permanecen en un estado calamitoso de confusión, al menos desde el punto de vista técnico y científico. Como se trata de elementos imprescindibles para entender lo relativo al mundo hispanohablante de hoy, es preciso despejarlos. Con toda seguridad que este ejercicio no convencerá a todos; es de suponer, estando como están, estrechamente unidos a intereses y preferencias individuales, grupales y hasta nacionales.

"Iberoamérica" está semánticamente bien delimitada; hace referencia a los países de aquel continente que hablan lenguas ibero-románicas

"Hispanoamérica" es el término adecuado para referirse al conjunto de países americanos que hablan español; se trata de una comunidad político-lingüística en la que nuestra lengua posee rango nacional y oficial (aunque unas pocas constituciones no lo especifiquen expresamente). Algunas de estas naciones, además del español, poseen otra lengua oficial, pero son minoría: el guaraní en Paraguay, como hemos visto, y el inglés en Puerto Rico.

También la palabra "Iberoamérica" está semánticamente bien delimitada; hace referencia a los países de aquel continente que hablan lenguas ibero-románicas. Aquí, dejando aparte el español, solo se da el caso del portugués, de manera que se habla de Iberoamérica cuando se quiere incluir a Brasil.

"Latinoamérica", en cambio, palabra inventada por los franceses hace ya varias décadas, y patrocinada con entusiasmo por los Estados Unidos, tiene un contenido semántico algo confuso. Se supone que vaya dirigida a las naciones de América que hablan una lengua neolatina, francés incluido, naturalmente. Pero si sobre el mapa lingüístico del continente se hace una revisión del término, además de Iberoamérica, nos encontraríamos obligados a incluir al Canadá francófono, a la Guayana francesa, a Haití y a las islas antillanas que también hablan esa lengua. No se sabe bien qué utilidad pueda tener un término tan pintoresco como éste. Porque la realidad es que no hace, ni puede hacer, alusión al conjunto de todos los países situados al sur de los Estados Unidos, ya que algunos de ellos, más ciertos "territorios", hablan lenguas con orígenes ajenos al latín: holandés, inglés y una serie de criollos.

Solo en las Antillas, frontera norte del llamado Mediterráneo americano, Aruba, Bonaire y Curaçao hablan holandés y papiamento, un criollo de base española, y otras muchas islas, inglés británico o norteamericano, más lenguas criollas formadas por este idioma y por lenguas africanas de las llevadas allí por los esclavos en los siglos coloniales. Es verdad que tanto en Curaçao como en Trinidad y en las Islas Vírgenes (St. Thomas y St. Croix) existen enclaves hispanohablantes, pero son una minoría exigua y exótica. En los alrededores de este archipiélago, Belice, situado en el corazón de Centroamérica, es anglohablante (al menos, oficialmente), y la actual Surinam, la antigua Guayana holandesa, junto a las costas venezolanas, habla holandés y criollo. En todos estos casos, la lengua criolla es la variedad baja, popular, manejada por todos, y las lenguas europeas, cultas y sobreimpuestas, la variedad alta, a la que solo unos pocos tienen acceso.

Yo me siento ciudadano de la lengua española...

A pesar de que desde el punto de vista lingüístico *castellano* y *español* no son sinónimos, el uso de uno u otro término depende del ámbito geográfico, el momento histórico o la necesidad de distinguir lo que se estima contenidos semánticos diversos. Las dos palabras conviven todavía hoy como nombres de nuestra lengua común. Para el lingüista, el único término existente para denominar a la lengua general es *español*, en claro contraste con *castellano*, que como bien decía Octavio Paz, hace referencia a la forma de hablar de Castilla, al habla de los castellanos:

> Yo me siento ciudadano de la lengua española y no ciudadano mexicano; por eso me molesta mucho que se hable de lengua castellana, porque el castellano es de los castellanos y yo no lo soy; yo soy mexicano y, como mexicano, hablo español y no castellano.[1]

Es muy frecuente el uso del término *español* en los círculos intelectuales de Hispanoamérica, ya que lo consideran heredero de los aportes que hicieron al pequeño y primitivo dialecto original lenguas y hablantes desde fuera del condado de Burgos, primero en la península misma y después en América.

También se aplica a lo que fue la lengua en épocas medievales con anterioridad al siglo XV, cuando todavía no había nacido la lengua general de los españoles, y más tarde, de los nacidos en sus posesiones. No cabe duda de que la historia de Castilla, de sus hombres y de su lengua, hizo que el castellano medieval cambiara, y mucho, su fisonomía. Su pervivencia no toma en consideración estas realidades; en cambio parecen suficientes a los que prefieren *español*, ya que toman en cuenta los importantes cambios en el sistema lingüístico que han contribuido a darle una nueva personalidad al viejo dialecto de Castilla.

No es casual que la palabra *castellano* haya sido mayoritaria en la Edad Media española, que el predominio de *español* sea ya un hecho en la España del siglo XVI con el reinado de Carlos I, y que la sustitución sea evidente en el siglo XVIII, en que *caste-llano* queda teñida de connotaciones arcaizantes.

Por otra parte, si se comparan los dialectos españoles actuales, se notará la clara diferenciación existente entre ellos. Si a este ejercicio se añaden las variedades americanas —para no hablar de Filipinas y Guinea Ecuatorial—, la variación aumenta sensiblemente. Parece razonable que en el caso general se prefiera una designación internacional que abarque todas las variaciones locales, y *español* cumple adecuadamente con esa función.

Así, tras un estudio exhaustivo y riguroso, Alonso (1938) explicó el asunto con gran lucidez y erudición. En este caso, castellano estaría en paralelo con el franciano de Île de France, convertido en francés en el momento de su expansión nacional y mundial. Es decir que español estaría en línea con francés, alemán, italiano, inglés; castellano con extremeño, asturiano, andaluz y canario, por ejemplo. Por otra parte, *español* es el nombre propio de nuestra lengua, y así es reconocido en todo el mundo; de ahí que anglos y alemanes escriban *Spanish* y *Spanisch*, respectivamente, pues en esas lenguas los nombres propios de lenguas se escriben con mayúscula.

HAN EXISTIDO Y EXISTEN FACTORES POLÍTICOS, HISTÓRICOS Y SOCIALES QUE INCLINAN LA TENDENCIA HACIA EL USO DE UNO U OTRO DE LOS TÉRMINOS

Desde tres puntos de vista, ajenos al nivel científico, otros argumentos —históricos, tradicionales y, sobre todo, políticos— han privilegiado la palabra *castellano*. En unos casos se trata de calcos decimonónicos, en otros, de intencionalidad política y en algún que otro país hispanoamericano se debe a, a la necesidad de especificar entre las funciones adjetivas (historia española, idiosincrasia española) y las sustantivas, en este caso, el nombre de la lengua (el castellano).

El dictamen que Alonso (1979) expone con contundencia es: "El nombre de *castellano* había obedecido a una visión de paredes peninsulares adentro, el de *español,* miraba al mundo". Y años después, Salvador anotaba: "sobre los bienes comunes no caben decisiones particulares"(1986: 13).[2] *Castellano* se mantuvo en América durante el siglo XIX —buen ejemplo de ello es la *Gramática de la lengua castellana,* de Andrés Bello (1876)— pero en el siglo XX ya se va imponiendo *español.* Elda Lois escribía:

> "lengua castellana" y no "lengua española" pone de manifiesto un ideal lingüístico que no se corresponde con el centralismo uniformador de la política borbónica, y con "lengua española" se nombra más cabalmente el instrumento lingüístico suprarregional común a los hablantes de los distintos dialectos de España y América(1976: 51-52).

Pasado el tiempo, la dependencia política originaria era ya tan solo un recuerdo histórico: *castellano* como nombre específico —sobre todo en dialectología— de la variedad de español hablado en Castilla la Vieja "parece conferirle a tal variedad una primacía jerárquica entre las múltiples variedades, una facultad normativa, un carácter modélico, y esa posible identificación de castellano y norma es la que rechazan". El término *español* refleja mejor, desde la propia diversidad de la lengua en España, la correlativa diversidad americana, con algunas normas nacionales muy caracterizadas y con una creación literaria consagrada y pujante (Salvador 1986:14). Un campesino de la isla de La Palma (Canarias), de la localidad de El Paso, cuando Manuel Alvar (1975: Mapa 3) le preguntó (en una encuesta dialectal) por el nombre de la lengua que hablaba, dijo: "Aquí hablamos español, porque el castellano no lo sabemos pronunciar".

Admirable distinción, comenta Salvador: canarios, andaluces, murcianos, manchegos, extremeños, leoneses, aragoneses, navarros deben lógicamente, como el palmero, sentirse instalados más cómodamente en una lengua llamada *española* que en una lengua llamada *castellana.* Lo que no obsta —continúa— para que en estos últimos años haya ganado terreno en todas las regiones, desde la decisión constitucional,[3] la denominación de *castellano,* que antes solo era predominante en las zonas bilingües, donde el español convive con las otras lenguas de España, que comprenden —dicho sea de paso— menos de la quinta parte del territorio nacional, porque el español es la lengua única del 82% de sus habitantes. *Vid.* Mondéjar (1987) y Lope Blanch (1983).

Sin duda, comenta Andión (2006), la raíz de la coexistencia y predominio de un término sobre otro ha estado en que la maduración de la nación española como estado moderno llegó después de que su poder y su lengua se hubieran extendido enormemente. Ello puede haber ocasionado que el término *castellano* se mantuviera durante tantos siglos y pasara a América.

Como señala esta investigadora, en ambos territorios —España y América— han existido y existen factores políticos, históricos y sociales que inclinan la tendencia hacia el uso de uno u otro término. En España las reacciones están determinadas por la posición que se tenga frente al Estado español como comunidad supranacional y la pertenencia o no a esa unidad. Tras el termino *español* —cito— algunos han visto un exceso de un patriotismo exacerbado que alcanzó su máxima expresión en las dictaduras de Primo de Rivera y de Francisco Franco; otros, una lengua común, ajena a temas históricos, que identifica a los ciudadanos de España.

En Hispanoamérica, donde ambos términos son heredados, las polémicas han sido menos encendidas, pero, con todo, en algunos países se prefiere *castellano* para evitar una supuesta subordinación cultural a España. Por el contrario, los que han optado por *español,* nada reivindicativos, creen que se trata del nombre "moderno" natural para una lengua extensa y común, que la realidad americana terminó por convertir de manera decisiva en algo más que el viejo dialecto de Castilla.

Esa misma dualidad ha llegado incluso al texto constitucional de las repúblicas americanas. Con respecto a estos textos existen dos posturas: las que no hacen mención "expresa" de la lengua nacional, y las que sí la hacen. Y en este caso los textos están divididos entre las dos etiquetas en discusión: "español" y "castellano".

Los que no mencionan la lengua nacional "expresamente" son las constituciones de Argentina, Bolivia, Chile, El Salvador, México, la República Dominicana y Uruguay. Es más que probable que esta omisión se deba a lo obvio que resulta mencionar el punto. Se ha sugerido, quizás inspirándose en el caso de España, que hubiera podido tratarse del temor a impulsar la agresión a las lenguas indígenas que conviven con el español en estos países, o en otros casos, por recelos históricos hacia la antigua metrópoli. Son afirmaciones que podrían ponerse seriamente en duda, ya que en algunos de ellos no existe un peso considerable de lenguas indígenas y porque es cierto que omiten el artículo sobre la lengua nacional, pero sí la nombran sin ambages, y de manera reiterada en el mismo texto constitucional múltiples alusiones siempre hacen referencia al español; así lo hacen también los documentos expedidos por sus ministerios de Educación y otras dependencias estatales.

En los restantes países la situación es dicotómica: Colombia, Ecuador, Paraguay, Perú y Venezuela optan por *castellano*:

El castellano es el idioma oficial de Colombia. Las lenguas y dialectos de los grupos étnicos son también oficiales en sus territorios. Artículo 10. Constitución Política, 1991.

El Estado respeta y estimula el desarrollo de todas las lenguas de los ecuatorianos. El castellano es el idioma oficial. El quichua, el shuar y los demás idiomas ancestrales son de uso oficial para los pueblos indígenas en los términos que fija la ley. Artículo 1. Título de los Principios Fundamentales. Constitución Política, 1992.

El Paraguay es un país pluricultural y bilingüe. Son idiomas oficiales el castellano y el guaraní. La ley establecerá las modalidades de utilización de uno y otro. Las lenguas indígenas forman parte del patrimonio cultural de la Nación. Artículo 140. Constitución Política, 1992.

Son idiomas oficiales el castellano y, en las zonas donde predominen, también lo son el quechua, el aimara y las demás lenguas aborígenes según la ley. Artículo 48. Constitución Política de Perú, 1993.

El idioma oficial es el castellano. Los idiomas indígenas también son de uso oficial para los pueblos indígenas y deben ser respetados en todo el territorio de la República por constituir patrimonio cultural de la nación y de la Humanidad. Artículo 9. Constitución de la República Bolivariana de Venezuela. 1999.

Los países de Centroamérica y las Antillas prefieren *español:*

El español es el idioma oficial de la Nación. No obstante, el Estado velará por el mantenimiento y cultivo de las lenguas indígenas nacionales. Artículo 76. Constitución Política de Costa Rica, 1949.

El nombre del estado cubano es República de Cuba, el idioma oficial es el español y su capital es la ciudad de La Habana. Artículo 2. Constitución Política, 1976.

El idioma oficial de Guatemala es el español. Las lenguas vernáculas forman parte del patrimonio cultural de la Nación. Artículo 143. Constitución de Guatemala, 1985, con la reforma de 1993.

El idioma oficial de Honduras es el español. El estado protegerá su pureza e incrementará su enseñanza. Artículo 6. Constitución Política, 1982.

El español es el idioma oficial del Estado. Las lenguas de las Comunidades de la Costa Atlántica de Nicaragua también tendrán uso oficial en los casos que establezca la ley. Artículo 11. Constitución Política, 1987.

El español es el idioma oficial de la República. Artículo 7. Constitución Política [de Panamá], 1972.

A estos últimos se une la Carta Magna de Guinea Ecuatorial:

> La lengua oficial de la República de Guinea Ecuatorial es el español. Se reconocen las lenguas aborígenes como integrantes de la cultura nacional. Artículo 4. República de Guinea Ecuatorial: Constitución, 1991.

Como se verá, el término "español" es el más frecuentemente empleado en estos textos hispanoamericanos (y guineano), teniendo en cuenta que aunque la Argentina, Bolivia, Chile, El Salvador, México y la República Dominicana no mencionan el nombre de la lengua oficial de manera explícita, sí lo manejan al referirse a ella dentro del mismo texto constitucional.

El caso de España es muy diferente. Se trata de un asunto larga e intensamente discutido en el Congreso de los Diputados de Madrid, y el triunfo final de "castellano" obedecía a razones muy concretas. Andión (2006), que ha estudiado el tema con detalle, subraya que el documento fue escrito en un momento de gran trascendencia política, cuando el país había dejado atrás una larga dictadura y se enfrentaba a un futuro democrático. Tal era el grado de convencimiento de la mayoría de los parlamentarios que desoyeron completamente el sensato y riguroso dictamen de la Real Academia Española en este tema, que defendía lo postulado por la Corporación en el *Diccionario* Mayor:

> **español 1**: Lengua común de España y de muchas naciones de América, hablada también como propia en otras partes del mundo.
>
> **español 2**: Lengua española, especialmente cuando se quiere introducir una distinción respecto a otras lenguas habladas también como propias de España.
>
> **castellano**: Dialecto románico nacido en Castilla la Vieja, del que tuvo su origen la lengua española.

También desatendieron una carta pública firmada por su director entonces, D. Dámaso Alonso. Tampoco consiguieron inmutarlos las quejas de algunos países de Hispanoamérica que se dolían de esta decisión de España, que no tomaba en consideración a aquellos países trasatlánticos que eran co-dueños de la lengua y que representaban más del 90% de todos sus hablantes. La suerte estaba echada de antemano.

Al margen de estos datos constitucionales, revisamos otras dos opciones: la de una encuesta de gran alcance hispánico y un conjunto de datos procedentes de los *corpora* académicos.

Los resultados totales de una encuesta preliminar, realizada por "Cosas de la Lengua", de la Oficina de Corrección del Español (OCE),[4] dan a la respuesta "español" una mayoría de 45,8%; en segundo lugar aparece "castellano", con un 27,6%; y en tercer lugar, la opción "indistintamente", con un 26,5%.

Entre los países hispanohablantes de América (Estados Unidos incluido) predomina la respuesta "español" con algunas excepciones: En...

• Argentina, "español" aventaja ligeramente (46%) a "castellano" (42%) y el 11% restante se lo lleva "indistintamente".

• Chile, los votos se reparten casi por igual entre las tres opciones propuestas.

• Colombia, el 67% prefiere "español" y el 33%, "castellano".

• Estados Unidos, es mayoritario el "indistintamente" (61%), mientras que "español" obtiene el 39% y no hubo opciones para "castellano".

• México, "español" obtiene la mayoría (78%) y la opción "castellano", el 21%.

• Perú, prevalece la opción "indistintamente" con un 63%, seguida por "español" (20%) y "castellano" (17%).

Gráfica 8.1: Preferencias respecto al término empleado para referirse a nuestra lengua, en distintos países de América

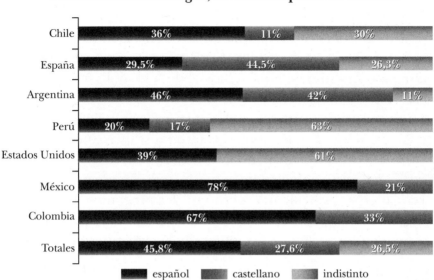

En España es donde más aparece la opción "castellano", con un 29,5%, en contraste con el 22,7% que eligieron esta contestación en el resto de los países de habla hispana. La opción "indistintamente" apenas tiene variación entre estos dos grupos: 26,3% en España y 27,2% en los demás países; "español" es la preferida para el 50% de hispanohablantes no españoles frente al 44,5% que la eligieron en España.

Gráfica 8.2: Preferencias respecto al término empleado para referirse a nuestra lengua, en las distintas regiones españolas

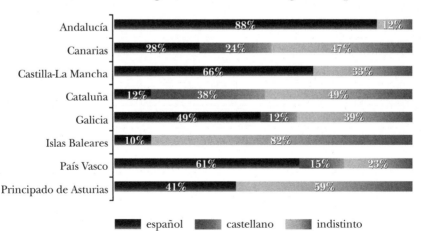

Respecto a España, la opción "español" es mayoritaria en Andalucía (88%), Aragón (86%), Castilla-La Mancha (66%) y País Vasco (61%). Prefieren "castellano" en las Islas Baleares (82%), en Murcia (67%), en Cataluña (49%) y en Canarias (47%). Y hay comunidades, como el Principado de Asturias, en las que el voto para "indistintamente" rebasa al de "español": 59% frente a 41%.

Otra encuesta, llevada a cabo por la OCE más recientemente, en América y en España sobre los términos "iberoamericano", "latinoamericano", "hispanoamericano" y otros de la misma familia ha arrojado datos de sumo interés. La encuesta comprendía en lo esencial una cuestión y dos preguntas: 1. Elija el gentilicio con el que se siente inmediatamente identificado; 2. ¿Se identifica usted con algunas de las siguientes opciones? Se trata de una gran encuesta en la que han participado más de 12 500 personas de todos los países hispanohablantes (excepción hecha de Paraguay y de Filipinas), y además, de los Estados Unidos.

Cuadro 8.1: Preferencias en el uso de los gentilicios
(respuestas dadas desde América)

GENTILICIO	Respuesta espontánea	Resp. mediante lista
Iberoamericano	1,48	6,39
Latinoamericano	54,81	31,05
Americano	6,67	8,77
Hispanoamericano	9,19	19,47
Norteamericano	0,74	1,93
Centroamericano	6,07	3,27
Sudamericano	14,67	21,69
Caribeño	4,74	5,94
Otro	1,63	1,49

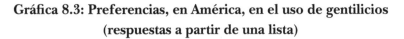

Gráfica 8.3: Preferencias, en América, en el uso de gentilicios
(respuestas a partir de una lista)

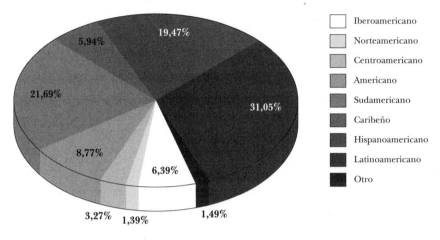

Las conclusiones generales que se extraen de este conjunto de datos es que el término preferido en América es el de "latinoamericano", seguido de "sudamericano" e "hispanoamericano". Los demás términos, como era de esperar, dada la limitación de sus semánticas, obtienen puntuaciones menores.

Cuadro 8.2: Preferencias en el uso de los gentilicios
(respuestas dadas desde España)

GENTILICIO	Respuesta espontánea	Resp. mediante lista
Iberoamericano	6,2	21,58
Latinoamericano	30,17	26,97
Americano	2,07	5,39
Hispanoamericano	47,11	29,05
Norteamericano	0,83	0,41
Centroamericano	0,41	0
Sudamericano	11,16	12,45
Caribeño	0	0,41

Notas

[1.] Declaración que hacía Octavio Paz a la revista *El viejo topo* en 1980. En esta misma línea, Julio Cortázar, en una entrevista de Televisión Española, cuando el entrevistador lo llamó "máximo cultivador de la novela en lengua castellana", respondió secamente: "Si le parece vamos a decir la lengua española, que es como yo prefiero llamarla". *Vid.* Salvador, *El español en España*, pág. 14.

[2.] Salvador, ahondando sobre el asunto, nos dice que lo que más le sorprende de todo el proceso político-lingüístico a que dio lugar la redacción del artículo 3 de la Constitución española de 1978 es que "casi nadie pareciera tomar en cuenta el hecho de que lo que se discutía era el nombre de una lengua que a los españoles nos pertenece solo en una escasa fracción, que hay por ahí no pocas constituciones —como se verá más delante— de otros países donde se la llama español y que un principio jurídico que nunca debe soslayarse es el que sobre los bienes comunes no caben decisiones particulares. La lengua española es, hoy más que nunca, un condominio y en España debemos empezar por adquirir conciencia de que, en todo lo que a ella se refiera, deberemos escuchar siempre las voces de los otros copropietarios" (1986:13). En efecto, en algunos países americanos la decisión unilateral de las Cortes españolas no fue bien recibida; las protestas fueron entonces desde recordatorios muy correctos sobre la no pertenencia en exclusiva de la lengua común a España, con todo lo que ello conllevaba de centralismo europeo trasnochado, resurrección de principios y actitudes coloniales, etc., hasta flamantes y encendidos artículos en los que aparecían descalificaciones muy serias. *Cf.* también el trabajo de López (1987), mezcla de erudición y sensatez, que pone de manifiesto el papel del español como integrante de dialectos peninsulares, porque ha servido de lugar de encuentro lingüístico a "todos" los pueblos de la península.

[3.] Bustos (1978) escribió un lúcido y muy informado artículo en el que contaba todos "los tejemanejes parlamentarios" que al fin llevaron a la aprobación de ese artículo 3: "La lingüística tiene sus propias exigencias y [...] pocas instituciones culturales ejemplifican mejor que las lenguas la resistencia de la realidad —con sus leyes internas— al voluntarismo político".

[4.] "Cosas de la lengua" es un nuevo sitio electrónico (http://www.cosasdelalengua.es), creado por la Oficina de Corrección del Español de ABRA, nacido con vocación de mejorar el uso de nuestro idioma y aficionar al ciudadano medio a expresarse adecuadamente. Tiene varias secciones: "Incorrecciones léxicas",

"La última monserga" y "El guirigay", dedicada esta a encuestas y sondeos. "A diferencia de otras páginas webs [sic] (unas excesivamente académicas y oficialistas, otras demasiado personales, a veces) nos hemos planteado hacer un sitio práctico, de contenidos atractivos y asequibles, que exciten la curiosidad, el aprecio y el disfrute de nuestra lengua" nos explica Antonio García Machín, director de ABRA.

Capítulo 9
El mosaico lingüístico de la España actual

Hoy, que es lo que importa, conviven con el español, la lengua oficial del Estado, otras lenguas de España de muy antigua raigambre

La historia de las diversas lenguas que hoy viven en suelo español ha pasado por episodios muy variados, que han ido de momentos azarosos, en que habían quedado preteridas y abandonadas por los poderes centrales de la nación, a los más luminosos de amplio reconocimiento oficial, estudio y cuidado, en periodos de libertad y sensatez.

Hoy, que es lo que importa, conviven con el español, la lengua oficial del Estado, otras lenguas de España de muy antigua raigambre.

> Artículo 3. El castellano es la lengua oficial del Estado. Todos los españoles tienen el deber de conocerla y el derecho de usarla. 2. Las demás lenguas españolas serán también oficiales en las respectivas Comunidades Autónomas de acuerdo con sus Estatutos.

El vasco (euskera), la única lengua ajena al sistema indoeuropeo, revive con lozanía en la cornisa cantábrica, en las tres provincias que hoy integran el País Vasco, disfrutando de su cooficialidad legal. Un intenso proyecto de renacimiento se ha llevado (y sigue llevándose) a cabo tras un estupendo trabajo de unificación de sus variedades dispersas y diferenciadas, que ha dado como resultado el nacimiento del batúa, hoy la lengua general del País Vasco.[1]

Artículo 6. El euskera, lengua propia del País Vasco, tendrá como el castellano [sic] carácter de lengua oficial de Euzkadi y todos sus hablantes tienen el derecho a conocer y usar ambas lenguas.

Las otras lenguas que viven en el Estado son el gallego y las tres variedades procedentes de un tronco común: el catalán, el valenciano y el mallorquín. Se trata de lenguas románicas que poseen larga historia, vitalidad probada y rica literatura nacida en tiempos antiguos y mantenida hoy con lozanía. Todas son lenguas cooficiales en sus lugares de asiento, conviviendo con la lengua general, el español.

Artículo 5. La lengua propia de Galicia es el gallego. Los idiomas gallego y castellano [sic] son oficiales en Galicia y todos tienen el derecho de conocerlos y usarlos.[2]

Artículo 3. 1. La lengua propia de Cataluña es el catalán. 2. El idioma catalán es el oficial en Cataluña, así como también lo es el castellano [sic], oficial en todo el Estado español.[3]

Artículo 70. 1. Los dos idiomas oficiales de la Comunidad Autónoma son el valenciano y el castellano [sic]. Todos tienen derecho a conocerlos y a usarlos… 5. La Ley establecerá los criterios de aplicación de la lengua propia en la Administración y en la enseñanza.

Artículo 3. La lengua catalana propia de las islas Baleares tendrá, junto con la castellana [sic], el carácter de idioma oficial, y todos tienen el derecho de conocerla y de utilizarla. Nadie podrá ser discriminado por razón de idioma.

Sin embargo, las historias de las reivindicaciones de estas lenguas regionales no solo no han terminado sino que siguen envueltas, en algunos casos, en disputas legales de intensidad diversa, siempre en busca de mayor autonomía y poder. Es cierto que se han cometido —y siguen cometiéndose— algunos excesos, pero en general triunfa la convivencia y el buen juicio de la mayoría del pueblo frente a ciertos intereses políticos.

En los casos señalados, con mayor o menor entusiasmo, la población respalda el bilingüismo porque aprecia los valores de su lengua propia, su historia como símbolo de identidad regional y la rica y aplaudida tradición cultural, con la producción literaria a la cabeza.[4]

Existe un caso, sin embargo, que parece ser excepcional: el llamado bable asturiano.

NO DEJA DE SER SORPRENDENTE QUE LOS PROCESOS DE ESTANDARIZACIÓN QUE SE HAN LLEVADO A EFECTO NO HAYAN CONTADO CON INVESTIGACIONES PREVIAS SOBRE ACTITUDES LINGÜÍSTICAS DE LOS HABLANTES DE LA ZONA

En Asturias conviven y alternan tres modalidades lingüísticas: el gallego-asturiano, el español y el bable. La lengua común es, por supuesto, el español que, según Neira Martínez (1986: 63, con extensa bibliografía) hablan y entienden todos los asturianos, aunque en diversos grados de corrección. Ahora, la moda es el bable, y está relacionada con la creación en España del Estado de las Autonomías que, según este investigador, serías una creación, a imagen y semejanza de otras autonomías que tienen lengua propia —Cataluña, País Vasco, Galicia, etc.— y que con ellas destacan y ponen de relieve su peculiar personalidad e identidad. Y así "los bables" se convertirían, para adaptarse mejor a la nueva organización autonómica, en "el bable", en una lengua para toda Asturias.

Para muchos estudiosos, este planteamiento es ingenuo y erróneo; para Neira Martínez (1976, 1982, 1986) las razones son evidentes.

En primer lugar, una lengua es el resultado de una creación anónima y colectiva a lo largo de muchos siglos. Su ritmo es lento y ningún hecho externo puede cambiar súbitamente su marcha evolutiva. Las lenguas no tienen ningún organismo rector. Las Academias e instituciones similares no crean ni dirigen la lengua, pues esta ya existe y funciona con anterioridad. Son como la conciencia de la lengua. Tratan de reflejar el sentimiento de unidad y de normalidad que, informulado, está presente en todos los que hablan la misma lengua… Por otra parte, la lengua no crea la personalidad, sino que la refleja. Lengua y comunidad política no coinciden necesariamente. Por eso puede haber pequeños Estados plurilingües (Suiza) o vastas comunidades de naciones con una lengua común como América Española.

La conclusión última que se saca de estos argumentos y de un profundo conocimiento de la realidad lingüística asturiana es que el bable no funciona ni ha funcionado nunca como una lengua.

Los diversos bables o hablas que lo integran coinciden o divergen de formas muy variadas. Pero no han estado entre sí en relación dinámica. No ha surgido espontáneamente una norma supralocal, aceptada implícitamente por todos como la superior, con validez general y no exclusiva de una determinada zona.

Sin embargo, la Academia de la Lengua Bable, fundada hace muy poco, ha echado sobre sus hombros la responsabilidad de convertir esos bables en "el" bable asturiano, dotándolo de mecanismos especiales, intentando normalizarlo y trabajando en pro de su unidad. No se sabe si algún día se conseguirá la soñada unidad y el aumento de prestigio, aunque el manejo de cuantiosos fondos estatales puede ayudar en la tarea, sobre todo cuando no existe ningún conflicto lingüístico.

A pesar de que en los últimos años los estudios en torno al bable, o mejor, como solía decir el maestro Alarcos, "a los bables", han recibido un nuevo impulso, los enfoques sociolingüísticos o los procedentes de la sociología del lenguaje están aún en estado embrionario. No deja de ser sorprendente que los procesos de estandarización que se han llevado a efecto no hayan contado con investigaciones previas sobre actitudes lingüísticas de los hablantes de la zona, pero así ha sido. Nuestro propósito en esta ocasión es el de abordar el estudio de una parcela de todo este amplio mundo: el de las actitudes lingüísticas que el bable produce en los habitantes de la capital del Principado.

Esa investigación descubrió que, por abrumadora mayoría, el 87,9% prefiere que, en lugar de bable, los niños asturianos aprendan inglés.

Los resultados particulares de las dimensiones fueron los siguientes. Con respecto al papel desempeñado por el bable en la "asturianidad", la muestra respondió muy negativamente (en total desacuerdo) en un 54,5%, y muy positivamente (totalmente de acuerdo), en un 9,1%. Las respuestas intermedias arrojaron un 18,2 para "De acuerdo con reparos", un 3 para "En desacuerdo con reparos", y un 15,1 de "Indiferentes". Las creencias favorecidas son las que indican bien que la muestra no cree que el bable sea un rasgo importante de asturianidad, o bien que se mantiene indiferente ante la cuestión. El 91% de la muestra está convencida de que "se puede ser un buen asturiano sin hablar bable". Solo un sujeto se mantuvo indiferente; solo dos se manifestaron "En total desacuerdo" y solo tres apuntaron "En desacuerdo con reparos". Los datos aquí son muy elocuentes.

La segunda dimensión de las establecidas aquí, la relativa al prestigio social, indica que el 38,4% de la muestra cree que el bable carece de prestigio social, frente a un 21,5 que piensa lo contrario; "De acuerdo con reparos", el 8,5%; "En desacuerdo con reparos", el 11,5%, e "Indiferentes", un 20%. Al revisar por separado las cuatro aseveraciones que integran este bloque, se nota que algunas producen una reacción más acusada que otras. Así, mientras las mayores cifras van hacia el rechazo de que el bable sea una lengua tan respetable como el español y a favor de que el bable no es una lengua, sino una forma de hablar regional, la mayoría no está de acuerdo en que no deba votarse a un candidato que sepa bable, ni tampoco en que aquellos que lo sepan deban limitarse a hablarlo solo en círculos familiares.

La tercera dimensión, la relativa a la funcionalidad actual del bable, nos indica que la muestra cree que el bable es un instrumento comunicativo muy poco funcional en nuestros días: el 51,3% mantiene una postura muy negativa, frente al 22,4% que se manifiesta de manera eminentemente positiva; las posturas intermedias nos hablan de un 15,3 para la postura negativa con reparos, el 7,1 para la positiva con reparos, y el 2% de indiferentes. Las cifras indican que la abrumadora mayoría, el 87,9%, piensa que es preferible que, en lugar de bable, los niños asturianos aprendan inglés, y casi dos terceras partes de los encuestados, el 63,7%, piensa que el bable sirve de muy poco en la vida moderna.

La cuarta, que enfrenta la cuestión de si el bable es un asunto pretérito o no, ha producido resultados del todo interesantes. Cuando se analizan en su conjunto, las creencias de signo negativo ("es una cuestión que pertenece al pasado") son mayoritarias, un 29,2%, pero las del otro extremo suben a un 17,7%. La diferencia es muy notable, claro está, pero lo más curioso es que los individuos que se inclinan por las respuestas "De acuerdo con reparos" y "En desacuerdo con reparos" alcanzan el mismo porcentaje, 18,7, ligeramente superior a la cifra que produce el valor positivo; los indiferentes constituyen el 15.6. Ahora bien, estos datos necesitan de matizaciones.

De las tres aseveraciones que integran esta dimensión, una de ellas es de carácter fáctico ("la mayoría de los que hablan bable son personas mayores"), en cuyo juicio entra la experiencia cotidiana de los ovetenses. El 36,4% confiesa estar "En total desacuerdo" y el 27,3, "En desacuerdo con reparos"; juntas estas dos cifras (63,7), se alzan con la mayor porción de datos que sustentan el desmentido a la aseveración de la escala. Sin embargo, al hablar de que el bable "pertenece al pasado", las opiniones afirmativas se constituyen en mayoritarias: el 57,6 frente a un 27,3, con un 15% de indiferentes. Apoyo aún superior alcanza la negativa a la aseveración de que el bable se habla hoy igual que antes, pues las cifras que la respaldan suben al 66,7% frente a un 14%.

No cabe duda de que los hablantes se han enfrentado inteligentemente a uno de los retos de la prueba: diferenciar lo fáctico de lo opinable. Aceptan que también hay jóvenes que hablan bable; sin embargo, creen que hoy se habla menos que antes, y sobre todo, que el bable es cosa del pasado. Mientras no se disponga de investigaciones objetivas sobre el asunto, es imposible determinar si la creencia de que hoy existan menos hablantes de bable que antes se corrobora o no empíricamente.

La quinta dimensión es una de las más importantes, ya que relaciona el bable con factores educativos y cuestiona el que sirva de instrumento para la expresión cultural. Esta, conjuntamente con la octava dimensión, analizan las creencias de la muestra en torno al ámbito de manejo del bable, doméstico o cultural y público. Los datos generales de esta dimensión son, de nuevo, muy complejos. Las creencias negativas extremas alcanzan el 41,2%, frente a las positivas, también extremas, con un 26,6%; pero en conjunto las positivas (incluyendo la columna "con reparos"), suben al 35,8%, cifra que las acerca más al total de las negativas, 47,3%. Estos datos, sin embargo, no son elocuentes.

Cuando se revisan las cuatro aseveraciones que integran esta quinta dimensión, se ve que la actuación de la muestra está dividida en tres. Opiniones mayoritariamente negativas hacia "Nadie que tenga estudios habla bable", hasta el extremo de que la columna de "Totalmente de acuerdo" obtuvo, única vez en toda la prueba, puntuación 0. Los ovetenses, por lo tanto, no creen que el bable esté reñido con la escolaridad. Los puntos 14 ("En los círculos intelectuales se debería hablar bable") y 15 ("El bable es un buen instrumento para comunicar ideas filosóficas y científicas") consiguieron respuestas masivas en su contra: en el primer caso, el 69,7%; en el segundo, 78,8%. Estos datos se corroboran con el hecho de que solo dos sujetos pensaban que el bable era adecuado para la expresión intelectual, y solo uno, que se trataba de un buen instrumento para la filosofía y la ciencia.

En tercer lugar queda la expresión "Es importante que el bable se conserve como lengua de cultura" (entiéndase el término "cultura" en su sentido antropológico), con datos favorables considerables (63,6); solo un 18,2 % confiesa que no debería conservarse. Estas cifras, al parecer contradictorias con las arrojadas por 14 y 15, parecerían tener su explicación dentro de la esfera sentimental, pero la demostración de este punto necesitaría de un estudio monográfico. De momento, lo único que podría ir apuntándose es que los ovetenses están en su mayoría de acuerdo en que el bable no constituye un instrumento adecuado para la labor intelectual, pero no que por ello deba desaparecer.

La sexta dimensión, la referida a la naturaleza campesina del bable, ofrece nuevamente superioridad de datos negativos en las creencias: un 60% frente a un 30,5%, con cerca de un 10% de indecisos. Los datos de esta dimensión tampoco están exentos de puntualizaciones. Las opiniones se abren en dos grupos: las producidas por el punto 2 ("El bable es una forma de hablar propia de campesinos") reflejan un cierto rechazo: 48,4 frente al 39.4, que pudo haberse debido al carácter eminentemente peyorativo que tiene aquí el término "campesino"; esta hipótesis que adelanto pudiera quedar confirmada a la luz de los números arrojados por las otras dos aseveraciones, 13 y 23, que constituirían el segundo grupo. El 67% está de acuerdo en que las personas nacidas y criadas en las ciudades asturianas no hablan bable, y el 66,7% acepta que causa sorpresa oír hablar bable a alguien en la ciudad de Oviedo. En estos dos últimos casos, las creencias opuestas, dejando aparte a los indecisos, suben al 27 y al 15,2%. La contradicción es evidente: no es lengua de campesinos, pero no se habla en las ciudades. Una nota a tener en cuenta para próximas investigaciones. ¿Qué respuestas habríamos obtenido si la aseveración hubiese dicho "El bable se oye más en zonas rurales"?

La séptima dimensión es en realidad un complemento de la anterior: el bable puede no ser rural, pero sí pertenecer a los niveles socioculturales bajos de los centros urbanos. Las opiniones están completamente divididas: en el caso de 21 ("Se habla bable también en las ciudades, pero solo entre gente vulgar"), el rechazo fue evidente: 60,6% frente a 24,2%; en el de 25 ("En Oviedo se escucha hablar bable con frecuencia a todo tipo de personas"), la aseveración opuesta frontalmente a la anterior, fue rechazada por el 48,5% de la muestra y aceptada por el 27,3; el porcentaje de indecisos fue el 18,2.

La octava dimensión es de una importancia sobresaliente, pues hace alusión a los medios de comunicación social. De manera excepcional, las creencias son aquí uniformes en lo negativo. Un altísimo 70,6% (frente al 13,5) rechaza la idea de que el bable sea usado en los medios. El 85% se opone a que el alcalde de Oviedo diga sus discursos en bable, e igual porcentaje, a que la prensa maneje este instrumento comunicativo. En ambos casos, solo un sujeto (y el mismo) se mostró partidario de las aseveraciones propuestas en la prueba. Posición negativa, pero algo menos tajante, manifestó la muestra en los otros dos casos: el 63,6 se negaba a que la televisión empleara el bable, y solo el 36,3 a que se publicaran libros en esa lengua. Los datos se comportan aquí muy unitariamente.

Por último, la novena dimensión: el uso del bable y ciertos aspectos de la personalidad de los hablantes. El que estos que lo hablaban fuesen más inteligentes fue rechazado masivamente por los sujetos: el 75,7 frente al 6%; el que fuesen antipáticos los que no lo hablaban, también, solo que, en este caso, casi por el 100%: 96,9; un único individuo se mostró partidario de esta última aseveración.

El resumen de todo lo dicho hasta aquí muestra de manera muy clara que en todas las dimensiones estudiadas el saldo resulta favorable a las creencias negativas, aunque en muy diferente grado. Los datos que aparecen en el cuadro que sigue se han obtenido restando las cifras correspondientes a las dos columnas positivas de las dos negativas, según los casos.

**Cuadro 9.1: Razones de los asturianos para valorar
negativamente el bable**

1.	Asturianidad	45,4
2.	Prestigio social	16,9
3.	Funcionalidad	37,1
4.	Anticuado	11,5
5.	Educación y cultura	11,5
6.	Rural	29,5
7.	Nivel sociocultural bajo	36,4
8.	Medios de comunicación social	57,1
9.	Personalidad de los hablantes	69,7

El margen más amplio de creencias negativas lo obtiene la dimensión que trata de poner en relación el manejo del bable con rasgos de la personalidad de los hablantes, su inteligencia y su antipatía, respectivamente. Es evidente que la mayoría de los ovetenses no creen en ello. La hipótesis subyacente a estas aseveraciones queda, por lo tanto, completamente neutralizada. Le sigue después lo relativo al uso del bable en los medios de comunicación social: se deduce de esta cifra que, en general, los sujetos de la prueba no son partidarios de que el bable se use en los medios, aunque con algunas matizaciones. La tercera dimensión en orden descendente es la relativa al papel del bable en la "asturianidad" de los habitantes del Principado: nuestros sujetos nos dicen que no es un factor importante, ni hablarlo ni dejarlo de hablar. Inmediatamente después viene el factor funcionalidad comunicativa, en el que la muestra se manifiesta abiertamente negativa.

Siguen por último, pero siempre con valores negativos, la identificación del bable con el bajo nivel sociocultural de sus hablantes, su supuesto carácter rural, el prestigio social que alcanza y, en igualdad numérica de condiciones, su relación con la educación y la cultura y su pertenencia al pasado.

Es importante señalar que las cifras de indecisión fluctúan considerablemente:

**Cuadro 9.2: Razones de los asturianos para dudar
del valor del bable**

1.	Asturianidad	15,1
2.	Prestigio social	11,5
3.	Funcionalidad	2
4.	Anticuado	15,6
5.	Educación y cultura	16,8
6.	Rural	9,5
7.	Nivel sociocultural bajo	18,2
8.	Medios	15,8
9.	Personalidad	9

Las indecisiones se reducen al mínimo en el caso de la funcionalidad actual del bable; también aparecen con cifras bajísimas lo relativo a la relación bable y personalidad de sus hablantes y a la naturaleza rural del bable. En el resto de los casos, las inseguridades se mantienen entre porcentajes que oscilan entre 11 y 18.

Todo lo expuesto hasta aquí ha hecho referencia a las creencias que podrían motivar una determinada actitud de los ovetenses hacia el bable. Si partimos de la premisa de que determinadas creencias calificadas como negativas producen incuestionablemente actitudes de rechazo, puede afirmarse sin género de dudas que la actitud hacia el bable que muestran los ovetenses no es, en general, positiva: un 59,3% de rechazo frente a un 26,7 de aceptación.

Aunque los resultados de esta investigación están lejos de ser definitivos, no parece que deban ser desatendidos en cualquier acción que se tome en lo futuro.

NOTAS

1. "La lengua vasca había llegado al siglo XX sin que ninguna de sus variedades dialectales se hubiera impuesto a las otras como patrón de lengua normalizada —nos explica Echenique (1986: 91), una de las máximas especialistas en vasco— por lo que la Academia de la Lengua Vasca tuvo que decidir entre dos opciones: o bien elegir una de las variedades literarias existentes o bien adoptar una solución de compromiso que respondiese al uso hablado y escrito mayoritario y que fuera, al mismo tiempo, respetuoso y atento hacia la variedad intrínseca que toda lengua posee y que, en el caso del euskera, debido a la falta de una norma general, era más acusada si cabe. Este último fue el criterio que se impuso". El batúa fue el producto de esta encomiable labor: "una lengua normalizada concebida sobre todo para ser escrita y que, en cualquier caso, constituye el modelo gramatical que aglutina y resume las diferencias dialectales y sociales, no con el ánimo de aniquilarlas, sino con el fin de sobreponerse a ellas ofreciendo el registro culto, correcto, mejor, que las encauce adecuadamente". Véanse los trabajos fundamentales de Michelena (1982, 1983), el verdadero padre y artífice del batúa.

2. La Ley de Normalización Lingüística de 1983 convirtió al gallego en lengua cooficial en todo el territorio de esta comunidad. A partir de entonces, poco a poco, el gallego ha ido ganando terreno, aunque según García (1986: 167) "con bastante resistencia pasiva por parte de elementos que se encuentran instalados muy bien en una situación diglósica. Hay ámbitos de la vida política, como el Parlamento o las publicaciones oficiales de la Xunta, donde la situación del gallego como lengua oficial está firme. Pero en los medios de comunicación, en la administración local y sobre todo en la de justicia y en la eclesiástica, queda por delante un gran recorrido para que la lengua gallega sea considerada 'apta' como medio vehicular expresivo. En los medios educativos es donde parece que la legua gallega encuentra menos resistencia". Sin embargo, hoy todo parece indicar que, aunque con cierta lentitud, el gallego se va consolidando.

3. Uno de los máximos conocedores de esta compleja materia, Colón (1986), pone el dedo en la llaga antes de entrar en materia: "El asunto para el lingüista no tiene demasiada entidad. Cuestión de nombres. Lo que interesa es describir el instrumento expresivo propio de esas tierras del este peninsular. Pero al no especialista le preocupa ante todo saber si el valenciano es o no catalán, si el mallorquín es o no catalán; si estamos ante dialectos o lenguas. Son discusiones de

actualidad —¡podría estar escribiendo en nuestro 2010!—: baste recodar las polémicas recientes a propósito de los estatutos de autonomía, o basta abrir los periódicos en su sección de "cartas al director" para ver cómo cualquier ciudadano echa su cuarto a espadas con el mayor aplomo. Todo el mundo puede opinar —ese es el aliciente del debate— pero muchos se creen autorizados a zanjar sin justificarse". Las páginas que siguen en estos dos trabajos despejan lúcidamente la cuestión. *Vid.* También Rojo (1979, 1982).

[4.] Desde hace poco menos de dos años, fecha de publicación de las comunicaciones presentadas a la sección que en Bremen —en ocasión del XV Congreso de la Asociación Alemana de Hispanistas (marzo, 2005)— trató monográficamente del español hablado en tierras catalanas. Los editores, Sinner y Wesch (2008), promotores de la idea, se quejaban de la poca información que había con respecto al español hablado en Cataluña, el País Valenciano y las Islas Baleares. Las comunicaciones presentadas allí por investigadores de estos sitios y de otros puntos del planeta han sido recogidas en ese importante volumen.

LO QUE EN REALIDAD ES DIGNO DE SUBRAYAR ES QUE EL ESPAÑOL
HA FORTALECIDO SU DEMOGRAFÍA DE MANERA SOBRESALIENTE

El estudio de la demografía actual del español debe enmarcarse dentro del conjunto de las lenguas del mundo. Moreno Fernández y Otero Roth (2008) indican la existencia de cuatro patrones principales: 1) reducción continua del número de lenguas existentes, 2) concentración de la diversidad lingüística en unas zonas muy limitadas, 3) escaso número de lenguas en grandes regiones del globo, y 4) tendencias de las lenguas en relación con la población mundial.

Se calcula que el número de lenguas existentes hacia el año 1500 era de casi 15 mil, y hoy, en cambio, el número ha decrecido drásticamente, pues los cálculos demográficos lo sitúan alrededor de seis mil. El índice de mortandad lingüística ha sido altísimo. Y esto no es todo. Las predicciones para el año 2100 reducen estas últimas cifras a mil.[1] Pero lo que en realidad es digno de subrayar es que sobre este telón de fondo, el español ha fortalecido su demografía de manera sobresaliente.[2]

Por otra parte, entre las franjas de densidad lingüística el español se ha extendido por una geografía que coincide con la mayor densidad lingüística del planeta, en correspondencia con áreas de grandes masas forestales tropicales que albergan el mayor número de especies del mundo. De acuerdo con Nettle (1999), en este hábitat en el que perviven entre el 50% y el 90% de todas las especies de la tierra, se encuentra también la mayor parte de las lenguas del planeta, es necesario señalar también que la diversidad lingüística del mundo hispánico es menor que la del Sudeste asiático y África central. Asia y África dan origen a algo más del 60% de todas las lenguas; en cambio, Europa solo ha producido 239 lenguas hoy vivas, aunque entre ellas hay varias con rango internacional.

Debe también tomarse en consideración que el 96% del planeta habla el 4% de los idiomas que hoy existen y que cerca de dos mil millones de hablantes manejan tan solo ocho lenguas. Crystal (2001) calcula que dos tercios de las lenguas vivas poseen menos de 20 mil hablantes, cantidad que considera sintomática de estar en peligro de extinción. En esta línea, el lingüista de Cambridge considera que cerca del año 3000 podrían haber desaparecido la mitad de los idiomas del planeta, lo que implicaría que el futuro de tales extinciones podría alcanzar a 30 lenguas por año. Las que, por tener entre cien y mil millones de hablantes, son consideradas de primer rango son: el inglés, el chino mandarín, el ruso, el español, el hindi/urdo, el árabe, el bengalí y el portugués.

Los cálculos que aquí se presentan son, desde luego, ajenos a un hecho de gran importancia: la homogeneidad idiomática; por lo tanto presuponen ex profeso que cuando se menciona el árabe o el inglés, por ejemplo, todos sus hablantes se entienden entre sí sin la menor dificultad, lo que está lejos de ser una realidad. Pero lo relativo a la cohesión idiomática es asunto que no entra en estos cálculos.

Las tendencias evolutivas de las primeras cuatro lenguas del mundo actual (Graddol 2006) se pueden ver en la siguiente gráfica:

Gráfica 10.1: Tendencia evolutiva de las cinco lenguas
más habladas del mundo

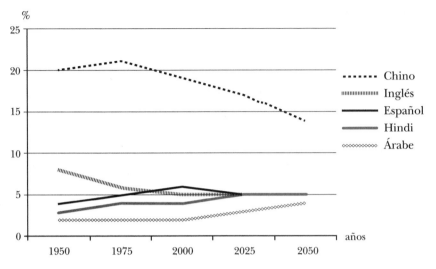

Se observa con facilidad que el chino mandarín cae ostensible-
mente, aunque siempre conservando el lugar más destacado;
también el idioma inglés, aunque en proporciones mucho más
modestas. El hindi/urdu sube sustancialmente; también el español,[3] aunque a ritmo menor.

El rango ocupado por el español varía según los autores y los
datos que se manejen. Para la UNESCO, ocupa el cuarto lugar
(392 millones), tras el chino mandarín (1 200 millones, el inglés
(478 millones) y el hindi/urdu (437 millones). Mientras que
para *Ethnologue* se sitúa en tercer lugar (322 millones), precedi-
dos por el chino mandarín (837 millones) y el inglés (508 millones). Pero téngase en cuenta que *Ethnologue* ha contado para
el inglés y el hindi/urdu a los hablantes que las tienen como segunda lengua, pero no así para el español, decisión que, sin
duda, tergiversa mucho la realidad.

Además, valga lo dicho, considerar el chino como una sola
lengua, y unir el hindi con el urdu son, lingüísticamente hablando, excesos que convendría eliminar de los cálculos.

Para proceder a cualquier tipo de cuantificación del español,
Moreno Fernández y Otero Roth (2008: 26-27) proponen tomar
en consideración los siguientes aspectos:

- Idioma lingüísticamente homogéneo.
- Lengua de cultura de primer orden.
- Lengua internacional.
- Geográficamente compacta.
- Lengua en expansión.
- Índice muy alto de comunicatividad.

No es fácil cuantificar el nivel de homogeneidad de una lengua, pero ayuda el análisis de sus índices de variación interna, tanto de tipo geolingüístico como sociolingüístico. En el español estos índices diferenciadores son muy bajos, como se verá más adelante. A esta unidad contribuyen la simplicidad y fijación del sistema fonético, el léxico fundamental compartido por todas sus variantes y el manejo de una sintaxis relativamente elemental.

Por otra parte, no vale la pena detenerse en los demás puntos: que el español sea una lengua de cultura está fuera de todo género de duda; basta echar un vistazo a la extraordinaria riqueza de la producción literaria hispánica de todos los tiempos. Su carácter internacional está avalado por el hecho de que lo hablan 21 países en el mundo, que se maneja en amplias zonas geográficas desde hace varios siglos, no necesita de mayor demostración, y que sea una lengua en expansión cualquiera podrá comprobarlo con facilidad leyendo varias páginas de este mismo libro. Por otra parte, cuando se habla de un alto índice de comunicatividad, aun contando con los diversos tipos de bilingüismo y multilingüismo y el poco o nulo conocimiento de la lengua materna general en casos muy puntuales y específicos, no caben dudas de que aceptar este hecho como contraprueba tiene visos matemáticos de anécdota.

Otra cosa diferente es la existencia —como en toda lengua de gran extensión— de zonas conservadoras e innovadoras. Tradicionalmente, aunque se trata de distinciones muy gruesas, son calificadas de conservadoras Castilla, zonas altas de México y la región andina, y el interior de Colombia, mientras que ejemplos de las innovadoras serían Andalucía y Canarias, las Antillas o las zonas costeras de la América del Sur.

Aparte del carácter simplificador que estos señalamientos conllevan, conviene no olvidar que en ningún caso se trata de ruptura o dificultad comunicativa, a juzgar por la gran cantidad de elementos lingüísticos compartidos.

Son solo dos los criterios que deben regir en el individuo para catalogarlo como "hablante de español": que sea hablante nativo y que posea un buen dominio de la lengua

Los estudios demográficos exigen como premisa fundamental que si el propósito es contabilizar al hablante de una lengua determinada es absolutamente imprescindible definir con esmero el propio concepto de "hablante de una lengua".

Moreno Fernández y Otero Ruth (2008) proponen que debe considerarse "hablantes de español" a todos los que manejen cualquiera de sus variedades dialectales (europeas, americanas y africanas), incluyendo también, según estos autores, las hablas criollas de base hispana y las variedades judeoespañolas. A otros lingüistas les ha parecido excesiva la incorporación de estas dos últimas modalidades. Sin embargo, estas hablas criollas son apenas anecdóticas, y las comunidades sefardíes en las que verdaderamente se maneje este o estos tipos de español arcaico son muy limitadas. Su inclusión en los recuentos demográficos del español, muy poco podrían influir en los resultados finales.

En realidad son solo dos los criterios fundamentales que debe reunir el individuo para considerarlo "hablante de español": que sea hablante nativo y que posea un buen dominio de la lengua. Esta primera distinción, aunque en parte aclaradora, no está exenta de problemas. El abanico de posibilidades que se abre al margen de estos dos polos no es muy grande pero sí importante: casos de lengua materna olvidada por cambio de contexto comunicativo, disminución de la competencia comunicativa por esas mismas o semejantes situaciones, hablantes extranjeros con el español como lengua aprendida, etc.

En un afán por dotar de sistematicidad a esta pluralidad de casos, Moreno Fernández y Otero Ruth (2008) proponen que se parta de un modelo de círculos concéntricos cuyo núcleo fundamental sea el grupo de dominio nativo (GDN), al que seguirán el grupo de competencia limitada (GCL) y el grupo de aprendices de la lengua extranjera (GALE).

En un primer nivel (GDN) entrarían individuos cuya capacidad de usar la lengua dada, en nuestro caso el español, se corresponde con la de los hablantes que la adquieren desde la infancia e interactúan con sus familias, con los miembros de la comunidad o con los compañeros de escuela. Esto implica que dichos hablantes puedan tener una lengua materna diferente, puesto que lo que importa para la clasificación es la capacidad de interactuar como "hablante nativo" en esa lengua y de ser considerado miembro de la comunidad de la lengua en cuestión. En este grupo estarían los hablantes de español como lengua materna, los hablantes de español como lengua principal y los hablantes bilingües en las comunidades con implantación social del español.

Al segundo grupo corresponderían los individuos con un dominio precario del español, limitado en lo social y en lo estilístico, válido solo para comunicarse en ciertas situaciones y al hablar sobre temas muy específicos. Y al tercero, los que han adquirido o están adquiriendo el español, a través de un proceso de aprendizaje llevado a cabo en las aulas. Este nivel es sumamente heterogéneo, pues dependerá del grado de avance del aprendizaje.

Esta clasificación tiene la ventaja, frente a otras, como la de Crystal (2003), de partir de una tipología de hablantes según su grado de dominio de la lengua. Atenerse a un concepto como este evitaría cálculos muy alejados los unos de los otros. No es otra la causa de que, mientras *Ethnologue* cuenta 266 millones de hispanohablantes en el mundo, otros estudiosos ofrezcan cifras más altas, y todos ellos separados solo por unos pocos años.

Hoy, ya en la primera década del siglo XXI, se dispone de medios suficientes y fiables para emprender esta tarea demográfica: los censos oficiales de cada país.

La siguiente gráfica muestra el resultado del examen de esos censos:

Gráfica 10.2: Proporción de hablantes de español en los países de Hispanoamérica

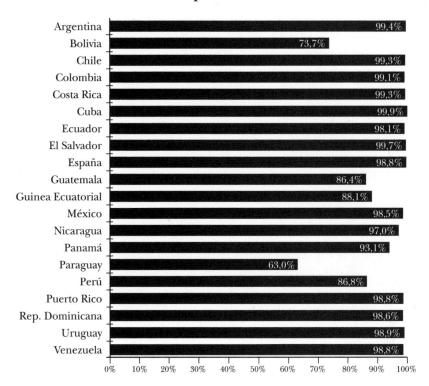

Esto indica que salvo aquellos países que poseen una fuerte demografía indígena —Bolivia y Paraguay, que están entre el 60 y el 70% de población hispanohablante—, los demás muestran cifras altas, entre el 80 y el 90%. Estos datos resultan ser muy elocuentes. Si se comparan estas cifras con las ofrecidas por censos anteriores, se confirma fácilmente que el español no ha dejado de crecer y que ese crecimiento ha ido en tres direcciones: primero, en el territorio español mismo, aquí de manera moderada; segundo, por sus expansiones hacia el norte de África, Filipinas y Guam, y, tercero, en América, sobre todo. En el caso de las tierras americanas, el crecimiento demográfico en este último siglo ha sido espectacular.

Este aumento de población tan señalado, y con él el auge estadístico de nuestra lengua en el continente americano, se ha debido en particular a la consolidación del español como lengua general y oficial de sus naciones.

La lengua española es también usada fuera de las fronteras del mundo hispánico

Por supuesto que la lengua española es también usada fuera de las fronteras del mundo hispánico. Ello ha sido posible, de una parte, por la influencia española antigua que se había extendido a Andorra, estado limítrofe con España, y hacia tierras africanas, concretamente a Marruecos, Argelia y el Sahara Occidental; por otro lado, aquellas influencias mucho más recientes, provocadas por diversas razones históricas, como las que se han dado en Rusia, Suiza y la Unión Europea en general.

También en América nuestra lengua ha tenido no pocas extensiones: Belice en la América Central, junto a Guatemala y Honduras, y las islas antillanas Bonaire y Curazao, las Islas Vírgenes, las Islas Caimán, Jamaica y Trinidad-Tobago. También hacia el norte: los Estados Unidos y Canadá, y hacia el sur, Brasil.

Otros países, como Noruega, Turquía, Australia, Islandia e Israel, también han recibido una buena inmigración de hispanohablantes, tanto de España como de América.

Aquí, como era de esperar, salvo en los casos mencionados del Principado de Andorra, en primer lugar, y de Bonaire, Curazao y Belice después, los demás países presentan proporciones relativamente modestas, quizás con las excepciones de Guam, las Islas Vírgenes y los Estados Unidos, ya que la inmigración se ha producido en cantidades mucho menores, como puede verse en la siguiente gráfica.

Gráfica 10.3: Proporción de hablantes de español en los países no hispanoamericanos

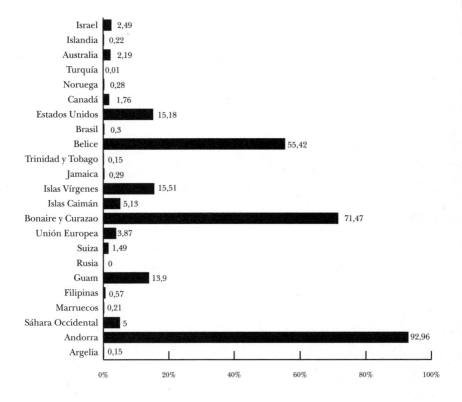

A pesar de los porcentajes que presenta esta gráfica, debe destacarse en primer lugar que la cifra de hispanohablantes de los Estados Unidos, como ha de explicarse más adelante, es extremadamente numerosa.

Notas

1. Son muchas las lenguas que se encuentran en peligro de extinción. La UNESCO ha publicado un atlas con estas lenguas, donde se indica su grado de peligro: 1) lenguas extinguidas, 2) lenguas moribundas, 3) lenguas seriamente amenazadas, 4) lenguas amenazadas, y 5) lenguas potencialmente amenazadas. La extinción paulatina se debe a varios motivos, pero entre los más importantes figuran el tener un número muy reducido de hablantes, generalmente indígenas, y que no permiten su uso en ciertos temas y ámbitos semánticos (nuevas tecnologías o ciencia, por ejemplo).

2. Más aún si se toman en cuenta, como procede, sus lenguas criollas: el chabacano de Filipinas, hablado por medio millón en las regiones de Zamboanga, Basilan, Cotabato, Davao y otras zonas del archipiélago; el papiamento, utilizado en varias zonas caribeñas, pero principalmente en Aruba, Bonaire y Curazao, hablado por casi el 80% de una población de 250 mil habitantes; el palenquero de Colombia, que languidece paulatinamente, ya sin hablantes monolingües, y el chamorro de la isla de Guam y de las Marianas, en Asia, hablado tan solo por unos pocos cientos (un 0.5% de la población).

3. Algunos cálculos indican que aunque hoy el español se mueve entre los puestos tercero y cuarto, existe la posibilidad de que muy pronto en nuestros días llegue a superar al inglés en cuanto al número de hablantes nativos. *Vid.* Moreno Fernández y Otero Roth (2008: 26).

224

Capítulo 11
La era de la emigración

Espańa en América; América en Espańa.
Pero los tiempos cambiaron y los papeles se invirtieron; los
receptores de antes pasaron a ser inmigrantes a la península

Es más que evidente que España y los españoles han estado en
América desde que las naves de Colón descubrieron las primeras islas del nuevo continente. Y así durante los siglos de dominación y también con posterioridad; los orígenes de la época
republicana estuvieron en manos de criollos, muchos de ellos
de primera y segunda generación. Para entonces, se calcula que
de los apenas tres millones de hispanohablantes que existían en
todo el mundo hispanoamericano, casi dos eran oriundos de
España. Y muchos de ellos no se marcharon a Europa tras las
independencias de la antigua metrópoli.

Este no fue el único caso. Se recordará que tras la derrota
en 1898 de las tropas españolas en Cuba, cerca del 80% de los
soldados y de los cargos militares de baja graduación decidieron
quedarse en el país, junto a las familias que ya habían constituido. Es un hecho tan curioso que siempre ha sorprendido a
los historiadores: los vencidos en la contienda militar, si bien no
solo por los cubanos, lejos de volver a su país deciden quedarse
con los "enemigos" del día anterior.

Inmigración de españoles a América siempre ha existido,
pero nunca de manera tan contundente como en tres ocasiones: la llegada de peninsulares de las primeras décadas del siglo
XX en busca de trabajo y de mejores oportunidades de vida; una
más triste, causada por la cruenta guerra civil; y la de los canarios que se marchaban de sus islas a otras, antillanas, y sobre

todo, a Venezuela, no en balde llamada "la octava isla". El primero de estos grupos estaba encabezado principalmente por gallegos y asturianos y su destino favorito, entre otros, fue Cuba, país en el que dejaron una rutilante estela de honestidad, de trabajo duro y de éxito.

Los emigrados forzosos tras la pérdida de la desgarradora guerra civil, más bien incivil, de 1936, fueron acogidos con verdadera generosidad, en primer lugar, por México, donde quedó instalado el Gobierno de la República, y también abrieron sus brazos para recibirlos con cariño Argentina y Chile, entre otros.

Hasta hace muy poco tiempo, sin embargo, no había sido reconocido el papel desempeñado por Cuba en la recepción de estos inmigrantes políticos (Cuadriello 2009), tan solo porque a la isla antillana no habían llegado cantidades importantes de inmigrados. Las investigaciones anteriores habían puesto énfasis en que esta inmigración, muy importante por cantidad y calidad de los inmigrantes, no había beneficiado a Cuba, donde el número de llegados había sido muy modesto.

Smorkaloff (1987) había escrito:

> Después de concluida la Guerra Civil española, Cuba no se beneficia con la intelectualidad republicana exiliada. La coyuntura política no permitió que estos españoles, expulsados, sin patria, se asentaran en Cuba. Al llegar al país encontraron un clima de hostilidad, y siguieron rumbo a México. Los estatutos de la Universidad de La Habana —refugio y *modus vivendi* tradicional del intelectual desarraigado— estipulan que para ser profesor había que ser cubano por nacimiento o naturalización, y el hacerse ciudadano del país demoraba cinco años. Fue un problema a la vez práctico y político. Por un lado el gobierno fue reacio a darles acogida a los españoles por razones de índole política...

Pero no fue ella sola: Del Toro, en su trabajo "Fernando Ortiz y la Hispanocubana de cultura" (1996), insistía en que la derrota de la República Española generó un cuantioso flujo migratorio hispánico hacia las naciones latinoamericanas [sic], principalmente hacia México. En esa coyuntura histórica, Cuba fue un país de tránsito donde solo estableció su residencia una minoría de intelectuales exiliados como Francisco Prat Puig y Julián Alienes, entre otros.

Se trata, desde luego, de apreciaciones nada objetivas, como demuestran los hechos. Sin duda, no se han tomado en cuenta una serie de factores de singular importancia. Por un lado, como señala Cuadriello, no ha habido una investigación seria y completa de los sucesos, y por otro, no llegaron al país grandes contingentes de refugiados procedentes de España, ni barcos repletos de exiliados, como ocurrió en México con el *Sinaia*, en la República Dominicana con el *Flanders* y en Chile con el *Winnipeg*. Si bien la cifra de exiliados no alcanzó la de otros países americanos, la cantidad de emigrantes a Cuba no solo fue importante, sino que quedó disfrazada al llegar mediante otros países como Francia y la República Dominicana.

Para una mayoría abrumadora, que ha logrado imponerse,

… el exilio republicano español en Cuba se limitó a unos cuantos intelectuales sobresalientes como el poeta Juan Ramón Jiménez, la pensadora María Zambrano, el ensayista Juan Chabás, el hematólogo Gustavo Pittaluga y el impresor Manuel Altolaguirre, quienes se han visto beneficiados por investigaciones que recogen sus respectivas labores en tierra cubana (XXVI).

Pero la presencia española no llegó por primera vez a Cuba con los exiliados españoles. De mucho antes, desde el término de la guerra de independencia muchos de los que participaron en la contienda bélica decidieron quedarse en Cuba. Al margen de sus deseos personales, los españoles establecidos en la Isla podían conservar su nacionalidad y sus propiedades con tan solo formalizar sus deseos en el Registro civil. Unos 66 834 españoles nativos se acogieron a esta posibilidad; eran en su mayoría hombres y procedían de Galicia, Asturias y las Islas Canarias. A esta cifra deben sumarse las 72 721 personas a las que se otorgaba la ciudadanía por parentesco familiar: un total de 140 mil individuos, y no todos acudieron a efectuar esos trámites.

Los canarios, ya viajeros frecuentes a suelo americano desde los inicios coloniales —¿quiénes si no protagonizaron los papeles estelares del despegue de la industria azucarera en La Española y poco después en Cuba?, ¿quiénes, sino ellos, levantaron la brillante industria tabacalera cubana de Vuelta Abajo, donde celebraban con júbilo durante cinco días consecutivos la fiesta de la Candelaria?— ayudaron, y en no poca medida, al florecimiento de Venezuela y del Caribe insular hispánico.

Pero los tiempos cambiaron y los papeles se invirtieron; los receptores de antes pasaron a ser inmigrantes a la península. (Otero 2007; Gutiérrez 2007). Centenares de ecuatorianos, peruanos y colombianos, sobre todo, se han instalado en suelo español durante los últimos 20 años. Allí trabajan, allí han nacido sus hijos y algunos de los más jóvenes han muerto por España en países donde imperan el terror y la demencia talibán.

En Colombia, de 115 000 hispanos, 43 285 son venezolanos

La migración entre países hispanoamericanos ha sido siempre abundante, aunque no tanto como la de los últimos tiempos (Santillo 2004; cepal 2006). Estos flujos migratorios han sido relativamente numerosos en Argentina, Chile, Colombia, Costa Rica y Venezuela, y más atenuados en El Salvador, México, Nicaragua y la República Dominicana. De esos primeros países poseemos datos censales altamente ilustrativos.

En la Argentina viven actualmente 1 140 822 extranjeros de habla hispana; y en Chile 1 140 180, pero son datos que no especifican procedencia. Pero en Colombia, de 115 mil hispanos, 43 285 son venezolanos, y en Costa Rica suman 224 823, de los cuales una mayoría muy significativa son nicaragüenses.

Esta inmigración ha llegado también a países americanos no hispánicos, como es el caso de Belice.

PERO BELICE, CON VECINOS HISPANOHABLANTES POR TODOS LADOS, HA IDO DEJANDO DE MIRAR A LOS ESTADOS UNIDOS Y A JAMAICA PARA FIJARSE EN SU ALREDEDOR

Belice, país con relativa autonomía, se rige por un modelo de democracia parlamentaria con Elizabeth II como soberana, estatus que alcanzó en 1983, tras una historia colonial de más de 300 años, durante los cuales permaneció rígidamente unido a Inglaterra, como un curioso enclave en medio del mundo hispánico centroamericano. El territorio del pequeño país había sido habitado por los mayas desde hacía aproximadamente unos doce siglos. A él habían llegado los españoles en la primera mitad del siglo XVI, que de inmediato proclamaron su soberanía, en realidad, más simbólica que real, pues lo abandonaron casi de inmediato. Los ingleses, en cambio, se aposentaron en las cosas atlánticas en el XVII y desde allí asediaban a los galeones españoles (Le Page y Keller 1985: 62).

Posee hoy una población de casi 300 mil habitantes, entre los que figuran una amalgama de criollos, mezcla de blancos europeos y africanos, mestizos, fusión de españoles con amerindios, principalmente mayas, caribes negros y una serie de inmigrantes indios, libaneses, menonitas, alemanes, franceses, italianos, árabes y chinos. Una nueva Babel de tono tropical. Naturalmente que la lengua mayoritaria es el inglés, con fuerte competencia de un criollo de base inglesa, de la variedad maya hablada en el lugar y, a mucha mayor distancia, del chino. La mayoría de ellos son criollos (30%), le siguen los descendientes de los antiguos dueños del territorio, los mayas (12,5%), después los garífunas (6,2%) y al final menonitas, asiáticos y árabes (3,5%) más un amplio residuo de mezclas entre indios arahuacos y esclavos africanos. Todos ellos conservan su lengua con empeño, pues la consideran marca de identidad cultural.

De tal abanico de identidades se desprende un abanico de lenguas y dialectos diferentes, pero copartícipes… Cada una de las lenguas habladas en Belice imprime un sello cultural a cada uno de sus correspondientes integrantes de las diferentes comunidades lingüísticas en interacción social (Quesada Pacheco 2010: 21).

La lengua oficial es el inglés y ella es el vehículo único de la administración política, de las actividades turísticas y de la escolarización; el criollo beliceño, de base inglesa, es la lengua franca del país.

Entre este conjunto de lenguas, el español se fue imponiendo poco a poco, pero al principio, y todavía hoy, gozando de un estatus de poca consideración y con fuertes tonos de estigmatización. Según Quesada Pacheco (2010), la situación se debió a varios factores, pero sin duda el más importante es la relación asociativa que se hacía entre la lengua y la clase social modesta y campesina de quienes la hablaban, muchos, producto de olas inmigratorias procedentes de los países vecinos —principalmente de El Salvador— fruto de luchas y guerras intestinas. Todo ello iba acompañado del bajo nivel académico de estos inmigrados. Poco a poco se va borrando este estigma, pero nuestra lengua todavía sigue sin tener demasiado prestigio social en aquellas tierras.

Últimamente, según el censo de 2000, los criollos beliceños de base inglesa van perdiendo representatividad y en cambio crece el grupo de mestizos que tiene el español como lengua nativa, con lo cual nuestra lengua se ha convertido hoy en la más hablada del país, a pesar de que no tiene peso gubernamental ni se enseña oficialmente en la escuela primaria.

Desde hace unos pocos años, sin embargo, el español ha ido ganando terreno, debido a dos razones principales: primero, a las constantes olas inmigratorias de sus vecinos guatemaltecos, salvadoreños y nicaragüenses, y segundo, porque la mayoría de los habitantes del nuevo país, hablantes de criollo, han ido incorporando el español. Hoy esta lengua es la nativa de casi el 50%, y la segunda de otro 20%. Este 70% afirma que el español es la lengua más hablada en el territorio. Es una situación esta que se nota a simple vista en la zona norte del país, desde Orange Walk hasta Corozal, cerca de la frontera mexicana de Chetumal, y también en el sur, en el distrito de Cayo, sobre la frontera de Guatemala, donde su uso es general. Solo en la zona central de Belice y en Punta Gorda, donde abunda la población garífuna (caribes negros), el inglés se mantiene con firmeza. Pero Belice, con vecinos hispanohablantes por todos lados, ha dejado de mirar a los Estados Unidos y a Jamaica para fijarse en su alrededor. Y este nuevo cambio de horizonte ha dado como resultado que se reconozca la raíz hispana de esta sociedad multiétnica, su pertenencia a Centroamérica, y los firmes deseos de que el español se declare segunda lengua oficial.

Mapa 11.1: Hispanohablantes en Belice

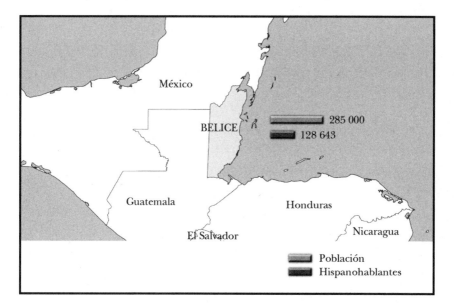

México ha acudido en su ayuda, fundando en 1993 el Instituto de Cooperación y Cultura de México-Belice. Entre sus ofertas más atractivas están las clases de español, que han generado un entusiasmo desbordado; díganlo si no estas cifras: entre 1993 y 1995, tan solo en dos años académicos de un instituto recién fundado, han tomado clases más de 680 alumnos adultos, lo que la misma directora del centro calificó de extraordinario.

La población escolar de Belice es de cerca de 60 mil alumnos. Todavía no se han hecho públicos los planes de las autoridades educativas de Belice City con respecto al español, pero cuando sea lengua cooficial, lo menos que puede esperarse es la presencia de una asignatura diaria de español, desde los grados iniciales de la escuela primaria. Con respecto a la población adulta, esta no necesita clases de español, pues el 43,6% de los mestizos y los criollos, ya lo hablan; faltaría por castellanizar unos 85 mil habitantes como mucho, pero la cifra se irá reduciendo a medida que aumenten las nuevas promociones escolares.

Un caso estrella: hispanos en los Estados Unidos.
La inmigración.
Descontando algunas aventuras aisladas y de poca monta, la verdadera inmigración comienza en el siglo XX con México a la cabeza

La realidad actual de los "hispanos" en los Estados Unidos es, como siempre sucede, el resultado de un conjunto de procesos históricos. La presencia hispánica en aquellas tierras no ha cumplido aún los 500 años, pero no falta mucho tiempo más para que los cumpla, puesto que comenzó en 1513, con la llegada de Ponce de León a las playas de la Florida. Los hispanos llegaron a lo que hoy son los Estados Unidos, como se vio, bastante antes que los peregrinos del *Mayflower*.

Antes de que esta inmigración comenzara a presentar cifras de cierta importancia, debe destacarse la existencia de varios asentamientos antiguos, residuos de núcleos poblacionales anteriores a la conformación moderna de ese país. Tal es el caso, sobre todo, de los mexicanos del suroeste, y después, de los canarios de la Luisiana, y de los escasos restos españoles de la Florida, pero, en cualquier caso, carecen de relieve para la situación actual. Estos constituyeron lo que los sociólogos llaman "inmigrantes en tierra propia".

Descontando algunas aventuras aisladas y de poca monta, la verdadera inmigración comienza en el siglo XX con México a la cabeza; le siguen los puertorriqueños, más tarde los cubanos y, en las últimas décadas, los dominicanos, los centroamericanos y otros procedentes de diferentes zonas de la América del Sur. Los españoles han sido y continúan siendo una notable minoría.

La inmigración mexicana, la más temprana de todas, comenzó muy a finales del siglo XIX; en 1910 ya era abundante, y seguía creciendo, de manera que en tiempos de la Gran Depresión los expulsados del país fueron unos 500 mil. Las nuevas olas inmigratorias muy pronto recuperaron esas cifras, e incluso las multiplicó la necesidad de mano de obra para los trabajos agrícolas en los Estados Unidos, desde entonces en constante expansión. Ese fue el motivo principal de estos traslados hacia el norte, legales los más, ilegales en una proporción desconocida, aunque minoritaria. La situación se ha mantenido con auge singular hasta nuestros días.

Después de la Segunda Guerra Mundial le tocó el turno a los puertorriqueños. La situación era diferente, pues los nacidos en la isla eran desde 1917 ciudadanos norteamericanos, por lo que sus movilizaciones hacia Nueva York, lugar de asiento preferido por este grupo, no presentaban problema inmigratorio alguno. En este caso, no hubo —ni hay— inmigrantes ilegales. Para 1960, ya esta ciudad y los territorios contiguos del noreste contaban con cerca de un millón de ciudadanos llegados de la isla caribeña. Y el traslado solo daba sus primeros pasos.

Los cubanos ocupan el tercer lugar en cuanto a cronología de llegada. Aunque con anterioridad a 1959 ya había pequeñas concentraciones de individuos de este origen en los Estados Unidos, las cifras no se disparan hasta el triunfo de la Revolución castrista y las décadas subsiguientes. Año tras año, el volumen de refugiados cubanos en ese país ha protagonizado un crecimiento auténticamente espectacular.

Con posterioridad, otras inmigraciones han venido a aumentar la presencia hispana en territorio norteamericano: dominicanos, centroamericanos y suramericanos han ido protagonizando diversos capítulos de la historia reciente. La dominicana no comienza en firme hasta mediados de la década de 1960; los de Centroamérica, encabezados por los salvadoreños, poco después, con gran número de entradas ilegales. Y más tarde empieza a sentirse la presencia de colombianos, ecuatorianos, peruanos, bolivianos, paraguayos y uruguayos, en números siempre más reducidos. En los primeros años de este siglo XXI les ha tocado el turno a los venezolanos y a los argentinos.

AUNQUE LAS CAUSAS DE ESTOS TRASLADOS SON MÚLTIPLES Y VARIADAS, ESTAS PODRÍAN REAGRUPARSE EN TRES GRANDES APARTADOS: ECONÓMICAS, POLÍTICAS Y UNA COMBINACIÓN DE AMBAS

A razones de mejoras socioeconómicas o simplemente de subsistencia se deben en su mayoría las inmigraciones mexicanas. Asediados por la pobreza y por las barreras que impedían el acceso a salarios dignos y seguros, a una vivienda mínimamente aceptable, a condiciones básicas de salud, a la escolarización de los hijos, y a un etcétera, que aunque no muy largo, sí es fundamental, estos grupos de individuos abandonan sus lugares de origen para instalarse en una especie de "tierra prometida", que aunque no hubiera sido así en realidad, era siempre mucho mejor que la que habían tenido.

Los perfiles socioeducativos de estos inmigrantes son generalmente bajos, en su mayoría trabajadores agrícolas no especializados que, víctimas ellos mismos de la situación imperante, se han visto privados, entre otras cosas, de una educación que les permitiera avanzar en la vida, y que no desean que esa misma situación de depauperación se repita con sus descendientes. Son los llamados inmigrantes económicos.

Por otra parte están los que escapan de situaciones políticas (y, a veces, religiosas) que consideran inaceptables, como es el caso de los cubanos y de los nicaragüenses. La postura política del gobierno de La Habana en un caso, y los vaivenes de Managua entre Somoza y los sandinistas en otro, obligaron a muchos a abandonar sus lugares, bien por nexos o simpatías con gobiernos anteriores, los menos, bien por rechazo moral a los planteamientos de los nuevos gobernantes, los más. Su perfil sociocultural es medio o alto, con buenos índices de educación, profesionales especializados en diferentes áreas, y con relativo éxito económico. Son los exiliados.

El tercer grupo está constituido por aquellos que salen de sus países para huir de situaciones económicas angustiosas, producto de guerras intestinas, feroces dictaduras, impericias gubernamentales —cuando no de flagrantes y continuas malversaciones— sufridas repetidamente por sus países de origen. Aunque la razón inmediata de su marcha sea de índole económica (acompañada, a veces, de inseguridad personal), esta ha sido causada directamente por el brutal deterioro social devenido de luchas intestinas o de políticas económicas trasnochadas e inoperantes. El grupo es mixto. Se encuentran en él desde profesionales altamente cualificados hasta obreros sin especialización, insertados en un amplísimo espectro socioeconómico. Son también inmigrantes, aunque el móvil que los haya impulsado sea mucho más complejo que el de los grupos anteriores.

Los lugares de destino de estos inmigrantes son muy diversos, dependiendo, sobre todo, de la potencialidad de éxito que ofrezcan, de su accesibilidad, de los contactos personales y, por supuesto, de las condiciones de los grupos y de los individuos.

Con excepción de Los Ángeles y ciudades medianas y pequeñas, y esto recientemente, la gran inmigración mexicana ha ido a zonas rurales o a pequeños poblados. En principio se centraba en los tradicionales territorios del suroeste, pero después se ha extendido, si bien en proporciones más modestas, hacia el norte y hasta la zona este, tanto al área de Nueva York como a la Florida. Los centroamericanos constituyen un punto de transición entre ciudad y ruralía, aunque su punto de asentamiento ha sido California preferentemente. También los suramericanos han apostado por este estado del oeste, aunque su ubicación última sea mucho más abarcadora. En general podría afirmarse que puertorriqueños, cubanos, dominicanos, venezolanos y argentinos constituyen una inmigración urbana. Naturalmente que hoy es posible encontrar cualquier procedencia hispana en todos los estados de ese país (Criado 2007).

Demografía hispana en los Estados Unidos

Según el Censo de 1990, el origen de la población hispana en los Estados Unidos y su densidad demográfica era la siguiente:

Cuadro 11.1: Clasificación, según su origen, de la población hispana de los Estados Unidos en 1990

Origen	Población	%
México	13 393 208	61,2
Puerto Rico	2 651 815	12,1
Cuba	1 053 000	4,8
El Salvador	565 081	2,6
R. Dominicana	520 151	2,4
Colombia	378 726	1,7
Guatemala	268 779	1,2
Nicaragua	202 658	0,9
Ecuador	191 198	0,9
Perú	175 035	0,8
Honduras	131 066	0,6
Panamá	92 013	0,4

El resto de centroamericanos sumaba 64 233 (0,3%), los demás inmigrantes procedentes de Sudamérica, 378 726 (1,7%), y los de otros orígenes, incluyendo a España, 1 922 286 (8,8%).

Las inmigraciones hispanas a los Estados Unidos, cada vez más densas y constantes, han superado todos los cálculos estadísticos.

En 1982, la población hispana del país era de 15 millones, el 7% del total; 15 años más tarde, ya eran 29 millones, el 11,1%. Se trataba de unas cifras —1997— que se acercaban mucho a la primera gran minoría, la de los negros (12,8%). En 1996 el *U.S. Current Population Report* suponía que para el año 2000 la población hispana sería de 31 366 000, y que para 2012 (52 millones) habría superado con creces a la negra, convirtiéndose así en la primera minoría de la Unión. Pronosticaba también que en 2016 la composición demográfica de los Estados Unidos habría cambiado completamente, y que continuaría haciéndolo, pues para entonces la inmigración hispana sería mayor que la de todos los grupos étnicos juntos. Estas previsiones para el futuro son ya, desde 2002, una contundente realidad, pues los 35,3 millones de hispanos constituyen el 12,5%, mientras que la población negra no hispana de la Unión se queda en el 12%. Estamos hablando de un aumento de cerca del 60% con respeto a 1990, de un salto demográfico espectacular que va de los 22,4 millones de entonces a los 35,3 millones.

La cantidad de hispanos radicados en suelo norteamericano convertía a ese país en la quinta nación hispanohablante del mundo según el número de hablantes, solo por debajo de México (101 879 170), Colombia (40 349 388), España (40 037 995) y Argentina (37 384 816).

Lo más interesante de este salto es que el aumento de la población hispana se ha producido en los estados más importantes desde el triple punto de vista político, cultural y económico:

Cuadro 11.2: Distribución de la población hispana de los Estados Unidos

Estado	Total población	Hispanos	%
California	33 871 648	10 966 556	33,8
Texas	20 851 820	6 669 666	31,9
Florida	15 982 378	2 682 715	16.7
Nueva York	18 976 457	2 867 583	15,1
Illinois	12 419 293	1 530 262	12,3

Estos datos van acompañados de un estancamiento en el crecimiento de la población negra y de una notable regresión entre habitantes blancos.

Nada parecía indicar que estas olas fueran a disminuir en lo futuro. De una parte, las causas de tipo económico que mueven a muchísimos de estos hombres y mujeres no tienen, por el momento, posibilidad de sufrir cambios sustanciales; al contrario, se han agravado en los últimos años por las terribles devastaciones producidas por huracanes, inundaciones y terremotos, sobre todo en México y en Centroamérica, que son los puntos de procedencia de la mayoría de los inmigrantes ilegales. Estos últimos —hoy más de siete millones— no cesan de crecer. De otra parte, la política zigzagueante de los Estados Unidos en materia migratoria, que aunque amenaza constantemente con deportaciones, termina por buscar algún acomodo y facilita los trámites para legalizar esas situaciones: los políticos quieren votos, los patronos, mano de obra barata, y las grandes empresas, consumidores.

Es verdad que algunas situaciones, sobre todo aquellas que impulsaban traslados debidos a causas políticas, han cambiado sustancialmente, como por ejemplo, la vuelta en aquel momento a la normalidad democrática en Nicaragua. No puede decirse lo mismo, sin embargo, de Cuba, que ya lleva producidos más de un millón de exiliados, contando solo los que se han instalado en tierras del tío Sam. El futuro aquí es imprevisible.

Aunque el flujo migratorio es de una importancia notable en el crecimiento poblacional de los hispanos, hay otras dos razones que intervienen muy activamente en el proceso: las altas tasas de fertilidad y los bajos índices de mortandad.

Las familias hispanas tienen hoy una media de unos tres hijos (2,97), la tasa más alta de todos los grupos de la demografía norteamericana que, en general, ofrece un promedio de nacimientos de 2,1 por mujer. Los datos indican que de un porcentaje de distribución de nacimientos hispanos de un 15,6% del total del país en 1995, se pasará a un 32,8% en 2050.

La esperanza de vida es también superior en los grupos hispanos: en 1995 era de 78,6 años (frente a los 76 de media general) y en 2050 será de 87 (frente a los 82 de la población en su conjunto).

Debe ser tenida en cuenta también otra circunstancia importante, y es que la población hispana en general está integrada por individuos muy jóvenes, como se ve fácilmente en el cuadro siguiente.

Cuadro 11.3: Diferencias, en la distribución generacional, entre la población general de los Estados Unidos y los hispanos

	Población general	Hispanos
0-19 años	29,5%	39,2%
20-49	45%	46,6%
50-69	17,1%	11%
70 o más	8,4%	3,2%

La comparación de estos datos sobre distribución generacional *(U.S. Current Population Survey,* 1997) no deja lugar a dudas sobre este aspecto.

La aculturación, deseada y buscada, no se detiene solo en cuestiones superficiales, como la aceptación del *American way of life*

Los datos aportados con anterioridad llevan aparejados varias diferencias de comportamiento. Los que proceden de ambientes poco o nada favorecidos socioeconómicamente ven en el país anfitrión la meca deseada —mejores sueldos, más disponibilidad habitacional, más alto nivel de vida, mejor escolarización para sus hijos, etc.— y, en consecuencia, las comparaciones con las condiciones sufridas en su país de origen sitúan a este en una escala muy inferior. Los éxitos alcanzados, aunque sean en sí modestos, suelen producir unas actitudes muy positivas hacia la cultura anglo. Ello podría dar origen a un proceso de aculturación, a veces abiertamente impulsado en el caso de sus descendientes.

La aculturación, deseada y buscada, no se detiene solo en cuestiones superficiales, como la aceptación del *American way of life* (vestuario, comidas, costumbres, preferencias musicales, etc.), sino también en asuntos de más calado como la visión del mundo, la cultura en general y, en particular, la lengua. Se subestiman los supuestos valores anteriores (que no le han producido el menor beneficio) y se abrazan los nuevos (que sí han significado mucho en sus vidas). Desaparecido el orgullo étnico-cultural inicial, si es que alguna vez se tuvo, se tiende a incorporarse a crecientes procesos de desetnización y a llegar, quizás, a la transculturación total.

El paralelo con aspectos lingüísticos es obligado: abandono creciente de actitudes positivas hacia la lengua materna, debilitamiento progresivo de la lealtad lingüística, restricción de los ámbitos de uso del español, empobrecimiento gradual y, posiblemente, estadios avanzados de mortandad lingüística o quizás, la muerte total de la lengua materna. En estos casos extremos se parte de un monolingüismo (en lengua materna), se avanza hacia diferentes situaciones de bilingüismo (incipiente, medio, avanzado) al tiempo que se debilita la lengua propia, y se puede desembocar de nuevo en un monolingüismo, pero en esta ocasión, de signo contrario.

La situación opuesta es muy clara. El orgullo étnico-cultural conlleva un conjunto de actitudes positivas hacia la lengua materna, que no solo la mantiene viva sino cuidada, según los criterios de corrección idiomática mantenidos por la comunidad. La lealtad lingüística es un hecho. En estos casos encontramos situaciones bilingües desequilibradas a favor de aquella, o bilingüismo perfectamente equilibrado.

Los datos de que disponemos en la actualidad sobre índices de mortalidad del español entre los inmigrados y exiliados en los Estados Unidos nos dice que un 23% de ellos ha perdido su lengua materna (más de siete millones); cuando este porcentaje general se analiza por estados, el espectro va desde la Florida, donde la mortandad es de solo el 8%, a Colorado, donde alcanza un altísimo 52%.

¿Existe realmente una "comunidad hispana" en los Estados Unidos?

Todo lo visto anteriormente nos lleva por fuerza a desembocar en un tema apasionante pero difícil. ¿Existe realmente *una comunidad hispana* en los Estados Unidos? ¿O se trata más bien de un conjunto de comunidades con un alto grado (o al menos, suficiente) de personalización? Las conclusiones que se han ido presentando en diferentes estudios son para todos los gustos, desde las más extremas, tanto en sentido positivo como negativo, hasta las de tendencias más conciliadoras: "son más los elementos que nos unen que los que nos separan", o exactamente lo contrario. En esta última perspectiva se insertan las numerosas declaraciones de que lo único que une a estos grupos es la lengua española (si bien se trata de diversas variedades regionales del español) y, aunque en menor medida, la religión católica.

De momento lo único que puede decirse, dado el escaso número de estudios contrastivos con base empírica, es lo relativo a: 1) las características de los inmigrados, 2) los deseos de retorno a sus lugares de origen, 3) el éxito económico, 4) los índices de escolaridad, y 5) el grado de mantenimiento de la hispanidad y del español mismo (en su versión local).

En primer lugar están las características de los inmigrados y exiliados. Se ha dicho reiteradamente que existen dos tipos de individuos entre los llegados a los Estados Unidos: los que van en busca de una mejor situación socioeconómica, dada la vida precaria que han sufrido en sus respetivos países, y los que llegan a Norteamérica bien con fondos económicos suficientes o al menos con potencialidad para conseguirlos.

Se dijo que el exilio cubano, político en su origen, estaba integrado por una élite culta y adinerada. Lo primero dio lugar a una política estadounidense de recepción de brazos abiertos y de ayudas de todo tipo como prueba de la admiración de los anfitriones por quienes abandonaban una vida de bienestar por rechazar principios políticos inadmisibles para la democracia. Estas ventajas, unidas a la buena formación profesional de estos inmigrantes, fueron responsables de su éxito económico inmediato.

Tal concepción fue sin duda inspirada por la situación reinante hasta los inicios de la década de 1970. A partir de estos años, y aún de antes, aunque en proporciones más modestas, las cosas empezaron a cambiar. A medida que aumentaban los índices de depauperación de la isla, no eran únicamente motivos políticos sino también económicos (aunque reconociendo que lo uno es causa de lo otro) los que impulsaban a los cubanos al éxodo. Es verdad que a pesar de ciertas inyecciones desestabilizadoras, como la llegada de los 125 mil *marielitos* en graves momentos de inflación, la economía cubana de Miami se mantuvo en alza. Pero ello fue debido a factores muy específicos que empezaron a actuar desde los primeros momentos: la fundación de negocios y el aprovechamiento de las oportunidades brindadas para reiniciarse en la vida profesional, las facilidades intragrupales para la obtención de empleo, la estructura familiar trigeneracional, que favoreció la incorporación masiva de la mujer a la fuerza laboral, y el control de la natalidad.

En segundo lugar, se parte de la base de que los inmigrantes han llegado a los Estados Unidos, algunos tras no pocas vicisitudes, para quedarse, pero que con respecto a los exiliados, una vez eliminada la situación política (y religiosa) que había causado el alejamiento del país natal, el regreso no se haría esperar demasiado. Sin embargo, en el caso de los cubanos, que siempre han insistido con tenacidad en que no se los llame *inmigrantes* sino *exiliados*, las cosas no parecen estar tan claras.

Los datos procedentes de varias investigaciones nos dejan saber que en 1972, el 70% de los encuestados declaró sus intenciones de regresar a la isla tan pronto como se produjera el ansiado cambio, pero dos años después los partidarios del regreso eran menos de la mitad. Otro estudio de esos años descubrió que el 60% estaba decidido a abandonar los Estados Unidos tan pronto como la situación lo permitiese. Una encuesta periodística de *El Nuevo Herald* señaló en 1990 que solo el 15% de los 700 mil cubanos que entonces vivían en el condado de Miami-Dade estaba dispuesto a regresar a Cuba. El entonces director del Instituto de Estudios Cubanos de la Florida International University, por su parte, declaró a este mismo periódico que creía que serían menos del 20% los que abandonarían la ciudad. No se dispone de información más reciente. Con todo, este punto, como se ve, no es definitorio.

Dentro del rubro de bienestar económico, deben revisarse dos índices de vital importancia: el estado de las empresas hispanas en Norteamérica y la situación financiera de las familias inmigradas.

Con respecto a las empresas hispanas, la situación queda planteada en el siguiente cuadro:

Cuadro 11.4: Empresas hispanas en los Estados Unidos

Empresas	%	Facturación %
Mexicanas	49,1	37,9
Cubanas	12,1	21,4
Centro y sudamericanas	20,9	16,6

Obsérvese que aunque el número de empresas cubanas es de solo un 12,1%, su facturación es mayor que las centro y sudamericanas. Repárese también en que si se tiene en cuenta el volumen demográfico de las diversas procedencias, las firmas comerciales cubanas deben ser proyectadas sobre un 5% de la población estadounidense que procede de la isla, mientras que las de los mexicanos, lo será sobre el 63,3%. Las diferencias parecen ser muy claras.

Sin duda estos datos deben tener alguna relación con la situación económica de los diferentes grupos de residentes hispanos en el país. El ingreso per cápita de familia entre ellos era, en 1992, el que sigue:

Cuadro 11.5: Distribución de los distintos grupos de hispanos residentes en los Estados Unidos según su renta media per cápita

Rango dólares estadounidenses	Mexicano %	Puertorriqueño %	Cubano %	Suramericano %	Otros
Hasta 9 999	18,5	31,2	19,8	18,1	22,3
Hasta 24 999	32,5	30,5	28,6	34,9	26,2
Hasta 49 999	32,4	25,3	27,1	30,8	30,3
50 000 o más	14	12,9	24,5	16,2	21,2

Cuando se comparan entre sí las medias de ingresos, se repara en que son los cubanos los que reciben una media mayor de ingresos de 50 mil dólares o más (24,5%). Aquí las distancias son notorias con respeto a los otros grupos, menos el rubro "Otros", que también pasa de los 20 mil dólares. Suramericanos, mexicanos y puertorriqueños se quedan muy por debajo. Pero cuando se revisan las cifras correspondientes a ingresos que van desde los $24 999 a los $49 999, el grupo cubano queda en cuarto lugar, y el mexicano en el primero. Si nos fijamos en las medias, por encima de todos están los del rubro "Otros" ($26 086), le sigue el grupo cubano ($25 874) y continúan en leve descenso mexicanos ($22 938), suramericanos ($22 812) y puertorriqueños ($18 999). Las diferencias, como se ve, no son en nada drásticas.

Ocho años más tarde, sin embargo, las diferencias se habían acrecentado algo: el grupo de cubanos estaba a punto de alcanzar la media de 50 mil dólares, seguido por los mexicanos (cerca de los 40 mil dólares), los de Centro y Suramérica (poco menos que los mexicanos) y, por último, los puertorriqueños (unos 35 mil dólares). Parece evidente que desde el punto de vista económico, al menos atendiendo a estos dos parámetros, los cubanos están algo más despegados que el resto de los grupos principales de hispanos.

Los índices de escolarización son instrumentos muy fiables para medir el estatus cultural de los grupos de inmigrantes. En 1992, según datos del *Current Population Survey* (1992), la situación era la siguiente:

Cuadro 11.6: Distribución de los distintos grupos de hispanos residentes en los Estados Unidos según su tasa de escolarización

	Superior	Bachillerato	Maestría	Doctorado
Mexicanos	20%	6%	1,1%	0,1%
Puertorriqueños	25%	8%	2%	0,1%
Cubanos	38%	18%	4,5%	0,7%
Centro y suramericanos	33%	16%	3,1%	0,9%
Otros	37%	14%	4%	0,6%

Mientras que el grupo cubano alcanzaba las cotas más altas en graduados de escuela superior, de bachillerato universitario (licenciatura) y de maestría, en cambio, resultaba superado por los centro y suramericanos con respecto a los doctorados, aunque bien es verdad que por poco margen.

Para el año 2001 se mantenían estas proporciones: entre los cubanos, un 70,3% había terminado los estudios de la escuela superior, y un 27,8% poseía títulos de bachillerato universitario (licenciatura). Estas cifras están por debajo de los de la población no hispana en cuanto a titulación de escuela superior (87,7%), pero es la más alta de los grupos hispanos, seguida por los centro y suramericanos, que presentaban índices de 64% y de 18% para escuela superior y primer ciclo universitario.

Por otro lardo, si revisamos los índices de aculturación lingüística, según los datos de la *Strategy Research Corporation* (1998), observamos lo siguiente:

Cuadro 11.7: Índices de aculturación lingüística en varias ciudades con amplia población hispana

Ciudad	Alta	Parcial	Escasa
Los Ángeles	13	53	34
Nueva York	16	63	21
Miami	8	49	43
San Francisco	16	61	23
Chicago	11	65	24

Las diferencias saltan a la vista: Miami es la ciudad que menos aculturación lingüística presenta, en acusado contraste con Los Ángeles y, aunque con menos intensidad, con Nueva York, San Francisco o Chicago. Como la investigación está hecha sobre el total de hispanos de estas ciudades, hay que rehuir la tentación de concluir que los cubanos son los menos aculturados y los mexicanos y salvadoreños, los más. Luego este parámetro tampoco es concluyente.

Quizás más elocuentes sean las producciones culturales en español: el teatro y los medios de comunicación social en español, en particular, la prensa escrita: por ejemplo, Miami tiene más del doble que Los Ángeles y Nueva York juntos. Aunque la producción editorial de libros no llega a estas proporciones, sigue manteniendo un cómodo primer lugar. Es posible que estos datos hablen a favor de un mayor cuidado y atención al cultivo de la hispanidad (en su variante local).

Con respecto al mantenimiento del español, el siguiente cuadro indica el porcentaje de uso del español en la casa:

**Cuadro 11.8: El uso del español en casa de los hispanos
residentes en los Estados Unidos**

Estados	Población hispana %	Hablan español en casa %
Nuevo México	38,2	26
Texas	25,5	20
California	25,4	18
Arizona	18,8	13
Florida	12,1	11
Nueva York	12,3	10
Colorado	12,8	6
Illinois	7,6	6
Washington, D.C.	5	6

Estos datos de 1993 (U.S. Bureau of the Census 1993), elaborados por Silva Corvalán, dejan ver la proporción de los que mantienen el español en el ámbito doméstico, pero no indican la calidad del español manejado. La misma autora ha preparado otro cuadro en el que muestra el porcentaje de hispanohablantes en la población hispana de los Estados Unidos:

**Cuadro 11.9: Proporción de hispanohablantes
en los Estados Unidos**

Estados	Hispanohablantes %
Florida	92
Nueva York	84
Illinois	81
Texas	79
California	72
Arizona	69
Nuevo México	69
Colorado	48

No es mucho lo que puede sacarse en claro de estos números con respecto a las procedencias de los hispanos (puesto que los datos están por estados), pero de todas formas, que la Florida y Nueva York encabecen la lista significa que son las inmigraciones más recientes —puertorriqueños, cubanos y dominicanos— las que parecen mantener mejor la lengua materna. Sin embargo, lo más importante es el uso del español en situaciones públicas. En esto, quizás el condado de Miami-Dado, dada su naturaleza oficial de bilingüe y bicultural, vaya a la cabeza del país. Hace ya tiempo que se señaló con precisión que en Miami se puede comprar una casa o un automóvil, obtener un tratamiento médico especializado o consultar a un abogado o a un contable, todo, utilizando únicamente el español.

Los medios hispánicos de comunicación, por su parte, sin olvidar la faceta publicitaria, tienen un auge realmente espectacular. Unos botones de muestra: en Miami existen 30 emisoras de radio, todas ellas con programación completa en español; varios canales de televisión, que transmiten íntegramente en español; dos periódicos de publicación diaria y amplia tirada, y más de cinco semanarios. Nueva York y, en menor medida, Los Ángeles reproducen este esquema. Y todo ello sin contar con las grandes empresas multinacionales, como Televisa, que emite programación de costa a costa, y sin hacer alusión a la producción televisada, especialmente los *talk shows,* que, además de los Estados Unidos, viaja a Hispanoamérica y a España. Con respecto a la prensa escrita, debe recordarse que el *Diario Las Américas,* y más recientemente *El Nuevo Herald,* periódicos de la comunidad hispánica miamense, ofrecen a sus lectores artículos sobre temas idiomáticos, en los que se censuran las incorrecciones cometidas tanto por los medios de comunicación como por la población en general; a juzgar por la correspondencia recibida en ambas redacciones, estas pequeñas notas poseen un número importante de lectores. Recientemente, la Academia Norteamericana de la Lengua Española acaba de publicar un tomo de *Hablando bien se entiende la gente* (Nueva York, 2010), cuyos editores y contribuyentes recogen en sus páginas, mediante anécdotas y notas humorísticas, un buen número de incorrecciones de los hablantes "hispanounidenses" ofreciendo las alternativas que brinda la lengua para expresarse correctamente en español. Miembros de la misma Academia producen también notas de este tipo que se ofrecen asimismo en programas de la televisión hispana en la zona de Nueva York.

No hay —que sepamos— estudios sobre la lengua manejada en estos medios, con excepción de los anglicismos léxicos aparecidos en tres grandes periódicos del país: *La Opinión,* de Los Ángeles; *La Prensa,* de Nueva York, y el *Diario Las Américas.* El periódico de Miami es el que menor densidad de anglicismos presenta en todas sus secciones, seguido de lejos por *La Prensa* y, en último lugar, por *La Opinión,* que cuenta con una notable cantidad de estos préstamos.

La importancia que revisten todos estos aspectos culturales es, desde luego, muy desigual, pues solo los medios de gran popularidad —televisión y, en menor medida, radio— tienen presencia y peso en todos los hogares. Para una buena cantidad de hablantes que residen en los Estados Unidos, los elementos más apegados a la cultura de élite —el libro, las conferencias, etc.— se desconocen enteramente o no significan nada.

Hay otros factores más significativos para la mayoría de la población hispana que pueden funcionar en la comunidad como marca de *status.* Por una parte, el papel del español como elemento de cohesión comunicativa local e internacional, y por otra, su utilidad económica. En especial en algunos núcleos urbanos o en su periferia, el español sirve para bastante más que para hablar con familiares y amigos del entorno o del país de origen; es la lengua que debe (y a veces tiene que) manejarse con miles de visitantes de toda Hispanoamérica y España. Los atractivos de Nueva York son innumerables; Miami como centro comercial, y el relativamente cercano parque de atracciones Disneyworld, y Los Ángeles, con el atractivo de ser la meca del celuloide y también con otro asentamiento Disneyland a poca distancia, son envidiables puntos turísticos. Saber español es, entre otras cosas, un negocio. Y aun en comunidades de mucha cohesión como la miamense, el español es un buen pasaporte para la obtención de empleo al margen de las empresas turísticas.

Todos estos elementos ofrecen su concurso —es verdad que de manera muy desigual— a la formación de una actitud positiva hacia el español dentro de los miembros de la comunidad hispana. Las actitudes, como siempre, son el resultado de un conjunto de creencias. Algunas coinciden con hechos reales, como los anotados hasta aquí; otras, en cambio, han nacido al calor de la subjetividad: que los inmigrantes de origen mexicano piensen masivamente que el mejor español es el que se habla en la Ciudad de México, el que los puertorriqueños crean que es en San Juan, y los cubanos, que en La Habana, es el mejor ejemplo de ello. Después aparecen otros motivos: es seña de identidad, es la lengua de mis padres y de mis antepasados, es idioma hermoso, agradable, musical, etc.

Las dos últimas campañas para la elección presidencial en el país constituyen el ejemplo más contundente que puede ofrecerse en este sentido: desde páginas electrónicas en español hasta fragmentos en esta lengua en los discursos públicos de los candidatos.

Y aún habrá que anotar un último factor, de importancia creciente: el poder político hispano. A poco que se sigan las notas de prensa de los últimos años se comprobará el empuje, siempre en aumento, que ahora tiene. Los especialistas en estos temas deben explicarnos con pormenor lo que esto significa para nuestras comunidades, que supongo que será mucho.

No sabemos lo que podrá pasar en los próximos años con los índices de lealtad lingüística de los hispanos en los Estados Unidos

Uno de los pilares para que el español siga en auge en ese país radica en los índices de lealtad lingüística que muestren sus hablantes actuales. *Vid.* Ramírez (1992).

Los datos de que disponemos sobre la lealtad lingüística de los hispanos en los Estados Unidos son, lamentablemente, esporádicos y, en ocasiones, de difícil comparación, dado que las metodologías subyacentes a los diferentes estudios son muy diversas.

En el ámbito "chicano", con respecto al mantenimiento efectivo del español, las variables más significativas son la generación y las zonas de residencia, rurales o urbanas. *Vid.* Aguirre (1982), Hudson-Edwards y Bill (1982), y más recientemente Klee (1987). Entre los jóvenes urbanos, el español ha desaparecido casi por completo en el dominio doméstico, el recreativo y el religioso; los jóvenes rurales, en cambio, mantienen su lengua en estos mismos ámbitos, aunque en alternancia fuerte con el inglés. Estos datos son ejemplo del cumplimiento de la hipótesis general de transculturación. En las comunidades chicanas estudiadas, todos los frenos que señalábamos a la deslealtad lingüística han quedado neutralizados. El más simple análisis de covariación habla en favor de dos rasgos: el perfil sociocultural de estos hablantes, excesivamente bajo, y la ausencia de cohesión hispánica de esas comunidades.

Se advierte que se trata de un complejo proceso con dimensiones que desbordan lo propiamente lingüístico, y que se mueve en un parámetro que va desde el nacionalismo hasta la desetnización, pasando por etapas intermedias como el biculturalismo y la transculturación. Desde el punto de vista lingüístico, las hipótesis que se manejan pueden resumirse en lo siguiente: los núcleos de inmigrantes van perdiendo su lengua materna paulatinamente a medida que se van sucediendo las nuevas generaciones; un índice alto de lealtad lingüística, sin embargo, sería un elemento retardatario en este proceso. Si no se posee y si, además, hay un cierto aislamiento del grupo de origen, real o psicológico, la mortandad de la lengua de los inmigrantes se acelera, como en el caso de estos "chicanos".

Todavía en un pequeño pueblo del valle de Río Grande, al sur del estado de Texas, las mujeres en general mantienen índices relativamente altos de lealtad hacia el español. Sin embargo, a pesar de ello, las tres generaciones estudiadas, pero en especial las mujeres de entre 19 y 40 años, y las de entre 41 y 79, preferían, sin excepción alguna, usar el inglés. Los individuos más jóvenes de esta muestra, los de entre 14 y 18 años, como todos, mantenían el español, aunque su preferencia de uso favoreciera al inglés. Nuevamente la ruralía chicana exhibe una relativa lealtad lingüística hacia la lengua (supuestamente) materna.

En un barrio urbano de Albuquerque, ciudad del estado de Nuevo México, el español de los jóvenes bilingües va perdiendo fuerza, pues, aunque se habla, la frecuencia de uso es hoy la mitad que la mostrada por sus padres. Es necesario llegar a un pueblo fronterizo de California para encontrar que los adolescentes de ambos sexos confiesen que hablan ambas lenguas por igual en ciertas situaciones sociales (casa, escuela, vecindad).

En una muestra integrada por 19 familias de origen hispano pertenecientes a la misma manzana de un popular barrio de Manhattan, en Nueva York, se descubrió la existencia de cuatro patrones comunicativos (*Vid.* Zentella 1988):

a) Los padres o los adultos encargados hablan exclusivamente español entre sí y con los niños. Los niños respondían a los adultos en español y lo hablaban entre ellos con leves instancias de inglés. Este tipo de estructura constituyó el 26% de la muestra.

b) Los padres empleaban el español entre ellos y al dirigirse a los niños, con algunas excepciones, en las que manejaban el inglés; los niños respondían en español o en inglés. Este patrón obtuvo el 47% de la muestra.

c) Los padres utilizaban el inglés entre sí y con los niños. Uno de los adultos utiliza el español ocasionalmente. Los niños, aunque entienden español, responden siempre en inglés y hablan solo inglés entre ellos; constituyen el 16%.

d) Los padres, parejas de entre 20 y 30 años, nacidos y criados en Nueva York, intercambian códigos entre sí y con los niños; los niños responden exactamente igual. Este patrón constituye el 11%.

Esta interesante cala etnolingüística nos deja ver que en el 73% de las ocasiones prima (pero no en exclusiva) la comunicación intrafamiliar en español. Queda por ver si el manejo de códigos alternos —español e inglés— en un mismo discurso puede ser legítimamente interpretado como una deslealtad lingüística al español, o como todo lo contrario.

Los individuos que constituyen la generación joven de cubanos de Miami muestran un alto grado de lealtad hacia el español (*Vid.* Solé 1982), aunque su actuación lingüística no se haga exclusivamente en esa lengua: el 96% de ellos piensa que el mantenimiento del español es necesario puesto que este constituye un componente importante de su herencia cultural; el 75% cree que el español debería ser fortalecido en la comunidad, y el 72% no ve ninguna desventaja en usarlo. Un 55% de esa misma muestra manifestaba su preocupación porque creía que los jóvenes estaban olvidándolo y usando demasiado el inglés; el 13% parecía no tener opinión alguna sobre el particular.

Otras estadísticas interesantes observadas en este estudio nos dicen que el 75% de estos jóvenes aseguraban hablar tanto español hoy como hacía cinco años, y lo que es muy interesante: en materia de preferencia idiomática, el 25% prefería el inglés al español, el 30%, el español al inglés, y el 42%, ambas lenguas en igual grado; en este último caso, la elección de una u otra estaba determinada por el interlocutor, por el tema de la conversación o por el dominio en que se movieran. Del 30% que favorecía sobre todo al español, la mayoría lo hacía basada en factores afectivos o expresivos. En general, un importante número de estos sujetos veían el bilingüismo como una situación lingüística ideal: un 91% confesaba que el inglés era indispensable, mientras que un 81% respondía que no sentía ninguna molestia social al hablar español. El bilingüismo es, sin duda, enriquecedor (25%); el inglés debe manejarse porque es la lengua oficial; el español también debe hablarse, pues si no, se perdería una señal sobresaliente de identidad y de orgullo étnico (32%) y porque podía correrse el riesgo de que esta lengua desapareciera (16%). Como se ve, este conjunto de datos apunta a un alto índice de lealtad lingüística entre la joven generación (de los cuales, el 12% había nacido en los Estados Unidos, y el

48% de los nacidos en Cuba había llegado a la Florida con edades comprendidas entre uno y tres años de edad, y el 27%, entre los cinco y los ocho).

Sobre una muestra integrada por 549 sujetos, 250 chicos y 299 muchachas, todos ellos precedentes de varios centros urbanos —Carlson y Chico, en California; dos de Nuevo México, entre ellos Albuquerque; San Antonio y Laredo, en Texas; Amsterdam y Bronx, en Nueva York; un centro de Nueva Jersey, otro de la Florida (Miami) y uno de Illinois (Chicago)—, se intentaba investigar las causas que impulsaban a los jóvenes hispanos a cambiar al uso del inglés. Tres fueron los factores que aparecían constantemente: a) la localidad a la que se perteneciera; b) el lugar de nacimiento (dentro o fuera de los Estados Unidos), y c) el grupo étnico-lingüístico. Anticipo que el factor sexo quedó parcialmente neutralizado, en particular en los casos en que la comunicación se establecía con miembros de la familia, con amigos o con vecinos.

Los adolescentes masculinos preferían acudir a las iglesias que ofrecieran el culto en español, y también en sus lecturas (con la excepción de aquellas en que había mucho texto escrito y pocas ilustraciones); en ambos casos el contraste con las chicas es notable. Ambos grupos de adolescentes, ellos y ellas, hablaban español con sus abuelos, ambos idiomas con los padres y mayormente inglés con los hermanos.

No sabemos lo que podrá pasar en los próximos años con los índices de lealtad lingüística de los hispanos de los Estados Unidos. Habrá que ver si continúa en alza el prestigio que van teniendo hoy la lengua y la cultura españolas en los Estados Unidos, tanto para unos, los hispanos mismos, como para otros, los del grupo dominante.

Hace tan solo 40 años, con las excepciones de rigor, el español era la lengua de unos pobres indocumentados, analfabetos, que llegaban al país a recoger tomates. Como todo tópico, exageraba la realidad, aunque no mucho. En los últimos tiempos han aumentado los intercambios internacionales de jóvenes universitarios, que durante sus estancias en España y en

Hispanoamérica han tenido acceso directo a la verdadera cultura hispánica. También es importante, aunque pudiera parecer una razón frívola, el auge espectacular de la televisión hispana. Las actitudes generales del norteamericano de a pie hacia los hispanos van dando pasos favorables y significativos. Qué duda cabe de que si esto fuera así realmente habría un reflejo en las actitudes de los propios inmigrantes, que se traduciría en pasos hacia la rehispanización.

Para predecir algo más sobre el futuro del español en suelo norteamericano se necesitaría acudir a bola de cristal.

Aspectos legales. Todo empezó cuando
la inmigración hispana se hizo sentir con fuerza...

La Constitución norteamericana, como es sabido, no consigna en sus páginas que el inglés —ni ninguna otra— sea la lengua "nacional" del país. Así se ha mantenido durante algo menos de dos siglos, sin que nunca antes hubiese habido el menor problema al respecto.

Todo empezó cuando la inmigración hispana se hizo sentir con fuerza en grandes zonas de la nación, sobre todo porque esos individuos iban siendo muy numerosos y, además, empezaban a alcanzar importantes cotas de éxito y de poder.

Los verdaderos problemas de política lingüística en los Estados Unidos no nacieron hasta entonces, en el último cuarto del siglo pasado, en el que surge un fuerte movimiento llamado *English Only* (solo inglés) estrechamente ligado a una actitud antiinmigrante, que constituye uno de los problemas políticos más graves de los siglos xx y xxi.

Efectivamente, durante los siglos xviii y xix, señala De la Cuesta (2008), el problema de la oficialidad del inglés en los Estados Unidos solo había tenido carácter local o regional, ya que se debía a consecuencias de guerras de expansión, que propiciaron la adquisición de nuevos territorios en los que se hablaban otras lenguas europeas. En el siglo xx el asunto pasa al plano nacional, pero no se relaciona ya con guerras internacionales sino con el problema de la inmigración. La inmigración se asocia con el aprendizaje y uso de la lengua inglesa por parte de los inmigrantes, pero al principio tuvo un carácter religioso (anticatólico) y étnico: así la exclusión de la inmigración china (1872) y la japonesa (1907), y las campañas de americanización de los inmigrantes europeos a finales del siglo xix y principios del xx.

Pero, a pesar de que esta campaña se exacerbó durante el período correspondiente a las dos guerras mundiales, no dio lugar a la presentación de proyectos legislativos a nivel nacional, encaminados a declarar al inglés como lengua oficial del país.

En 1965 comienzan a fijarse límites para la inmigración a los Estados Unidos. Esta nueva política fijó entonces el tope en 120 mil al año. Pero es evidente que de nada sirvieron estas especificaciones porque en los primeros años de nuestro siglo, y sin contar las entradas ilegales —unos doce millones—, los hispanos eran la primera minoría el país.

El desarrollo del *Civil Rights Movement* (1954-1968), encabezado por Martin Luther King Jr., y su resultado más inminente, el fin, ya con el gobierno de John F. Kennedy, de la llamada cultura *WASP (White Anglosaxon Protestant)*, fueron importantes elementos que favorecieron a las demás etnias del país.

En 1968, el Congreso aprobó la *Bilingual Education Act* (1968), que propiciaba no solo el desarrollo de otras lenguas, sino que apoyaba el aprendizaje del inglés a estudiantes que usaban otra primera lengua. 1978 fue una fecha importante para la causa hispana: no solo se apoyaba su mantenimiento en suelo norteamericano, sino que se creaba una Ley de Intérpretes Federales, gracias a la cual el Estado podía ofrecer gratuitamente intérpretes profesionales a los acusados de delitos federales.

Ya en la década de 1980 crecieron de manera importante las publicaciones en español (y en otras lenguas extranjeras) de diversos documentos oficiales (instrucciones para rellenar planillas de impuestos, exámenes de las licencias de conducir, boletas electorales y sus consiguientes instrucciones, algunos programas para minusválidos, y documentos de la Seguridad Social, entre otros). Se trataba de una importante ayuda para los residentes extranjeros que no supieran o no supieran bien la lengua del país, pero muy especialmente para la mayoría hispana, que para entonces había ampliado su número de manera vertiginosa.

Unos pocos años más tarde, en 1980, en la ciudad de Miami, ya para entonces inundada de inmigrantes cubanos, nació una brusca reacción antiinmigración y antibilingüismo que muy pronto logró expandirse por todo el país. Ya desde sus principios esta lucha tenía un nombre: el de *English Only*.

Una situación tan particular ofrecía un formidable reto al principio de "americanización" que ese país había visto cumplirse una y otra vez

En 1973, el condado de Dade había aprobado una importante ordenanza en la que se declaraba el carácter bilingüe y bicultural y daba al español el rango de segunda lengua oficial. Este texto partía de una consideración básica:

> Un largo y creciente porcentaje del Condado de Dade es de origen hispano [...] muchos de los cuales han mantenido la cultura y la lengua de sus tierras nativas [y por lo tanto] se enfrentan a dificultades especiales al comunicarse con departamentos oficiales, [y resolvía que] [...] nuestra población hispanohablante se había ganado, a través de su siempre creciente participación en el pago de impuestos y de su participación activa en los asuntos comunitarios, el derecho a ser servida y oída en todos los niveles de Gobierno.

Esta ordenanza estuvo en vigor hasta finales de 1980, si bien algunos rasgos de la comunidad no dejaban de producir cierto malestar entre los anglos blancos, la mayoría dominante entonces. Después de siete años, cuando se llevó a cabo el referéndum que impuso la nueva política, era ya evidente que no se estaban cumpliendo las expectativas esperadas por ellos: la subordinación cultural de la inmigración, lo que producía que muchos anglos vieran peligrar su identidad por ello, y sobre todo, su poder en el sur de la Florida, y en particular en el que ya por entonces empezó a llamarse el Gran Miami.[1] Como era de esperar, la reacción que se produjo desembocó en una contienda que, más temprano que tarde, se convirtió en una posición con tintes xenófobos y etnocéntricos. La lengua española parecía alcanzar el rango de protagonista.

Según Castro (1992a, 1992b), que ha estudiado este asunto con mucho detenimiento, fueron varios los factores que terminaron por crear un ambiente favorable al *English Only* en el condado de Dade: el primero, una serie de episodios similares producidos en otros lugares del país.[2]

Entre 1960 y 1980, el crecimiento de la población hispana en la zona, cubana esencialmente, fue excepcional: del 5,5 al 37,7%. En 1970 los cubanos se habían convertido en la primera minoría de Miami al superar a los anglos negros que solo constituían el 15%. La tendencia de este perfil demográfico parecía hacer evidente que en la década de 1990 llegarían a ser un elemento muy importante en la zona metropolitana.[3] Se trataba de una población que aumentaba continuamente, aunque a diferentes tiempos, gracias a sucesivas inmigraciones, circunstancia esta que ayudaba a mantener las costumbres, las lealtades y los rasgos culturales del lugar de origen, entre ellos, y de los más importantes, la lengua.

Una situación tan particular ofrecía un formidable reto al principio de "americanización" que ese país había visto cumplirse una y otra vez. Desde los primeros momentos en Miami se hablaba más español que en otras ciudades norteamericanas en las que también existía una gran cantidad de inmigrantes hispanos. Lo común y habitual ya era que la lengua materna se hablara en casa, y así ocurría también con los cubanos —el 91% hablaba solo español y un 4% lo usaba de manera mayoritaria (*Cuban American Policy Center* 1977)—; lo extraordinario era que allí el español se oía también en el mundo de los negocios y en todo tipo de actividades sociales (*Strategy Research Corporation*

1984). El español era, por lo tanto, una lengua pública. Al margen de la citada ordenanza de 1973, la ciudad se había convertido *de facto* en una comunidad bilingüe.

Lo chocante para los anglos no era ese continuo hablar español —también se oía en Los Ángeles, en Houston y en otras ciudades de la Unión— sino las características de quienes lo hablaban. Didion (1987: 63) resume la cuestión en unas pocas palabras:

> En Los Ángeles el español era una lengua apenas sentida por los anglos, solo formaba parte del ruido ambiental: la lengua hablada por la gente que trabajaba limpiando automóviles, podando árboles o recogiendo mesas en los restaurantes. En Miami, el español era hablado por los clientes de los restaurantes y por los dueños de los automóviles y de los árboles. En la escala socioauditiva —concluye—, el contraste ofrecía una diferencia muy considerable.

El poder económico de la comunidad, además de ser fuerte y diverso, estaba completamente integrado. Las empresas cubanas eran una fuente de trabajo y de consumo para los negocios anglos, trataban comercialmente con ellos y, en ocasiones, mantenían con ellos una suerte de competencia, en la que a menudo ganaban (Wilson y Martin 1982). El reflejo de todo esto en las esferas política y cultural era palpable.

Los triunfos obtenidos en 1963, con el establecimiento del ejemplar Programa de Educación Bilingüe, en 1973, con la ordenanza que proclamaban oficialmente el carácter bilingüe y bicultural del condado, y en 1976, con la aparición de la primera edición española del influyente rotativo *The Miami Herald*, fueron para algunos pruebas innegables de la invasión hispana en la comunidad. Si ya los ánimos estaban algo exacerbados, estos acontecimientos provocaron mayor malestar aún.

Por otra parte, los cubanos, a diferencia de otros grupos de inmigrantes hispanos, eran mayormente blancos, de procedencia urbana, relativamente educados, que en la década de 1960 habían sabido incorporarse a los mecanismos económicos del poder. Castro (1992a: 117-118) subraya que además no causaban conflictos de clase ni mostraban diferencias relevantes de cosmovisión con la élite norteamericana. Con mucha frecuencia estos recién llegados eran de la misma clase social y de las mismas profesiones que aquella y manejaban, por lo tanto, el mismo lenguaje social y profesional.

La creciente presencia de los cubanos se hizo cada vez más influyente, convirtiéndose en excelentes interlocutores de los poderosos anglos, con lo que mejor que nadie negociaban la conservación de su herencia lingüística y cultural. Los éxitos se iban consiguiendo paso a paso. En definitiva, estos recién llegados con los que se podía convivir socialmente eran una buena clientela política y consumidora: se habían ganado el derecho a ser servidos y escuchados en su propia lengua.

Si no la élite, una buena parte de la población aumentó su resentimiento ante la nueva situación: en lugar de asimilarse con rapidez a la cultura dominante, o al menos, mostrar subordinación a ella, estos cubanos recién llegados parecían adueñarse de todo. Algunos anglos decidieron abandonar el campo de batalla,[4] otros, por el contrario, iniciaron la lucha. Dio entonces comienzo el movimiento antibilingüista.

En noviembre de 1980 se sometió a referéndum la medida que revocaba la política oficial de bilingüismo y biculturalismo aprobada en 1973 por el condado metropolitano de Dade: 251 259 votos fueron a favor; 172 168, en contra.[5]

La medida prohibía:

[Sección 1] la asignación de fondos del Condado para el propósito de utilizar alguna otra lengua que no fuera el inglés o alguna otra cultura que no fuera la de los Estados Unidos, y ordenaba (Sección 2) que todas las reuniones gubernamentales del Condado, audiencias y publicaciones deberían ser únicamente en la lengua inglesa.

El triunfo del *English Only* hacía imposible la traducción al español de documentos públicos y la continuación de una amplia gama de servicios bilingües. La que se veía más afectada por estas consecuencias, sobre todo por la última, era la parte más débil de la inmigración hispana: los viejos, los pobres, los recién llegados y los individuos sin educación. Se perjudicaban también, pero en menor grado, algunas actividades culturales que no podían conseguir financiamiento oficial.

El 71% de los anglos blancos que dio su aprobación a la nueva ordenanza, lo hizo siguiendo las pautas del *Citizen of Dade United*, nombre del grupo de acción política, inscrito especialmente para ese propósito. En contra, estuvo el 56% de los negros y el 85% de los hispanos. La élite anglo, que no se sentía amenazada por el avance de los inmigrantes, también se opuso.

No cabe duda de que detrás de estos votos positivos había también razones económicas: la terrible competencia que ofrecían los negocios hispanos, sobre todo los pequeños y medianos, por una parte, y por otra, las dificultades que entrañaba para muchos el tener que manejar una lengua extranjera, el español, para poder conseguir trabajo por modesto que fuera. Esta especie de inversión de papeles (¡eran los extranjeros los que tenían que aprender inglés!) resultó ser, además, particularmente irritante para muchos, como también lo eran los carteles de *English spoken here* que mostraban a su clientela en algunos establecimientos hispanos.

La verdad es que la lucha contra el bilingüismo en los Estados Unidos nació precisamente en Miami porque la ciudad había sido pionera en su reconocimiento y porque los hispanos constituían allí un grupo numeroso y de gran éxito. La lengua resultó ser el caballo de batalla, pero la guerra era por el dominio étnico y la supremacía cultural. La lengua era, desde luego, el constituyente axial de la cultura, la identidad y la nacionalidad.[6]

En 1984, George Valdés, entonces el único comisionado hispano del Consejo del Condado, consiguió que la medida excluyera los servicios hospitalarios y otras prestaciones médicas, servicios especiales para envejecientes y minusválidos, la promoción turística, la policía de emergencia, bomberos y ambulancias, rescates y servicios preparatorios antihuracanes, todo a cambio de aceptar que el inglés fuera la única lengua oficial del condado.

A partir de aquí, sin embargo, el *English Only* perdió considerablemente poder e importancia. Pero los hispanos, con los cubanos al frente, no estaban dispuestos a quedar como perdedores. Todo era cuestión de esperar la ocasión propicia. Entre tanto, el avance económico continuaba y los hispanos seguían alcanzado puestos administrativos de relieve.

La ordenanza del *English Only*, impuesta en el condado de Dade en 1980, y que tanto malestar había producido entre los cubanos e hispanos en general, empezó a vivir sus últimos momentos. La situación había cambiado drásticamente desde aquel año. Ahora el poder económico y político adquirido por los hispanos hacia posible su derogación.

La suerte estaba echada. En 1993 se revoca la medida de 1980 del *English Only* —situación única hasta ahora en todos los Estados Unidos— y se vuelve a la situación de 1973: un condado oficialmente bilingüe y bicultural.

Estos proyectos han sido apoyados por dos poderosos e influyentes grupos: El *U.S. English First* y el *English Only*, después

Un año después del episodio de Miami, el senador federal Samuel I. Hayakawa, republicano de California, presentó un proyecto (en la nomenclatura del Congreso de la Unión: S. J. Res. 72) destinado a declarar al inglés lengua oficial única de los Estados Unidos mediante una enmienda a la Constitución federal. Lo irónico era que la propuesta la formulara un descendiente de japoneses, que habían sido maltratados en los Estados Unidos durante los siglos XIX y XX, y que entre 1941 y 1946, en tiempos de la Segunda Guerra Mundial, a muchos de ellos se los despojó de sus bienes y se les encerró en campos de concentración.

Pero una modificación a la Constitución federal tiene que ser aprobada por las dos terceras partes de ambos cuerpos colegisladores y ratificada por las tres cuartas partes de las legislaturas de los 50 estados de la Unión. La propuesta fracasó. Sin embargo, entre 1981 y 1990 se sometieron al Congreso 16 proyectos más o menos similares, unos muy amplios y otros que no pasaban de cuatro renglones.

Según De la Cuesta (2008) esos proyectos se pueden clasificar en dos grandes categorías: 1) los que simplemente declaran al inglés como lengua oficial de los Estados Unidos y dejan la interpretación de esta declaración al arbitrio de los poderes de la Unión, es decir, Legislativo, Ejecutivo y Judicial; y 2) el llamado *English Only Mandate*, mucho más radical, pues prohíbe el uso de cualquier lengua que no sea el inglés en los documentos emanados de los mencionados poderes del Estado, salvo las obvias excepciones: relaciones internacionales, enseñanza de lenguas extranjeras, comercio internacional, medidas de urgencia, etc. Esta prohibición se extendería a los estados federados y a los organismos de las administraciones locales. Ninguna de estas proposiciones ha sido discutida nunca en el Congreso, ni siquiera en los comités de las dos cámaras.

Estos proyectos han sido apoyados por dos poderosos grupos de influencia: el llamado *U.S. English First* y el *English Only*, después.

Tras diez años de infructuosas gestiones destinadas a lograr la enmienda a la Constitución federal, los susodichos grupos se han dedicado a conseguir su objetivo en tres frentes: 1) modificación de la legislación federal ordinaria; 2) modificación de la legislación constitucional de los 50 estados de la Unión, y 3) adopción de medidas que se opongan al multiculturalismo a nivel local.[7] Estos proyectos disponen que:

1. El inglés sea la única lengua en la que todos los funcionarios federales, electos o designados, se expresen en sus actividades oficiales.

2. Todas las disposiciones legales de la Federación —leyes, decretos, ordenanzas, etc.— sean redactadas y publicadas en lengua inglesa.

3. Toda la información producida por el Gobierno federal y sus dependencias, sean cuales fueren, estén redactadas y publicadas en inglés, así como toda comunicación preparada en nombre del Gobierno federal o por otras entidades u organismos.

4. Se concede el derecho de reclamar ante los tribunales si las anteriores disposiciones no se cumplen, extendiéndose este derecho de reclamación tanto a la esfera del derecho público como del privado.

5. Se establecen las clásicas excepciones: diplomacia, comercio internacional, salud pública, seguridad nacional, enseñanza de lenguas extranjeras, procedimientos criminales, programas de preservación de lenguas amerindias, etc.

En definitiva, casi una repetición de las propuestas enmiendas constitucionales pero constreñidas al plano de la administración pública federal. Como quiera que este intento ha fracasado hasta ahora, lo mismo en el Gobierno de William Jefferson Clinton como en el de Barack Obama, el movimiento de *English Only* se ha concentrado en los otros dos niveles de gobierno: las constituciones estatales y el gobierno municipal.[8]

El *English Only* ha tenido en este ámbito un éxito bastante notable, pues 30 entidades federadas han declarado al inglés como lengua oficial;[9] las otras no han hecho declaración alguna al respecto.

¿Cómo han conseguido estas declaraciones? De la Cuesta (2008) se pregunta y le da respuesta puntual. La lucha ha sido larga y con numerosas intervenciones de los tribunales de justicia. Tratando de resumir, puede decirse que en unos casos ha sido mediante plebiscito, enmienda constitucional votada por la legislatura respectiva, por ley aprobada por las cámaras o por interpretación judicial.

Hasta la fecha, los estados federados que han aprobado la declaración de oficialidad del inglés han sido: Luisiana (1807), Montana (1920), Illinois (1969), Massachusetts (1975), Hawái (1978), Virginia (1981), Indiana (1984), Kentucky (1984), Tennesee (1984), California (1986), Georgia (1986), Arkansas (1987), Carolina del Norte (1987), Carolina del Sur (1987), Dakota del Sur (1987), Misisipi (1987), Colorado (1988), Florida (1988), Misuri (1988), Alabama (1990), New Hampshire (1995), Wyoming (1996), Alaska (1998), Utah (1998), Iowa (2002), Arizona (2006), Idaho (2007).

Por otra parte, los 20 estados que no lo han hecho son: Connecticut, Delaware, Kansas, Maine, Maryland, Michigan, Minnesota, Nevada, Nueva Jersey, Nuevo México, Oklahoma, Ohio, Oregon, Pensilvania, Rhode Island, Texas, Vermont, West Virginia, Washington y Wisconsin.[10]

FRENTE AL ATAQUE DE LOS ENEMIGOS DE LOS HISPANOS Y DEL ESPAÑOL, SE HA ORGANIZADO OTRO MOVIMIENTO LLAMADO *ENGLISH PLUS*

Frente a este ataque de los enemigos de los hispanos y del español, se ha organizado otro movimiento llamado *English Plus*. Este intenta que se facilite el aprendizaje del inglés a los recién llegados, pero sin obligarlos a abandonar sus lenguas maternas, sino procurando más bien que las desarrollen.

Este movimiento se basa en el razonamiento de que los Estados Unidos gastan anualmente miles de millones de dólares en la enseñanza de idiomas extranjeros a los hablantes monolingües del inglés.

Solo una porción muy pequeña de este dinero se emplea en mantener la lengua materna de los inmigrantes y de sus hijos; por lo tanto, la propuesta sería más económica y efectiva y respondería mejor a satisfacer la necesidad nacional mencionada. Si consideramos que desde la década de 1980 el crecimiento de la población de los Estados Unidos nacida en el extranjero ha sido de un 40%, sin contar los inmigrantes ilegales y su descendencia, es innegable que invertir fondos públicos en el mantenimiento de las lenguas maternas de estos futuros ciudadanos aumentaría la riqueza lingüística del país y redundaría en su beneficio.[11]

No es posible negar tampoco que el español, lengua de la primera minoría del país, se ha convertido de facto en la segunda lengua nacional. Si se considera que la diversidad lingüística (pues hay otras lenguas como el coreano, el vietnamita, el árabe, etc.) es algo positivo, la conservación de estas lenguas, más un plan que facilite el pronto aprendizaje del inglés, resulta una solución más racional que el *English Only*.

LA ENSEÑANZA DEL ESPAÑOL.
LA HISTORIA POSTERIOR, YA EN EL SIGLO XX,
FUE TAMBIÉN TESTIGO DE TRISTES EPISODIOS

El español se ha enseñado oficialmente en los Estados Unidos como lengua materna y se enseña en programas bilingües y como lengua extranjera. En el primer caso, se trató en verdad de un período específico y de unas circunstancias muy especiales: aproximadamente entre 1848 y finales del XIX. La primera de estas fechas corresponde a la firma del Tratado de Guadalupe Hidalgo que lleva a México a perder territorios muy extensos (California, Arizona, Texas, Nevada, Nuevo México, Utah y parte de los estados de Colorado y Wyoming); la última, cuando la enseñanza en español, sobre todo en el caso de Nuevo México, como señala Valle (2003), queda reducida a mínimos.

En realidad, tras la derrota de México en aquella contienda bélica, el país vencedor aprovechó el español como lengua puente durante unas pocas décadas mientras que paulatinamente iba imponiendo el inglés. Las lenguas indígenas que antaño se manejaban en esas regiones estaban sumamente debilitadas algunas y otras, a punto de desaparecer. En 1874 todavía quedaba un 70% de escuelas que enseñaban en español junto al 33% que eran bilingües y apenas un 5% que enseñaban solo en inglés; 15 años más tarde, las monolingües en inglés habían alcanzado el 42% de las escuelas, el 28% se mantenía bilingües y las que enseñaban en español habían quedado reducidas a menos de la mitad (30%).

García (2008) anota que en 1891 el estado de Nuevo México, a través de un decreto estatutario, exigía que la enseñanza fuera solamente en inglés. El éxito fue rotundo: en tan solo 30 años el otrora territorio de habla hispana pasó a ser anglohablante. La escuela misma puso todo su empeño en lograrlo, porque el desplazamiento hacia la lengua mayoritaria del país era piedra clave para que Nuevo México pudiera convertirse en un estado de la Unión.

La historia posterior, ya en el siglo XX, fue también testigo de tristes episodios: el español y cualquiera otra lengua extranjera fueron sacadas de la enseñanza de las escuelas secundarias del país: en 1903 solo eran las de 14 estados; 20 años después los que imponían la enseñanza monolingüe eran 34 (Castellanos 1983: 39). Este mismo autor recuerda que por entonces los estados podían revocar la certificación de cualquier maestro que hablara español y que los estudiantes, si lo utilizaban en clase, podían sufrir un castigo, el llamado *Spanish Detention*. Todo terminó en 1923 con una decisión judicial contra el estado de Nebraska, que había declarado ilícita la enseñanza de asignaturas en lenguas extranjeras. El español volvía así a las aulas.

Pero a pesar de ello, la depresión económica de los años subsiguientes no permitió grandes lujos: los estudiantes hispanos, en su gran mayoría de origen mexicano, estudiaban en inglés y en escuelas segregadas.

Sin embargo, la enseñanza del español renace a partir de 1960. García (2008: 418) lo explica con lujo de detalles. El pistoletazo de salida se dio en 1954, fecha en que la Corte Suprema de los Estados Unidos falla en contra de la segregación por considerarla inconstitucional; no podía haber igualdad si se recibía una educación segregada (Brown *versus* Board of Education).

Pocos años después, en 1965, el Gobierno revocó el sistema de cuotas que limitaba la inmigración hispanoamericana al país (*Immigration and Naturalization Service Act*), lo que propició el rápido crecimiento del estudiantado de esos países; el gran núcleo siguió siendo de mexicanos, aunque llegaron también caribeños, cubanos en su mayoría, pues desde años antes los ciudadanos de esa isla habían emprendido un éxodo sin precedentes, y en menor cuantía, de Centro y Suramérica.

LA ENSEÑANZA BILINGÜE PREUNIVERSITARIA EN LOS ESTADOS UNIDOS HA CONOCIDO DIVERSOS SIGNOS Y FORTUNAS

En 1963, en la escuela primaria de Coral Way, en el condado de Dade (Miami), dio comienzo el primer programa de enseñanza bilingüe después de la Primera Guerra Mundial. Eran momentos, nos recuerda García (2008: 418), en que los cubanos pensaban que su vuelta al país era cuestión de meses, a lo más de muy pocos años, pero querían que sus hijos aprovecharan la ocasión para aprender inglés. En los primeros grados, la enseñanza era en la lengua materna —inglés o español— pero después el currículum estaba dividido en dos mitades, una en cada uno de estos dos idiomas. Los niños asistían conjuntamente a clases de música y de arte, y compartían además el recreo y el almuerzo.

Fue muy significativo que aunque en Nueva York, California y el Suroeste existían grandes concentraciones hispánicas desde hacía bastante tiempo, el condado de Dade fuera pionero en este tipo de actividad educativa: *Coral Way Elementary School* enseñó inglés y español a los hispanohablantes y español e inglés a los anglos.

Este magnífico sistema de enseñanza bilingüe, que no perseguía solo conseguir la transición lingüística de los emigrados hacia el inglés, sino también el fortalecimiento de la lengua materna, y que se enseñaba, además, a los alumnos anglohablantes, fue extendido pronto a otras escuelas del sistema del condado. La gran cantidad de maestros cubanos que se hallaba en el exilio miamense contribuyó en gran medida a facilitar las cosas. Más tarde sirvió de modelo a otros estados de la Unión: Texas, Nuevo México, California y Arizona, que también alcanzaron las mismas cotas de éxito que las de la Florida.

La historia de la enseñanza bilingüe preuniversitaria en los Estados Unidos ha conocido diversos signos y fortunas (Gómez Dacal 2000), pero en general se mantienen abiertas todas las posibilidades para que el español siga vivo en las aulas, tanto para hispanohablantes como para quienes posean otras lenguas. La enseñanza del español como lengua extranjera sigue con bríos en las escuelas públicas del condado de Dade; hace un par de años estudiaban español 62 896 alumnos anglos. Sería difícil encontrar otro sitio en todo el país que ofreciera tantas posibilidades de convertirse en un hablante bilingüe.

En esta zona de la nación, las escuelas privadas, por su parte, y no solo las de matrículas muy elevadas destinadas a las clases pudientes, sino también las de matrículas modestas (entre 60 y 90 dólares al mes) a las que asisten fundamentalmente estudiantes de la clase obrera o media baja, han tenido mucha mejor suerte en la enseñanza de español a hispanohablantes (García y Otheguy 1985, 1987).

Las llamadas "escuelitas cubanas" reciben a hijos de obreros de fábricas, de la construcción, de oficinistas, de vendedores, de empleados de banco, de hospital, de tiendas, de secretarias y de conductores de autobuses (incidentalmente, de médicos, de abogados y de otros profesionales). Abren sus puertas a las seis y media de la mañana y cierran a las seis de la tarde para atraer a muchos niños de padres trabajadores. Los dueños, directores, profesores, personal administrativo y hasta empleados suelen ser cubanos igual que los alumnos, aunque algunos pocos profesores son anglos con un cierto dominio del español, pero están destinados a impartir asignaturas menos académicas, como música, arte y educación física. Aquellos maestros que no han estudiado en los Estados Unidos, que son los menos, hablan un inglés deficitario.

En las escuelas la lengua de comunicación es el español, aunque oficialmente solo la historia, la geografía de Cuba y las clases de religión [católica] se dictan en esa lengua, y el ambiente es cubanísimo, con fotografías, mapas, banderas cubanas y bustos de José Martí.

Lo más interesante de todo son los logros obtenidos: durante los primeros años, los alumnos hablan solo en español en todo tipo de actividad académica, pero a partir del tercer grado ya comienza a oírse inglés en los recreos. Al final de la primaria, los niños son completamente bilingües.

Los maestros están muy satisfechos con estos resultados —en especial de que hablen bien español— y se congratulan por ello. Cuando los investigadores García y Otheguy (1987: 86) les preguntaban por la causa de este triunfo, las respuestas eran: "La preparación que se da en esta escuela es muy superior a la de la escuela pública, ya que es enseñanza tipo Cuba", "Aquí los niños progresan porque es como si estuvieran en un sistema educativo hispanoamericano", "Aquí se enseña español de verdad. En la escuela pública, nada más se enseña a leer palabras, mientras que aquí se les enseña a los niños la gramática y las conjugaciones".

A partir de 1965, el Gobierno federal decide que las escuelas públicas presten más atención a los estudiantes hispanos y apoyan, por primera vez, subraya García (2005: 419), los programas de educación bilingüe. Poco después, en 1968, el Congreso aprueba una nueva ley (Título VII. *Elementary and Secondary Education Act*). Se trataba realmente de ayudar económicamente a aquellos distritos que utilizaran el español para formar a estudiantes hispanoamericanos, pero solo hasta que estos fueran capaces de ser educados en inglés. Es decir, una educación bilingüe transicional.

Otro suceso importante, el caso judicial *Law versus Nichols* (1974), vino también a beneficiar a la educción bilingüe de niños y adolescentes hispánicos: se trataba de una alegación de un grupo de padres chinos que se quejaban de que sus hijos, que estudiaban solo en inglés, no estaban recibiendo una educación adecuada. El fallo fue favorable. El juez de la Suprema Corte que llevó el caso, William O. Douglas, basó su dictamen en los siguientes argumentos: "Si los niños no hablan inglés, de nada valía tener el mismo 'currículum', los mismos libros y los mismos maestros, puesto que ello solo no constituye una auténtica igualdad educativa". A partir de aquí muchos distritos escolares comenzaron a ofrecer educación bilingüe, aunque limitada a aquellos estudiantes que no hablaran la lengua del país; por fortuna, en su mayoría, eran hispanos.

La buena racha seguía porque en 1984 se revalidó la Ley de Educación Bilingüe, llamada también de Educación Bilingüe de Desarrollo, que dice que es importante no solo mantener el español de los escolares hispanohablantes, sino desarrollarlo a través de una educación continua. Lamentablemente esos excelentes programas eran solo unos pocos.

Sin embargo esta felicidad, aunque escasa, no duró mucho. El presidente Reagan, muy poco después de tomar posesión de su cargo, declaraba: "Es totalmente equivocado y va en contra de los preceptos norteamericanos el tener un programa de educación bilingüe que esté dedicado abiertamente a preservar su lengua materna". En general, la década de 1980 no fue afortunada para el mantenimiento escolar del bilingüismo: fue la que vio nacer una enmienda a la Constitución para hacer del inglés la lengua oficial única de los Estados Unidos, que afortunadamente no progresó, y la que asistió con cierto regocijo al nacimiento de las llamadas *English Only Laws*.[12]

Sorprendentemente hay una relación asociativa fuerte entre aumento de población escolar hispana y descenso de la educación bilingüe. El golpe más duro se dio en California, estado en que el que el 50% de los escolares de entre 5 y 17 años habla en sus hogares lenguas distintas al inglés, de los cuales un tercio habla español. Se llevó a votación pública la proposición 227 (*California Education Code, Section 305-306*, hábilmente llamada *English for the children*) y se perdió por un 61% a favor del voto de los californianos.[13] A partir de ese momento no se enseñaría español en la educación reglada, en la que todo sería en inglés; en los casos de niños que no lo hubiesen aprendido aún, se les daba unos cursillos rápidos de menos de un año (Valle 2003).

Y las cosas no se detuvieron aquí. El mismo promotor de la consulta de California siguió su ofensiva, esta vez en Arizona en 2002. También aquí se aprobó por un 63% de los votos la proposición 203 (*Arizona Revised Statutes 15-751-755*) la eliminación de la educación bilingüe en el estado. No fueron los únicos varapalos dados a la lengua española. Ese mismo año le tocó el turno a Massachusetts, que también terminó aboliendo la educación bilingüe.

Pero no todo eran tristezas. En el estado de Colorado, donde se hizo un intento similar, la propuesta de enmienda a su Constitución fue derrotada. La magistral campaña contra Unz que se llevó en ese estado presentó por televisión un anuncio que dejaba en claro a todos que el triunfo de esa iniciativa "pondría a los niños que apenas hablaban inglés en clases regulares, creando así caos y trastornando el aprendizaje" (Crawford 2004: 330). El fracaso de Colorado quizás haya sido el causante de la detención de la campaña.

Un nuevo proyecto, la "educación bilingüe de dos vías", ha arrancado con fuerza. Según el *Center for Applied Linguistics* de Washington, de los 337 programas que manejan este nuevo acercamiento al bilingüismo (noviembre de 2006), 316 de ellos son en español.

Sin embargo, los esfuerzos por conseguir la abolición del bilingüismo en el país no se han dado por vencidos, aunque ahora sean algo más discretos, como los que señala García (2008: 420) con respecto a la desaparición del término "bilingual" del nombre de los organismos federales encargados precisamente de esta educación en el país.[14] Por su parte, Wright (2004) escribió recientemente que "a pesar de que los Estados Unidos son los inventores del concepto de globalización, se oponen a su propia creación afincándose cada vez más en el concepto de 'una nación-una lengua', que es indefendible en el siglo XXI".

Hay quienes, además, proponen otros motivos para explicar esta actitud, y es el recelo a la cada vez más creciente y exitosa población hispana del país, y sobre todo, como indica también Wright (2004), a una cierta mezcla de asombro y temor "ante el nuevo interés en la 'latinidad' creada por la cultura popular —con sus muchos iconos, como Ricky Martin y Shakira— y alentada por la mayor presencia de España en el escenario global".

Sean las razones que sean, lo cierto es que el bilingüismo va adelante, a pesar del cada vez menor interés de las autoridades. Las comunidades, tanto hispanas como anglos, van por otro camino, buscando que sus hijos, a través de la educación, logren llegar a ser bilingües; y es que el español en los Estados Unidos cuenta más que nunca, y los padres, no importa que sean hispanos o anglos, buscan el desarrollo del bilingüismo en sus hijos, sabiendo como saben que es una alforja llena de posibilidades para el futuro.

NOTAS

[1] En 1958 la ciudad de Miami, fundada en 1896, era una pequeña ciudad del más puro estilo sureño, con una población que aumentaba en invierno y disminuía en verano. La llegada masiva de los cubanos que huían del régimen comunista y la ayuda, también masiva, del Gobierno de los Estados Unidos produjeron un cambio sustancial en la ciudad, que en poco tiempo se convirtió en una importante metrópoli.

[2] Es imprescindible la consulta de las colaboraciones reunidas por Crawford, ed. (1992) en la segunda parte, *"The Debate over Official Language"*, de su volumen colectivo; en esas 25 colaboraciones, el lector interesado encontrará un panorama muy completo de esta cuestión y de otra muy relacionada con ella, pero de signo contrario: el *English Plus*.

[3] Se estaba ante una situación del todo novedosa. En 1950 los hispanos constituían apenas el 4% de la población del Gran Miami (unos 20 000). El sector anglo era absolutamente dominante. Mientras el número de hispanos crecía de 30 mil a 50 mil entre 1950 y 1960, la población blanca nativa, un 80% de todo el censo, aumentaba de 337 548 a 747 748.

[4] De hecho, la población anglo blanca de Miami se ha ido reduciendo considerablemente desde 1970. En 1990 este sector había decrecido en un 21% (161 748). Sin embargo, el total de la población de la zona se duplicó. Los negros triplicaron su número en esos 20 años, y los hispanos lo multiplicaron 19 veces (Wallace 1991). En torno a 1980 era frecuente ver pegatinas en los automóviles de anglos blancos que decían: *"Will the last American out of South Florida, please bring the flag"* (Por favor, el último americano que salga del sur de la Florida traiga consigo la bandera).

[5] La campaña *English Only* coincidió con la llegada de los "marielitos" a Miami, que trajo consigo una gran cantidad de publicidad negativa. A pesar de lo injusto de las generalizaciones que entonces se hicieron, la consideración de los cubanos como "minoría modélica" se debilitó, con lo que se desatendió a la realidad, que contaba otra historia: la mayoría de los cubanos eran individuos de medianos ingresos, conservadores y blancos, con muy bajos índices de criminalidad y de dependencia de la asistencia pública y un alto porcentaje de participación en la fuerza laboral y en la política (Castro, 1992a: 122).

6. Varias encuestas de opinión habían dejado saber que, mayoritariamente, los estadounidenses creían que para ser un verdadero "americano" había que saber inglés. Pero en Miami ya pocos se oponían a la necesidad de aprender inglés; rechazaban, eso sí, el monolingüismo inglés, que es como el asunto ha sido interpretado con frecuencia, al punto de que se pensaba que la aceptación del bilingüismo por parte del Gobierno era una claudicación ante influencias extranjeras. Los cubanos nunca pudieron entender que los "americanos" podían pensar que era posible que ellos abandonarían su lengua. No es algo del pasado: Lynch y Klee (2003) vuelven a encontrar entre los jóvenes universitarios anglos de Miami —hombres fundamentalmente— exactamente el mismo planteamiento.

7. De acuerdo con el ordenamiento jerárquico de las leyes dentro del marco del derecho constitucional de los Estados Unidos, tras la Constitución federal vienen las leyes federales, cuyo rango es superior al de las constituciones de los estados federados. Las leyes federales son aprobadas por mayoría simple en ambas cámaras y sancionadas y promulgadas por el presidente de los Estados Unidos. En los últimos años se han presentado al Congreso varios proyectos de ley de lo que genéricamente se ha llamado *Language of Government Legislation* (Legislación sobre la Lengua del Gobierno). Hasta ahora ninguno ha sido aprobado por ambos cuerpos colegisladores.

8. En los Estados Unidos, como en todo Estado federal, cada una de las entidades federadas tiene su propia Constitución. En estas leyes fundamentales se establece la forma en que soberanamente cada estado determina el contenido y sentido de los asuntos de gobierno que ha cedido al ente federal. Entre otras muchas atribuciones, las constituciones estatales regulan la educación a todos los niveles, el ejercicio de las profesiones y oficios, el sistema de derecho civil y penal, la organización de la Guardia Nacional en el estado y un larguísimo etcétera. En muchos casos, las disposiciones legales difieren radicalmente de un estado a otro; las de Nevada, por ejemplo, permiten la prostitución, cosa que rechazan todas las demás. También, desde luego, pueden designar su idioma oficial, además del inglés, pero el único que lo ha llevado a cabo hasta ahora es Hawái.

9. Es conveniente hacer constar, sin embargo, que la mayoría de las asociaciones profesionales relacionadas con el estudio de la lengua se han opuesto al proyecto de *English Only*. Entre estas se encuentran: Linguistic Society of America, National Council of Teachers of English to Speakers of Other Languages, etc. Igualmente la inmensa mayoría de las iglesias y otras formaciones de la religión organizada también se oponen al *English Only*, y muchas de ellas encabezan la lucha por los derechos humanos de los inmigrantes.

10. Algunos casos curiosos, aparte del tantas veces mencionado caso de Hawái, son el de Luisiana, que tuvo que adoptar el inglés como lengua oficial como condición previa a su ingreso en la Unión en 1807, y también Massachusetts, cuyos tribunales determinaron que su Constitución original había establecido implícitamente el inglés como lengua oficial.

11. La legislación federal, en algunos casos, permite la publicación en lenguas extranjeras de ciertos documentos, así como información relativa a diversas actividades de dichos gobiernos, pero no lo hace de una manera sistemática. La

misma legislación sobre inmigración es inconsecuente con reglas diferentes para los diversos grupos

[12.] Esta ley, a partir de 1988, amplió el apoyo económico a aquellas propuestas que se ocuparan solamente del inglés, aumentó notablemente el porcentaje permitido del 4% al 25%, y redujo a solo tres años el tiempo que los escolares podrían pasar en programas de educación bilingüe. La última revalidación de vigencia de esta ley fue en 1994.

[13.] La consulta popular, que se llevó a cabo en 1998, fue íntegramente subvencionada por un millonario de Silicon Valley, llamado Ron Unz.

[14.] Se refiere a la *Office of Bilingual Education and Minority Languages Affair* (OBE-MLA) que ha cambiado su nombre a *Office of English Language Acquisition, Language Enhancement and Academic Achievement for LEP students* (OELA), y a la *National Clearinghouse for Bilingual Education* (NCBE) que ahora es *National Clearinghouse for English Langue Acquisition and Language Instruction Educational Programs* (NCELA).

CAPÍTULO 12
¿ES UNIFORME EL ESPAÑOL?

SE TRATA DE UNA AMPLIA DISPERSIÓN QUE ABARCA ESPAÑA, 17 PAÍSES HISPANOAMERICANOS QUE LA TIENEN COMO LENGUA OFICIAL ÚNICA, TRES EN LOS QUE ES LENGUA COOFICIAL, MÁS OTROS TERRITORIOS DIVERSOS

Con respecto a nuestra lengua, existe una premisa incuestionable —el español es hoy la segunda lengua de comunicación internacional— y de dos fuertes pilares (no los únicos, por supuesto) que la fundamentan: 1) nuestra lengua es hablada por muchos individuos en muchos países diferentes, y 2) el español es una lengua relativamente homogénea dentro de su variedad, fáctica y deseable. Veamos el primero de estos argumentos.

Este primero no tendría demasiada importancia si todos esos hablantes —algo más de 400 millones— pertenecieran a una misma entidad político administrativa (en realidad, el español es la cuarta lengua en el mundo por el número de sus hablantes), pero se trata de una amplia dispersión que abarca España, 17 países hispanoamericanos que la tienen como lengua oficial única, tres en los que es lengua cooficial, más otros territorios diversos.

Mapa 12.1: El español como lengua oficial en el mundo

1. España	9. Honduras	17. Bolivia
2. Cuba	10. Costa Rica	18. Paraguay
3. República Dominicana	11. Nicaragua	19. Chile
4. Puerto Rico	12. Panamá	20. Argentina
5. México	13. Venezuela	21. Uruguay
6. Guatemala	14. Colombia	22. Guinea Ecuatorial
7. Belice	15. Ecuador	
8. El Salvador	16. Perú	

Los datos correspondientes a los 18 primeros son los siguientes:

Cuadro 12.1: Proporción de hispanohablantes en los países con español como lengua oficial

País	Habitantes	% de la población
México	101 879 170	98,2
Colombia	40 349 388	99
España	40 037 995	99,1
Argentina	37 384 816	99,7
Perú	27 483 864	85,1
Venezuela	23 916 810	96,9
Chile	15 328 467	90
Ecuador	13 183 978	93
Guatemala	12 974 361	64,7

Cuba	11 184 023	98
R. Dominicana	8 581 477	98
Bolivia	8 300 463	87,7
Honduras	6 406 052	98,2
El Salvador	6 237 662	100
Nicaragua	4 918 393	87,4
Costa Rica	3 773 000	97,5
Uruguay	3 360 105	98,4
Panamá	2 845 647	77,4

La primera columna numérica muestra el número de hispanohablantes por país, aunque la información verdaderamente relevante está en la segunda, es decir, en los porcentajes que indican la proporción de hispanohablantes por país. Por hispanohablantes se entiende 1) hablantes de español como lengua materna, y 2) hablantes de otras lenguas que tienen el español como segunda lengua y que, por lo tanto, lo hablan con un grado aceptable de competencia.

Hay algunos datos sorprendentes, como el amplio margen de hablantes monolingües (o casi) de una o varias lenguas indígenas; los números que ofrecen Guatemala (35,3%), Panamá (22,6%) y Perú (14,9%), frente a los de México (1,8%), por ejemplo, son muy contrastivos, lo que demuestra que este último país ha tenido un éxito sin precedente en sus campañas castellanizadoras de la segunda mitad del siglo XX. Los otros tres países señalados arriba no han hecho ni hacen el menor esfuerzo por convertir en bilingües a sus hablantes monolingües en una lengua indígena. Un botón de muestra por el aprecio gubernamental ante sus lenguas: en Guatemala, por ejemplo, la Academia de las Lenguas Mayas tiene un presupuesto estatal de 13 millones de quetzales al año, mientras que la Academia Guatemalteca de la Lengua recibe 72 mil quetzales, cuando los recibe. La primera tiene una sede excelente (incluso elegante, la llamada Casa Crema) y la segunda, un apartamento estrecho y ruidoso en pleno centro de la ciudad. Caso curioso donde los haya, siendo el español la lengua oficial única, y además, cordón umbilical de las comunicaciones de ese país con el mundo exterior.

En el otro caso, el de países en los que el español es lengua cooficial, debería haberse añadido Perú, porque el decreto-ley que elevó el quechua a esa categoría, de 1975, no ha sido modificado. Pero ya vimos que la intentona fue un simple gesto de aquellos gobernantes.

Cuadro 12.2: Convivencia de lenguas cooficiales

	Nº habitantes	hispanohablantes %	lengua coof.
Paraguay	5 734 139	55,1	guaraní
Puerto Rico	3 766 000	98,2	inglés

Existen diferencias muy significativas entre Paraguay y Puerto Rico: la enorme mayoría de los puertorriqueños son hablantes nativos de español, con un bilingüismo que según las fuentes de información que se manejen va desde un 32% a un 16%. En contraste, Paraguay posee casi la mitad de su población que solo habla guaraní, algunos junto a un curioso guarañol.

Entre los países de América que no tienen al español en ninguna de esas dos categorías, sobresalen los Estados Unidos, con algo más de 32 millones, lo que es un buen porcentaje si se compara con los 40 millones de hispanos que viven en ese país; Belice, el pequeño enclave centroamericano, con casi 70 mil hablantes de español; las islas ABC (Aruba, Bonaire y Curaçao), con cerca de 195 mil; y las Islas Vírgenes, con unos doce mil. El otro país americano de nutrida inmigración de origen hispano, Brasil, no sobrepasa los 50 mil hablantes nativos.

Como era de esperar en una lengua hablada en tantos países y en lugares tan esparcidos por el mapa continental, en Hispanoamérica no se habla un español absolutamente homogéneo, como tampoco se habla en España; entre los hablantes de sus diversas regiones se encuentran diferencias, a veces ostensibles. Como las fronteras de los países obedecen fundamentalmente a razones ajenas a la lengua y a sus variedades, este criterio no es en absoluto el adecuado para tratar de establecer zonificaciones lingüísticas dentro del continente y de las islas; mientras hay naciones que cuentan con una gran extensión territorial y con variedades dialectales internas, otras, en cambio, muy pequeñas, comparten fenómenos de lengua con sus vecinos.

Aquí se está hablando de *dialectos* y de la disciplina que los estudia, la *dialectología*. Ninguno de estos términos, especialmente el primero, puede ser presentado sin que medien polémicas, discusiones, rechazos de propuestas epistemológicas ya muy asentadas y valoraciones conflictivas de parámetros especificadores. Debemos, sin embargo, partir de la base de que un dialecto es un sistema comunicativo virtual, pero realizable, circunstancia que lo aparta del concepto de *lengua*. Los dialectos son "sistemas" y no conjuntos de fenómenos peculiares, y se oponen a la lengua en varios puntos: en primer lugar, tienen hablantes, de ahí que sean realizables. Luego todo hablante es un hablante dialectal; la lengua no la habla nadie. "Hablar una lengua" significa realmente usar uno de sus geolectos o variedades geográficas: el español *de* México, *de* Buenos Aires, *de* Granada, etc., que, por supuesto, poseen elementos particulares, pero también una cantidad enorme de elementos comunes, que permiten una comunicación sin problemas. "Lengua" es, sin embargo, una etiqueta útil para entendernos en nuestras conversaciones cotidianas, pero un concepto teórico muy elusivo.

CADA DÍA QUE PASA SE COMPRUEBA QUE LA INFLUENCIA DE LAS LENGUAS INDÍGENAS EN EL ESPAÑOL DE AMÉRICA ES, EN REALIDAD, MUY REDUCIDA

Uno de los primeros intentos de establecer zonas dialectales en América, es decir, áreas geográficas cuyos hablantes coincidieran en una serie de fenómenos lingüísticos que los distinguieran de sus vecinos, se basaba en la influencia que las distintas lenguas indígenas de gran extensión habían dejado en el español de cada una de ellas. Así nació la primera propuesta, que establecía la existencia de cinco zonas: 1) México, incluido el estado de Nuevo México, en los Estados Unidos, y una gran parte de la América Central, territorio en el que se suponía que había ejercido su influencia el nahua; 2) el Caribe, integrado tanto por las Antillas como por las regiones costeras de Venezuela y Colombia (en este último caso, la atlántica), en el que habían predominado el arahuaco y el caribe; 3) las tierras altas de América del Sur, Colombia, Ecuador, Perú, Bolivia y norte de Chile, la llamada zona andina, en la que el quechua había señoreado durante mucho tiempo; 4) el centro y el sur de Chile, zona en la que el mapuche (llamado araucano antiguamente) había dominado; y por último, 5) los países del Río de la Plata, Argentina, Uruguay y Paraguay, con el guaraní al fondo.

Sin embargo, esta propuesta chocaba con varios inconvenientes. En primer lugar, parecía estar hecha con bases etnológicas, sociológicas o culturales, pero no realmente lingüísticas. Cada día que pasa se comprueba que la influencia de las lenguas indígenas en el español de América es, en realidad, muy reducida, si se piensa en el español de los monolingües o incluso en el de los bilingües equilibrados; otra cosa es, desde luego, las transferencias que puedan advertirse en el español de hablantes indígenas que tienen una competencia escasa o imperfecta en la lengua dominante. Pero en este caso no puede hablarse de influencias de una lengua indígena en el "español de" una determinada región. Por otra parte, cada una de estas cinco zonas, con las excepciones del Caribe y del centro y sur de Chile, son de por sí sumamente heterogéneas. Pensar, en el estado actual de nuestros conocimientos dialectales, que México y Costa Rica o Nicaragua puedan formar una zona compacta es una auténtica fantasía, como también lo es el creer que la amplísima zona quinta se nos presenta como un todo lingüístico indivisible, cuando las diferencias entre ellas, muy sobresalientes por cierto en el caso del Paraguay y algunas regiones argentinas, saltan a la vista. El criterio adolecía de una buena dosis de subjetivismo.

Aun suponiendo que las lenguas indígenas, estas mayores y otras que hubiesen podido señalarse, hubiesen dejado huellas

importantes en el español de estas regiones, sería necesario revisar a fondo esta clasificación, pues a los idiomas aborígenes se
les supone una extensión que en realidad nunca tuvieron. Pensar que el guaraní, por ejemplo, tuvo alguna presencia importante mucho más allá de las fronteras de la Argentina con el
Paraguay es, cuando menos, desconocer la historia.

NO SE NECESITA TENER DEMASIADA EXPERIENCIA AMERICANA PARA SABER QUE LOS HABITANTES DEL OTRO LADO DEL OCÉANO PRONUNCIAN EL ESPAÑOL DE MANERA DIFERENTE ENTRE ELLOS

Otra alternativa a la propuesta anterior es el estudio de la pronunciación, pero no procediendo de manera impresionista, sino
basándose en las llamadas isoglosas, es decir, en líneas que se
trazan sobre el mapa y que señalan la extensión de cada fenómeno lingüístico. No se necesita tener demasiada experiencia
americana para saber que los hablantes del otro lado del océano
pronuncian el español de manera diferente entre ellos, y que
sus respectivas entonaciones son, en ocasiones, muy distantes
entre sí. Varios son los investigadores que han seleccionado este
aspecto como base de sus propuestas. Los fenómenos más importantes que han servido para establecer la clasificación han
sido: 1) el debilitamiento y pérdida de "s" en posición final de
sílaba y de palabra; 2) la confusión de "r" y "l" finales; 3) la aspiración suave de "j"; 4) la pronunciación de "rr" como vibrante
múltiple, la regular en español; 5) la presencia/ausencia de
yeísmo; 6) el rehilamiento "porteño", fenómeno conocido como
zeísmo, y 7) pronunciación velarizada de "n". Cada uno de los
estudiosos ha llegado a sus propias conclusiones, estableciendo
entre un mínimo de cinco zonas y un máximo de 23.

Los problemas que se presentan con todas ellas son, en primer lugar, la insuficiencia de datos confiables a escala continental, pues mientras algunas regiones están muy bien estudiadas,
otras, en cambio, siguen a la espera de que se efectúen esos análisis. Pero, además, precisamente debido a este desconocimiento,

algunas de las variables seleccionadas no son las más adecuadas para establecer zonas dialectales, bien porque su campo es muy general y, por lo tanto, discriminan poco, bien porque su extensión es realmente limitada. Pero, además, salvo casos excepcionales, las isoglosas suelen entrecruzarse sin ningún patrón aparente. Quizá haya sido esta circunstancia la razón de que México aparezca, en algunas propuestas, formando zona con la República Dominicana, propuesta absolutamente contraintuitiva; de que, mientras que algunas de ellas abarcan una extensión desmedida (casi todo México, las Antillas, costa caribe de Venezuela y Colombia, mitad oriental de Panamá), otras solo alcanzan a una pequeña región de Uruguay, y de que se rompa constantemente la contigüidad geográfica entre diferentes regiones de la misma zona.

Un planteamiento algo más aceptable es el que piensa en dos grandes zonas: la de "tierras bajas" y la de "tierras altas". En las primeras se dan, casi sistemáticamente, los debilitamientos consonánticos (aspiración y pérdida de "s" final, confusión de "l" y "r", aspiración de "j", velarización de "n" final, etc.), mientras que en las segundas el consonantismo final es muy fuerte y mantenido. Uno de los más ilustres defensores de esta zonificación ha dicho con mucha jocosidad: "Yo las distingo, de manera caricaturesca, por el régimen alimenticio: las tierras altas se comen las vocales, las tierras bajas se comen las consonantes".

TRABAJAR ÚNICAMENTE EN EL LÉXICO OBLIGA A REUNIR EN UNA SOLA REGIÓN DIALECTAL A VARIAS QUE PRESENTAN GRUESAS DIFERENCIAS LINGÜÍSTICAS ENTRE SÍ

No han faltado tampoco los intentos de trazar esta zonificación atendiendo a las semejanzas y diferencias en el vocabulario. Uno de ellos se basaba en el léxico agrícola o relacionado con la vida rural; el ámbito semántico estaba integrado por las denominaciones del campesino, de las tierras de cultivo y de las baldías, de las labores agrícolas, los aperos de labranza, los tipos de habitación, de propiedades rurales y de fenómenos climatológicos relacionados con la agricultura. Se trata de léxico —184 palabras— procedente de España, pero que en América ha alcanzado una distribución específica. Las fuentes de información con las que se trabajó fueron los recuentos lexicográficos de americanismos, fuentes librescas, como se ve. De este análisis surgen cuatro zonas dialectales: 1) integrada por el sur de los Estados Unidos, México, América Central, las Antillas, Venezuela, Colombia (exceptuando la zona andina) y la costa del Ecuador; 2) compuesta por los países andinos Ecuador, Perú y Bolivia; 3) a la que pertenecen las extensas llanuras del Río de la Plata y de Bolivia, y 4) que integra Chile, excepto su parte norte.

Las críticas a esta propuesta son muy contundentes. Desconocer en absoluto los demás fenómenos que integran la lengua (pronunciación, entonación, gramática) y trabajar únicamente con el léxico obliga a unir en una sola región dialectal a varias que presentan gruesas diferencias lingüísticas entre sí, incluso léxicas: en México y en el sur de los Estados Unidos, se llama *charro* a lo que en América Central dan los nombres de *cimarronero, concho* y *campiruso;* en las Antillas, *guajiro, jíbaro* y *campuno,* y en Venezuela y Colombia, *llanero* y *sabanero.* Pero, además, basar toda esta propuesta en datos emanados de diccionarios de americanismos y no de encuestas *in situ* conduce sin duda a graves errores, debido a la metodología impropia que han seguido muchos de estos lexicógrafos.

Una última y muy reciente propuesta de división en zonas dialectales americanas, también de orden léxico, está basada en una gran encuesta especialmente diseñada para este propósito, cuyo cuestionario, integrado por 219 puntos, preguntaba por léxico urbano. Participaron doce ciudades americanas: México, Panamá, Santafé de Bogotá, Quito, Caracas, Lima, Santiago, Montevideo, Buenos Aires, Tucumán, La Habana y San Juan de Puerto Rico, más las españolas de Madrid y Barcelona para establecer el contraste. Del análisis de estos materiales surgió una gran variedad léxica (por ejemplo *[palomitas, cabritas, pop corn, cotufas, pororó, copos de maíz, pochacle, canguil, cancha, canchita, ro-*

sitas de maíz] o *[cazadora, anorak, chamarra, parca, chumpa/chompa, jacket, campera, casaca])*, que se distribuyó a través de cinco zonas, cuatro americanas y una española. Las primeras fueron: 1) zona norte (México, Panamá); 2) zona andina (Santafé de Bogotá, Quito, Caracas, Lima); 3) Cono Sur (Santiago, Montevideo, Buenos Aires y Tucumán), y 4) mar Caribe (La Habana y San Juan de Puerto Rico). El proyecto ha entrado en una nueva etapa, que, entre otras cosas, ha ampliado su muestra americana. Ya se verá si los nuevos datos corroboran o no esta división provisional.

Mapa 12.2: Propuesta de división en zonas dialectales americanas

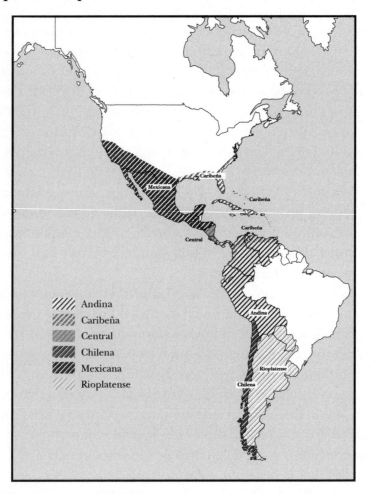

286

EL VOSEO ES HOY EL ÚNICO FENÓMENO DEL ESPAÑOL AMERICANO QUE NO TIENE PARALELO EN NINGUNA REGIÓN ESPAÑOLA

A los fenómenos fonéticos estudiados se ha unido un rasgo morfosintáctico: el voseo. Se trata de la conservación en ciertas regiones americanas de un viejo fenómeno del español, que fue desapareciendo paulatinamente ante el triunfo del tuteo. El tratamiento de *tú* entre iguales se impuso, debido al prestigio que le confería el habla cortesana, a costa del viejo *vos,* que fue quedando arrinconado en las zonas más periféricas. Así sucedió con la región rioplatense —Buenos Aires no se convirtió en virreinato hasta muy tarde— y con amplias zonas centroamericanas. El voseo es hoy el único fenómeno del español americano que no tiene paralelo en ninguna región española, pues tanto de la península como de las islas Canarias desapareció hace ya varios siglos. La mayor parte de América es hoy tuteante; sin embargo, los restos de voseo son abundantes.

Esta situación explica sobradamente que el voseo no sea un criterio útil para el establecimiento de zonas dialectales, siendo como es un fenómeno minoritario en el continente, al menos no como factor único. Es verdad que el voseo no se ha conservado de manera uniforme, y que esa variedad sí podría arrojar algunos resultados más positivos. Son cuatro los tipos con que cuentan algunos dialectos de Hispanoamérica: a) vos teméis; b) vos temís; c) vos temés, y d) vos temes.

Todos diferentes según la forma verbal que acompañe al pronombre personal. Esta diversidad ha demostrado tener una cierta utilidad en una diferenciación más afinada de zonas dialectales americanas.

Los problemas que acarrea el establecimiento de la contrastividad con España, no diremos ya entre las diversas zonas hispanoamericanas, son de gran magnitud

Los que abogan por una caracterización etimológica en exclusiva esgrimen requisitos ontológicos al parecer imprescindibles: son americanismos los términos que han nacido en suelo americano. Las peripecias ulteriores de ese vocabulario, su expansión transatlántica hispánica e incluso más allá de las fronteras de nuestro idioma, son circunstancias que carecerían de importancia. Es este un criterio eminentemente histórico. Se trata de una posición muy estrecha que llevaría a identificar a los americanismos con los indigenismos. Los que rechazan esta posición lo hacen porque no consideran adecuada la designación de "americanismo" para términos que son moneda común en todas partes: *cancha, canoa, chocolate, hamaca, maíz,* etc.

La posición contraria defiende otro criterio, el de uso, que puede manejarse de dos formas diferentes, con carácter general y con delimitaciones diferenciales. El primero de ellos —es el caso de los llamados "léxicos básicos" y "léxicos disponibles"— recoge indiferenciadamente el vocabulario usado en una determinada comunidad, en este caso americana, no importa que se use también en España con idéntico sentido. Queda claro que esta versión no puede satisfacernos. Cuando pensamos en una diferenciación, entonces entra en juego la contrastividad.

Los problemas que acarrea el establecimiento de la contrastividad con España, no diremos ya entre las diversas zonas hispanoamericanas, son de gran magnitud. Claro que siempre puede acudirse al *Diccionario* académico, pero no es necesario insistir en lo inseguro de esta fuente. Se han escrito ya varios miles de páginas para demostrarlo. Y por si ello fuera poco, los atlas lingüísticos de pequeños dominios han demostrado el uso abundante de palabras a las que el *Diccionario,* por diversos motivos, les ha negado la vida. Parece evidente que no serán americanismos los términos que vivan tanto en una banda como en la otra del Atlántico con idéntico sentido, pero sí aquellos vocablos que, siendo españoles, se usan en América con acepción nueva o diferente a la de su origen: "Una voz que nació quién sabe dónde, que lo mismo se usa aquí que en España, pero que en América tiene acepciones distintas, o distinta grafía o distinta fonética, es también americanismo", decía el lexicógrafo mexicano Santamaría; al grupo de las que han cambiado su significado pertenecerían, por ejemplo, *ante, comadreja, estancia, hacienda, lagarto, laurel, perezoso, playa,* entre otras, que hoy significan cosas diferentes aquí y en América.

Otro importante ejemplo de estas diferencias de significado entre España y América son las palabras "malsonantes" y algunos de los términos "sustitutos"; nos referimos a aquellas que en el español europeo tienen significados "inocentes" y que más allá del Atlántico han alcanzado unos contenidos sexuales o escatológicos, que constituyen hoy día los focos más frecuentes de tabuización. Claro que este mecanismo también funciona a la inversa: términos comunes en América que en España quieren decir cosas indecorosas.

Repárese, por ejemplo, en el caso de *pene,* órgano sexual masculino o miembro viril. Por una parte, nos encontramos con términos de origen americano, que normalmente desconoce el hablante español: *camarón,* "gamba"; *collofe,* del mapuche *collofi,* "especie de alga comestible"; *virote,* "utensilio, herramienta"; *cuca,* "especie de gusano"; *chaira,* "acero cilíndrico para afilar cuchillos"; *chile,* "pimiento rojo", y su derivado *enchilada; chilillo,* "látigo"; *chimbo,* "pieza de carne"; *choclo,* "espiga de maíz"; *choto* o *chota,* "niño de pecho"; *chuto,* "rabo corto", y muchas otras.

Constituyen, sin embargo, capítulo aparte los términos conocidos en España pero no con este sentido: *bicho* o *bicha, cabezón* o *cabezona, cicuta, corneta, daga, dedo sin uña, fierro* o *hierro, gusano, paloma* o *palomita, pepe, pico, sable, tortolito, tripa, virtud, bastardo, cabeza de gato, mosquete, pescuezo, rienda, cabra, pata, verdura,* etc.

Estas voces, inofensivas para los hablantes españoles (*coger,* "hacer el amor"; *concha,* "órgano sexual femenino"; *bicho,* "órgano sexual masculino", etc.) pero malsonantes y hasta muy groseras para muchos hispanoamericanos, pueden provocar al otro lado del Atlántico situaciones comunicativas difíciles e insultantes. Pero los problemas no acaban aquí. Como son impronunciables estas voces, al menos en ciertos contextos, los hablantes echan mano de palabras sustitutas, llamados eufemismos, que en muchas ocasiones nos resultan enteramente desconocidas con el significado especial que se les ha asignado; podemos estar oyendo hablar de *araña, bacalao, bagre, cabra, chiva, chucha, gallina, ganado, ganso, gaviota, guajolota (pava), jíbara, lagartija, leona, loba, oveja, polilla, sapo, vaca,* por ejemplo, y no enterarnos de que son designaciones eufemísticas de *prostituta.*

Los juegos verbales a que algunas de estas palabras han dado lugar hacen la comprensión de los mensajes mucho más difícil aún. En verdad que juegos del tipo *Vergacruz* por Veracruz apenas si presentan problemas, pero no es el caso general: *sipotenciario,* formado sobre "plenipotenciario", oculta su semejanza con *cipote; tripagofría* sobre "tipografía", con *tripa; picaporte,* con *pico,* y doblemente críptico sería *paraguay,* con el sentido de "pararsele a uno" [el pene], basado en el sentido americano de *pararse,* "ponerse de pie".

Pero hay más. Existen ciertas palabras que no han cambiado su sentido original, pero que en España han dejado de usarse hace mucho tiempo. Constituyen dos grandes grupos, los llamados "arcaísmos", supuestamente desconocidos en el español general de España, pero que fueron usados profusamente en épocas pretéritas (*durazno, carozo, pollera, recordar,* "despertar", *cachapear,* etc.), y los "marinerismos en tierra", aquellos pertenecientes al tecnolecto de la marinería, que pronto durante la colonización, sobre todo en las zonas portuarias, empezaron a utilizarse con un contenido semántico más general, desconocido en la metrópoli: *amarrar,* "atar"; *botar,* "tirar, echar"; *palo,* "árbol"; *virar,* "girar", etc.

Algunos estudiosos detienen aquí el análisis contrastivo, quizá añadiendo a la contrastividad semántica de más bulto, otras, como las morfológicas (*preciosidad/preciosura; profesional/profesionista; inversor/inversionista*), etc.

Pero este último criterio, de uso y contrastivo, sin duda el preferido por la lexicografía dialectal actual, presenta algunas dificultades teóricas. Un conocido lexicógrafo de principios de siglo decía:

> No porque una voz [nacida en Chile] se use en otros países deberá proscribirse como chilenismo. Siguiendo esa norma de exclusión, llegaría el caso de que pasara a "res nullius". Cuando más, por consiguiente, le afectaría la nota de argentinismo y chilenismo a la vez, ponemos por caso.

Y en épocas más recientes, otro especialista nos recordaba que el nahuatlismo *tiza* se usa hoy en todo el mundo hispánico menos en México, donde ha logrado imponerse el helenismo *gis*, y que esta situación podría llevarnos a calificar a la palabra *tiza* de todo menos de mexicanismo.

El concepto de *americanismo* se enfrenta también a otros problemas. Si llegara a entenderse por tales solo aquellos términos que se usaran en toda América y que no fueran conocidos en ninguna parte de España, es muy posible que no existieran. Lo que generalmente ocurre es o bien términos comunes a toda Hispanoamérica y conocidos en partes de España, o bien palabras usadas solo en ciertas zonas del continente americano. La cuestión entonces es distinguir entre *americanismos* propiamente tales y regionalismos (*argentinismos, bolivianismos,* etcétera).

Todas estas discusiones parecen partir de la confusión entre dos planos, el teórico y el aplicado de la lexicografía. La conceptualización teórica de lo que es un americanismo solo puede fundarse en su origen; otra cosa diferente son los "usos americanos" de tal o cual palabra.

Una buena parte del léxico usado en nuestros días en las muy diversas zonas del mundo hispánico es común a todos los habitantes

Hace ya muchos años que se viene echando en falta un repertorio léxico del español general; sin ese inventario, la clasificación de los materiales obtenidos en una investigación dada se hace imposible, puesto que nunca sabremos a ciencia cierta si se trata de términos generales, panhispánicos, o si, por el contrario, estamos ante vocabulario propio de una determinada zona dialectal. Como la elaboración de un repertorio general no puede llevarse a cabo sin contar con una amplia base de estudios particulares, estamos ante un auténtico círculo vicioso. Por otra parte, el concepto mismo de "léxico general" no está exento de interpretaciones diversas. Puede tratarse de: 1) el conjunto de *todos* los elementos de *todas* las variedades del español, en otras palabras, de *todos* los vocablos que pertenezcan a la lengua, independientemente de que solo existan en una zona específica del mundo hispanohablante, y 2) el conjunto de aquellos elementos que sean *patrimonio común* de todas las variedades del español, definidas estas según criterios uniformes.

Satisfacer los requerimientos de la primera conceptualización está todavía lejos de nuestro alcance, aun cuando no han cesado de elaborarse vocabularios regionales desde que en 1836 se publicó la primera edición del *Diccionario de voces cubanas* de Pichardo, cuyo ejemplo fue seguido muy pronto a ambos lados del Atlántico.

Esto que podría llegar a ser un repertorio ingente tiene pocas probabilidades de realizarse, al menos, de manera exhaustiva. Lamentablemente, las razones para tal afirmación son muy abundantes: hay muchísimas zonas para las que no contamos con la menor información; en otros casos, los datos de que disponemos son de todo punto insuficientes, o su recogida y presentación adolecen de graves inconvenientes metodológicos, o responden a épocas muy alejadas entre sí, con lo que algunos adquieren una inconveniente dimensión temporal, que impide o limita el análisis contrastivo, o los estudiosos emplean un sistema de marcas sociolingüísticas o pragmáticas, si las emplean, que no pueden compararse, y un largo etcétera.

La esperanza que subsiste es que los atlas lingüísticos ya realizados, que son muy pocos en América, y los proyectos en marcha puedan llenar todos estos vacíos o, al menos, una buena parte de ellos.

Quizá más importante que esta tarea sea la búsqueda de ese subconjunto léxico común a todas las variedades lingüísticas hispánicas, un vocabulario no marcado geográficamente, que en este sentido podría catalogarse como "neutro". Tampoco es fácil realizar este trabajo, aunque no faltan muestras diversas de lo que debiera ser una investigación más abarcadora.

En 1991 se publicaron los resultados de una investigación que manejó los datos arrojados por el *Cuestionario* del "Estudio coordinado de la norma lingüística culta de las principales ciudades del mundo hispánico"; el material que centró el análisis fue solo el referido al campo del cuerpo humano. La muestra que sirvió de base a este estudio eran sujetos de La Habana, Santiago de los Caballeros, en la República Dominicana, y San Juan de Puerto Rico.

La parte analizada del *Cuestionario* estaba integrada por 331 entradas (de la 001 a la 330, con la 024 desdoblada en *a)* y *b)*; la producción total de palabras fue de 12 605, de las cuales, 2 408 eran vocablos diferentes. Del total de estos últimos, 302, es decir, un altísimo 91,2%, eran comunes a las ciudades de las tres Antillas; solo doce (3,7%) ofrecían discrepancias parciales, y 17 (5,1%), discrepancias totales. Las coincidencias absolutas alcanzaron a 78 términos:

esternón, caspa, peinarse, afeitarse, cara, sudor, sudar, sienes, cejas, ojos, [ojos] claros, párpados, arrugas, verruga, lunar, poros, nariz, estornudo, estornudar, mocos, mocoso, boca, labios, barba, patillas, saliva, escupir, lengua, dientes, encías, morder, comer, hambre, hipo, bostezo, oídos, orejas, sordera, sordomudo, mudo, dormir, dormilón, garganta, amígdalas, hombros, pulmones, respiración, corazón, espalda, médula espinal, cosquillas, pezón, cintura, caderas, ombligo, hernia, hígado, riñones, sangre, venas, bazo, vejiga, brazo, antebrazo, codo, muñeca, manos, dedo índice, dedo anular, palma de la mano, muslos, piernas, rodillas, pies, planta del pie, talón, tobillo, juanete.

Otros trabajos similares, aunque con diferentes campos léxicos y muestras más abarcadoras, han ofrecido información adicional. Es verdad que en el caso de una de esas investigaciones el propósito fundamental no era la búsqueda del vocabulario hispánico común, sino más bien lo contrario, el léxico discrepante, pero de sus datos es posible entresacar alguno muy significativo. El objetivo aquí era descubrir cuáles eran las coincidencias y las diferencias entre el léxico usado predominantemente en las grandes zonas urbanas de Hispanoamérica y en Madrid.

Su instrumento de investigación está constituido por una selección de preguntas del *Cuestionario* del "Estudio coordinado", agrupadas en muy diferentes campos semánticos (el cuerpo humano, la alimentación, el vestuario, la casa, la familia, el ciclo de vida, la salud, la vida social, diversiones, la ciudad, el comercio, transportes y viajes, los medios de comunicación, comercio exterior, política nacional, sindicatos y cooperativas, profesiones y oficios, mundo financiero, la enseñanza, la iglesia, meteorología, el tiempo cronológico, el terreno, vegetales, agricultura, animales y ganadería). Fueron dos las condiciones que guiaron esta selección: por una parte, que se tratara de conceptos que no presentaran ninguna dificultad a sujetos de niveles culturales medios, y por otra, que ofrecieran cierta garantía de variación en el ámbito hispánico. Debido a este último requisito no fueron seleccionados aquellos términos que las investigaciones anteriores declaraban comunes a todas las colectividades estudiadas (*esqueleto, cráneo, hotel, fruta, pantalón, camisa, arquitecto, albañil,* por ejemplo).

Aunque esta circunstancia alejaba el estudio de nuestro propósito actual, es útil consignar que, no obstante, las coincidencias en las palabras en uso alcanzaron un 32,2%. Téngase en cuenta, además, que aquí se habla de uso *predominante,* lo que no excluye que, si bien la voz preferida de alguna ciudad hispanoamericana sea otra, no se conozca y se use también la que en

Madrid resulta más frecuente. Como es fácil de suponer, las cifras de coincidencias léxicas, de uso predominante o no, aumentarían considerablemente.

Más recientemente, a una amplia muestra de ciudades hispanoamericanas, más Madrid y Barcelona, se aplicó un cuestionario léxico de 219 puntos, confeccionado especialmente para esta investigación. La condición establecida para la selección de estos términos es que pertenecieran al vocabulario urbano moderno. Como el objetivo del proyecto es descubrir las semejanzas léxicas entre zonas para poder determinar sus límites y establecer una agrupación de las mismas, aunque fuera provisional, los datos relativos al léxico panhispánico pasan a un segundo plano.

Del total de unidades léxicas encuestadas, 64 (un 29,2%) son generales, aparecen en todas las zonas establecidas. El porcentaje deja de parecer pequeño tan pronto como se piensa en la naturaleza del vocabulario encuestado, en el que pierden oportunidad de aparecer los términos patrimoniales; debe recordarse, además, que el estudio trabaja con nómina activa, por lo que no toma en consideración el hecho de que ciertos términos que habitualmente no se usan en una región determinada sean comprendidos allí con toda normalidad.

Mientras que los estudios anteriores trabajan con cuestionarios tradicionales, estos otros que ahora revisamos han manejado el marco teórico-metodológico de la disponibilidad léxica. Se trata de pruebas asociativas en las que un estímulo dado, por ejemplo, "profesiones y oficios", produce en cada sujeto una serie de términos relacionados que se encuentran en su lexicón mental. De esta forma experimental el sujeto actualiza un vocabulario que solo produciría si el tema del discurso se lo permitiera. A diferencia de las palabras de gran frecuencia, estas otras —generalmente, sustantivos— poseen contenidos semánticos muy concretos, por lo que son poco usadas.

Cuatro investigaciones previas de léxico disponible, las de Puerto Rico, Madrid, la República Dominicana y Las Palmas de Gran Canaria, sirvieron de base para una primera aproximación al tema. Se trataba de entresacar de estas listas el léxico compartido por estas comunidades.

Gracias a un complejo andamiaje estadístico se pudo determinar que los grados de compatibilidad eran mucho más bajos que los esperados. De los totales del vocabulario disponible de estas cuatro comunidades (Puerto Rico, 6 059; Madrid, 6 267; República Dominicana, 5 143, y Las Palmas, 8 810), solo 1 237 vocablos fueron comunes, cifra que arroja unos porcentajes muy pobres: entre Madrid y Las Palmas el grado de compatibilidad era de 22,02%, entre Madrid y Puerto Rico, de 14,80%, y entre Madrid y la República Dominicana, 17,21%; entre Las Palmas y Puerto Rico, de un 18,97%, y entre Las Palmas y la República Dominicana, de un 23,70%; entre Puerto Rico y la República Dominicana, la compatibilidad era de solo un 24,18%.

El autor, sin embargo, nos advierte que si las listas originales se hubiesen depurado, en el sentido de extraer las frases y los compuestos falsos, se hubieran podido buscar más objetivamente los valores de compatibilidad. Una segunda investigación, insatisfecha con estas conclusiones, retomó la cuestión.

La base del trabajo está constituida por los mismos datos de Puerto Rico, Madrid y la República Dominicana manejados en la investigación anterior, más los de México capital y la ciudad chilena de Concepción. Las estadísticas se basan en las primeras 50 palabras de las listas de cada comunidad (en total 250), producidas en tres centros de interés o campos léxicos: a) el cuerpo humano; b) medios de transporte, y c) alimentos. Sus conclusiones son muy diferentes, puesto que los índices de compatibilidad léxica aumentan considerablemente.

En "el cuerpo humano" cada dialecto comparte 32 palabras con los otros cuatro, lo que representa una compatibilidad de un 64%. Aquí el número de unidades de léxico común es significativamente elevado:

boca, brazo, cabeza, cara, ceja, cerebro, corazón, cuello, dedo, diente, estómago, hígado, hombro, intestino, lengua, mano, muñeca, muslo, nariz, oído, ojo, oreja, pelo, pestaña, pie, pierna, pulmón, riñón, rodilla, tobillo, uña, vena.

Otros siete términos son comunes a cuatro comunidades (*codo, esófago, espalda, hueso, pecho, pene, tronco*) y otros nueve a tres de ellas (*antebrazo, cabello, cadera, cráneo, garganta, labio, músculo, páncreas, tórax*).

El autor nos advierte que no debe pensarse que las restantes 18 palabras de cada conjunto ofrecen diferencias cualitativas entre las zonas estudiadas; por el contrario, el examen de esos términos revela que *todos* sin excepción están presentes en *todos* los dialectos analizados, con la única diferencia de su valor en la escala de disponibilidad; mientras que *cintura,* por ejemplo, aparece en la posición 50 en Puerto Rico, está en la posición 55 en Madrid, en la 59 en Concepción, en la 62 en la República Dominicana y en la 126 en la Ciudad de México.

En los otros dos centros la situación se repite, aunque varíen las cifras de los primeros 50 lugares de las listas: "medios de transporte", 40%; "alimentos", 28%.

El reducir el análisis a estas proporciones —los primeros 50 grados de disponibilidad— ofrece una ventaja innegable, que la misma investigación se encarga de subrayar: constituyen el léxico más representativo dentro de cada centro de interés. Esto evita que se integren al examen los elementos totalmente ocasionales, producidos por unos pocos sujetos y, en ocasiones, solo por uno de ellos, lo que resulta inevitable si se manejan listas completas. Es verdad que, por otra parte, no se acaba de tener una idea exacta de todo el léxico común, pues son muchos los vocablos que quedan fuera de las nóminas al aparecer en rangos inferiores al límite establecido.

Un trabajo posterior basa su análisis en el conjunto de palabras que constituyen el 75% del índice acumulado de cada lista; de esta manera se asegura de que solo los vocablos que forman parte de la norma léxica de las comunidades estudiadas, Puerto Rico y Gran Canaria, son tomados en consideración, dejando fuera las menciones fortuitas o con muy bajos rendimientos estadísticos. Los términos discrepantes no sobrepasan el 9%, lo que indica que el coincidente es abrumadoramente mayoritario. Los 88 vocablos presentes en las listas puertorriqueñas que no tienen paralelo en las canarias son los siguientes:

- *brassiere, pantaloncillos;*
- *laundry;*
- *gabinete, componente, juego de comedor, tablillero, chinero, juego de sala;*
- *gandul, guineo, jugo de china, hamburger, china, camarón, malta, vianda;*
- *gabinete, picador;*
- *bulto, maquinilla;*
- *abanico, frío, aire, claridad, sol, switch, flashlight, fresco, aire central, compresor, botón;*
- *condominio, caserío, tapón, colmado, pueblo, plaza de mercado, tránsito, estacionamiento, motora, bonita;*
- *quebrada, café, guineo, china, cabro, grama, yautía, mangó, coquí;*
- *desyerbar, cortar grama, recortar grama, recoger café, regar planta, sembrar flores, cortar caña, ordeñar vacas, regar agua, arreglar flores, coger café, arar tierra, rociar, sembrar plantas, regar abono;*
- *lagartijo, cabro;*
- *sofball, chinisse-checkers, atari, pista y campo, ver televisión, güija, esconderse, ir a la playa, india, correr bicicleta, handsball, topo, pac-man;*
- *plomero, trabajador social, hojalatero, contador, terapista, enfermería, maestra.*

Sin embargo, estas 88 palabras quedan reducidas a 79, debido a que los protocolos de edición utilizados en ambos casos varían ligeramente, y así mientras que Puerto Rico cuenta por separado *maestro, maestra,* Gran Canaria las coloca bajo el mismo lema. Además de este caso, debe tenerse en cuenta otro aspecto metodológico: expresiones como *ver televisión, ir a la playa* y *correr bicicleta* aparecen en los materiales canarios bajo los sustantivos respectivos. Otro factor que también obedece a discrepancias de método es el grado de especificación que se dio a los centros de interés (aunque estos fueron los mismos); el hecho de que en el centro 09 hayan salido en Puerto Rico palabras como *claridad, sol, aire fresco* y *frío* está directamente relacionado con que no se puso de manifiesto que el centro "Iluminación y aire acondicionado" se refería solo a medios *artificiales* de iluminar y airear un recinto. Ya en otro orden de cosas, es fácil explicarse que a medida en que aparecen expresiones superiores a la palabra (*regar planta, sembrar flores, ordeñar vacas*, etc.) disminuyen las posibilidades de coincidencias entre los listados. Si se tiene en cuenta todo esto, las diferencias se reducen a 68. Y con todo, hay que especificar que algunos términos son los mismos, pero aparecen en inglés en la isla caribeña y en español en Canarias, y que otras palabras, con el mismo significado, aparecen en centros de interés diferentes, luego son conocidas. Todo ello reduce la cifra inicial a 57 palabras verdaderamente discrepantes, que son, como cabía esperar, americanismos, puertorriqueñismos y anglicismos propios de aquel dialecto antillano, aunque muchos de ellos tengan una difusión mayor.

De los trabajos anteriores, considerados sus objetivos y consiguientes posibles limitaciones para nuestro propósito, parece desprenderse una conclusión general: una buena parte del léxico usado en nuestros días en las muy diversas zonas del mundo hispánico es común a todos los hablantes. Muchas palabras corresponden al dominio léxico activo; sin duda serán más las que integren las nóminas pasivas, aunque aún estemos lejos de disponer de datos concretos.

Tal conclusión no es sorprendente, si se advierte un rasgo innegable de la cultura actual, su creciente internacionalización. La homogeneidad léxica que palpamos es el resultado —y lo será más— de la nivelación que va produciéndose por el vertiginoso crecimiento de las comunicaciones. Hay facetas de la cultura tradicional destinadas a refugiarse en zonas rurales, o quizá a perecer, con la consiguiente mortandad léxica. En cambio, muchos de los extranjerismos que por fuerza se aclimatan entre nosotros presentan una tendencia centrípeta, es decir, a la uniformación. Solo los neologismos autóctonos seguirán produciendo en lo futuro diferenciaciones léxicas de importancia.

Capítulo 13
Las ciudades hispanas:
microcosmos lingüísticos

A PESAR DE QUE LAS ZONAS DIALECTALES DE AMÉRICA NO SUELEN COINCIDIR CON FRONTERAS NACIONALES, LOS PAÍSES REPRESENTAN UNIDADES LINGÜÍSTICAS RELATIVAMENTE BIEN DEFINIDAS

Aunque no se trate de un fenómeno exclusivo de Hispanoamérica, los procesos de urbanización en esa parte del continente han alcanzado cotas muy significativas. Es lo que se observa con suma claridad al examinar el siguiente cuadro, confeccionado con datos de 1998, los más recientes que se han podido conseguir.

Cuadro 13.1: Grado de urbanización en Hispanoamérica

Ciudad	DD	PP	PC
San Juan, PR	50,3	3 522 037	1 773 304
Montevideo	44,3	2 955 241	1 311 976
Santiago	37,5	13 813 239	5 180 757
Santo Domingo	30,6	7 169 846	2 200 000
Buenos Aires	29,7	36 615 528	10 911 403
Lima	29,1	22 128 466	6 434 328
México	23,1	81 249 645	18 747 400
La Habana	19,8	10 468 661	2 077 938
Bogotá	16,5	34 520 185	5 726 957
Caracas	13,1	21 177 149	2 784 042

DD = Densidad demográfica = PC/PP %.
PP = Población actual del país.
PC = Población de las capitales.

San Juan, la capital de Puerto Rico, ofrece una densidad poblacional de un 50,3%, es decir, que esta zona metropolitana alberga a la mitad de la población total de la isla. Aunque las ciudades que la siguen no presentan una situación tan drástica, Montevideo no se encuentra demasiado lejos de esta proporción, y otras cuatro —Santiago de Chile, Santo Domingo, Buenos Aires y Lima— reúnen dentro de sus límites a la tercera parte de la demografía nacional.

El fenómeno continúa su marcha a ritmos verdaderamente sorprendentes. Obsérvese las tasas de urbanización de Venezuela (91%), Uruguay (89%), Argentina (86,3%) y Puerto Rico (85%), las más altas de la América hispana, y se tendrá una idea meridiana de lo que sigue aconteciendo.

Además de causas poblacionales internas y de la inmigración extranjera, este crecimiento desmedido de las ciudades hispanoamericanas obedece en muy buena parte a las continuas olas migratorias que reciben desde zonas rurales o semirrurales de los propios países. El tema ha sido asunto de estudio desde puntos de vista muy diferentes, aunque son los sociólogos los que con más ahínco y dedicación lo han abordado. El motor primordial de estos movimientos demográficos hay que ir a buscarlo en el ansia de superación económica y social: suele pensarse que en la gran ciudad, que siempre deslumbra desde lejos, están todas las claves del éxito.

El fenómeno va en aumento, a pesar de los resultados catastróficos producidos por estas movilizaciones no planificadas, entre los que destacan la creación de los cinturones de miseria, el incremento de la delincuencia, el alza del analfabetismo, y muchos otros. Es verdad que en los países de gran extensión geográfica otras ciudades suelen presentar competencia a la capital, con lo que disminuyen los índices de concentración urbana, pero con todo, el problema, en vez de disminuir, se polariza.

A pesar de que las zonas dialectales de América no suelen coincidir con fronteras nacionales, los países representan unidades lingüísticas relativamente bien definidas. En la gran mayoría de las ocasiones ello se debe a la poderosa influencia cultural

—y lingüística— que ejercen las capitales respectivas en todos los países. Además de la densidad demográfica que las caracteriza, en ellas está radicado el poder político y administrativo, los principales medios de comunicación y los centros de alta docencia e investigación. Prensa, radio y, sobre todo, televisión extienden la norma lingüística culta de las capitales hasta las más alejadas fronteras del país; el Gobierno maneja esta misma norma casi sin excepciones, y en la enseñanza es también la variedad hablada por los estratos socioculturales más favorecidos la que se oye desde las cátedras y la que se lee en las publicaciones académicas. La escuela primaria y la secundaria de todo el país siguen sin el menor cuestionamiento la lengua ejemplar impuesta desde la capital porque es la de prestigio indiscutible.

En los casos de territorios relativamente homogéneos desde el punto de vista dialectal, como algunos países centroamericanos, los antillanos, Paraguay y Chile, por ejemplo, el influjo de las capitales es menos ostensible puesto que no hay grandes contrastes, pero en aquellos otros en que conviven varias normas (piénsese en los casos de "tierras altas" y "tierras bajas", como ocurre en México, Colombia, Ecuador y Venezuela) la que impera como modelo de corrección y buen decir es siempre México, Bogotá, Quito y Caracas, aun en sitios como Venezuela, en que parte de la población pueda pensar que "en Mérida se habla mejor".

Existió un momento, hace ya varias décadas, cuando empezaba a cobrar auge el fenómeno de la urbanización de los países del continente, en que se pensó que las migraciones rurales darían al traste con la unidad lingüística de las capitales y otras ciudades importantes. Se apuntaba este hecho como factor propiciatorio de la desintegración de la norma culta y ejemplar que ellas representaban, y se pensaba que rota la cohesión de que entonces disfrutaban se impondrían diversas normas regionales y populares. Sin embargo, las cosas han sucedido al revés. La ciudad terminó triunfando sobre los inmigrantes rurales: no solo ha conservado su personalidad y su poder lingüísticos, sino que discrimina a quienes no se integran a sus normas.

El caso extremo es el de monolingüismo en una lengua indígena, pero hay otros, también muy graves, como el de los hablantes con un bajo grado de bilingüismo

La migración rural que invade las grandes ciudades es de signo diverso. La situación más grave está constituida por los desplazamientos indígenas, sobre todo, desde luego, cuando estos no han adquirido una buena competencia en español, situación común en muchos países como el Perú, donde los indios que bajan del altiplano a Lima y sus alrededores poseen muy diverso nivel de destreza en la lengua dominante. El caso extremo es el de monolingüismo en una lengua indígena, pero hay otros, también muy graves, como el de los hablantes con un bajo grado de bilingüismo. Aquí la discriminación se produce, además de por signos externos (etnia, indumentaria, costumbres), por razones lingüísticas.

Estos casos de discriminación son más llamativos y, en cierto sentido, evidentes, pero hay otros menos sobresalientes, en los que la caracterización lingüística de los hablantes resulta bastante menos obvia. Se trata de sujetos monolingües en español, pero igualmente procedentes de la ruralía. Un ejemplo bastará para hacernos cargo del asunto.

En el español antillano, concretamente en el de Puerto Rico, donde el fenómeno alcanza una frecuencia muy alta, existe una realización posterior de la /rr/, resultado de su pronunciación en una zona articulatoria integrada por el velo y la parte posterior de la lengua; se trata de un sonido parecido a la /rr/ del francés que, sin embargo, no parece tener mucha relación con aquella. En relación con esta, la de origen corso, es en extremo pintoresca, pues esta inmigración fue muy escasa.

Los análisis sociolingüísticos efectuados muestran que esta variante velarizada está en relación con dos factores sociales de importancia: el nivel sociocultural de los hablantes y, sobre todo, su procedencia. Esta gráfica indica claramente tales relaciones:

304

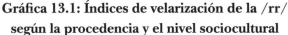

**Gráfica 13.1: Índices de velarización de la /rr/
según la procedencia y el nivel sociocultural**

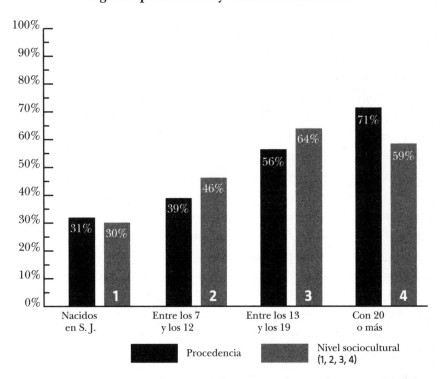

Lo relativo a la procedencia debe entenderse de acuerdo a las siguientes cuatro categorías: a) los nacidos en San Juan o llegados a vivir a la capital antes de cumplir los seis años; b) los llegados a San Juan entre los siete y los doce años de edad; c) los llegados a la capital entre los 13 y los 19 años, y d) los llegados con 20 años o más. Los índices que regulan esta velarización de /rr/ indican que ni (a) ni (b) patrocinan la velarización, en contraste con (c) y (d), que alcanzan índices superiores (0,56 y 0,71). Es decir, que los hablantes urbanos de San Juan, los nacidos allí y los que han llegado con menos de doce años presentan cifras bajas de velarización de /rr/; los hablantes de origen rural, en cambio, traen con ellos sus realizaciones posteriores en números considerablemente altos. Esta parte de la gráfica indica que, aunque el fenómeno no es exclusivo de ninguna zona en particular, las áreas rurales lo cultivan con mayor asiduidad.

El factor nivel sociocultural (NSC) también arroja resultados positivos: los dos sociolectos más altos del espectro (1, medio-alto; 2, medio) no favorecen la velarización de /rr/, puesto que sus índices son bajos; los otros dos (3, medio-bajo; 4, bajo), en cambio, sí (0,64 y 0,59). Está claro que el fenómeno no aparece asociado solo a la procedencia rural, sino a los estratos socioculturales bajos. No hay que perder de vista que ambos parámetros se complementan, pues si uno funciona en la diacronía, el otro lo hace desde la sincronía. Los llegados a la capital desde zonas rurales con más edad vienen a situarse —normalmente— en los estratos más bajos del parámetro social.

Queda claro que la relación asociativa entre procedencia rural y estratos bajos del espectro sociocultural es muy fuerte en la ciudad de San Juan. Pero ¿qué puede significar esto en la dinámica de la marginación sociolingüística?

Los estudios que se han hecho sobre actitudes lingüísticas hacia la velarización de /rr/ han proporcionado datos semejantes: la actitud negativa es muy superior a la positiva (66,5 frente al 33,4%). No puede negarse que es precisamente en la zona metropolitana donde estas cifras alcanzan las cotas más altas (hasta un 80%). Sin embargo, con excepción de la zona sur, con la ciudad de Ponce a la cabeza, la actitud de rechazo hacia la velarización es siempre mayor.

La actuación lingüística de los ponceños, dicho sea de paso, ofrece un margen mayor a las velarizaciones que en el resto de la isla, lo que se corresponde bien con estos datos de actitud. Véase, sin embargo, que se trata de una auténtica excepción.

La siguiente gráfica, por su parte, indica cuáles son las creencias que fundamentan los índices de actitud negativa hacia el fenómeno estudiado:

Gráfica 13.2: Creencias que fundamentan la actitud negativa hacia velarización de la /rr/

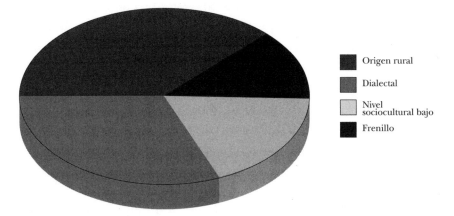

- ■ Origen rural
- ■ Dialectal
- ■ Nivel sociocultural bajo
- ■ Frenillo

El origen rural del fenómeno, con un 72,4%, encabeza las creencias motivadoras de la actitud de rechazo. Obsérvese que duplica cómodamente la "creencia" de que es pronunciación característica del nivel sociocultural bajo, lo que indica que, en general, los hablantes metropolitanos (y los de una buena parte de la isla, aunque sean rurales o semirrurales) mantienen una actitud de rechazo hacia la velarización porque lo consideran un fenómeno rural, *jíbaro* o campesino, falto de *status,* por consiguiente.

El último paso del silogismo es fácil de dar. Las inmigraciones del campo a San Juan las realizan hablantes de procedencia rural, que, como tal, traen consigo una frecuencia alta de realizaciones velarizadas de /rr/; como la zona metropolitana en especial rechaza este fenómeno, precisamente por considerarlo de origen rústico, la discriminación que se produce hacia estos hablantes es inmediata. Ya no causa sorpresa que el sujeto que afirma que no votaría a un candidato que tuviese /rr/ velar, y que entre el círculo de sus amigos íntimos no hay nadie que tenga tal pronunciación, nos diga también que, en igualdad de condiciones, no daría empleo a estos individuos. El porcentaje de estas respuestas sobrepasa el 50% de la muestra.

Esta es la realidad actual. Lo que subsecuentemente debe plantearse la sociolingüística aplicada es la forma de terminar o al menos neutralizar esta situación discriminatoria. Ya sabemos que la discriminación lingüística es de las más difíciles de erradicar, mucho más que la racial, sexual, religiosa, etc., simplemente porque es más sutil, menos explícita. Hay hablantes que discriminan a otros debido a ciertos factores lingüísticos que ni siquiera saben precisar en una entrevista. Muchas de las preguntas del tipo "¿por qué?", que suceden a las valoraciones subjetivas arrojadas por algunas pruebas, no son respondidas porque el sujeto, honestamente, no sabe contestar. Pero el investigador observa que la voz que ha calificado como perteneciente a un hablante rudo, hostil, poco inteligente, etc., tiene múltiples casos de velarizaciones de /rr/.

No sabemos si hay posibilidades de cambiar las actitudes lingüísticas hacia determinados fenómenos; cambiarlas hacia otros aspectos de la vida es sumamente difícil. Lo que sí sabemos es que la escuela puede ser la solución, pero para ello hace falta que superemos los planes caducos y trasnochados en cuanto a la enseñanza del español como lengua materna que exhiben sin el menor pudor algunos de nuestros Ministerios de Educación.

CAPÍTULO 14
LAS ZONAS DE FRONTERA: PUERTO RICO

CON LA CESIÓN ABSOLUTA DE TODOS LOS PODERES Y TODOS LOS
DERECHOS QUE HIZO ESPAÑA EN PARÍS, PUERTO RICO PERDÍA SU
RECIÉN ESTRENADO ESTATUTO AUTONÓMICO

En 1898, en medio del contencioso bélico entre España y los
Estados Unidos, se produce la invasión norteamericana de Puerto
Rico. Aunque poco después la firma del Tratado de París da carácter de legalidad al asunto, la isla permanecerá durante dos
años como territorio ocupado militarmente. Con la cesión absoluta de todos los poderes y todos los derechos que hizo España
en París, Puerto Rico perdía su recién estrenado estatuto autonómico, conseguido de la metrópoli tras largos años de fatigosa
negociación, y se convertía en una colonia del coloso del norte.
Es cierto que en ningún momento se utilizó este término en los
documentos oficiales emanados de Washington. La historia de
los Estados Unidos, una nación que conquista su independencia, que deja de ser colonia tras una cruenta guerra, por una
parte, y su tradición democrática, por otra, eran factores que
chocaban con violencia con el coloniaje; no era concebible
que la otrora colonia y ahora defensora de las libertades pasara
a convertirse en metrópoli colonial.

El término empleado entonces fue el de *territory, U. S. territory*. En realidad se trataba de un eufemismo, pues técnicamente
un territorio no incorporado, como era entonces Puerto Rico,
era una exacta equivalencia semántica de "colonia". Así consta
explícitamente en el diccionario *Webster*: *"a geographical area (as a
colonial possession) dependent upon an external government but having
some degree of autonomy"* [una zona geográfica (como posesión

colonial) dependiente de un gobierno externo, pero con algún grado de autonomía]. Pero "territorio" sonaba más aceptable, puesto que también había otros territorios —estos, incorporados— miembros ya de la Unión o en proceso de serlo.

El Acta Foraker, firmada el 12 de abril de 1900, da a Puerto Rico su primer gobierno civil bajo el nuevo *status*. La isla sería dirigida por un gobernador nombrado por el presidente de los Estados Unidos y confirmado por el Senado, y contaría con dos Cámaras: la de Delegados, cuyos miembros serían elegidos en Puerto Rico, y el llamado Consejo Ejecutivo, compuesto por miembros nombrados desde Washington. La estructura bicameral propuesta para Puerto Rico (pero no para Hawái ni para las islas Vírgenes) parecía ser una réplica de la organización gubernamental española de la isla, pues entonces los miembros de la Cámara de Representantes también eran elegidos, y el Consejo de Administración —que así se llamó a lo que después se convertiría en Senado— elegía a ocho de sus miembros, que llevaban a cabo su labor junto a otros siete nombrados por el rey.

Un gran paso de avance autonómico se produce en 1917, al firmarse la Ley Jones, conocida también como Carta Orgánica. Ahora el Senado se integraría con individuos elegidos mediante sufragio popular, igual que la Cámara Baja, y los miembros del gabinete serían nombrados por el gobernador de la isla, previo consentimiento del Senado de Puerto Rico; los puertorriqueños recibirían la ciudadanía norteamericana. El gobernador seguiría siendo nombrado por el presidente de los Estados Unidos.

El tema del gobernador electo por los puertorriqueños se discutió durante muchos años. Por fin, en 1947, 30 años después de promulgada la Ley Jones, Washington aceptaba que el pueblo de Puerto Rico eligiera a su gobernador. Un año después resultó electo Luis Muñoz Marín por una aplastante mayoría. Comienza ahora una etapa nueva y decisiva.

POR FORTUNA, CON EL PRESIDENTE TRUMAN SOPLABAN AIRES LIBERALES EN LA CASA BLANCA

En 1950 se deroga la Ley Jones y se autoriza la elección de una Asamblea Constituyente para redactar la Constitución del país. Es indudable que el punto crucial para todos era salir de la condición de "territorio". Por fortuna, con el presidente Truman soplaban aires liberales en la Casa Blanca; su postura con respecto al caso de la India había sido clara y enérgica. En 1952 la flamante Constitución fue sometida a referendo y aprobada por el pueblo de Puerto Rico. Es cierto que al pasar a Washington el Senado hizo varias enmiendas, pero quedó también aprobada. El carácter de "convenio" entre la isla y los Estados Unidos que estipulaba la famosa Ley 600 —la que derogaba la Ley Jones y permitía la elección de la Constituyente— hacía necesario que ambos pueblos aprobasen todo el texto y todas las enmiendas. Aquellos fueron los años de las urnas. Constantes votaciones para refrendar la totalidad del documento. Por fin, el 25 de julio de 1952 se promulga oficialmente la Constitución y, con ella, el nacimiento del Estado Libre Asociado de Puerto Rico. El gobernador Muñoz Marín escogió personalmente la fecha del 25 de julio, día de la invasión norteamericana, como desagravio a Puerto Rico y a España.

Ahora bien, la pugna lingüística en torno a la determinación del nombre del nuevo cuerpo político creado por la Constitución tiene dos historias. La externa puede leerse en la resolución número 22 de la Convención Constituyente; en esa resolución, "Para determinar el nombre en español y en inglés del cuerpo político creado por la Constitución del pueblo de Puerto Rico", se presentan los siguientes *por cuantos*:

POR CUANTO, esta Convención Constituyente, de acuerdo con el mandato recibido del pueblo, ha de adoptar la Constitución a cuya virtud quedará organizada políticamente la comunidad puertorriqueña;

POR CUANTO, es necesario designar adecuadamente, en los idiomas inglés y español, el cuerpo político así creado;

POR CUANTO, la palabra *commonwealth* en el idioma inglés y en el uso contemporáneo, significa una unidad política organizada, es decir, en sentido genérico, un estado en el cual el poder público reside inapelablemente en el pueblo, y así es un estado libre, pero vinculado a un sistema político más amplio, en asociación federativa o en otra forma que la federal, y por lo tanto, no vive independiente ni separadamente;

POR CUANTO, dicha palabra *commonwealth,* según su uso presente, define claramente por sí sola el *status* de cuerpo político creado a virtud del convenio concertado entre el pueblo de Puerto Rico y los Estados Unidos, o sea, el de un estado que está libre de autoridad superior en el ejercicio de lo que le es privativo, pero que, estando vinculado a los Estados Unidos de América, es parte de su sistema político en forma armónica con la estructura federal del sistema;

POR CUANTO, no hay en el idioma español un vocablo que sea exactamente equivalente al vocablo inglés *commonwealth* y para traducir *commonwealth* al español es preciso recurrir a una expresión compuesta, con palabras suficientes para expresar el concepto de estado y el de libertad y el de asociación de estado;

POR CUANTO, en tal virtud, la más adecuada traducción al español del vocablo inglés *commonwealth* en el caso de Puerto Rico, es la expresión "estado libre asociado", pero no sería propio traducir del español al inglés "estado libre asociado" por "associated free state", puesto que, en lenguaje corriente, el concepto *state* significa en Estados Unidos uno de los estados que integran la Unión;

POR TANTO, *Resuélvase por la Asamblea Constituyente de Puerto Rico:*

Primero: Que el nombre en español del cuerpo político creado en virtud de la Constitución que por esta Convención se adopte para someter al pueblo de Puerto Rico, habrá de ser "Estado Libre Asociado", usando tal frase como equivalente y traducción adecuada en nuestro caso del vocablo inglés *commonwealth.*

Segundo: Que por consiguiente, el cuerpo político creado por nuestra Constitución se denominará en el idioma inglés "*The Commonwealth of Puerto Rico*" y en el idioma español "El Estado Libre Asociado de Puerto Rico".

Tercero: Que así se instruya a la Comisión de estilo de esta Convención para que, al someter en uno y otro idioma dicho documento en tercera lectura, use las antedichas denominaciones en cada uno de ambos idiomas, respectivamente.

Cuarto: Que esta resolución sea publicada en español y en inglés como una declaración explicativa y determinativa del término *commonwealth*, así como el de "Estado Libre Asociado", usados en la Constitución; y que sea ampliamente distribuida conjuntamente con la Constitución para conocimiento del pueblo de Puerto Rico y del Congreso de los Estados Unidos.

A MEDIDA QUE PASABA EL TIEMPO, EL IDEALISMO OFICIAL ERA SUSTITUIDO POR LA NECESIDAD DE NEGOCIAR…

La historia interna es otra. A la Constituyente asistieron tres de los cuatro partidos políticos: el Popular Democrático, mayoritario, del gobernador Muñoz Marín; el Estadista, con sus ideales de anexión a los Estados Unidos; y el Socialista, este último, de muy escasa representación. El Partido Independentista se abstuvo.

Los trabajos de la Constituyente comenzaron el 17 de septiembre de 1951 y se extendieron hasta febrero del año siguiente. Las primeras sesiones se caracterizaron por el detalle y la minuciosidad con que los delegados abordaban la menor cuestión. A medida que pasaba el tiempo, el idealismo inicial era sustituido por la necesidad de negociar con el fin de conseguir los votos para aprobar el documento; ya para el 4 de febrero, fecha en que se presentó la resolución número 22, "la atmósfera era de bazar árabe".

Pero la obligatoriedad de negociaciones, las divisiones internas dentro del Partido Popular y el temor al conservadurismo del Senado de los Estados Unidos habían iniciado desde bastante antes el proceso conciliador, y lo relativo al nombre del nuevo ente político no fue una excepción.

Antes de que comenzara a funcionar oficialmente la Constituyente ya se habían confeccionado algunos borradores iniciales de Constitución, preparados para uso exclusivo del gobernador y su grupo de asesores. Dos fueron los más importantes anteproyectos: el de Fortas-Trías Monge y el de Friedrich.

El primero de estos anteproyectos (art. II, sección 200), escrito en inglés, bautizaba el nuevo cuerpo político como *commonwealth*, pero no sugería ni recomendaba nombre alguno en español. Por su parte, el texto preparado por Carl J. Friedrich, también en inglés, hablaba de *"The Free Commonwealth of Puerto Rico"* o de *"The Free People of Puerto Rico"*.

El nombre de la nueva entidad estaba indefectiblemente unido a las declaraciones que constituyeran el Preámbulo a la Constitución. Había dos redacciones del mismo sobre la mesa de trabajo del gobernador: una de ellas, "anodina", que seguía el patrón típico de muchas constituciones estatales de los Estados Unidos, utilizaba el nombre *commonwealth*, "nombre neutro", para designar a la naciente entidad. La otra, más revolucionaria y autonomista, hablaba de Estado Libre Asociado. En ambos casos, el nombre estaría determinado por las palabras definitorias sobre el *status* político del nuevo ente, básicamente el tipo de relación con los Estados Unidos.

Y aquí las disidencias no eran exclusivas de los partidos políticos entre sí; en el seno de los populares había cuando menos cinco o seis facciones, inscritas en un amplio espectro, que iba desde una posible estadidad condicionada hasta una autonomía casi total. Los primeros favorecían que el Preámbulo señalase claramente que el nexo que unía a la isla con los Estados Unidos era de *unión*; los últimos, en cambio, eran partidarios de términos como *asociación* y *vinculación*. Incluso algunas voces del primer grupo insistieron en que el sustantivo *unión* recibiese la modificación de *permanente*. Los más autonómicos pedían la redacción de "asociación libre", a lo sumo; como concesión extraordinaria, admitían los adjetivos *continuada* y *perdu-*

rable. Mientras estos últimos deseaban la presencia del adjetivo *libre,* los otros pretendían eliminarlo de todos los contextos.

Después de muchas deliberaciones triunfó el nombre de "Estado Libre de Puerto Rico" (en inglés, *"The Free State of Puerto Rico"*) en el anteproyecto final, resultado exitoso para todos aquellos que deseaban alejar a la isla de la estadidad. Cierto que, a cambio de borrar "asociado" del original, el Preámbulo debería decir no solo *unión,* sino *unión más perfecta.* Nombre y Preámbulo quedaron aprobados por Muñoz Marín.

Sin embargo, al llevar este texto a debate, una de las primeras enmiendas presentadas fue la de añadir *permanente* al texto del Preámbulo, con lo que pasaría a leerse *unión más perfecta y permanente.* La enmienda consiguiente no se hizo esperar: introducir nuevamente el adjetivo *asociado* al nombre de la entidad política. Los más autonomistas quedaron en franca minoría y terminaron aceptando ambas enmiendas como única solución posible para lograr la aprobación de todo el documento.

Ahora bien, la traducción adecuada de "Estado Libre Asociado" era, sin duda, la de *"Associated Free State".* Los estadistas fueron los primeros en oponerse con tenacidad a esta designación inglesa, más que nada por la presencia del adjetivo *free,* que parecía conspirar contra su ideal de convertir a Puerto Rico algún día en un estado más de la Unión Norteamericana. Por esa vía no se lograría el consenso necesario. Por otra parte, un nutrido grupo del Partido Popular comenzó a albergar sospechas de que este adjetivo pudiese obstaculizar en Washington la buena marcha de todo el proyecto y, con ello, del nuevo futuro del país. Ante este temor, la decisión recayó sobre *commonwealth,* que, en términos generales, satisfizo a todos.

Es cierto que *commonwealth* significa todo lo expresado en la resolución número 22 de la Constituyente, pero también es cierto que esa palabra, en los Estados Unidos, era prácticamente sinónimo de *state;* algunos de los estados que componen la Unión Norteamericana llevaban y llevan por nombre oficial el de *commonwealth: The Commonwealth of Pennsylvania,* por ejemplo, era *de facto* expresión paralela a la de *The State of Pennsylvania.*

La denominación *"The Commonwealth of Puerto Rico"* era una especie de compromiso que propiciaba el consenso, y por eso se adoptó. Satisfacía a los populares porque en su contenido semántico quedaban especificados los términos de una asociación libre; satisfacía a los estadistas porque en la práctica era como decir *"The State of Puerto Rico"*, ideal largamente acariciado por los anexionistas. Las explicaciones contenidas en los por cuantos de la resolución citada son ociosas, al menos lingüísticamente; la Constituyente toma como base de la operación el término inglés y va en busca de una traducción adecuada. Tenía razón al declarar que *commonwealth* no se deja trasladar fácilmente al español, al menos con una sola palabra, pero la objeción, al parecer de orden semántico, a *associated free state* no logra mantenerse, pues aunque el sustantivo *state* tenga de por sí la significación que tenga, aquí aparecía doblemente modificado. Ninguno de los estados de la Unión era para entonces *associated* y mucho menos *free*. La confusión a la que temían los hombres de la Constituyente, al menos sobre el papel, no tenía mucho sentido.

Así nació lo que popularmente se llamó ELA, la sigla formada por las iniciales de Estado Libre Asociado.

Desde el primer momento el Gobierno del ELA estuvo particularmente empeñado en mantener la identidad cultural que unía a Puerto Rico con el mundo hispánico. Este empeño se manifestaba con ahínco en la preocupación lingüística de que el español se mantuviese libre de contaminaciones del inglés. Samuel R. Quiñones, Ernesto Juan Fonfrías, Jorge Font Saldaña, F. Sierra Berdecía, A. Fernós Isern, Jaime Benítez y J. Trías Monge fueron hombres de la Constituyente que pertenecían a la Academia Puertorriqueña de la Lengua Española, lo que sin duda habla elocuentemente de sus intereses lingüísticos. El propio gobernador tomaba parte activa en la cruzada. Un famoso discurso suyo, conocido popularmente como "el discurso de Agapito" (en el que criticaba el nombre anglicado de *Agapito's Bar*, puesto a su negocio por un *jíbaro* o campesino del interior de la isla), es uno de los más contundentes ejemplos de esta actitud. Con respecto a la lengua de la calle, no se ganaron todas las batallas, pero no se perdió la guerra.

A pesar de esta actitud lingüística prohispánica, el ELA dejó escapar algunos anglicismos en la nomenclatura utilizada en la estructura de gobierno.

Dicha estructura, al igual que toda la documentación emitida por el ELA, debía estar en ambas lenguas; una oficina especial se encargaría de las traducciones. Cuando se revisa esa nomenclatura, aun sin mucho detenimiento, se advierte que el cuidado desplegado en la misión ha dado amplios frutos. Hubiese sido ingenuo esperar, sin embargo, que la misma estuviera totalmente exenta de anglicismos y de calcos de esa lengua. No ha sido así.

El poder ejecutivo está constituido principalmente por el gobernador y su gabinete. El gabinete está integrado a su vez por una serie de secretarios (<*secretaries*), ayudados estos por subsecretarios. Cada secretario está al frente de un Departamento (<*Department*). El ejecutivo cuenta, además, con una serie de agencias públicas (<*public agencies*), de autoridades (<*authorities*) —Autoridad de Acueductos y Alcantarillados, Autoridad de Autobuses Metropolitanos, etc.—, de corporaciones (<*corporations*) —Corporación para el Desarrollo Rural, etc.—, de servicios (<*services*) —Servicio de Bomberos, etc.— y de programas (<*programs*) —Programa de Libertad bajo Palabra, etc.—. Todas estas oficinas constan de divisiones (<*divisions*) —División de Conservación de Equipo, etc.— y de áreas (<*areas*) —Área de Servicios al Consumidor, etc.—.

En la rama legislativa solo se conserva el anglicismo *speaker* (el *speaker* de la Cámara), pero, salvo en los textos periodísticos, casi nunca llega a la lengua escrita, que prefiere "portavoz de la mayoría". En cuanto al poder judicial, solo es posible apuntar, y no sin ciertas reservas, el término *corte*: la Corte, la Corte Suprema, etc. Claro que el término *corte* es de antigua raigambre española; lo que no parece posible determinar sin un estudio histórico pormenorizado es si el actual uso de *corte*, preferido mayoritariamente a *tribunal*, es una pervivencia del término patrimonial u obedece al influjo del inglés *court*.

Es notable, y además curioso, que en algunos casos la nomenclatura oficial se haya mantenido fielmente hispánica cuando la lengua de la calle se ha inclinado por el anglicismo. El término *comité* (<*committee*), de intenso uso en todo el país (y en todas las esferas, incluyendo la universitaria), se ha replegado ante el hispanismo *comisión*: Comisión de Cultura, Comisión de Hacienda, etc., y el calco *transportación* por "transporte", estampado incluso en las puertas de los vehículos de ese Ministerio, no llega al título oficial, que es el de "Departamento de Transportes y Obras Públicas".

Es posible que una pesquisa minuciosa logre arrojar nuevos términos anglicados, pero, aunque la cosecha sea más fructífera que la muestra que ahora señalamos, es evidente que los anglicismos constituyen la minoría. La preocupación lingüística de los hombres que integraron la Constituyente y los primeros gobiernos del ELA dio amplios resultados.

Una entidad política tan peculiar como es Puerto Rico, con una autonomía limitada en ciertas esferas, debe por fuerza crear ambigüedad en ciertos términos del lenguaje político. El ejemplo más sobresaliente que puede darse es el del sustantivo *nación*, y consecuentemente, el adjetivo *nacional*. Para muchos, Puerto Rico es un estado y la nación —la gran nación del norte— son los Estados Unidos. Para otros, en cambio, no. En el estudio del léxico del habla culta de San Juan, se trabaja un campo semántico "Gobierno, política nacional", que consta de varias entradas, cuyos resultados son aquí muy elocuentes. En la que pregunta por "Gobierno nacional", tres de los doce sujetos dijeron que este era el de Puerto Rico; para los demás, la etiqueta hacía referencia al Gobierno de los Estados Unidos. Recorriendo las entradas de esta parcela del cuestionario encontramos otras dos en muy parecidas circunstancias: "Congreso Nacional" y "presupuesto nacional"; la ambigüedad semántica es completa.

Como se ve, la historia reciente de Puerto Rico no es solo política; es, en parte, lingüística, semántica a veces, sobre todo, en el difícil parto del ELA; después: lucha contra el anglicismo. Pero esa historia no ha terminado aún para nadie. Los estadistas confían en que algún día Puerto Rico sea un estado más de la Unión, una nueva estrella, la 51, en la bandera de las barras y las estrellas. Aunque los dirigentes de esa postura política aseguran una y otra vez que la cultura hispánica de Puerto Rico "no es negociable" (se hacen siempre referencias concretas al español) y hablan incluso de una "estadidad jíbara", no sabemos las implicaciones lingüísticas que tal paso, de darse alguna vez, acarrearía.

Los independentistas esperan conseguir, por su parte, la total independencia del país. Junto a algunos grupos de populares, ven con cierto resquemor la tradición cultural hispánica, quizá pensando en la antigua metrópoli colonial, y hacen malabarismos para darle algún peso a la cultura indígena precolombina en el Puerto Rico actual, de la que solo es posible encontrar topónimos y escasos restos arqueológicos.

También para los populares el *statu quo* es paso y no término, y trabajan en la consecución de una más amplia autonomía, por ejemplo, en el plano de las relaciones internacionales, como sería la representación en la OEA (Organización de Estados Americanos), etc. No cabe duda de que, cualquiera que sea la solución política por la que opten los puertorriqueños, su influencia lingüística no se hará esperar. Y en ese nuevo juego de metáforas y eufemismos, de léxico cargado de connotaciones especiales, de dialéctica discursiva comprometida, se encontrarán nuevos materiales para examen y análisis.

El carácter de cooficialidad español-inglés permite a la administración pública que produzca su documentación en cualquiera de las dos lenguas

A partir de 1902 Puerto Rico contó con el estatuto oficial de estado bilingüe. Desde hace ya varias décadas dispone de dos designaciones, como hemos visto: una en español, Estado Libre Asociado de Puerto Rico, y otra en inglés, *The Commonwealth of Puerto Rico,* con todas las implicaciones políticas que ello conlleva.

La cooficialidad español-inglés quedó rota entre 1991 y 1993, en que la comunidad tuvo una sola lengua oficial: el español. El 5 de abril el entonces gobernador de la isla, D. Rafael Hernández Colón, firmó la Ley número 4 que derogaba la oficialidad del inglés, circunstancia esta que le valió al pueblo de Puerto Rico el Premio Príncipe de Asturias de las Letras. Al ganar las elecciones el partido anexionista, cumpliendo una promesa de campaña del candidato a la gobernación, una de las primeras medidas de Pedro Roselló fue la reinstauración de la vieja ley de cooficialidad. A pesar de que días antes de la firma de la ley, el 24 de enero de 1993, una gran manifestación recorrió las calles de San Juan oponiéndose a la medida regresiva, el nuevo gobernador cumplió su promesa.

La historia, sin embargo, no terminó aquí. El 9 de agosto de 2001, la senadora Margarita Ostolaza, del Partido Popular Democrático, presentó a la consideración del Senado su *Informe final sobre el idioma en Puerto Rico* como primer paso para la restauración del español como lengua oficial única. En aquella ocasión, el informe fue aprobado. Y más recientemente, el 13 de noviembre de 2003, el Senado puertorriqueño aprobó una propuesta de ley (17 votos a favor, 8 en contra y una abstención) que convertiría al español en la lengua principal del país y dejaría al inglés como lengua secundaria. Actualmente la propuesta continúa en la Cámara de Representantes en espera de resolución.

El carácter de cooficialidad español-inglés permite a la administración pública que produzca su documentación en cualquiera de las dos lenguas aceptadas; sin embargo, en la mayoría de las ocasiones las entidades gubernamentales acuden al español.

Cuadro 14.1: Distribución de documentos oficiales
según la lengua

Tipos de docs.	Docs. en inglés	Docs. en español
Cartas	68,6	14,3
Contratos	22	8
Licencias	19	3
Propaganda	19	4
Auditorías	22	13

Al comparar ambas columnas queda claro que las oficinas de Gobierno escriben su documentación interna (licencias, cartas, circulares, notificaciones, directrices y manuales) mayoritariamente en español, ya que solo el 10% o menos lo hace en inglés. Sin embargo, en cierto tipo de documento (contratos, expedientes, registros, propuestas y auditorías) aumenta considerablemente el uso de esa lengua.

La explicación a esta dicotomía descansa en una serie de hechos determinantes: se siguen formularios que proceden directamente de los Estados Unidos (contratos) o se producen solicitudes, información, etc. que serán revisadas en ese país. Esto se pone de manifiesto en el hecho de que son las entidades públicas que tienen una relación más estrecha con Norteamérica (Banco Gubernamental de Fomento, Compañía de Fomento Económico, Oficina de Exención Contributiva, Acueductos, Energía Eléctrica y Turismo) las que hacen un mayor manejo del inglés en la documentación que producen.

En la empresa privada la situación es diferente, dado que muchas de ellas son norteamericanas o grandes transnacionales que, en todo el mundo, utilizan el inglés con preferencia. En el corto período en que el español fue la lengua oficial única, este tipo de compañía solicitó muchísimas exenciones lingüísticas que les permitieran usar el inglés en sus transacciones con corporaciones públicas.

Así las cosas, es esperable que ciertos puestos de trabajo exijan competencia en inglés, sobre todo en lo relativo a cargos gerenciales y técnicos, debido a la comunicación continua con los Estados Unidos o con los altos ejecutivos de esa nacionalidad que hacen visitas laborales a la isla. En la actualidad, el 45,7% de las ofertas de empleo piden como requisito imprescindible un buen dominio de esa lengua.

El bilingüismo de la isla ha estado en tela de juicio desde hace ya bastante tiempo

En 1998 se cumplió un siglo de dominación norteamericana en Puerto Rico. A lo largo de todo ese tiempo la actitud de Washington con respecto a la situación lingüística de la isla ha sido muy diversa, pero en general se detecta un ablandamiento paulatino en cuanto a la imposición de la lengua dominante. Desde los tiempos en que el inglés fue obligatoriamente el vehículo de la enseñanza, hasta hoy, en que soplan aires liberales (o quizá, apáticos), las cosas han cambiado mucho. Ahora no se trata de que los Estados Unidos impongan, sino de que el propio gobierno insular produzca leyes para proteger al inglés.

Sin embargo, el bilingüismo de la isla ha estado y sigue estando en tela de juicio desde hace ya bastante tiempo.

La población puertorriqueña actual, algo más de siete millones, se encuentra distribuida por partes casi iguales entre la isla y los Estados Unidos. Esta situación comenzó a adquirir importancia en la década de 1960 y ha venido acrecentándose paulatinamente a partir de esas fechas.

No se ven perspectivas razonables que hagan pensar que en un futuro cercano pudiera producirse un cambio significativo, y ello, a pesar de los continuos pero recientes flujos migratorios de puertorriqueños desde aquel país hacia Puerto Rico.

La situación lingüística de unos, los continentales, y de otros, los insulares, es muy diferente. La primera cuenta con una gran proporción de individuos bilingües, e incluso, casi monolingües en inglés; son los llamados *newyorricans* o *neuyorricans*, a los que nos referiremos más adelante. La segunda, en cambio, es fundamentalmente hispanohablante.

Algo más del 98% de la población de la isla tiene al español como lengua materna. El inglés es, salvo excepciones, lengua aprendida, bien en la escuela puertorriqueña, bien en estancias de diferente duración en suelo norteamericano. Existen actualmente cuatro conjuntos de datos sobre el grado de conocimiento y manejo del inglés en la isla: los presentados por el Censo (1990), los que arroja una investigación patrocinada por el Ateneo de Puerto Rico (Hispania Research Corporation, 1992) y los del estudio de Fayer (2000) y los procedentes de la encuesta de Amparo Morales (2001).

A pesar de las diferencias de muestras y de cuestionarios, con sus distintos grados de especificación de alguna macro destreza, los datos resultantes pueden compararse entre sí sin grandes dificultades:

Cuadro 14.2: Nivel de conocimiento del inglés en Puerto Rico

Concepto	Censo (1990) %	Hispania (1992) %	Fayer (2000) %	Morales (2001) %
Producción				
con fluidez	23,2	25,1	28,1	28,1
con dificultad	23,6			
Comprensión				
excelente		26		30,3
buena		38		
Escritura				
excelente			19	22,3
buena			34	
Lectura				
excelente			26	30,8
buena			43	

Si exceptuamos el segundo dato del Censo —el 23,6% que lo hablan con dificultad— la media de quienes pueden comunicarse en inglés es de un 25,4%, la cuarta parte de los puertorriqueños de la isla; lo comprende alrededor de un 31%, lo escribe otra cuarta parte (25,1%), y lo lee casi una tercera (32,9%). Estas cifras demuestran, sin lugar a dudas, que Puerto Rico está lejos de ser una comunidad bilingüe, máxime cuando los datos positivos chocarían específicamente con el nivel sociocultural alto del espectro poblacional y con ciertas profesiones.

Es verdad que las cifras difieren de estudio a estudio, dependiendo de los instrumentos de investigación manejados en las encuestas y de las fórmulas de proyección que se utilicen, pero en el mejor de los casos las cifras apenas si sobrepasan el 30%. Los datos más optimistas son los del Censo, pero cuando se repara en que la información que ofrece se basa en respuestas subjetivas de los ciudadanos, las dudas saltan por doquier.

No es de extrañar el asombro que suelen provocar unas cifras tan raquíticas. En Puerto Rico se estudia inglés desde primer grado, y una proporción nada desdeñable de estudiantes universitarios van a cursar sus carreras en el "vecino" país del norte. Por otro lado, la empresa —privada mayormente, pero también la pública— ofrece mejores oportunidades de trabajo a los bilingües, aunque estos disten mucho de ser bilingües equilibrados. El asunto necesita de un análisis a fondo; cuando se haga, habrá que fijarse en diversos aspectos de la enseñanza del inglés y en las actitudes de rechazo que hacia esa lengua puedan existir entre una parte del alumnado.

Sin embargo, los que visitan la isla y se instalan en las partes turísticas de la zona metropolitana de San Juan tienen la impresión de que "todo el mundo" habla inglés. Téngase en cuenta que casi la práctica totalidad de los turistas que recibe anualmente Puerto Rico son norteamericanos, y los pocos que proceden de otros países son considerados como tales. No es raro, pongo por caso, que los camareros de un restaurante se dirijan en inglés a turistas hispanohablantes; basta con que por la ropa o por algún otro detalle fortuito les parezcan "de afuera". En muchas ocasiones, cuando se intenta prolongar la conversación en esa lengua con algún empleado, se nota que muy pronto termina su repertorio de posibilidades comunicativas.

Todo ello indica que Puerto Rico dista muchísimo de ser un país bilingüe, lo que (entre paréntesis) no deja de ser una pena. Pero la realidad es la realidad. Estamos ante un conglomerado humano que tiene al español como lengua materna (el 98% de los puertorriqueños, ya lo hemos visto), y que, como tal, la isla se inscribe con pleno derecho en el concierto de comunidades hispánicas. Sobre este punto de vista, al menos de momento, no importa lo que digan las leyes. Lo que pueda ocurrir en un futuro, lejano o cercano, según lo que determinen las urnas, es asunto controvertible, pero se supone que si la estadidad se convirtiera en un hecho real, la situación lingüística actual cambiaría inexorablemente, a pesar de las constantes afirmaciones sobre la no negociabilidad de la cultura y la lengua autóctonas. Los ejemplos que tenemos ante nosotros de antiguos *territorios,* como fue Puerto Rico, y de anteriores *commonwealths,* como es actualmente la isla, no parecen dejar mucho margen a la especulación. Es verdad que el español es una gran lengua de cultura, que tiene mucha tradición y cultivo (incluso literario de gran vuelo) en la pequeña isla del Caribe; también es verdad que las diferencias culturales y lingüísticas entre los archipiélagos hawaiano y filipino, por una parte, y Puerto Rico, por otra, son sencillamente abismales, pero no hay que pasar por alto que hay presiones de carácter político o económico que poseen un poder extraordinario.

Capítulo 15
La comunicación marginal

En el mundo hispánico existen otros sistemas de
comunicación al margen del español estándar

Junto a los casos de comunicación marginal, nuestra lengua
constituye un sistema muy importante que convive con ellos;
esos sistemas se caracterizan, unos por su artificialidad, y otros
por ser resultado de situaciones de lenguas en contacto.[1]

Los primeros son creaciones ex profeso, motivadas por ciertas necesidades sociales, casi siempre ligadas a ambientes delic-
tivos o depauperados, y el principal motor de su creación es la
ocultación de significados mediante formas inventadas o recrea-
das. Entre ellos están el lunfardo y el parlache.

Los segundos, en cambio, son desarrollos naturales, en los
que dos lenguas en contacto confluyen en la formación de otro
sistema comunicativo. Ambas se funden en una sola —a veces,
ocasionalmente— que consta de elementos de las dos, es decir,
una lengua híbrida. Son las llamadas lenguas fronterizas. No se
piense, sin embargo, que se trata siempre de fronteras político-
administrativas; lo fronterizo puede tener también, y tiene, una
dimensión social, alejada del concepto geográfico anterior. No
es un contacto patrocinado por una frontera, el de unos vecinos
que hablan una lengua con otros que manejan una distinta a
esta, sino de otro tipo de vecindad idiomática, la social, de los
inmigrantes llegados a una situación lingüística diferente —a
veces, muy diferente— de la suya materna. Ejemplifica la interpretación geográfica el llamado fronterizo, mezcla de español
uruguayo y de portugués de Brasil, aunque resulta muy conocido
por el término de origen popular, "portuñol". En el segundo

caso, de entre otros ejemplos que pudieran aducirse, sobresale, el "cocoliche" y, sobre todo, el llamado "espanglish".

Hay también núcleos de hablantes de alguna lengua extraña al español —el alemán, por ejemplo—, que forman auténticas islas dentro de Sudamérica —pongamos por caso Chile y Venezuela—, pero se trata situaciones muy distintas.

LA ETIMOLOGÍA DE LLANITO O YANITO ES ASUNTO MUY DISCUTIDO

Gibraltar, península de apenas 6 km^2, es una colonia británica situada, como se sabe, al sur de España entre el Atlántico y el mar Mediterráneo, que cuenta con una población de 31 874 habitantes. La lengua oficial es el inglés, pero el español es la de mayor uso entre las demás lenguas que se manejan en el Peñón, debido a las inmigraciones de marroquíes, hindúes, portugueses y judíos ortodoxos, entre otros de muy escasa presencia. Las dos lenguas dominantes son la oficial y el llamado llanito,[2] un español muy transferido por el inglés.

Salvo los que ocupan puestos destacados en la administración de la colonia, que no hablan español, el resto de la población sí lo hace, aunque con diversos grados de dominio. El llamado inglés gibraltareño —salvo en los nativos del Reino Unido— cuenta con una notable influencia de la lengua de sus vecinos de España; los hispanohablantes que manejan el inglés suelen hacerlo con una curiosa pronunciación andaluzada.

Además de esta pronunciación, el español llanito está lleno de transferencias del inglés: "está supuesto que" ("*to be supposed to*"), "dar para atrás" ("*to give back*"), "venir para atrás" ("*to come back*"), por ejemplo (Lipski 1986). A medida que aumenta la competencia en inglés, son muy abundantes los intercambios de códigos, a pesar de que cuentan con modelos en dos periódicos locales y en la televisión española.[3]

Los hablantes bilingües usan el inglés para situaciones formales y muy formales y el español llanito para conversaciones comunes.

Rodeados como están de territorio español, esa lengua es la única vía para proveerse de alimentos frescos, y por lo tanto subsistirá siempre mientras no cambien estas condiciones. Pero, a pesar de ello, las cosas en el Peñón han comenzado a cambiar en detrimento del español, que, aunque todavía hablado por la mayoría, está expuesto a graves peligros.

Antes, las mujeres españolas que iban al Peñón como empleadas domésticas terminaban casándose con gibraltareños; al ser madres les hablaban en español a sus hijos, lo que lo convertía en lengua familiar. Hoy las niñas del Peñón empiezan a aprender inglés a los cinco años, y cuando llegan a ser mayores y madres, la lengua que manejan en sus casas es esta, en ella hablan a sus hijos, y por lo tanto, el manejo del inglés en el núcleo familiar es ya un hecho habitual.

Ello se debe a que el inglés es la lengua de la educación; el Instituto Cervantes se une al sistema educativo gibraltareño abriendo una sede en Gibraltar para enseñar español como lengua extranjera, lo mismo que en las escuelas locales.

La caracterización del cocoliche no es empresa fácil

El cocoliche es una lengua mixta producto del contacto entre el español y diversos dialectos italianos, en su mayoría solo hablados, nacido en algunas zonas de la Argentina y en el Uruguay.[4] Entre 1880 y 1930 los inmigrantes llegados de Italia a estas zonas americanas constituían el 40% de la población total. La Argentina se había convertido para entonces en uno de los países que más emigración recibía, y no solo de Italia, pues eran tiempos de gran esplendor económico, tanto, que no sin razón el país era conocido como el "granero del mundo".[5]

La caracterización del cocoliche no es empresa fácil, y ello debido a dos razones primordiales: la primera, porque se trata en realidad de un *continuum* lingüístico, una especie de pidgin, que va desde el italiano llevado por los inmigrantes al español hablado en el Río de la Plata (son, por lo tanto, muchos y diferentes los estadios que pueden encontrarse entre estos dos polos), y la segunda, porque entra en juego la notable variación dialectal de los emigrados. *Vid.* Meo Zilio (1995, 1956). La mezcla indiscriminada de palabras españolas con formas léxicas dialectales italianas se produjo constantemente sin grandes dificultades, según el grado de dominio del español que se poseyera, y gracias, sobre todo, a la proximidad existente entre ambas lenguas románicas.

El cocoliche no es una tercera lengua que vive junto al español y al italiano, sino una lengua de transición entre una y otra. Con el paso del tiempo, una vez que se ha debilitado la emigración italiana y que los descendientes, gracias a la labor de la escuela, han aprendido español, el cocoliche ha ido perdiendo mucha vigencia (Fontatella de Weinberg 1979, 1991).

El cocoliche llegó pronto a los textos literarios populares: el sainete y el circo criollo —sobre todo por el muy famoso de los hermanos Podestá— en los que se trataba de hacer más que nada una caricatura jocosa: sus rasgos más importantes eran la entonación italiana del discurso escénico, el léxico, y varias claves de pronunciación, como la sustitución de "g" por "c" (amico) y la de "c" por "ch" (diche, "dice"). Carricaburo (s.d.) nos informa de que el mismo Podestá atribuyó al actor Celestino Petray la creación del personaje, obrero calabrés llamado Antonio Cocoliche, y de su forma de hablar. He aquí, a manera ejemplo, unos fragmentos:

> Adiós amigo Cocoliche. ¿Cómo le va? ¿De dónde sale tan empilchado? ¡Vengue de la Patagonia co este parejieri macanute, amique!
>
> [Y si le preguntaban (en escena) por su nombre, decía:]
>
> —Ma quiame Francisque Cocoliche, e songo cregollo hasta lo cuese de la taba e la canilla de lo caracuse, amique, ¡afficate la parata! [Y se contoneaba coquetamente.][6]

Con el tiempo, al decaer el cocoliche, muchas de aquellas palabras se fueron refugiando en el lunfardo: *laburar* "trabajar", *fiaca*, "flaqueza", *gamba,* "pierna", *cuore,* "corazón", *yira,* "giro, vuelta" y un largo etcétera. Hoy en día sigue viviendo la palabra cocoliche, pero con muy poca vitalidad y fundamentalmente para nombrar todo tipo de mezclas raras y estrambóticas.

NO SE PUEDE "HABLAR EN LUNFARDO"; SÍ ES POSIBLE, EN CAMBIO, "HABLAR CON LUNFARDO"

El lunfardo, formado sobre la palabra *lunfas* ("ladrones"), nació en Buenos Aires como jerga de la delincuencia; se trataba de una lengua secreta, solo para los iniciados, que, usándola, evitaban que se descubrieran sus mensajes. La ocultación está basada exclusivamente en el léxico, que crean a base de diversos mecanismos: metáforas (llamar *tambor* al "perro" por la alarma que puede producir), acortamientos de palabras españolas (*sario* por "comisario"), voces patrimoniales que reciben otro significado (*ladrillo* por "ladrón"), debido a la semejanza de su forma, y préstamos de lenguas extranjeras.

Pero hace ya mucho tiempo que el lunfardo perdió completamente esta característica, convirtiéndose en un conjunto de elementos del lenguaje popular porteño. Sin duda, la letra de los más famosos tangos (*mina, yira* y un largo etcétera) ha contribuido en no poca medida a desintegrar la función social que tuvo en sus inicios. Eran épocas, las primeras, en que el tango era música (y letra) exclusiva de las clases marginales de Buenos Aires, en cuyo seno había nacido, con el barrio de La Boca como centro primordial. Ello explica sobradamente las múltiples trasferencias léxicas del lunfardo a la infancia y primera juventud del tango.

Pero el tango ascendió en la escala social hasta llegar a ser prestigioso baile de altos salones de la sociedad. Este prestigio alcanzó también, aunque menos, a lo que iba quedando de lunfardo, hasta llegar a alcanzar la atención de los especialistas. Hoy se pueden consultar diccionarios de lunfardo, se estudia la influencia de dicho sistema comunicativo en el español porteño, y de aquí al de otras zonas lingüísticas de la Argentina, y cuenta con una importante Academia del Lunfardo, que trabaja en su supervivencia, su estudio y su prestigio.

No se puede "hablar en lunfardo"; sí es posible, en cambio, "hablar con lunfardo", como dice Gobello, presidente de la Academia Porteña del Lunfardo.[7] El lunfardo no es una lengua puesto que carece de sistema gramatical propio —usa la del español— pero sí de un vocabulario que cuenta con unas cinco mil palabras. Es evidente que un lexicón de esa extensión, aunque nada despreciable, no es suficiente para poder hablar de un número diverso y especializado de asuntos; son palabras específicamente relacionadas con el sexo, las partes del cuerpo humano, la comida y la bebida, el dinero, la ropa y el delito. En ocasiones son consideradas como voces lunfardas algunos indigenismos (quechuas o guaraníes) y hasta extranjerismos como italianismos y galicismos puros.

El lunfardo fue creado gracias a un proceso de asimilación colectivo, en el que nadie influye ni guía; el pueblo fue adoptando ciertas voces que incorpora y difunde e incluso que mezcla con otras ya existentes, bien de origen campesino, bien palabras quechuas o brasileñas que ya corrían en la expresión popular.

Se han confeccionado diversos diccionarios de lunfardo, entre los que sin duda destaca el *Nuevo diccionario lunfardo* de José Gobello. En él sobresalen la exhaustividad, la propiedad de las definiciones, las etimologías y el apoyo en texto procedentes de una cuidadosa selección de obras y de autores: Jorge Luis Borges, Bioy Casares, Julio Cortázar y Manuel Puig, entre otros muchos.

El lunfardo llegó a la literatura y a la letra de los tangos, a veces de manera adventicia, pero también como eje de composiciones, sobre todo en poetas y cronistas lunfardescos, especialmente entre 1910 y principios de 1930. Uno de ellos, Celedonio Esteban Flores, en un texto paradigmático de la llamada "literatura lunfardesca" —*Musa rea*— explica así la estética de su poesía:

No tengo el berretín de ser un bardo
chamullador letrao ni de spamento;
yo escribo humildemente lo que siento
y pa escribir mejor lo hago en lunfardo.
Yo no le canto al perfumado cardo
ni al constelao azul del firmamento,
yo no busco en el suburbio sentimiento
¡Pa cantarle a una flor, le canto al nardo!
Y porque embroco la emoción me embarga
del suburbio tristón, de la bacana,
del tango candombero y cadencioso.
Surge a torrente mi mistonga musa:
¡es que yo tengo un alma rantinfusa
bajo esta pinta de bacán lustroso!

Pero, sin duda, el éxito arrollador de las letras de tangos no ha tenido parangón. Iniciadas en 1917 por Pascual Contursi con "Mi noche triste", gozó y goza de una tradición que se mantiene con vigor. Los tangos de siempre, aquellos nacidos entre 1917 y 1928 —"Flor de fango", "Margot", "El motivo", "Mano a mano", "Pinta breva", "Gloria", "Muñeca brava", "Esta noche me emborracho", entre otros— dieron paso a una larga y esplendorosa tradición que perdura hasta nuestros días.[8]

El parlache es una lengua marginal creada y hablada por las pandillas...

Nacido muy recientemente, lo que lo distingue de los sistemas comunicativos anteriores, que son ya casi históricos, el parlache es una lengua marginal creada y hablada por las pandillas de Medellín (Colombia), donde ha adquirido un auge espectacular, también en otras ciudades del país (Cali, Pereira, Popayán) y aun fuera de Colombia; está estrechamente relacionado con el tráfico de droga y la red subsidiaria de violencia que este engendra.

En medio de una investigación sobre el nombre de la lengua de los jóvenes de las comunas populares de Medellín, llevado a cabo por la Universidad de Antioquia, surgió en el equipo de trabajo la inquietud acerca del nombre que debería llevar esta variedad lingüística. Se habían discutido propuestas como "hablar torcido", "parceñol", "parcero", y "sisasnolas". Finalmente decidieron que este nombre debía provenir de los creadores y usuarios de esta variedad. Uno de los sujetos de la investigación, habitante de un barrio muy popular de la ciudad, propuso de inmediato la palabra "parlache". El informante narró al equipo investigador, como describen Henao Salazar y Castañeda (s.d.):

> … que una noche estuvo durante largo rato en el *parche*, discutiendo con los *parceros* posibles nombres para denominar el lenguaje, sin lograr ningún acuerdo. Durante esa misma noche, en sueños, fue visitado por un *parcero* a quien habían matado hacía pocos días, y este le dijo: "Sabe qué, mano, el nombre para nuestra manera de hablar es el parlache".

La profunda crisis económica ha dado lugar al surgimiento de otras formas "de trabajo" menos ortodoxas que llegan hasta el asesinato por encargo, y otros quehaceres, caracterizados siempre por la transgresión de la legalidad, especialmente por la cultura de la droga. El parlache es dominado e intensamente usado por la juventud marginal,[9] especialmente entre 15 y 26 años, que cuentan con muy escasas posibilidades, si alguna, de estudio o de empleo, aunque la onda de extensión de los últimos años ha sido tan intensa que también han llegado a niños, adultos y hasta a ancianos. Es verdad que sigue siendo identificativo de los sectores populares y marginales, para quienes es una lengua "normal"; en cambio los hablantes de estratos medios y altos, aunque lo consideran lúdico, lo califican de absolutamente vulgar.

Los estudiosos del parlache de más notoriedad lo han clasificado como una variedad diastrática del español, un lenguaje urbano flexible y sumamente creativo que expresa sin pudores ni temores la nueva realidad que viven amplios sectores de la sociedad medellinense y colombiana en general. Es un auténtico sociolecto que de la mano del narcotráfico y de la delincuencia organizada recorre la geografía del país y aun rebasa límites de las fronteras nacionales.

> Podemos afirmar, entonces, que el parlache es una variedad lingüística que cumple funciones crípticas, lúdicas, de identidad y cohesión social entre miembros de un mismo grupo, y cuya principal característica es la transformación y la creación léxica. Es humorístico, juguetón, creativo y muy variable. Todas estas características se dan en el parlache; aunque muchas personas lo consideran una amenaza contra la variedad estándar, porque se difunde rápidamente en todas las esferas de la sociedad.

Otro rasgo que lo hace distintivo es que ha llegado a los medios de comunicación y, según Castañeda (2005: 75), de una manera especial a la letra impresa, puesto que ya no solo lo escuchamos en videos, películas y programas de radio y televisión, sino que se encuentra en libros, revistas y periódicos. También en diccionarios.

La jerga de estos *sicarios*, generalmente adolescentes y jóvenes, está basada únicamente en el léxico y en la fraseología. Ha logrado crear un vocabulario orillero y cruel, que se ha difundido con rapidez en el mundo de los violentos, los violentados y en el carcelario, aunque ha logrado irrumpir más allá de estos límites, entre la juventud colombiana. Se trata de un vocabulario que está en constante crecimiento: en un glosario, publicado en 2001 se recogían 1 500 términos; en la base de datos de que ahora se dispone hay algo más de 2 500 (Castañeda 2005). Y no solo eso. También la presencia de palabras y de expresiones del parlache incluidas en diversas publicaciones ha aumentado considerablemente en los últimos años.

> Empecé en compañía de *parceros* que vivían *en la mala* y caminos torcidos como yo. Nos iniciamos con los *chorros*, después que una

pitadita no hace daño, más adelante solo *maracachafa*, con el tiempo *tierra* y *perico*. También, como había que conseguir las *lucas* para la *melona*, las *mechas* y el vicio, empezamos haciendo *quietos* por el barrio de abajo; después *tumbamos* motos y hasta *naves*; por último, le medimos el tiro a un banco y se nos fue el tiro por la culata. Ahí *tostaron* a dos *parceros* y se llevaron a cuatro para la *finca*. Los que nos pudimos *abrir*, como estábamos tan *calientes* con la banda de bajo, por lo de los atracos y otras cosas, nos *enchuspamos* donde familiares.

Este texto es una transcripción fidedigna de uno de los "parceros" entrevistados para una investigación sobre el parlache (Castañeda 2005). Como puede apreciarse, se trata de elementos léxicos "especiales" insertos en una gramática del español general. Esta lengua marginal se construye, por lo tanto, a base de originalidades léxicas, igual que el lunfardo.

Los mecanismos utilizados para conseguir este tipo de léxico son muy conocidos. Véase, a manera de ejemplo: yuxtaposición (*dedicaliente*, "delator, matón"; *boquifrío*, "revólver"; *casagrande*, "cárcel"), acompañada de nuevos contenidos semánticos, atrevidamente metafóricos; revitalización de palabras que habían caído en desuso: *arreglar*, "matar"; *bote*, "cárcel", *chocho*, "enamorado"; resemantización: *fierro*, "revólver"; *mula*, "persona que trasporta droga"; *dulce*, "mujer bonita"; onomatopeya: *tilintilín* "campanero, vigilante"; verse (inversión silábica): *lleca*, "calle"; *grone*, "negro"; *tabogo*, "Bogotá".

Tiene también, como el lunfardo en sus orígenes, propósitos de ocultación y despiste. De ahí que se creen palabras —*traqueto*, con el sentido de sicario, *amurado*, que significa "desesperado por falta de droga" y "encarcelado"— y frases —*pasar al papayo*, "asesinar" o *cagar la lápida*, "estar condenado a morir"—, otras son palabras existentes en español que alcanzan otro contenido semántico gracias al parecido gráfico y fonético —*Abraham* (abrirse) que sirve como orden de escapar: ¡*abrirse del parche!*, "¡largo de aquí!"—.

El fronterizo es una mezcla entre la variedad uruguaya de español y la variedad portuguesa de Brasil

La presencia de la lengua portuguesa en el norte de Uruguay no es nada nueva. Es asunto que se remonta a 1820, fecha en que el ejército luso entra en la Banda Oriental y toma el poder. Desde entonces ha habido vaivenes de poder entre portugueses y españoles. En 1857 una quinta parte de los habitantes eran brasileños; tanta preocupación causó esta situación que pocos años después se tomaron medidas para fortalecer la población autóctona: en 1862, el español era la lengua obligatoria en todo el territorio uruguayo, en el que iba aumentando notoriamente la población hispana. Otra arma infalible que también se manejó fue la escolarización, que impulsó denodadamente el manejo de la lengua "oficial".[10]

Muy a finales del siglo XIX las clases medias y altas del país abrazan definitivamente el español y el portugués queda relegado a estratos inferiores de la sociedad uruguaya. A partir de aquí la presencia del portugués fue perdiendo terreno a un ritmo acelerado. Este proceso fue parcialmente impulsado por el nacimiento de actitudes negativas hacia la lengua vecina, inspirado en parte por la publicidad oficial. Sin embargo, los mayores esfuerzos por desbancar al portugués del territorio uruguayo se hicieron muy recientemente durante el gobierno de la dictadura militar (1973-1985). Klee y Lynch (2009) señalan que entonces, entre los 55 años y los 70, se hablaba portugués uruguayo, y entre los doce y los 39, español: un 79% de español frente a un 4% de portugués. Se estaba a punto de conseguir el ideal dorado para muchos: "Una nación, una lengua".

Entre los sistemas mixtos formados sobre dos lenguas estándares sobresale, por la atención que ha recibido de los investigadores, el fronterizo o *fronteiriço*.[11] En este caso la mezcla se produce entre la variedad uruguaya de español y la variedad portuguesa de Rio Grande do Sul, en muchos casos, según pensaba Rona (1963), incomprensible para uruguayos y brasileños monolingües. A todo lo largo de los puntos más importantes de la frontera —Rivera y Livramento, Rio Branco y Jaguaro, equidistantes ambos de Montevideo y de Porto Alegre—, se encuentran hablantes del fronterizo, mezclados con otros capaces de manejar una de las lenguas del contacto, además de este.

En la parte uruguaya, existe otra zona intermedia entre el fronterizo y el español regular en la que se maneja una gran cantidad de portuguesismos léxicos y algunos morfosintácticos, pero la fonética, en general, es española. Hay, por lo tanto, dos fronterizos, el de base portuguesa (pronunciación y léxico de este origen) y otro de base española, aunque con algunas trasferencias: *fecha a ventana/cierra a janela; nós tenía/nosotros tinha.* Se señala también que se ha ido produciendo una paulatina selección entre sinónimos, manteniéndose solo aquella palabra que está más cerca de las dos lenguas: entre el español *cerdo, puerco, chancho,* los brasileños prefieren *puerco* (por porco), y entre *traje, trajo, terno,* los uruguayos prefieren *traje* porque se asemeja más al término español.

Las dificultades de comprensión para aquellos que no sepan español y portugués se incrementan porque cada uno de estos dos fronterizos dispone a su vez de dos variedades distintas: la de Artigas, que cubre la mayor parte de este Departamento, la tacuaremboense, que se extiende por los cauces del río Tacuarembó, la melense, que comprende la parte occidental del Departamento de Cerro Largo, y la yaguaronense, que bordea el río Yaguarón hasta su desembocadura.

El fronterizo ha llamado tanto la atención que varios investigadores se han encargado de estudiarlo con detalle: Rona (1963) abrió el camino, y después le siguieron Hensey (1972) y más contundentemente Elizaincín (1979, 1992a y b, 1995, 2004) Elizaincín y Behares (1980, 1981), Elizaincín, Behares y Barrios (1987), Thun (2000) y Lipsky (2006).

Rona propuso la existencia de cuatro zonas claramente delimitadas: 1) la de portugués puro, 2) la del portugués fronterizo, 3) la del fronterizo español, y 4) la de español uruguayo, que en nada se diferencia de la del resto del país. Los miembros de la clase media alta son monolingües en español, y los que aprendieron portugués en la frontera lo hablan muy escasamente, sobre todo con parientes de mayor edad o en situaciones muy informales; otros afirman que lo han olvidado.

Esta situación obedece a varias causas muy específicas. La primera y más importante es el conjunto de factores políticos, económicos y sociales que conspiran contra el portugués, y que se acrecentaron con la política de comienzos de la República. Triunfó al fin la estigmatización social hacia el portugués, lengua de inmigrantes y de clases bajas del espectro. Pero además, las medidas que se tomaron fueron catastróficas para la legua extranjera: los colegios de la zona fronteriza nunca fueron autorizados a ofrecer una enseñanza reglada del portugués, lo que aumentaba el estigma, y lo que es más sorprendente, se desconoció, a propósito, el poderío económico de Brasil y se impuso la ley que obligaba a manejar solo el español, si se quería participar en la economía uruguaya.

Hensey (1972: 76), por su parte, señala la resistencia del español de la zona a las transferencias del portugués, y lo explica por el prestigio del español, lengua oficial del país, y única de la instrucción en los colegios de la zona.[12]

Los estudios más recientes han analizado con sumo cuidado la situación de ambas variedades de la frontera, la portuguesa y la española, y han aportado un poderoso y elocuente caudal de datos, muchos ellos procedentes del *Atlas lingüístico de Uruguay,* elaborado recientemente por lingüistas uruguayos y alemanes.

SE TRATA DE UN "IDIOMA HÍBRIDO", DE UNA "MEZCLA DE ESPAÑOL E INGLÉS"

El llamado espanglish ha sido objeto de vigorosas campañas mediáticas y publicitarias en estos últimos años: declaraciones públicas, entrevistas de prensa, polémicas encendidas, artículos periodísticos, coloquios divulgativos, etc. Toda esta actividad ha estado acompañada por la publicación de tres diccionarios, algún ensayo, al menos dos muestras textuales, un libro de conjunto y revistas como *Latina magazine* y *Generación Ñ*, más testimonios de la presencia del espanglish en la televisión, el cine, el teatro y la prensa de los Estados Unidos.

Es verdad que casi el 90% de estas actividades ha sido firmado o protagonizado por una misma y única persona, el incansable profesor de Amherst College, Ilan Stavans. Y también lo es el hecho de que todo ello está urgentemente necesitado de análisis serio y cuidadoso, que permita deslindar los datos reales de sus interpretaciones partidistas y calibrar el verdadero significado de esta presencia en medios tan variados.

A pesar del despliegue señalado, la definición de espanglish, y mucho menos su caracterización lingüística, son tareas que nunca han sido emprendidas.[13] Seguía, pues, sin respuesta científica la pregunta clave y básica de ¿qué es el espanglish? Es asunto que no atañe solo a él; también a sus paralelos, el pocho, el chicano, el tex-mex, etc. La razón de tal desatención es, sin duda, el hecho de que quienes se han dedicado al tema con mayor entusiasmo son aficionados amables sin formación alguna en lingüística teórica, y aún menos, en sociolingüística.

Parece ser el sino de este término, pues es algo que viene ocurriendo desde su nacimiento, en Puerto Rico, a finales de la década de los sesenta, cuando el periodista y escritor festivo, Salvador Tió, acuñó el término en un artículo de prensa. Todavía hoy, la revisión de los trabajos hechos por los supuestos "especialistas" nos deja sumidos en grandes dudas. Por una parte se nos habla del espanglish como una lengua (varias instancias de Stavans y en el título de su libro *Spanglish: The making of a new American Language*); por otra, de pidgin o de criollo, confundiendo calamitosamente ambos conceptos. No faltan los que identifican el espanglish con un fenómeno específico, la alternancia de códigos.

Lo único que parece quedar claro en esos textos es que se trata de un "idioma híbrido", de una "mezcla de español e inglés", y expresiones similares, que comparten la misma vaguedad conceptual. ¿Sería posible "traducir" esto a lenguaje científico?

Otheguy (2008) ha escrito que

… la palabra exacta, el vocablo feliz que capta con precisión algún aspecto de nuestra experiencia se convierte, cuando lo oímos frecuentemente en boca de los demás y cuando nosotros mismos recurrimos a él, en factor clave para entender la realidad que nos rodea. Pero sabemos que cuando, por el contrario, las palabras de las que nos servimos confunden los hechos y tergiversan la realidad, tienen el efecto de entorpecer el entendimiento y, si de hechos sociales se trata, perjudicar a los seres humanos a quienes malentendemos con la desacertada apelación. En todo lo concerniente al habla de los estadounidenses de origen hispánico, el vocablo espanglish se encuentra entre los términos más desafortunados y que más contribuyen a que se desconozca, en amplias franjas del mundo hispanohablante, la situación real en los Estados Unidos.

El mismo lingüista nos explica que esto es así por cuatro razones: primero porque oculta que las peculiaridades del español popular en los Estados Unidos son, en su gran mayoría, absolutamente paralelas a las de otras zonas del mundo hispánico; segundo, porque el vocablo predispone a pensar que el español de ese país es especialísimo y que se caracteriza por su inconfundible carácter híbrido, que se hace merecedor de un sustantivo específico y caracterizador; tercero, porque implica que las características especiales de esta variedad se encuentran en la cantidad de términos del inglés; y cuarto, porque, aunque estas tres premisas iniciales sean falsas, el percibirlas como reales contribuye a desarrollar la idea de que entre este español y el resto de sus variedades existe un auténtico abismo.

Siguiendo nuevamente a Otheguy, es cierto que cuando se habla de espanglish la referencia es siempre al español popular de los Estados Unidos, nunca a sus variedades cultas.

Es de suponer que el término no se refiere nunca al hablado en los cientos de cursos de lengua y literatura que dictan en las universidades del país, ni que intente aplicarlo a la lengua de las telenovelas, noticieros, entrevistas e informes deportivos y políticos que por tantísimas horas llenan las ondas del espectro radial y televisivo, ni a las sesiones del Instituto Cervantes de las diversas ciudades, ni a las presentaciones de autores en las librerías, ni a las conversaciones entre hispanohablantes de amplia cultura en el ámbito público, ni las que sostienen en este ámbito diplomáticos, políticos, abogados, profesores, periodistas o directivos profesionales que hablan español en muchas partes del país. Se utiliza la palabra sin duda para referirse al español que hablamos todos en Norteamérica, pero en sus vertientes más informales y populares, el habla del hogar, la tienda, la iglesia, el pasillo y la calle, sobre todo, cuando es usada por hispanohablantes que generalmente leen y escriben español con poca frecuencia, pero que lo utilizan con regularidad y fluidez en sus formas orales.[14]

Hechas estas salvedades, podemos continuar con el tema. A pesar de que no existe aún una teoría de la decadencia y la mortandad lingüísticas disponemos del suficiente apoyo empírico para trazar ciertas etapas del proceso. En el terreno léxico, la decadencia empieza con el trasplante de material abundante, usado como palabras-cita, es decir, con poca o ninguna adaptación fonética o morfológica. Si a esto se añade el préstamo de sufijos y la sustitución de los autóctonos hasta el punto de que estos dejen de funcionar, el estado es más grave. Un paso más se consigue cuando quedan afectadas las reglas de formación léxica, que en estados avanzados de deterioro quedan inutilizadas; cuando la lengua influida no crea palabras nuevas siguiendo sus patrones habituales, amplias parcelas de su lexicón quedan seriamente afectadas: los campos semánticos referentes a la tecnología, a la cultura (incluso la material), a la moda, etc., campos de por sí muy dinámicos, quedan en manos del vocabulario de la lengua fuerte, al menos en boca de aquellos hablantes que son responsables de la creación de neologismos, adaptándolos y sancionándolos.

Esta es una situación que se da —y con mucha abundancia en algunos casos— entre grupos de hispanohablantes inmigrados a los Estados Unidos. No valdría la pena insistir sobre el particular si no fuera porque en el proceso hacia la mortandad del español se pueden producir —y de hecho se producen— etapas que pudieran ser clasificadas de espanglish.

Las unidades léxicas pasan también de una lengua a otra, pero aquí las posibilidades son más amplias. Pueden pasar conservando la fonética y la morfología original, pero también adaptadas a los patrones de la pronunciación española (según la variedad dialectal propia del hablante) y a veces también a las pautas morfológicas de esta lengua: *faxear, formatear,* y así en todo el paradigma verbal español, por ejemplo, y muchas más como *baica, cora, daime, ganga, lonche, loquear, troque,* etc. En estos casos, se puede hablar de préstamos, siempre y cuando estos términos compitan con otros de la lengua materna *printear/imprimir, fríser/nevera, zíper/cremallera, riqui,* etc., con alguna frecuencia estimable. Si estos terminan asentándose, bien porque desplazan definitivamente a la palabra materna original, bien porque nunca la hubo (se trata de una etiqueta léxica nueva que nombra una realidad también nueva, al menos en esa lengua), ya no podemos hablar, sensu stricto, de préstamo, a menos que se piense en perspectiva diacrónica. Son palabras integradas al sistema (no importa cuál haya sido su origen), y su uso pasa a ser obligatorio.

Las lenguas pueden atribuir contenidos semánticos procedentes de otro sistema lingüístico a palabras suyas: *aplicación* "solicitud", *realizar* "darse cuenta", etc., y también existe la posibilidad de traducir literalmente una palabra o un sintagma: *ratón, salón de belleza, rascacielos,* etc., ejemplos estos, por cierto, integrados ya al español —al menos a muchos de sus dialectos— desde hace algún tiempo.

La última de las situaciones lingüísticas que aquí interesa mencionar es la alternancia de códigos, etiqueta conflictiva, no por el hecho en sí, que es algo incuestionable, sino por las motivaciones que se le atribuye. En pocas palabras: mientras que unos creen que la alternancia de dos lenguas en el mismo discurso del mismo hablante implica un profundo conocimiento de ambas lenguas, otros atribuyen este hecho precisamente a lo contrario: el hablante no conoce bien los dos idiomas que maneja. La discusión seguirá para siempre, primero, porque no se parte de un consenso conceptual sobre lo que debe entenderse por alternancia de códigos, y segundo, porque nunca se relativiza el asunto: es blanco o es negro. Hay buenas razones para pensar que los hablantes necesitan poseer una buena competencia en ambas lenguas para poder saber sin equivocaciones cuáles son los límites sintácticos que permiten la alternancia. Este análisis sintáctico instantáneo no sería posible en modo alguno de no disponerse de unas gramáticas interiorizadas, suficientemente desarrolladas, que lo patrocinaran.

En los trabajos sobre el espanglish, el plano léxico, que es el más asiduamente mencionado (recuérdese la presencia de tres diccionarios), se señalan los siguientes fenómenos:

1. *Baica, cora, daime, guachar, loquear, printear, saine, traila, troque*, que son —o quizás hayan sido— préstamos adaptados morfológicamente (y con mucha probabilidad, en la fonética), procedentes de *bike, quarter, dime, to watch, to lock, to print, sign, traill* y *trock*. Excluyo, desde luego, palabras como *ganga* y *yarda*, que desde hace muchísimo tiempo pertenecen al español estándar.

2. Palabras inglesas que se han incorporado a muchas variedades del español: *closet, ziper, tenis, mol, friser*, solo con adaptación ortográfica; *chequear, dona, lonche*, adaptados a la morfología española.

3. Un préstamo semántico: *aplicación*.

4. *Migra* por inmigración, con el sentido de "policía de inmigración de los Estados Unidos", una combinación de aféresis con apócope, de las que abundan en el español general.

Para estos autores, por lo tanto, el espanglish es una cuestión léxica en exclusiva, aunque bajo esta etiqueta agrupe indiscriminadamente fenómenos diversos.

5. Topónimos ingleses pronunciados con fonética española: *Jersisiti*

6. Derivaciones hispanizadas sobre bases inglesas: *amigoization, borderígena, nerdear, parisero, rentero, ringuear, roliar, singlista*.

7. Gentilicios neológicos: *californio, chicano, kanseco, nuyorriqueño, ñero*.

8. Neologismos perfectamente hispánicos: *atejanar, bastardear*.

9. Hasta palabras españolas usadas normalmente en muchas variedades de nuestra lengua: *biciclo, bife, cibernauta, fletear, gringo, manflor, parqueo*.

Las mezclas tipológicas no pueden ser mayores.

Esporádicamente, la bibliografía menciona también ciertos calcos sintácticos: *llamar para atrás, tomar un viaje*, etc.

Al margen de estos aspectos léxicos, también se citan profusamente los casos de alternancia de lenguas: "Yo quiero Taco Bell", "Yo soy el Army", "Hasta la vista, baby" y otras muchas de parecida estructura.

Queda claro que estamos ante una indefinición perfecta, sin conceptualización posible, lo que sin duda ayuda a colocarnos en un plano de sorprendente indigencia informativa. Eso sí, sabemos —ya nos lo ha dicho el maestro de Amherst— que "el inglés golpeado" (como el que habla el actor español Antonio Banderas, añade), ininteligible, no es, por supuesto, espanglish. Si esto es así, resulta muy difícil acercarse a otras cuestiones relacionadas, como la unidad y vitalidad actual del espanglish, las actitudes que suscita y las creencias que las fundamentan, el prestigio o desprestigio de que disfruta ante la comunidad local y la internacional hispánica, y un etcétera, que si bien no es muy largo, sí es de sumo interés.

Se precisa dar respuesta contundente a preguntas como ¿qué es realmente el espanglish? ¿Hay un solo espanglish o existen variedades dialectales? ¿Cuál es el soporte demográfico del espanglish? ¿Se dan situaciones diglósicas en las que el espanglish sea la variedad baja y el inglés la alta? Claro, que a nada de esto podrá responderse sin las investigaciones adecuadas. Algo de esto barruntaba el profesor Stavans cuando escribió: "Mientras

345

mejor lo entendamos [al espanglish], más rápidamente sabremos de dónde viene y adónde va".

De momento, parece que la única respuesta posible a la primera pregunta es que el espanglish es una etiqueta utilizada para señalar un español muy transferido, sobre todo en el plano léxico, por el inglés, y además, a situaciones de alternancias de códigos entre español e inglés. Es decir, un "castellano fallido", como dice Stavans. Son instancias que, aunque parecen compartir un pequeño número de elementos comunes, utilizan una gran variedad de recursos diversos. No existe, por lo tanto, un "sistema" lingüístico, sino situaciones comunicativas específicas, en las que cada hablante actualiza e incluso crea expresiones *ad hoc*. No existe, por lo tanto, un sistema lingüístico uniforme y sistemático, que constituya una unidad idiomática.

Lejos, muy lejos pues la posibilidad de enfrentarnos con un espanglish estándar, si lo que poseemos es un conglomerado de fenómenos que cambian de sujeto a sujeto, de contacto comunicativo a contacto comunicativo y de tema a tema de la conversación. Causa mucha sorpresa encontrar en esa bibliografía expresiones como "hablaba un espanglish impecable". ¿Cuál es el espanglish impecable? ¿Contra qué criterios de corrección idiomática se puede contrastar un espanglish determinado, para considerarlo bueno, malo o impecable? O esta otra de que un determinado actor "habla un espanglish más o menos estable". Si entre hablante y hablante de una misma comunidad de habla no hay unidad lingüística con respecto al espanglish, ¿qué podremos esperar tan pronto como nos movamos a otra?

Basados en estas realidades, ¿es posible intentar unas traducciones al espanglish? ¿Al espanglish de quién, en qué ocasión y en qué momento comunicativo? No conozco la "traducción" de *Romeo y Julieta* hecha por una maestra de The Monroe Academy for Visual Arts and Design, en el Bronx, pero sí el de la noticia sobre el jugador Nomar Garciaparra publicada por el apóstol del espanglish (¡para no hablar de la traducción del primer capítulo del *Quijote!*), y me pregunto si estos ejercicios de fantasía, hechos, en el mejor de los casos, sobre un modelo teórico imaginado, tendrán algún valor ajeno al propagandístico. No está de más señalar aquí, en palabras textuales, lo escrito en una ocasión por el apóstol mismo: "el espanglish neutral o estandarizado es un mero artificio", y en otra ocasión: "... es un código de comunicación oral, de espíritu libre, que desafía toda normalización".

Otro punto de sumo interés es el soporte demográfico del espanglish. En otras palabras, ¿quiénes y cuántos hablan alguna de estas múltiples variedades del espanglish? Hasta el momento no se dispone de datos estadísticos fiables. Las afirmaciones hechas son todas, por lo tanto, impresionistas y de una frivolidad notable. Según Stavans son 37 millones, la totalidad de hispanos que él cree que viven en los Estados Unidos: "De los 37 millones, la enorme mayoría son gente pobre, trabaja día y noche y no tiene tiempo de aprender gramática y sintaxis". No parece necesario desmontar argumentalmente afirmación tan peregrina. Pero sí parece ser cierto que los supuestos hablantes de espanglish tienen un denominador sociológico común: pocos recursos, empleos modestos y escolarización limitada.

Un contraejemplo importante de todo esto podrían ser los suscriptores o compradores de *Latina magazine,* una revista pensada y escrita para jóvenes mujeres hispanas, nacidas en los Estados Unidos, bilingües, profesionales, con grados altos de escolaridad y de clase media-alta. Pero un análisis de esos textos nos convence de que se trata de artículos escritos en inglés con alguna que otra palabra en español, más los resúmenes en español de cada uno de ellos.

La profesora Betti ha descrito bien las características de esta alternancia de código tan particular: se trata, sobre todo,

> ... de la introducción de lemas sueltos en español, sea para enfatizar el contenido del texto, sea por la necesidad de poner términos (o frases) en el texto que no se puedan traducir porque pertenecen exclusivamente a la cultura latina [sic], sea porque existe una intensa participación emotiva por parte del autor mismo (o de los autores) que, por eso, tiene la necesidad de utilizar palabras que son propias de su cultura y de su mundo interior y personal.

Se refiere a términos específicos como *Nochebuena, Cinco de Mayo, tamalada, pastelada,* o más generales, como *familia, español, abuelos, cultura, árbol genealógico,* etc. Es decir, un intercambio de código pasado por agua.

En el caso anterior, puede que esas características (pobreza, incultura, etc.) de estos hablantes hayan sido trasladadas, parcial o totalmente, al espanglish mismo. Puede que la comunidad en general mantenga hacia el espanglish una actitud negativa. De momento, puedo informar que una investigación llevada a cabo con la comunidad cubana del sur de la Florida dejó en claro que las actitudes hacia el espanglish han arrojando cifras muy negativas; el rechazo es general, aunque es cierto que a medida que se va del grupo que ha llegado a los Estados Unidos con 18 años cumplidos o más hacia el otro extremo del parámetro, el de los que han nacido ya en suelo norteamericano, los resultados se suavizan, aunque siempre dentro de la actitud negativa. Es curioso observar que incluso aquellos que en su actuación lingüística presentan rasgos que, según se mire, podrían ser considerados hablantes de espanglish, exhiben una clara actitud de rechazo. La situación no es sorprendente.

De una parte, porque esa población presenta índices muy altos de escolarización, y el modelo lingüístico que se presenta, desde los estudios primarios hasta la universidad es el español estándar, si bien con matizaciones regionales de carácter culto. Además de la escuela, esa comunidad está en reiterado contacto con unos medios de comunicación pública —periódico, radio y televisión (ocasionalmente cine y cada vez más, internet)—, que manejan en exclusiva un español panhispanoamericano muy cercano a la norma culta.

Por otro lado, un análisis de 20 horas de grabación de programas de Radio Mambí, la estación bandera de los cubanos del Gran Miami, indica que en las noticias, en los programas de opinión, en las tertulias y debates y en los anuncios comerciales, salen topónimos, marcas registradas, nombres de empresas, tiendas, etc. en inglés, con pronunciación muy cercana a la nativa floridana, pero salvo auténticas excepciones, no hay desvíos de la norma lingüística cubana de prestigio. Están sin analizar las entrevistas y los programas de micrófono abierto, en los que con seguridad habrá más variación.

Es más, un reiterado criterio de corrección idiomática (que allí significa alejarse de las influencias del inglés cuando se habla español) es muy palpable. Por ejemplo, en cuñas breves que Radio Mambí inserta en su programación, hay una que dice: "Tenemos que estar conscientes del buen uso de las palabras", y un presentador, fiel a esta consigna de la estación radiodifusora, fue protagonista de este momento: "Aunque no tengo el *release...* —déjenme hablar en español— aunque no tengo la autorización de X para hablar de este asunto".

Esta preocupación no es solo en la radio sino también en la prensa. Aquí, dada la premura que exige la improvisación, se cuelan algunos préstamos inútiles, calcos flagrantes (tanto en el léxico como en la fraseología) y transferencias sintácticas. Nada de esto, sin embargo, suele pasar inadvertido, ni para los que escriben las columnas de "crítica idiomática", que se encargan de censurarlos y de ofrecer las soluciones ortodoxas, ni para los lectores de estas columnas que, a juzgar por las cartas que llegan a las redacciones, son muy numerosos. Se necesitan réplicas de esta investigación floridana en otras zonas del país.

Otras preguntas que quedan pendientes con respecto al espanglish tienen que ver con predicciones de futuro: ¿Ampliará el espanglish su número de usuarios? ¿Ganará contextos comunicativos que ahora le son negados? ¿Podría exportarse a núcleos hispánicos monolingües? Pero sin datos certeros para el presente, nada puede adelantarse sobre estos temas.

NOTAS

[1.] Existe en Barrancos, pequeño pueblo portugués al noroeste de la provincia española de Huelva, una comunidad que habla un dialecto alentejano con influencias andaluzas y extremeñas, llamado barranqueño. Todo parece indicar que su formación se debió a asentamientos españoles muy antiguos, a su mantenimiento a través de los siglos y a los contactos actuales, sumamente frecuentes, con pueblos como Higuera la Real, Encinasola y Fregenal. Ha comenzado a ser estudiado en firme hace poco tiempo. *Vid.* un importante avance en estas investigaciones en Navas Sánchez-Élez (1997).

[2.] La etimología de *llanito* o *yanito* es asunto muy discutido. La propuesta hecha por Cavilla (1978), más tarde refrendada por Fierro (1997), dice que llanito procede de Gianni, diminutivo del italiano Giovanni, utilizado primero para los italianos, y después para los gibraltareños. Por su parte Álvarez de Calleja (1988) piensa que la palabra viene de Johnnyto, y este de Johnny, a su vez diminutivo de John, porque, según anota, era un nombre muy frecuente entre los ingleses que llegaron primero a Gibraltar. Y, por último, Kramer (1986) y García Martín (1986) piensan que procede del latín *planus*, "llano", y el sufijo diminutivo español -ito.

[3.] Existen cinco periódicos locales, dos de ellos en inglés, más varios periódicos y revistas británicas; la radio es también en inglés.

[4.] El cocoliche ha llamado mucho la atención de los lingüistas, que no se ponen de acuerdo con respecto a su clasificación: unos lo catalogan entre los pidgins y los criollos, otros prefieren hablar de un *continuun* pidgin, no faltan quienes lo consideren un proceso de hibridación secundario y no como un verdadero pidgin, a los que acompañan los que se oponen frontalmente a la categoría de pidgin y prefieren hablar de interlingua.

[5.] En aquella época, como país receptor de inmigrantes la Argentina solo era superada por los Estados Unidos, pues llegó al importante número de 6 405.000, por encima de otros también favoritos principalmente de jóvenes de la vieja Europa: Canadá (5 206 000), el vecino Brasil (4 431 000) y Australia (2 913 000). Según el censo de 1887, los italianos constituían el 32% de la población porteña. Sin duda la zona del litoral fue la que creció con más ímpetu en tan solo unas pocas décadas después, pues la población inmigrante de Buenos Aires llegó a alcanzar hasta el 70%.

6. El uso del cocoliche llegó también a escritores de importancia y, por supuesto, a la letra de los tangos.

7. La Academia Porteña del Lunfardo fue fundada el 21 de diciembre de 1962, con el objetivo de estudiar la evaluación del lunfardo en Buenos Aires y de revalorizar las expresiones culturales como el teatro, el tango, la poesía popular urbana y la literatura costumbrista, que han hecho —y hacen— del lunfardo su medio de expresión, También ofrece al público de manera gratuita los servicios de su biblioteca, su archivo, rico en documentación, y su valioso fichero lexicográfico, y además, promueve actos académicos y artísticos y promueve y realiza publicaciones sobre el tema.

8. Recuérdese que muy importantes autores argentinos como Ernesto Sábato ("Tango, discusión y clave") y Jorge Luis Borges ("El lenguaje de Buenos Aires" y "El lenguaje de los argentinos") han escrito obras sobre este importante fenómeno que es el tango, y sus letras.

9. Se ha destacado esta marginalidad y desarraigo en el uso de una serie de vocablos autodesignativos como *amurao, desparchado, chirrete, bandera* y *desechable.*

10. Pieza clave en esta decisión fue José Pedro Varela, un educador muy influyente en su momento, que insistía en la poderosa influencia del portugués en el norte del país. Varela alegaba con fuerza "que el Brasil domina con sus súbditos casi todo el norte de la República: en toda esa zona, hasta el idioma nacional se ha perdido ya, puesto que el portugués es el que se habla con más generalidad". Elizaincín (1992a), comentando las afirmaciones de Varela, indica que "el idioma español no se habló más que esporádicamente; en este sentido suena un poco ingenua la afirmación de Varela, por cuanto no pudo haberse perdido lo que nunca estuvo definitivamente afirmado", y continúa: "Diversas medidas tomadas en el campo demográfico, poblacional y educativo fueron insertando el español en las zonas en que el portugués había estado siempre, por así decirlo" (94, 100).

11. También se le ha llamado "brasileño" y con el término *portuñol,* que algunos consideran peyorativo. Modernamente la lingüística prefiere hablar de DPU, Dialectos Portugueses de Uruguay.

12. No es sorprendente que mientras que el portugués de la frontera ha incorporado una gran cantidad de palabras españolas y algunas combinaciones gramaticales parecidas pero no iguales, el español de la zona apenas haya sufrido cambios como resultado de la situación de contacto.

13. Molinero (2009: 1) aclara que decir "español de los Estados Unidos" puede parecer una verdad de Perogrullo, pero es una denominación que suscita incomodidad y reticencia debido fundamentalmente a la persistencia del prejuicio internacional respecto del español estadounidense que consiste en reducirlo al espanglish, fenómeno conocido en todo el mundo por expresiones cómicas y ridículas como "vacunar la carpeta", "deliberar groserías", "la troca", "el rufo" y otras por el estilo. Pero esa reticencia tiene que ver también con la mala fama que ha adquirido el español de los Estados Unidos debido a sus malas traducciones". Y añade: "En los Estados Unidos, el español adquiere características diferentes a las de todos los demás países, principalmente por estar en contacto directo y diario con el inglés y con la ingeniería social estadounidense, que modifica la

manera de percibir el propio idioma. De este contacto de lenguas, el fenómeno más notorio es el espanglish, que se diferencia de los fenómenos de contacto de lenguas de los demás países hispanoamericanos por el hecho de transgredir violentamente la norma del español general" (2009: 3).

[14.] "Si queremos referirnos con propiedad a esta habla y al sistema de lengua generatriz que la sostiene, atendiendo con rigor científico a las conceptualizaciones básicas de la lingüística y negándonos a ser partícipes de la transparente xenofobia que aqueja a algunos sectores de la sociedad norteamericana, tenemos que descartar el término espanglish y reemplazarlo simple y llanamente por 'español popular de los Estados Unidos'; visto lisa y llanamente como paralelo a los vocablos español popular de México, español popular de la República Dominicana, español popular del norte argentino, de la sierra de Colombia, del centro de España, de Cuba, de Canarias, de Venezuela, del sur de España y un larguísimo etcétera de designaciones de las variantes populares del español en sus muchos y extensos territorios".

Capítulo 16
Hacia una más estrecha unidad lingüística panhispánica

La idea de fundar Academias en Hispanoamérica no era completamente nueva

En la Real Academia de la Lengua, la independencia política y las campañas de separatismo cultural fomentadas después —aunque, a la postre, sin éxito— no dejaron huella alguna. En 1845 el argentino Ventura de la Vega era aceptado en la Corporación madrileña como miembro de número; le siguieron otros intelectuales americanos que también habían fijado su residencia en Madrid: el peruano Juan de la Pezuela (1847), el mexicano Fermín de la Puente Apezechea (1850), el venezolano Rafael María Baralt (1853), y ya antes la Academia había nombrado miembros honorarios a José Gómez de la Cortina en México (1840) y a Andrés Bello en Chile (1851).

Muy poco después fue instaurado el título de miembro asociado: la distinguida nómina de hispanoamericanos empezó a integrarse con el peruano Felipe Pardo Aliaga (1860), los mexicanos Bernardo Couto (1860) y Joaquín Pesado (1860), los venezolanos Andrés Bello (1861) y Cecilio Acosta (1869) y el chileno José Victoriano Lastarria (1890). El camino estaba más que preparado para que surgieran las Academias americanas.

La idea de crear Academias en Hispanoamérica no era completamente nueva. Antecedentes, aunque débiles e insustanciales, habían nacido en Buenos Aires (1823), preñado este de un ingenuo nacionalismo, en Bogotá y en México, estos últimos más ambiciosos, que propugnaban por esos mismos años la creación de una gran Academia Hispanoamericana de la Lengua, en la que participarían los más reconocidos intelectuales del continente. Pero ese breve capítulo se cerró del todo, dejando tras sí apenas un curioso puñado de documentos para la historia.

Por fin, en 1870, en una memorable sesión del 24 de noviembre, salió de la Academia Española la resolución que establecía el marco para la creación de academias correspondientes en América. Diez años tardó en germinar la semilla plantada por el escritor colombiano José María Vergara y Vergara y el académico de la Española Juan Eugenio Hartzenbusch, a quien se atribuye la paternidad de la propuesta. Ahora el camino quedaba completamente expedito.

La resolución decía que tres académicos asociados de cada república americana —para entonces las listas eran considerables— podían establecer Academias nacionales que, de solicitarlo por iniciativa propia, serían reconocidas por Madrid como corporaciones correspondientes. Tales Academias estarían organizadas y gobernadas por sus propios miembros, su funcionamiento sería paralelo al de la Academia matriz, y sus objetivos —limpiar, fijar y dar esplendor a la lengua española— los harían a todos partícipes de una misma empresa.

Tres nombres de extraordinario abolengo cultural, Miguel Antonio Caro, Rufino José Cuervo y Marco Fidel Suárez, dieron inicio en Colombia a la gran cruzada; en 1871, la Academia Colombiana de la Lengua era un hecho consumado. La siguieron muy pronto las de México (1875), Ecuador (1875), El Salvador (1880), Venezuela (1881), Chile (1886), Perú (1887) y Guatemala (1888). Unidos a estas fundaciones figuraban nombres de hispanoamericanos de gran talla: los mexicanos Joaquín García Icazbalceta y Rafael Ángel de la Peña, el ecuatoriano Pedro Fermín Ceballos, el venezolano Julio Calcaño, el chileno Miguel Luis Amunátegui y el peruano Ricardo Palma.

Algunas de estas Academias siguieron adelante recorriendo un camino siempre seguro; otras, las más, languidecieron hasta desaparecer o permanecieron en un entristecedor letargo hasta entrado el siglo XX. Pero nueva vida llegó con los albores de la segunda década de esa centuria: en 1914 quedó reorganizada la Academia Chilena, en 1918 la Peruana, en 1923 la Ecuatoriana y la Salvadoreña, en 1930 la Guatemalteca y la Venezolana. A este impulso, emanado fundamentalmente desde Madrid y acogido con entusiasmo por Hispanoamérica, se debieron también otros logros. Se fundaron las nuevas Academias de Bolivia (1920), Costa Rica (1923), Cuba (1926), Panamá (1926), República Dominicana (1927), Paraguay (1927) y Honduras (1948). La Academia Argentina de Letras, fundada en 1931, y la Academia Nacional de Letras del Uruguay, en 1943, se unieron entonces al concierto continental en calidad de asociadas.

LA FLAMANTE ASOCIACIÓN NACIÓ EN LA CIUDAD DE MÉXICO Y ALLÍ VIVIÓ HASTA 1956

El año 1951 marca un hito de extrema importancia en la historia de las Academias de América: el entonces presidente de México, Miguel Alemán, convoca en la capital de la nación a una reunión de Academias. En suelo americano, y al amparo gubernamental de uno de sus grandes países, nació en aquella ocasión la Asociación de Academias de la Lengua Española.

El presidente Alemán actuaba con ejemplar clarividencia. Era necesaria la unión de todos para actuar con fuerza en medio de los poderosos bloques político-culturales que se repartían el mundo. La lengua española, con todo lo que ella significaba, tendría una voz más potente, una proyección más sólida, un reconocimiento más indiscutible. El papel de las Academias de la lengua adquirió con ello una importancia inusitada, pasando a ocupar lugares protagónicos en el ámbito internacional hispánico y fuera de él.

La flamante Asociación nació y vivió en la Ciudad de México hasta 1956, año en que tuvo lugar una segunda reunión, esta vez en Madrid. Durante aquel período inicial, la Comisión Permanente que regía los primeros pasos de la Asociación estaba integrada por nueve académicos, ocho hispanoamericanos y un miembro de la Academia Española, que presidía. Con subvenciones del Gobierno mexicano se mantuvieron todos en la capital azteca preparando estatutos, reglamentos, planes de acción. También revitalizando las Academias que desfallecían y creando otras. En 1955, pocos años después de efectuada la reunión de México, se crea la Academia Puertorriqueña, y a los sucesivos encuentros de la Asociación asisten, en calidad de observadores, distinguidos hispanistas de los Estados Unidos, con la viva ilusión de que en su día se diese paso a la Academia Norteamericana de la Lengua Española. El camino no fue ni fácil ni corto, pero por fin, en la reunión de Lima (1980), la Academia Norteamericana fue aceptada como miembro de pleno derecho en el seno de la Asociación.

A partir de la primera reunión madrileña (1956), el estatuto de la Comisión Permanente quedó tambaleante. No obstante, la Academia Colombiana organizó un tercer encuentro en Bogotá en 1960, y cuatro años después la Academia Argentina de Letras convocó al cuarto. No fue hasta entonces cuando se asentó definitivamente la estructura de la comisión rectora. A propuesta de Madrid, que asumía las responsabilidades económicas de su oferta, se establecía una comisión de cinco miembros: un presidente, el director de la Real Academia Española o a quien esta Corporación designara dentro de sus miembros; un secretario general, académico hispanoamericano electo en las reuniones de la Asociación; otro miembro de la Corporación madrileña, que actuaría como tesorero, y otros dos hispanoamericanos designados por sus respectivas Academias, que estarían representadas de dos en dos cada año (hoy, de cuatro en cuatro), según turno establecido por sorteo.

En Buenos Aires (1964) se aprobó la iniciativa española y a los pocos meses, en abril de 1965, se instalaba en Madrid la primera directiva, bajo la presidencia de Dámaso Alonso. El informe de trabajo de ese cuatrienio inicial se ofrecía en Quito (1968), durante la celebración del V Congreso.

Fue precisamente en este encuentro ecuatoriano en el que se aprobó la creación del Instituto Hispanoamericano de Lexicografía "Augusto Malaret", que sería fundado en San Juan de

Puerto Rico, tierra del ilustre lexicógrafo que le daba nombre, con la dirección de Ernesto Juan Fonfrías. La ilusión de todos era que esa fundación pudiera llevar a cabo los trabajos del diccionario académico de americanismos, propuesto desde la misma reunión fundacional de México. A pesar de las actividades desarrolladas en sus primeros años de vida, el Instituto, lamentablemente, dejó de existir hace varios años.

Desde Quito hasta hoy, con poquísimas irregularidades, se celebran cada cuatro años las reuniones de la Asociación de Academias (Caracas, 1972; Santiago de Chile, 1976; Lima, 1980; San José de Costa Rica, 1989; Madrid, 1994; Puebla de los Ángeles, 1998; San Juan de Puerto Rico, 2002; Medellín, 2006). Puede afirmarse que esta goza de muy buena salud y ha continuado con entusiasmo todas las actividades que le fueron encomendadas desde su creación. Fuera del ámbito estrictamente académico, al que haré referencia más adelante, la Asociación ha impulsado la firma de un importante convenio multilateral entre países hispanohablantes —el Convenio de Bogotá (1964)— y ha patrocinado la Declaración de Cartagena de Indias (1994), en busca de mayor apoyo oficial para las actividades de las respectivas corporaciones.

Hay que destacar, además, el ejemplar logro alcanzado primero por la Academia Colombiana: me refiero a la Ley de defensa del idioma, la 002, del 6 de agosto de 1960, y el subsecuente decreto estatutario de 1964, por el que esta Corporación se constituía en consultora oficial del Estado en todos los asuntos relativos al idioma. En esa misma ley se prohibía el uso de lenguas extranjeras en documentos oficiales y en los nombres de los establecimientos que ofrecieran servicios al público general, desde instituciones educativas y culturales hasta hoteles y restaurantes.

La noticia de la ley colombiana fue recibida con júbilo por el Congreso de Academias celebrado en Buenos Aires, en el que se aprobó por unanimidad que las restantes Corporaciones hicieran peticiones semejantes a sus gobiernos. En la mayoría de las ocasiones las peticiones fueron respondidas favorablemente, de manera que en muchos países son las Academias respectivas las consejeras oficiales en materia idiomática.

LA NUEVA POLÍTICA PANHISPÁNICA

Toda lengua de gran extensión territorial y política, como es la española, se enfrenta —aunque esta cada día menos— a circunstancias que pueden poner en peligro su integridad: fragmentación dialectal, simplificación estructural, empobrecimiento léxico y recepción generosa de influencias ajenas. En el caso de nuestra lengua, no hemos asistido a semejantes resultados empobrecedores, pero no hay que olvidar que en épocas pretéritas, fundamentalmente las décadas que siguieron a la independencia política de Hispanoamérica, sí que hubo vaticinios catastrofistas y hasta contundentes recomendaciones de sustituir el español por el francés en algunos de nuestros países. Por fortuna, han quedado muy atrás tanto los vaticinios como las recomendaciones.

Hoy, la unidad de nuestra lengua está absolutamente garantizada a pesar de que en ocasiones saltan por aquí y por allá algunas posturas teóricas, que esgrimiendo el estandarte del llamado "policentrismo" harían pensar en la existencia de una diversidad más que acentuada. Hacen alusión estos investigadores a "discrepancias" que estiman contundentes como lo relativo a la pronunciación y a la entonación, por una parte, y al vocabulario, por otra. Nada más se puede argüir porque los especialistas en morfosintaxis se las ven y se las desean para encontrar casos diferenciales de importancia que sean ajenos, naturalmente, a la influencia de determinadas lenguas indígenas en lugares muy específicos de la geografía americana. Pero las diferencias de pronunciación y de entonación, realmente diferentes por fortuna, no son aislantes ni imposibilitan ningún tipo de comunicación.

El léxico es otra cuestión que hay que estudiar con mayor cuidado y finura, como ya se ha hecho, porque cada día que pasa aumentan en los hablantes de todos los rincones americanos y españoles las nóminas pasivas que permiten la comprensión de "los otros" sin mayores dificultades. La llamada "globalización léxica" de nuestra lengua no es, como algunos han pensado, que desaparecen las palabras más regionales ante el impulso de las más generales. No. No son procesos de sustitución sino de adición.

Existen dos tipos de competencias léxicas; la propia (*banqueta* para el mexicano, *vereda* para el argentino, etc.) y la general, o casi general, *acera*, para todos. Es asunto estudiado con detenimiento. La nueva política académica panhispánica fomenta la más completa comprensión de esos términos usados por "otros" hispanohablantes; también lo hace en el plano de la sintaxis. Buena muestra de ello es el *Diccionario panhispánico de dudas*, que muestra aquello en lo que coincidimos y también en lo que discrepamos y los criterios de corrección idiomática válidos para todos. También está ahí la nueva gramática, la primera panhispánica que ha salido de las prensas de las Academias, como pronto lo hará la nueva ortografía. Trabajos que nos unen de manera vigorosa.

¿Cómo se ha podido llegar a tales acuerdos, otrora impensables? Pues con una política de cooperación entre todas las Academias existentes tanto en España como en América (incluyendo naturalmente la Norteamericana), como en Asia, como es el caso de la Filipina. La Real Academia Española, *primus inter pares*, se ha negado a firmar en solitario ninguna obra más. Y así ya van saliendo nuestras principales herramientas lingüísticas de unidad. ¿No es algo aleccionador para muchos otros?

El importante papel de las Academias

La Corporación de Madrid, hoy muy unida a las restantes 21 Academias, gracias a la nueva política panhispánica de la institución, sirve para ayudar a que la corrección idiomática sea un hecho. Las consultas que asiduamente se reciben en casi todas ellas y sus respuestas son la prueba más fehaciente de ello; la Real Academia, por ejemplo, recibió en un año tomado al azar, el 2005, 60 257 consultas (a razón de unas 365 al día), la mayoría llegadas de la propia España y de Hispanoamérica (fundamentalmente de México, Chile y la Argentina), aunque no faltaron las procedentes de Albania, Australia, Bulgaria, Sri Lanka, China, Corea, Etiopía, Somalia y otros muchos lugares.

Pero si alguna duda cupiera de que los medios son realmente los más favorecidos por las Corporaciones, ahí está el *Diccionario panhispánico de dudas*, instrumento estupendo de consulta que reúne las 7 200 dudas lingüísticas más frecuentes en el mundo hispánico y aun de fuera de él.

Casi siete años transcurrieron desde el nacimiento de la idea (tal y como la ha concebido la RAE) hasta su presentación, primero en Madrid, y después en todos los países hispánicos. Es "panhispánico" por dos sentidos: primero, porque las dudas que trata han salido de todos nuestros confines, y segundo, porque el estudio de esas dudas y las soluciones posteriores han sido hechas por todas las Academias. Como se ve, las Academias "aceptan" lo que tienen que aceptar (siempre apoyadas en buenas razones, aunque algunos no las entiendan), nunca "vulgarizan" y menos aún, "laminan".

¿Qué persigue esta obra? Sus fines son de una claridad meridiana: orientar al público (y esto incluye a los medios de manera principalísima) para que pueda discernir entre usos divergentes, 1) cuáles pertenecen al español general, 2a) cuáles están marcados, por una parte, geográficamente (chilenismo, venezolanismo, mexicanismo, etc.) y socioculturalmente (forma prestigiosa, popular, rural, vulgar, etc.) y 2b) por otra, cuáles son inaceptables por antigramaticales, es decir, por incorrectos, entre otros tipos de dudas idiomáticas.

Es evidente que si se trata de la primera opción del segundo caso, las diferencias simplemente se consignan:

penal. 1. En la mayor parte de América, en algunos deportes como el fútbol, "máxima sanción que se aplica a ciertas faltas cometidas por un jugador en el área de su equipo": *"El árbitro* [...] *sancionó un penal a favor del local"* (*Tiempo* [Col] 19.5.97). Se pronuncia mayoritariamente [penál] con acentuación aguda, por lo que debe evitarse la forma llana *pénal*. El plural es *penales*.

2. En España, se usa únicamente el término *penalti* [penálti] (adaptación gráfica del inglés *penalty*), que también se emplea ocasionalmente en América: *"Amonestó a Espinosa por protestar el penalti"* (*País* [Esp] 2.5.80); *"El Táchira empató* [...] *mediante un penalti"* (*Tiempo* [Col] 4.9.97). El plural es *penaltis*. Debe evitarse, por minoritaria, la forma esdrújula *pénalti*. No debe usarse en español la grafía inglesa *penalty* ni su plural *penalties*; tampoco el plural híbrido *penaltys*.

3. Como variante estilística se usa en todo el ámbito hispánico la variante *pena máxima*: *"La pena máxima la ejecutó Leyva y, de esta manera, llegó el único tanto del partido"* (*Nprovincia* [Arg] 21.7.97).

-sfera. Elemento compositivo sufijo que forma parte de varios sustantivos que designan, por lo general, distintas zonas o capas de la Tierra y del Sol. En el español de América, por analogía con *atmósfera*, se prefiere la acentuación esdrújula en las palabras que lo contienen: *biósfera, estratósfera, hidrósfera*, etc. En el español de España, por el contrario, todas las palabras formadas por este elemento compositivo, salvo *atmósfera*, son llanas: *biosfera, estratosfera, hidrosfera*, etc.

En cuanto a la segunda posibilidad, si se trata de marcas sociales negativas (vulgar, forma estigmatizada, etc.) se advierte de ello y se desaconseja su uso:

nuera. Término usado en la lengua general culta para referirse a la esposa del hijo de una persona: *"Las tensas relaciones entre suegra y nuera no llegaron nunca a suavizarse por completo"* (Moix *Vals* [Esp. 1994]); no obstante, en el habla coloquial y popular de varios países americanos, como Puerto Rico, República Dominicana, Colombia o Venezuela, así como en algunas regiones de España, se usa a veces, con este sentido, la voz *yerna*, formada a partir de *yerno*, masculino heterónimo de *nuera*: *"A la yerna le negaba la entrada y hasta el saludo"* (Vega *Crónicas* [P.Rico 1991]; es uso que debe evitarse en el habla culta formal.

restregar(se). "Frotar(se) repentinamente y con ahínco". Verbo irregular: se conjuga como *acertar*, esto es, diptongan las formas cuyas raíz es tónica (*restriego, restriegas*, etc.), pero no las formas cuya raíz es átona (*restregamos, restregáis*, etc.): *"Polo se restriega la cara con la palma amarilla de su mano"* (MtnzCampo *Carreteras* [Méx 1976]); *"Vestía un traje campestre de ligero algodón que se mojaba mientras restregaba vigorosa sus pies"* (Santos *Pez* [P. Rico 1996]). A diferencia de lo que ocurre con *estregar* no son admisibles en la lengua culta las formas con raíz tónica y sin diptongo: *restrego, restrega, restregue*, etc.

En el caso de formas incorrectas en español, se indica por qué lo son y se ofrece(n) la(s) alternativa(s) adecuada(s):

humareda. "Abundancia de humo"; *"El ajetreo del zoco, la humareda de las parrillas, la gente pululando por la calle"* (Silva *Rif* [Esp. 2001]). No es correcta la forma *humadera*. Existe la variante *humarada*, de uso poco frecuente: *"Saca un puro con ostentación y lo enciende, envolviéndose en una humarada"* (Nieva *Nosferatu* [Esp. 1993]).

ojo. *a ojos vistas*. "De manera clara o patente": *"El negocio creció a ojos vistas"* (Elizondo *Setenta* [Méx 1987]). No son correctas las variantes *a ojos vista* y *a ojos vistos*.

Quedará claro después de lo dicho que no se intenta eliminar ni minimizar aquellos fenómenos lingüísticos que son sentidos como correctos y prestigiosos en una comunidad de habla dada (aunque parezcan incluso deplorables en otra). Esto significa riqueza idiomática. Lo que se persigue es favorecer la corrección y, en los casos de neologismos, la uniformidad de elección. En el estado actual de nuestras comunicaciones no se deberían volver a repetir casos como los de *computadora/ordenador* y de [teléfono] *celular/móvil*, por ejemplo.

362

Como en los casos pertinentes, el DPD propone soluciones unitarias para todo el mundo hispánico, y aun fuera de él, estamos ante un instrumento que, además, reforzará la unidad de nuestra lengua, sin borrar nuestras diferencias, que constituyen señas de verdadera identidad cultural.

Muy presentes tuvieron este hecho los representantes de medios hispánicos al firmar en Madrid el siguiente acuerdo:

Valoramos de manera my positiva el esfuerzo realizado por las veintidós Academias de la Lengua Española para ofrecer a todo el mundo hispanohablante una solución consensuada a las más frecuentes dudas lingüísticas. Creemos que con ello se presta un eficaz servicio a la fundamental unidad del idioma, dentro del respeto a su diversidad de realización.

Nos satisface comprobar que son muchos los textos periodísticos que han servido de base de documentación de la continua evolución de la lengua, y que el trabajo de nuestros libros de estilo y las observaciones que hemos formulado a las Academias, de manera particular y en reuniones específicas, han sido aprovechadas con amplitud.

Por ello nos comprometemos a continuar esa colaboración aportando críticas y sugerencias que pueden enriquecer el texto y contribuyan a la permanente actualización de la obra.

Conscientes de la responsabilidad que en el buen uso de la lengua nos impone el poder de influencia de los medios nos comprometemos a adoptar como norma básica de referencia la que todas las Academias han fijado en el *Diccionario panhispánico de dudas* y animamos a otros medios de comunicación a sumarse a la iniciativa.

Madrid, 19 de noviembre de 2005.[1]

1. Esta Declaración fue firmada por los periódicos *La Nación* y *Clarín* de la Argentina, *La Razón* de Bolivia, *El Mercurio* y *La Tercera* de Chile, *El Espectador* y *El Tiempo* de Colombia, y *Radio Caracol*, del mismo país, *La Razón* de Costa Rica, *El Comercio* y *El Tiempo* de Ecuador, *El Nuevo Herald* de Miami y *La Opinión* de Los Ángeles, el *Grupo Prensa Libre* de Guatemala, *El Heraldo* de Honduras, *El Universal*, el *Grupo Reforma* y el *Grupo Radio Centro* de México, *ABC Color* de Paraguay, *El Comercio* de Perú, *El Listín Diario* de la República Dominicana, *El Observador* y *El País* de Uruguay, y *El Nacional* y *Venevisión* de Venezuela. De España firmaron también la Agencia EFE, la Editorial Prensa Ibérica, *El Mundo*, *El Periódico de Cataluña*, *El Heraldo de Aragón*, *La Razón*, *La Vanguardia*, *La Voz de Galicia*, el Grupo PRISA, Radiotelevisión Española, Telecinco y el Grupo VOCENTO.

Capítulo 17
Filipinas y Guinea Ecuatorial
¿El despegue del español?

Todo indica que el auge del español en Filipinas tiene muchas posibilidades de recuperar nuestra lengua para la vida ciudadana del país

Con la invasión estadounidense de 1898 las cosas comenzaron a cambiar en el archipiélago. Es verdad que incluso tras la ocupación y tras convertirse la lengua de los dominadores en obligatoria en los colegios públicos, el español seguía con vida; al menos en los grandes centros urbanos, y hasta unos 15 o 20 años después de la ocupación, todavía era lengua franca de comunicación entre filipinos —que solo disponían de ella para entenderse entre sí— pero su declive era evidente.

A partir de la Segunda Guerra Mundial (1945), la suerte del español estaba echada; el relevo generacional había concluido prácticamente y el país hablaba inglés. Solo unos reductos quedaron vivos, pero siempre se trataba de hablantes bilingües que tenían el español como segunda lengua; en general, la de una antigua generación superior a los 55 años. El español se convertía en lengua vestigial. Quedaba el chabacano, criollo de base española, es cierto, pero reducido a las provincias sureñas de Zamboanga, Isabela-Basilán y zonas de Davao, más unos pocos hablantes en Luzón. Toda parecía indicar que la historia del español en Filipinas había terminado.

Pero, a pesar de todas las adversidades —bombardeos incluidos, con la destrucción de Intramuros y de La Hermita, núcleos vivos de la hispanidad en el país— las élites nativas seguían manteniendo vivo el español, a pesar de que las dificultades para ello eran muy notables.

El episodio de José Rizal es doblemente conmovedor. Sus dos primeras novelas, *Noli me tangere* y *El filibusterismo*, eran duras críticas a los abusos y, sobre todo, a los defectos del coloniaje español, que favorecían el oscurantismo y la opresión (generalmente encarnados en las órdenes religiosas, apoyadas por la Corona). ¡Sin embargo esas páginas angustiosas estaban escritas en español![1]

Rizal, aunque el más importante, no fue el único escritor filipino en español. No menos de otros diez hombres y mujeres ilustres podrían ser mencionados aquí.[2] Y este entusiasmo se prolongó hasta la segunda mitad del siglo XX. Por otra parte, la militancia hispanizante también tuvo su apoyo en los varios periódicos editados en nuestra lengua: *El Renacimiento*, *La democracia*, *La Vanguardia*, *El Debate*, *El Tiempo*, y la *Voz de Manila*.

Salvo estos alientos intelectuales, el español se extinguía. En 1990 el censo oficial indicaba que los hablantes de español eran 2 657. Las últimas agresiones contra la lengua, ya en el período de independencia del país, se cometieron en 1973, cuando la nueva Constitución, impulsada por la presidenta Corazón Aquino, logró desposeerla de su rango de lengua cooficial, y años más tarde, en 1987 se suprimió de las universidades la obligatoriedad de su enseñanza. Todo parecía tocar fondo.

Datos más recientes (Moreno y Otero 2008: 70) informan de que "el grupo de dominio nativo" está constituido por 439 mil hablantes, lo que corresponde al 0,5% de una población que ya se acerca a los 90 millones.

Hoy, sin embargo, las cosas parecen haber comenzado a cambiar. Viven en Filipinas 2 532 españoles (o de nacionalidad española) y hacia 1998 no menos de 20 492 personas estudiaban español en todo el país. Asistimos hoy a un renacer del hispanismo impulsado por tres instituciones muy reconocidas: el Instituto Cervantes, la Consejería de Educación de la Embajada de España y la Academia Filipina de la Lengua Española. Y queda una gran carta de triunfo: la voluntad férrea de la que fue hasta hace muy poco presidenta de Filipinas, Gloria Macapagal de Arroyo, que impulsó personalmente la recuperación del español en el país, y con claro sentido de enriquecimiento cultural de la nación y de más posibilidades de éxito para sus gentes, intentó hacerlo volver a las aulas. Sus desencuentros con el Congreso le impiden volver a hacer del español lengua cooficial de Filipinas, pero sí está en sus manos la promoción del español en la escuela púbica nacional, y la está haciendo. No se encuentra sola. Además de las citadas instituciones, el Gobierno de España, a través de sus Ministerios de Exteriores y de Educación, está volcando recursos para ayudar en la tarea.

Tras el éxito de los primeros pasos, tanto en la formación de profesores como en el diseño de planes de estudio y materiales de enseñanza, así como los ensayos efectuados en el país, se produjo el anuncio oficial de que para mediados de 2009 el español volvería a incorporarse, por ahora, en la escuela secundaria.

Efectivamente, el proceso comenzó en julio de 2009, pero será lento y demorado, aunqué las pruebas piloto efectuadas no han podido ser más exitosas. El Instituto Cervantes forma profesores en cursos intensivos de 240 horas presenciales, que continúan vía internet. Asistieron a este entrenamiento 1 190 maestros seleccionados en los centros de las 17 provincias del país. El programa será ampliado paulatinamente a ocho mil nuevos maestros por curso hasta 2012, lo que beneficiará a 25 mil estudiantes de la escuela pública.

Por su parte, el dinámico Instituto Cervantes de Manila atiende a casi siete mil estudiantes particulares en varias tandas diarias, y no tiene posibilidad, de momento, para aceptar más solicitudes. Las campañas de este Instituto son excelentes y novedosas, como la última, efectuada en colaboración con el Metro de Manila, cuyos vagones mostraban versos de 15 importantes autores filipinos, españoles e hispanoamericanos, en versión original y en traducción al inglés o al español, según los casos. Desde marzo a agosto de 2009 el Metro de Manila estuvo de fiesta. El éxito fue arrollador. Y esas campañas no han hecho más que comenzar.[3]

Asistimos también en nuestros días al valioso rescate de la literatura filipina en lengua española. Es una nueva colección de

"Clásicos Hispanofilipinos", impulsada por el Instituto Cervantes de Manila, con su director, José Rodríguez, al frente de la cruzada. El objetivo de la colección es preservar el legado de los grandes escritores en español de la antigua colonia, que son desconocidos para la gran mayoría de los filipinos de hoy.[4]

Únanse a estos esfuerzos el programa radiofónico "Filipinas, ahora mismo" que transmite la emisora estatal filipina durante una hora de lunes a viernes y que reproducen seis emisoras locales. Por otra parte, debe constatarse el éxito alcanzado por grupos musicales que cantan en español y que ocupan espacios importantes de la cultura popular: Josh Santana, Bambú, Imago, Asin, Pupil, Yano y Esponja Cola.

Otros dos hechos recientes son de extraordinaria importancia para la causa del español: Da. Gloria Macapagal de Arroyo, presidenta de Filipinas, fue galardonada con el Premio Internacional Don Quijote 2009, de la Comunidad de Castilla-La Mancha, por haber reintroducido la enseñanza del español en los planes nacionales de estudio. También la Asociación de Academias de la Lengua Española felicitó efusivamente a la presidenta, que además es miembro de número de la Academia Filipina de la Lengua Española, por sus trabajos en pro de la vuelta del español a las aulas de su país.

Por otra parte, Filipinas estrecha relaciones con el mundo hispánico; por primera vez fue invitada a participar en la XIX Cumbre Iberoamericana de Jefes de Estado y de Gobierno, lo que sin duda fomenta la unión entre países integrantes del mundo hispánico. Esperemos que todos estos esfuerzos lleguen a buen fin.

Todo indica que este auge tiene muchas posibilidades de recuperar el español para la vida ciudadana filipina.[5]

A diferencia de los otros países de habla hispana, el español hablado por la mayoría de los guineanos no es una lengua materna

En Guinea Ecuatorial hay tres clases de hablantes de español: 1) aquellos que lo hablan y lo escriben correctamente; 2) los que lo tienen como segunda lengua, y 3) los que necesitan alfabetización. El primer grupo es poco numeroso y, por razones históricas, solo lo integran los sujetos de más de 40 años. Se calcula que representan solo un 10 o un 15% del total de la población.

En el segundo grupo cae la mayoría de la población, para quienes el español no es su lengua materna; constituyen aproximadamente el 75% de los guineanos. Y por último, constituyendo cerca del 12% de la población, están los que necesitan programas de alfabetización.

Esta situación se da después de haber cursado la primaria y la secundaria, pública y privada, realizada completamente en español. Tras este hecho pareciera que estamos ante una situación incomprensible, pero hay que sopesar que todos estos escolares hablan otra lengua en sus hogares, sus propias lenguas maternas, cuando no el criollo portugués, muy común en Annabón.[6]

Pero también debe quedar de manifiesto que muchos de los maestros que imparten la enseñanza en español no tienen un conocimiento adecuado de esta lengua, ni están lo suficientemente preparados. Todo parece indicar que el sistema educativo actual de Guinea tiene algunas deficiencias, y no solo en cuanto a la formación del profesorado, sino también en cuanto a medios de todo tipo, entre los que destacan la penuria del material didáctico.

En primer lugar debe destacarse el esfuerzo que hace
la propia Universidad Nacional de Guinea
Ecuatorial —fundada en 1995— en mejorar el
manejo del español de sus alumnos

Sin embargo, y muy recientemente, parece que los grandes males de la enseñanza comienzan a atenderse con cuidado. En primer lugar debe destacarse el esfuerzo que realiza la propia Universidad de Guinea Ecuatorial —fundada en 1995— en mejorar el manejo del español de sus alumnos. Y así, requiere cursos de español de todos sus 1 300 alumnos. Existe la carrera de Filología Hispánica, pero además, en las facultades de Derecho, Ciencias de la Información y Ciencias Políticas, se exigen tres años de esta lengua. Más importante aún es la labor que realiza la Escuela Universitaria de Formación del Profesorado, donde se incluye la asignatura de Fundamentos de la lengua española, tanto en la especialidad de Educación infantil como en la de Educación primaria.

Por otra parte, la Universidad de Alcalá ha comenzado a ayudar muy activamente en esta misma dirección. Desde 1997, dos años después de fundada la de Guinea Ecuatorial, ofrece cursos de Lengua española y Cultura hispánica, de 120 horas de duración, especialmente para alumnos guineanos, aunque a ellos acuden también estudiantes de Togo, Benín y Gabón. Según el Convenio Marco de Colaboración firmado por ambas universidades, el Programa de Cooperación Inter-Universitaria —explica Ruiz Martínez (2007)— pretende conseguir que la universidad guineana llegue a convertirse en una institución especializada en la enseñanza del español y de la cultura hispánica, y al mismo tiempo, en un foco consolidado de difusión del español como lengua extranjera en África.

Es esta universidad la llamada a ofrecer esta especialización, que no le es ajena en absoluto, ya que es el único país del África subsahariana que tiene a nuestra lengua como "oficial" en su constitución.

Desde el año 2000, ambas universidades actúan conjuntamente en la oferta y realización de cursos de especialización, que han sido muy exitosos, y no solo para los alumnos que se aprovechan de esta oferta, sino también y muy recientemente, para el personal de las embajadas y para las empresas acreditadas en el país. Son cursos muy atractivos que van acompañados de conferencias, jornadas interculturales, sesiones cinematográficas, encuentros de música y poesía y visitas a diferentes lugares.

En el III Curso, a los estudiantes guineanos se unieron uno de Benín, uno de Burkina Faso, once de Camerún, dos de Chad, uno de Escocia, uno de Gabón, uno de Ghana y uno de la República Democrática del Congo.

La propia profesora Ruiz-Martínez nos informa de que

… la participación de más de un centenar de estudiantes y profesores de español a lo largo de estas tres ediciones y, al mismo tiempo, la exitosa acogida y difusión de estos cursos de formación están teniendo entre las diferentes instituciones académicas africanas, son una referencia indiscutible del interés que en la actualidad hay por estudiar la lengua española y la cultura hispánica en Guinea Ecuatorial. Por otro lado, el hecho de que el español se haya convertido en la lengua oficial para los negocios en África es un aval muy firme para que en el futuro —esperemos que no muy lejano— la Universidad Nacional de Guinea Ecuatorial se fortalezca y se consolide en el ámbito nacional y en el internacional como una institución educativa de calidad especializada en la enseñanza y en el aprendizaje de la lengua española.

HAN SIDO VARIOS LOS INTENTOS DE GUINEA ECUATORIAL PARA FUNDAR UNA ACADEMIA DE LA LENGUA ESPAÑOLA

En 1998, el Consejo de Investigaciones Científicas y Tecnológicas (CICTE) pidió a la Sociedad Internacional de Lingüística (SIL) que apoyara el desarrollo de las lenguas autóctonas de Guinea

Ecuatorial. En 2001 ambas instituciones reunidas organizaron el I Simposio de Lenguas Nacionales del país, y un año más tarde se constituían las Academias de esas lenguas: fang, bubi, ndowe, basuke, bisio, fa d'mbo y el pidgin guineano.

Poco después el Gobierno guineano comenzó a hacer gestiones para que se fundara una Academia Guineana de la Lengua Española en el país. Sin embargo, a pesar de las explicaciones dadas en aquel momento por la Real Academia Española y la Asociación de Academias de la Lengua Española, instituciones a las que se acudió para hacer realidad el proyecto, no parece haber habido progresos.

La respuesta dada, y no solo en una ocasión, fue que ni una ni otra institución tenían la potestad de crear academias de la lengua, que era el propio país al que correspondía esa misión, y que una vez fundada y verificado que tanto sus estatutos como sus acciones eran consecuentes con la filosofía y los quehaceres de este tipo de instituciones, se podían hacer dos cosas: que la Academia Española nombrara correspondientes suyos a varios de los académicos guineanos y que, si procedía, la Asociación aceptara en su seno a la nueva Academia. Este es, desde luego, el único camino para llegar a formar parte de pleno derecho de la Asociación de Academias.

Hasta la fecha, la Asociación ha hecho gestos de buena voluntad, invitando a varias figuras distinguidas de la intelectualidad guineana, por ejemplo, la rectora de la Universidad Nacional de Guinea Ecuatorial, a sus últimos congresos internacionales, en calidad de oyente. La cuestión no ha dado pasos de importancia.

NOTAS

[1] Esas denuncias le costaron la vida, pues las obras del gran escritor filipino enfurecieron a los poderosos miembros del alto clero, que lograron que fuera perseguido y ejecutado: así nació el "padre de la patria filipina". Su último escrito, ya a las puertas de la muerte, fue un poema titulado "Mi último adiós":

> Adiós, Patria adorada, región del sol querida,
> perla del Mar de Oriente, nuestro perdido edén.
> A darte voy, alegre, la triste mustia vida.
> Y si fuera más brillante, más fresca, más florida
> también por ti la diera, la diera por tu bien.

[2] Pedro Alejandro Paterno, Graciano López Jaena, Jesús Balmori, Antonio M. Abad, Manuel Bernabé, Adelina Gurrea, Guillermo Gómez Windham y Claro Mayo Recto. Todos ellos, junto a Rizal, crearon la verdadera Edad de Oro del español en las islas, sorprendentemente, cuando España se había replegado, vencida, de aquellas tierras.

[3] *Berso sa Metro* es una iniciativa novedosa organizada por el Instituto Cervantes de Manila y llevada a cabo conjuntamente con la Embajada Española de Filipinas, la "Light Rail Transit" (LRT), la Metrostart Express (DOTC-MRT3) de Manila y el Día de la Amistad Hispano-Filipina. Se ocupa de fijar en el sistema de transporte público (metro, autobuses, etc.) poemas de autores españoles, hispanoamericanos y nacionales, en la lengua y en su traducción al filipino, con el fin de propiciar el conocimiento de la literatura y la lengua española y estrechar la amistad entre los pueblos hispanos y las Filipinas. La iniciativa ha sido galardonada con el premio al Mérito ANVIL (ANVIL Award of Merit) que se otorga cada año a entidades que promueven excelentes relaciones públicas, valores y servicios comunitarios al mismo tiempo que atraen el interés general de la población.

[4] La colección dará a la luz ocho títulos, de los cuales el primero será *Cuentos de Juana* de Adelina Gurrea (1896-1971). Beatriz Álvarez, su editora, destaca en esta obra la combinación de valor literario e histórico, y añade: "Se puede decir que es una novela de relatos, porque tiene esa estructura; en todos los cuentos se teje una red sobre la relación entre personas de origen español, que eran los propietarios de la tierra, y las de origen humilde. (Tetralia 226: 1-3).

[5.] Sin embargo, las muy recientes elecciones de Filipinas han dado el triunfo presidencial a Benigno Aquino, hijo de la expresidenta Corazón Aquino, de muy triste memoria para el español en ese país; de momento no sabemos si el nuevo presidente volverá a la política lingüística de su madre o si continuará con la tarea emprendida por la señora Macapagal, su enemiga política. Veremos.

[6.] La enseñanza primaria dura cinco años, período comprendido entre los seis y los once años; es obligatoria y gratuita, no así la secundaria que consta de siete años más. Existen en el país 698 escuelas primarias, públicas y privadas, con un total de 62 837 alumnos, y 22 centros de secundaria, también públicos y privados, que atienden a 9 929 estudiantes. El nivel de analfabetismo es de un 46%.

Capítulo 18
El español, hoy

Creciente cohesión entre todos aquellos que lo hablan...

No puede negarse que la situación actual de nuestra lengua es muy halagüeña: crecimiento continuo, bien como lengua materna o como lengua aprendida, debido a diversos estímulos —económicos, culturales, etc.— o inspirados en entretenimientos, como las telenovelas, generalmente hispanoamericanas. Creciente cohesión entre todos aquellos que lo hablan, y que nos permite entendernos sin grandes dificultades, entre otras características muy positivas.

La enseñanza reglada

El auge que ha alcanzado la enseñanza de español en los últimos años ha sido verdaderamente deslumbrante. Es verdad que no disponemos de datos universales sobre el particular, sobre todo que puedan ser comparables, pero las cifras con las que contamos nos hablan de un creciente interés casi en todo el mundo por el aprendizaje de nuestra lengua. Los datos del Instituto Cervantes son muy claros: sus matrículas se multiplicaron casi por cinco entre 1994-1995 y 2004-2005.

Por otra parte, las cifras de la multinacional Berlitz muestran que el aumento de demanda de español creció en un 9,5% en el período 1989-2004, solo superada por las del chino y el inglés, pero muy por encima del italiano, del francés y del alemán. Moreno Fernández y Otero Roth (2008: 96) recogen también datos de la Cancillería Argentina, país que se ha convertido en un importante foco de la enseñanza de nuestra lengua, que indican que los estudiantes extranjeros aumentaron su número en un 57,4% de 2004 a 2006, y que un año antes, más de 40 mil turistas llegaron al país por motivos de estudio.

Estos botones de muestra, más los datos que siguen a continuación, dejan ver claramente que la preferencia por el estudio del español forma una espiral ascendente.

AUNQUE MUCHOS CONTINÚAN DANDO ÉNFASIS A LA ENSEÑANZA DEL ESPAÑOL COMO LENGUA EXTRANJERA, ES SU ARRAIGO LOCAL LO QUE ALIENTA SU ENSEÑANZA EN LOS ESTADOS UNIDOS

Para fines de 1970, nos informa García (2008: 424-425), se contaba con más de una década de experiencia en el uso del español en programas de educación bilingüe como medio de instrucción para estudiantes hispanohablantes. Hasta ese entonces, la *enseñanza del español* había ido por cauces diferentes a los del *español en la enseñanza* y la denominada educación bilingüe. En la escuela secundaria había departamentos bilingües en los que los maestros enseñaban ciencia, matemáticas y estudios sociales en español al creciente número de recién llegados de Hispanoamérica.

A las clases de español como lengua extranjera también empezaron a llegar muchos estudiantes de descendencia hispánica que manejaban la lengua en distintos grados; no faltaron los que solo contaban con habilidad receptora, pero que no eran incapaces de producir incluso oraciones simples. Pero las clases de español como lengua extranjera no eran el lugar adecuado para alumnos que mal que bien, más bien lo primero, lo hablaban en casa.

Gracias a los esfuerzos, que no fueron pocos, de la primera estudiosa de la enseñanza del español, Guadalupe Valdés, se consiguió al fin un tratamiento diferente para enseñar a hispanohablantes. Se iniciaba así la enseñanza de lo que se llamó —y se llama— "español para hispanohablantes", "español para nativos" o "español para bilingües", asignatura en la que se perseguía fundamentalmente mejorar el español que esos niños traían de sus casas. No fue inmediato el descubrimiento de que esos objetivos eran bastante limitados; lo de verdad aconsejable y esperable era enseñar otra variedad de lengua más cercana a la estándar, siempre por encima de las variedades dialectales.[1]

No cabe duda, sin embargo, de que el gran crecimiento de estudiantes de español hoy día mucho tiene que ver con el aumento de la población hispanohablante en el país. De 1960 (6,9 millones) a 2005 (42 millones) esta población aumentó en un 500%. Paralelamente, los estudiantes de español en las escuelas públicas secundarias pasaron de 691 024 en 1958 a 4 057 608 en el año 2000, es decir, un aumento de un 487%, crecimiento espectacular como se ve (Draper y Hicks 2002). Aunque muchos continúan dando énfasis a la enseñanza del español como lengua extranjera, es su arraigo local lo que alienta su enseñanza en los Estados Unidos.

Cuadro 18.1 Número de estudiantes de español como lengua extranjera en las escuelas secundarias estadounidenses

Año	Número
1948	443 000
1960	933 000
1970	1 811 000
1982	1 563 000
1990	2 611 000
2000	4 058 000

1948-2000
Fuente: National Center for Education Statistics,
Digest of Education Statistics.

Si comparamos en el Cuadro 18.1 la matrícula de español en la escuela secundaria desde el año 1948 al 2000, se observa el crecimiento no solo constante sino verdaderamente espectacular de la enseñanza de nuestra lengua.

Cuadro 18.2: Número de estudiantes de otras lenguas extranjeras en las escuelas secundarias estadounidenses

Español	4 058 000
Francés	1 075 000
Alemán	283 000
Italiano	64 000
Japonés	51 000 ·
Ruso	11 000

2000
Fuente: National Center for Education Statistics,
Digest of Education Statistics.

Si nos detenemos, por brevemente que sea, en los datos del Cuadro 18.2, salta de inmediato a la vista el hecho de que frente a otras lenguas extranjeras, el español es la más estudiada de todas por un margen amplísimo. Ante estos datos se puede concluir que en las escuelas secundarias de los Estados Unidos, nuestra lengua es la más popular.

Draper y Hicks (2002) nos indican que en los grados 7 a 12, un 70% estudia español, mientras que solo un 18% selecciona el francés, un 5% el alemán, un 3% el latín y un 1% el italiano. El árabe, el chino, el farsi, el japonés, el coreano, el ruso y el hindi/urdu componen menos de un 1% del total de los que estudian lenguas extranjeras.

Sin embargo, a pesar de que el español es la lengua más popular en las escuelas secundarias, un 70% de los estudiantes están en los niveles básicos y son muchos los que lo abandonan al finalizar este nivel.

La posición privilegiada del español queda de manifiesto cuando se revisan las matrículas en las diversas lenguas extranjeras en las universidades estadounidenses.

**Cuadro 18.3: Número de estudiantes de otras lenguas
en las universidades estadounidenses**

Español	**746 267**
Francés	201 979
Alemán	91 100
Italiano	63 899
Lengua de signos	60 781
Japonés	52 238
Chino	34 153
Latín	29 841
Ruso	23 921
Griego clásico	20 376

2002
Fuente: Welles (2004: 9)

Este mismo investigador nos informa que en los niveles universitarios, aunque el español ocupa un indiscutible primer lugar —lo estudia más de la mitad de los alumnos—, se empieza a estudiar también otras lenguas, como el japonés y el chino y la lengua de signos. De los estudiantes universitarios de lenguas extranjeras, un 53% estudia español y un 14% francés, pero ambas lenguas muestran un descenso si comparamos estas cifras con las de la escuela secundaria.

En contraste con este hecho, continúa Welles, el alemán (7%), el italiano (5%), la lengua de signos (4%), el japonés (4%), y el chino (2%) obtienen aumentos de matrícula, si bien modestos.

Cuando se examinan los datos estadísticos posteriores a 2004, se comprueba con facilidad que la primacía del español continúa en constante avance. Véase si no los datos del cuadro 18.4:

Cuadro 18.4: Estadísticas sobre la enseñanza del español como lengua extranjera en los Estados Unidos, por nivel de estudios

Año	Escuelas públicas de elemental y secundaria			Escuelas privadas de elemental y secundaria			Total elemental y secundaria	Post-secundaria			Total matrículas de todos los niveles
	Jardín de infancia hasta el grado 8	Grados 9 a 12	Total	Jardín de infancia hasta el grado 8	Grados 9 a 12	Total		Pública	Privada	Total	
2004	34178	14617	48795	4812	1338	6150	54945	12980	4292	17272	72217
2005	33823	14887	48710	4702	1360	6062	54772	13022	4466	17488	72260
2006	33906	15042	48948	4752	1375	6127	55075	13360	4288	17648	72723
2007	33990	15101	49091	4765	1382	6147	55238	13555	4361	17916	73154
2008	**34154**	**15013**	**49167**	**4791**	**1374**	**6165**	**55332**	**13765**	**4437**	**18202**	**73534**
2009	34350	14917	49267	4821	1365	6186	55453	13968	4511	18479	73932
2010	34618	14797	49415	4860	1355	6215	55630	14159	4587	18746	74376
2011	34907	14730	49637	4901	1348	6249	55886	14311	4645	18956	74842
2012	35297	14641	49938	4954	1341	6295	56233	14473	4709	19182	75415
2013	35724	14569	50293	5010	1334	6344	56637	14659	4780	19439	76076
2014	36143	14593	50736	5066	1335	6401	57137	14835	4847	19682	76819
2015	36439	14780	51219	5110	1351	6461	57680	14974	4900	19874	77554

Existe una amplia gama de programas diseñados para la enseñanza de idiomas en la escuela primaria. Varían según su intensidad y los objetivos que pretenden conseguir.[2] Por un lado están los conocidos como *fles (Foreign Language in the Elementary School)* en los que el profesor busca desarrollar la competencia lingüística de sus alumnos, especialmente en el plano oral. No se desatiende la enseñanza de la gramática pero esta se aprende a través de la conversación.

Por otra parte, existe la posibilidad de seguir el programa *Flex (Foreign Language Experience),* de tipo exploratorio en la lengua extranjera. El objetivo principal es una introducción al aprendizaje de idiomas, el conocimiento de la cultura, el reconocimiento de la lengua y la cultura de estudio y la motivación para seguir el estudio de la lengua que se aprende. En la escuela primaria los programas de lengua extranjera son de dos tipos: inmersión total o parcial.

Domínguez (2008) señala que en 2006 el número de matrículas de lenguas extranjeras aumentó en un 12,9%, un total de 108 557 más que en 2002. Los datos muestran, tomando como base las 15 lenguas más demandadas, un aumento continuo en el interés por el estudio de lenguas modernas.[3] El español es el idioma más estudiado con un 10,3% de aumento con respecto al año 2002, como puede verse en el Cuadro 18.5.

Cuadro 18.5: Matrículas en cursos de idiomas entre 2002 y 2006 en instituciones norteamericanas de educación superior*

Idiomas	2002	2006	Evolución (%)
Español	746 267	822 985	10,3
Francés	201 979	206 426	2,2
Alemán	91 100	94 264	3,5
Lengua de signos	60 781	78 829	29,7
Italiano	63 899	78 368	22,6
Japonés	52 238	66 605	27,5
Chino	34 153	51 582	51,0
Latín	29 841	32 191	7,9
Ruso	23 921	24 845	3,9
Árabe	10 584	23 974	126,5
Griego antiguo	20 376	22 849	12,1
Hebreo bíblico	14 183	14 140	-0,3
Portugués	8 385	10 267	22,4
Hebreo moderno	8 619	9 612	11,5
Coreano	5 211	7 145	37,1
Otras lenguas	25 716	33 728	31,2
Total	1 397 253	1 577 810	12,9

*_Vid._ en www.mla.org

Este cuadro muestra muy claramente la comparación del número de matrículas entre el español y las otras lenguas enseñadas. La distancia entre esta lengua y el francés y el alemán, segunda y tercera respectivamente, es extremadamente notable, como puede verse en la gráfica que sigue.

Gráfica 18.1: Comparación de las tres lenguas más estudiadas en la educación superior estadounidense, por número de matrículas

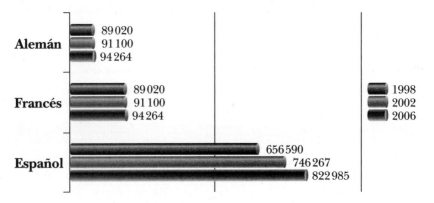

Domínguez afirma que, en términos reales, el español ganó 89 677 estudiantes entre 1998 y 2002, y 76 718 entre 2002 y 2006, datos que confirman que nuestra lengua sigue siendo la más estudiada en la educación superior de los Estados Unidos.

Cuadro 18.6: Matrículas en las 12 lenguas extranjeras más demandadas en el ámbito universitario*

Lengua	1990	1995	1998	2002	2006
Español	533 944	606 286	656 590	746 267	822 985
Francés	272 472	205 351	199 064	201 979	206 426
Alemán	133 348	96 263	89 020	91 100	94 264
Lengua de signos	1 602	4 304	11 420	60 781	78 829
Italiano	49 699	43 760	49 287	63 899	78 368
Japonés	45 717	44 723	43 141	52 238	66 605
Chino	19 490	26 471	28 456	34 153	51 582

Ruso	44 626	24 729	23 791	23 921	24 845
Árabe	3 475	4 444	5 505	10 584	23 974
Hebreo	12 995	13 127	15 833	22 802	23 752
Portugués	6 211	6 531	6 926	8 385	10 267
Coreano	2 286	3 343	4 479	5 211	7 145
Total	**1 125 865**	**1 079 332**	**1 133 512**	**1 321 320**	**1 489 042**

* No se incluyen el latín ni el griego clásico.
Fuente: Domínguez (2008).

Además de las ofertas de los propios estados, Norteamérica cuenta con la ayuda de profesores visitantes, gracias a un convenio bilateral de Cooperación Cultural, Científica y Técnica suscritos entre España y ese país y Canadá, y también con programas de auxiliares de conversación.

España ayuda, además, desde el Instituto Cervantes, que cuenta con sedes en Nueva York, Chicago, Albuquerque, Seattle, más algunas aulas. Ofrecen cursos de español, tanto generales como especiales, y también cursos de formación de profesores. Todos ellos gozan de un aumento continuo en el número de sus matrículas. Esos Institutos, sobre todo el de Nueva York, ofrecen también una gran y muy variada oferta cultural. Pero la enseñanza de español no es exclusiva de España; México y la Argentina, entre otros, están también muy presentes en esta cruzada.

EN LA ACTUALIDAD, EL HISPANISMO UNIVERSITARIO
HA INVADIDO TODO EL PAÍS

En el nivel universitario, Estados Unidos cuenta con una tradición que arranca en el siglo XIX.[4] En la actualidad, el hispanismo universitario ha invadido todo el país, y cada vez más esos centros de educación superior cuentan con más figuras de gran relieve en el universo del hispanismo, tanto el español como el hispanoamericano. Piña Rosales (2008: 453-454) se ha detenido en listar todas estas figuras del mundo de la literatura y de la lingüística, como por ejemplo: hispanistas norteamericanos (Otis H. Green, Ralph Hayward Keniston, Lloyd Kasten, Everett W. Hesse, John Esten Keller, Mack Singleton, Elias L. Rivers, y un larguísimo etc.), españoles (Américo Castro, Joaquín Casalduero, Antonio Solalinde, Luis Cernuda, Francisco Ayala, Ricardo Gullón, por ejemplo), hispanoamericanos ilustres (Fernando Alegría, Enrique Anderson Imbert, María Rosa Lida, Eugenio Florit, Amado Alonso, entre muchos otros) y también hispanistas internacionales (Yakof Malkiel, Leo Spitzer, etc.), han desfilado por las cátedras más relevantes del país.

Al margen de la universidad, contribuyen a fortalecer el hispanismo en los Estados Unidos otras instituciones, como la Asociación Americana de Profesores de Español y Portugués (AATSP por sus siglas en inglés), *The Modern Language Asocciacion* (MLA), *The Spanish Institute* y sobre todo, aunque recientemente, la Academia Norteamericana de la Lengua Española (ANLE).

LA IDEA DE SU FUNDACIÓN SE VENÍA GESTANDO DESDE HACÍA MÁS DE CIEN AÑOS

La más joven de las 22 corporaciones que componen la Asociación de Academias de la Lengua Española (ASALE), es la Academia Norteamericana de la Lengua Española (ANLE), que vino a formar parte de este distinguido grupo en 1973, aunque la idea de su fundación ya se venía gestando desde mucho tiempo atrás. Su actual director, D. Gerardo Piña Rosales, nos informa (Enciclopedia 2008: 467) que

… en esa ocasión, Tomás Navarro Tomás, miembro de la Real Academia Española, exiliado en Nueva York, inició el proyecto, para la creación de la Academia Norteamericana con la colaboración del chileno Carlos McHale, el español Odón Betanzos, el ecuatoriano Gumersindo Yépez, el puertorriqueño Juan Avilés y el español Jaime Santamaría.

En 1980, en el Congreso de la Asociación de Academias celebrado en Lima, la Academia Norteamericana fue admitida en el seno de la Asociación, con los mismos derechos y obligaciones que las otras veintiuna. Desde 1973 a 1978 dirigió la Academia el lexicógrafo Carlos McHale, y a su muerte fue elegido para ocupar el puesto Odón Betanzos Palacios, que lo hizo hasta su fallecimiento en 2007.

La ANLE tiene su sede principal en la ciudad de Nueva York aunque sus miembros se encuentran en varios puntos de los Estados Unidos, principalmente en las ciudades de Washington D.C. y Miami, donde se hallan concentrados más académicos, correspondientes y colaboradores de la misma. Se trata de una corporación sin fines de lucro cuya finalidad es la de incrementar el uso del español y cuidar de la lengua española entre hablantes y usuarios de ella, en especial los medios de comunicación tanto en la prensa plana como en la radio y la televisión y más recientemente internet. La Academia Norteamericana de la Lengua Española está integrada por lingüistas, filólogos, escritores, científicos, traductores y profesores de español que hayan aportado al desarrollo de la lengua con su labor profesional.

En la actualidad componen la misma 31 miembros numerarios que deben residir en el país en el momento de su ingreso; también hay una buena cantidad de miembros correspondientes —del país y miembros de otras academias hermanas— y un buen número de colaboradores que nutren las diferentes comisiones que funcionan activamente: la Comisión de Traducciones, presidida por Joaquín Segura; la Comisión de Lexicografía, presidida por Roberto A. Galván; la Comisión de Vocabulario Médico, que preside el neurólogo Antonio Culebras; la Comisión de Gramática, presidida por Carlos Alberto Solé; la Comisión de Estudios del Español, presidida por Estelle Irizarry; la Comisión de Informática, presidida por Leticia Molinero; la Comisión de Estudios Literarios, que preside Orlando Rodríguez Sardiñas, y la Comisión de Educación, presidida por Gerardo Piña Rosales. Muchas de estas comisiones mantienen colaboración con las diferentes comisiones de la Real Academia Española en Madrid.

La Academia Norteamericana produce una buena cantidad de publicaciones: el *Boletín,* dirigido por Eugenio Chang Rodríguez y *Glosas,* que dirige Joaquín Segura. En los últimos años se ha publicado un buen número de libros, entre los que se encuentran algunos como *El cuerpo y la letra,* de Luis Alberto Ambroggio; *Hablando bien se entiende la gente,* en la que colaboraron un grupo de miembros de la ANLE, y el tomo *Gabriela Mistral en los Estados Unidos,* que prepararon sus editores (Jorge Covarrubias, Gerardo Piña Rosales y Orlando Rodríguez Sardiñas) para ser presentado en Chile, durante el cancelado V Congreso de la Lengua Española.

No es posible dejar de anotar que pese a la juventud de dicha Academia, la misma contó —y cuenta aún— con una destacada nómina de intelectuales, entre los que citamos a Tomás Navarro Tomás, Jorge Guillén, Ramón J. Sender, José Ferrater Mora, Joan Corominas, Ildefonso Manuel Gil, Enrique Anderson Imbert, Eugenio Florit, Fernando Alegría, Rolando Hinojosa Smith y su desaparecido director Odón Betanzos Palacios.

TODOS LOS PAÍSES QUE INTEGRAN MERCOSUR SERÁN BILINGÜES ESPAÑOL-PORTUGUÉS EN UN TIEMPO RELATIVAMENTE BREVE

Siempre ha sido bastante sorprendente que el más importante encuentro de ambas culturas y de ambas lenguas, portugués y español, se haya dado en la frontera uruguaya, y ello con las características muy negativas de "dialecto fronterizo". No parecía muy explicable que ambos mundos americanos, vecinos y todo, se mantuviesen de espaldas. Pero un conjunto de factores —es preciso decir que bastante al margen de la cultura— dieron al asunto un considerable vuelco. Se trata de la creación de Mercosur, la formidable alianza económica integrada por dos gigantes, Brasil y Argentina, y por varios países: Uruguay, que ostenta la capitalidad de la alianza, y Paraguay, más Bolivia y Chile. Algunas rencillas internas, como la lucha entre Asunción y Montevideo por conseguir la capitalidad de la cultura y la educación, es asunto saldado ya a favor de la capital uruguaya. Pero en materia lingüística, el Tratado de Asunción declaraba a los dos idiomas "lenguas oficiales" de la gran alianza.

De todo este entramado de intereses comerciales (y, en realidad, de todo tipo), lo que realmente interesa destacar aquí es que entre los protocolos firmados se encuentran unos acuerdos especiales referidos a las lenguas: todos los países que a la postre integren Mercosur serán bilingües español-portugués en un tiempo relativamente breve. Es decir, que lo que no han conseguido intereses más "nobles", se va a hacer realidad gracias a un telón de fondo con amplios bordados crematísticos. Claro que estamos hablando de lo que dicen los papeles, no de una realidad inmediata. Porque a pesar de la aplastante lógica de la resolución, del decisivo apoyo de los países firmantes y de las expresiones, no solo diáfanas sino entusiastas, de algunos presidentes (como las que hizo en su día el argentino Menem) quedan caminos sinuosos que recorrer. De ellos, el más importante, sobre todo para la Argentina, pasa por no saber muy bien qué hacer con el francés, situación que se agrava por el formidable despliegue del Gobierno de Francia y de varias de sus poderosas agencias culturales, como la Alliance, ante la posibilidad de que esta lengua lleve las de perder.

Los ya no tan nuevos planes de estudio de la República Argentina, en cuya elaboración he tenido la oportunidad de intervenir, hablan con seguridad del inglés como lengua extranjera. Pero sobre los escritorios de los funcionarios ministeriales que deben "recomendar" la segunda lengua extranjera hay dos tipos de papeles: el Tratado de Mercosur, firmado oficialmente por la Argentina, y las reiteradas manifestaciones del presidente, recogidas puntualmente por la prensa, que hablan del portugués no ya como lengua extranjera, sino como segunda lengua; y por otra parte, un conjunto de cartas, informes, promesas, ofertas de expertos, préstamos y créditos culturales producidos en oficinas francesas o cuasi francesas, como la Asociación Argentina de

Profesores de Francés, que aluden indefectiblemente, entre otras cosas más concretas, al peso de esa cultura y de esa lengua en todo el mundo, y en especial, a la larga tradición francófila de ese país hispanoamericano. Como no hay espacio para una tercera lengua obligatoria en los niveles preuniversitarios, la elección se impone, aunque parece que no quedan muchas alternativas.

Brasil, sin embargo, no ofrece problemas de ningún tipo: inglés como lengua extranjera y español como segunda lengua. Son de otra naturaleza los contratiempos con los que se enfrenta Brasil a la hora (que en ese país ha llegado ya) de establecer la enseñanza optativa del español en sus escuelas primarias (quinto, sexto, séptimo y octavo grados), y de ofrecerla en los tres cursos de la educación secundaria, por ejemplo, la falta de profesorado competente. Y no es que el español sea, desde luego, una novedad en ese país (Consejería de Educación y Ciencia, 1995). Pero eso de ofrecer el aprendizaje del español en niveles primarios y secundarios en todo el sistema lleva a un ejercicio de multiplicación con coeficientes tremendamente altos (se necesitarán 210 mil maestros), dada la extensión territorial y la densidad demográfica escolar de amplias zonas brasileñas, aparte de sus grandes monstruos urbanos, San Pablo (con más de 18 millones de habitantes) y Río (con casi diez). El último paso legal, que los estados brasileños aprobasen y adaptasen la ley a sus respectivas legislaciones —la "ley del español"—, ya fue dado en 2005.

El proceso había comenzado ya en 1993, fecha primera del intento de hacer del español lengua obligatoria en la enseñanza brasileña, y fue matizada más tarde haciendo obligatoria "su oferta" en las escuelas públicas del país. En esta matización, de suma importancia como se ve, no estuvieron ausentes las presiones de todo tipo de algunos gobiernos europeos, especialmente Francia e Italia, que veían peligrar su presencia en la educación brasileña. El proyecto PL 3987/2000, que contenía otras modificaciones, se convirtió al fin en la Lei Ordinaria 11.161. Aquí se hablaba de un ofrecimiento gradual que terminaría al final de un período de cinco años; el español sería lengua obligatoria en la enseñanza media y optativa en los últimos tres años de la primaria. No cabe la menor duda de que en todo este entramado que tejió en torno a esta legislación, España fue la verdadera protagonista, ganando una enconada batalla diplomática a sus principales oponentes europeos.

Si pensamos en la magnitud numérica de los objetivos (unos doce millones de alumnos), se ha hecho relativamente poco. Algunas universidades de países hispanoamericanos cercanos, como la Universidad de la República, en Montevideo, han empezado a ofrecer cursos de capacitación para la enseñanza del español a lusohablantes de Brasil. Pero son programas que apenas se inician o que cuentan con muy pocos años de funcionamiento. No cabe duda de que la urgencia del caso obligará a tomar medidas a la mayor brevedad posible. Por de pronto, ya el Instituto Cervantes, que hasta hace muy poco contaba con solo dos centros en Brasil (San Pablo y Río) en los que forman profesores de español, ya dispone (o está en vías de disponer) de otros siete: Belo Horizonte, Brasilia, Curitiva, Florianópolis, Porto Alegre, Recife y Salvador de Bahía.

Sea como sea, la aspiración de Brasil de convertir a sus ciudadanos en hablantes bilingües proyectará las cifras de hablantes de español como segunda lengua hasta límites muy sobresalientes. Para tener una idea aproximada de ello, repárese en que de los más de 160 millones de habitantes que posee el Brasil de nuestros días, casi 31 millones integran la población escolar en la llamada escuela primaria (entre los siete y los 14 años), y casi cinco, en la secundaria (entre los 15 y los 18 años), es decir, unos 35 millones, lo que podría ofrecer una ratio anual de crecimiento de hablantes de español como segunda lengua de algo más de millón y medio. El actual Ministro de Educación del país ha vaticinado que dentro de diez años Brasil contará con 30 millones de hablantes de español. Como se ve, el panorama es muy halagüeño.

Todo ello ha sido posible gracias a que el español es tenido en el país por lengua no solo importante sino prestigiosa (Moreno Fernández 2000; Celada y Castelano Rodrigues 2005). Esta circunstancia la ha hecho desempeñar un papel fundamental. Por otro lado, al margen de la creación de Mercosur, la aparición de grandes empresas españolas ha llevado al estrechamiento de lazos comerciales entre ambos países. No hay que desechar que también haya influido el peso y brillantez de la cultura hispánica en general (Valbuena Prat 1953; Aguilar 1991). Esta encomiable situación no existiría hoy, o no con tanto entusiasmo, si no hubiera sido por la enseñanza que del español han venido haciendo en el país maestros, profesores e hispanistas desde hace ya tiempo, en cuyas actividades se subrayaba de continuo la importancia de la cultura hispánica. Todo ello en su conjunto ha hecho que aumente considerablemente la demografía hispana en el país: de 73 mil a 140 mil, 96 mil descendientes de españoles de primera y segunda generación y 40 mil nuevos inmigrantes. Los datos de la Embajada de España corresponden al año 2003 y cubren solo a los españoles registrados en su consulado; hoy, sin duda, este número se habrá incrementado en un porciento considerable, no digamos la de los inmigrantes no españoles.

No hay que olvidar que el crecimiento de hispanos en Brasil obedece también a otras circunstancias, entre las que destaca la cercanía cultural entre países vecinos y sus lenguas. Brasil consume una buena cantidad de literatura hispanoamericana, algunos de cuyos autores son admirados y aplaudidos con tanto o más entusiasmo que en países hispanos de su alrededor; también España es mirada con admiración y respeto, por sus manifestaciones artísticas y culturales y, también, por la comunión futbolística que existe entre ambos países.

LA LENGUA OFICIAL ES ALLÍ EL INGLÉS, AUNQUE ABUNDAN HABLANTES DE OTRAS LENGUAS

Con respecto a Trinidad-Tobago, pareciera que nos ha tocado asistir a una especie de reivindicación histórica con respecto a la legua española. Islas españolas ambas durante 300 años, pasaron a dominación inglesa en 1797; aunque a partir de ese momento han vivido períodos de inestabilidad, hoy constituyen una república parlamentaria independiente y miembro del Commonwealth británico.

Las pequeñas islas están situadas al norte de Venezuela, a apenas unos 17 kilómetros de distancia de sus costas, lo que explica sus núcleos demográficos de este origen y, sobre todo, el notable influjo de la televisión venezolana. La lengua oficial es allí el inglés, aunque abundan hablantes de otras lenguas. En este sentido, el mapa lingüístico de Trinidad-Tobago calca las diversas olas inmigratorias que ha recibido el país, entre las que sobresale la hindú y varias otras de origen oriental.

Los restos del español eran muy minoritarios, si exceptuamos a los hablantes de origen venezolano, y en etapa de obsolescencia, tanto, que solía citarse con frecuencia al español trinitario como uno de los casos modernos de mortandad lingüística. Las cosas, sin embargo, han comenzado a cambiar. Ahora y desde hace ya varios años, la enseñanza del español es obligatoria en todas las escuelas del país. La decisión fue tomada por el Ministro de Educación, el doctor Adesh Nanan, que hizo suya la moción del senador independiente John Spence. El Gobierno de Port of Spain ha refrendado la decisión ministerial.

La ley alcanza, por el momento, a la escuela primaria (estudiantes entre seis y doce años), que es libre y obligatoria. Aunque no se dispone de datos recientes, se calcula que una décima parte de la población de las islas corresponde a esas edades, lo que nos llevaría a algo más de cien mil alumnos. Esto significa que en el plazo de entre 15 y 20 años la población trinitaria podría ser completamente bilingüe inglés-español.

OTROS PAÍSES EN EL MUNDO

El español se enseña en países de todos los continentes, aunque ciertamente con diferencias numéricas de importancia. Las gráficas que vienen a continuación están elaboradas sobre los datos suministrados por el Instituto Cervantes a través de su Anuario de 2005. Solo registramos los países que poseen más de 300 alumnos.

Gráfica 18.2: Estudiantes de español en África, exceptuada Guinea Ecuatorial

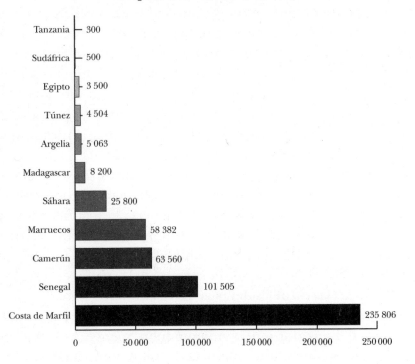

País	Estudiantes
Tanzania	300
Sudáfrica	500
Egipto	3 500
Túnez	4 504
Argelia	5 063
Madagascar	8 200
Sáhara	25 800
Marruecos	58 382
Camerún	63 560
Senegal	101 505
Costa de Marfil	235 806

Gráfica 18.3: Estudiantes de español en América, exceptuados los Estados Unidos, Belice, Brasil y Trinidad y Tobago

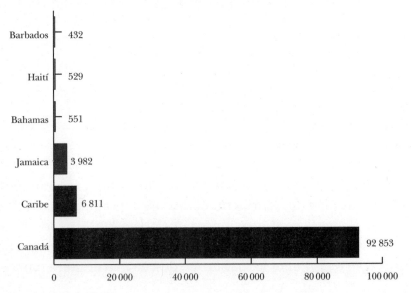

País	Estudiantes
Barbados	432
Haití	529
Bahamas	551
Jamaica	3 982
Caribe	6 811
Canadá	92 853

Gráfica 18.4: Estudiantes de español en Europa

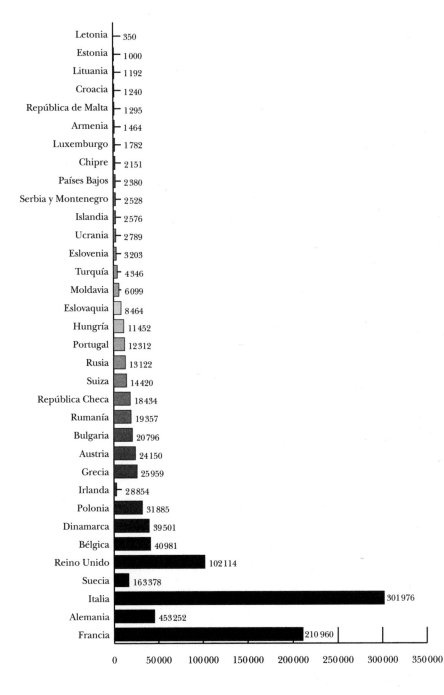

Letonia	350
Estonia	1 000
Lituania	1 192
Croacia	1 240
República de Malta	1 295
Armenia	1 464
Luxemburgo	1 782
Chipre	2 151
Países Bajos	2 380
Serbia y Montenegro	2 528
Islandia	2 576
Ucrania	2 789
Eslovenia	3 203
Turquía	4 346
Moldavia	6 099
Eslovaquia	8 464
Hungría	11 452
Portugal	12 312
Rusia	13 122
Suiza	14 420
República Checa	18 434
Rumanía	19 357
Bulgaria	20 796
Austria	24 150
Grecia	25 959
Irlanda	28 854
Polonia	31 885
Dinamarca	39 501
Bélgica	40 981
Reino Unido	102 114
Suecia	163 378
Italia	301 976
Alemania	453 252
Francia	210 960

0   50 000   100 000   150 000   200 000   250 000   300 000   350 000

Gráfica 18.5: Estudiantes de español en Oriente

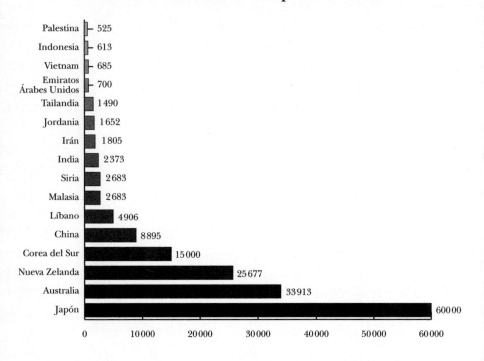

Gráfica 18.6: Reparto, por continentes, del total de estudiantes de español

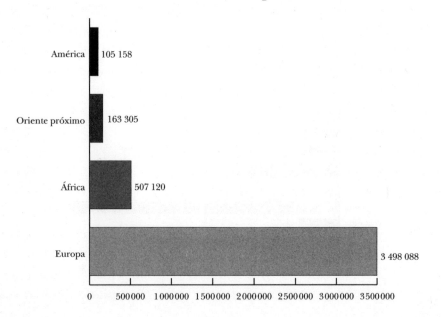

Para calibrar adecuadamente estas cifras, ténganse en cuenta que faltan los datos de aquellos países que han sido tratados monográficamente en este libro y que permanecen al margen de estos recuentos. El Instituto Cervantes calcula que, de acuerdo con ellos, de los 86 países examinados, son unos 14 millones en el mundo los estudiantes de español como lengua extranjera.

Y algo muy importante: se nos advierte de que estos materiales no son completos ni exhaustivos, ya que en ocasiones no les ha sido posible recabar información suficiente o completamente fiable, sobre todo de los centros privados. El Instituto Cervantes ha hecho un cálculo de la demanda real de los cursos de español en el mundo y ha llegado a la conclusión de que es superior en el 25% a los datos que han podido conseguir.

LOS MEDIOS DE COMUNICACIÓN

Vivimos en un mundo diferente, muy diferente, del de apenas hace dos décadas. No cabe la menor duda de que a ello han contribuido un importante número de sucesos. Sin embargo en el nacimiento de este nuevo estado de cosas no ha sido nada escasa la colaboración de internet y de la televisión internacional. La maravillosa revolución que se ha producido en el campo de las comunicaciones es colosal, a tal punto que algunos no han podido resistir la tentación de comparar estos hechos con el momento en que se inventa la imprenta.

ES EVIDENTE QUE TALES SISTEMAS DE COMUNICACIÓN NECESITAN DE UN SOPORTE LINGÜÍSTICO

Internet, según Ávila (2001), es el medio de comunicación masivo más democrático inventado hasta la actualidad, que ejerce una fuerte seducción sobre sus usuarios con tres armas de máxima aplicabilidad: gratuidad, comodidad e inmediatez (Andión

2003). Es verdad que nos ofrece una larguísima serie de materiales desde cualquier lugar del mundo. La Malla Mundial Mayor (MMM), como se traduce al español la World Wide Web (www), une lo gráfico (textos, fotos y videos) con lo auditivo (música) y lo visual (videos), nos lo presenta en casa, no importa su lugar de origen ni el momento de su producción (ahora o hace dos años).

Igualmente la televisión nos abre hoy puertas insospechadas en los momentos de su invención, gracias a su extraordinaria internalización. El que podamos ver, en tiempo real, cualquier suceso desarrollado en el más remoto rincón del planeta es una especie de milagro laico, que debemos a la ciencia, a los satélites y a las antenas parabólicas.

Es evidente que tales sistemas de comunicación necesitan de un soporte lingüístico. El espectacular desarrollo del uso del español en estas autopistas de la información de los últimos años ha magnificado su importancia en el mundo actual. Este hecho, sin embargo, conlleva diversos requisitos, que han sido juzgados de manera muy desigual. Es un hecho incuestionable que para que una lengua viaje con éxito por las ondas tiene que ser "comprensible" para todos, o al menos para la gran mayoría de quienes la conocen en el mundo.

SE PIENSA, EQUIVOCADAMENTE, QUE LA BUSCADA NEUTRALIDAD SE CONSIGUE SIMPLIFICANDO LA LENGUA…

Lo que preocupa a muchos, aun a los que reconocen este hecho, es que la necesidad de homogeneizar nuestras variedades dialectales fuerce a crear un "español neutro" (etiqueta empleada con fuertes matices peyorativos) en el que desaparezcan los rasgos definitorios de la personalidad cultural que esas variedades conllevan. Se piensa, equivocadamente, que la buscada neutralidad se consigue simplificando la lengua y reduciendo el vocabulario a mínimos insospechados, es decir, a costa de trabajar con una modalidad desleída, raquítica y despersonalizada y se culpa de este hecho a la "globalización" lingüística que —aparentemente— estamos sufriendo.

> Para algunos, como para el lúcido filósofo español Eduardo Subirats, los medios de comunicación por su propia lógica productiva (por el hecho de que deben ser concisos y claros) tienden a poner en cuarentena el lenguaje, a congelarlo, a "desinfectarlo" de la vitalidad de la literatura, por ejemplo, para tornarlo neutro, simplista y por lo tanto, artificial. De esta manera, los medios inyectarán en sus audiencias ese vacío que las masifica.
>
> Es una masa configurada por los *containers* y las autopistas mediáticas, una masa inducida, definida y controlada por el flujo mediático.
>
> Ese control mataría la lengua, en una ficción semiótica, que simula comunicar cuando solo robotiza audiencias y coloniza el profundo espacio de la palabra con composiciones sintácticas y semánticas, rudimentarias, reiteradas y banales (*Revista Ñ Clarín*, 13 de noviembre de 2004).

Preocupa de la llamada "globalización", como se ve, la amenaza que supone para las identidades locales.[5] Sin embargo, conviene no magnificar este hecho, que es muy discutible, y sí pensar —como nos recuerda Lozano (2005)— que tal obstinación puede nublar el razonamiento y provocar despistes respecto a cuáles son los valores que verdaderamente deben ser reivindicados y defendidos: la igualdad, la libertad, la justicia, la tolerancia.

Pero la globalización léxica solo ocurre cuando las variantes autóctonas de una comunidad de habla son sustituidas por otras que no son más generales en el ámbito idiomático, sino que pertenecen a una norma dialectal ajena. Estos casos pueden explicarse desde varias perspectivas: la creencia de que las formas sustitutas son más prestigiosas o más útiles (o tenidas por tales) hasta consideraciones de orden económico, basadas en el ahorro de tiempo y de dinero, como por ejemplo, los despachos de prensa procedentes de otro país hispánico, elaborados con otra norma dialectal, que por ahorro son publicadas sin enmiendas.[6]

Tejera (2003) piensa que se trata de una tercera norma lingüística, que convive con otras dos, la escrita y la hablada. Piensa la profesora venezolana que la norma escrita de todo el mundo hispánico sigue de cerca los dictámenes de la ortografía académica, ya consensuada por todas las Academias, por lo que es uniforme, casi igual en todas partes —norma trasladada a América y a otros sitios a través de la enseñanza reglada, pues en un caso como el de Andrés Bello, que intentó codificar una norma propia de los americanos, no pasó de ser un episodio aislado—. La lengua hablada, por el contrario, se fue diferenciando en los distintos países o zonas de aquel continente. Es cierto, subraya, que las dos lenguas son paralelas y se tocan en ciertos puntos […] Sobre todo se identifican cuando se trata del "sistema de la lengua". Entonces hay una gran coincidencia y por eso se afirma que el español es homogéneo y que se trata de una sola lengua. La tercera lengua es, por el contrario, "exógena", puesto que se ha creado fuera del ámbito natural del lenguaje:

> Esta norma influye en la televisión de todas partes, incluso en España, y en otra serie de actividades además de la emisión de noticias, como comentarios deportivos, traducciones de programas concebidos en otras idiomas (como comentarios de viaje, entrevistas, espectáculos), doblajes de películas, subtítulos de películas, programas presenciales y, desde luego, artículos de prensa y de revistas, indicaciones en Internet y juegos cibernéticos. Ese español, construido artificialmente, se parece mucho al español general, solo que no es una entelequia sino una realidad difundida por los medios a todos los lugares.

Sin embargo, no estoy nada seguro de la novedad absoluta de este hecho. El español utilizado en los canales de televisión hispanoamericanos (especialmente los de carácter nacional) es variado, tan variado como el origen lingüístico de los presentadores, aunque siempre (casi siempre) se trata de un nivel culto, que ya matiza y trata de eliminar, cuando procede, todo aquello que signifique localismo muy marcado. Poco que ver, como algunos han señalado, con un proceso globalizador orquestado desde los Estados Unidos, a imitación del *Standard American English* o el inglés de la BBC de Londres, utilizados en sus respectivos medios de comunicación.

Hay, eso sí, una tendencia hacia la unificación, promovida por estos (y otros) medios, en la que se manifiesta en el comienzo, aún tímido, de un proceso globalizador, muy nuevo sobre todo en las ciudades, que se aprecia preferentemente en las nóminas pasivas del vocabulario colectivo. Habrá que ver si este proceso no debería ser aplaudido con entusiasmo.

La discusión que está sobre la mesa es si ese español, sobre todo el léxico, está globalizándose o no. Desde luego que la respuesta sería negativa si atendiéramos a la definición presentada con anterioridad: "Difusión internacional de una variedad dialectal específica de una lengua natural que fomenta la uniformidad lingüística en todo su ámbito idiomático". Y hay importantes razones para ello. Primero, no estamos ante "una variedad dialectal específica", sino ante una creación artificial que toma mucho del español general y un poco de sus variedades, y segundo, en caso de que fomente la "uniformidad lingüística" sería únicamente en ciertos ámbitos comunicativos, los de alcance internacional que, desde luego no son, ni serán, los únicos que existen.

ES INNEGABLE QUE, A PRIMERA VISTA, EL INGLÉS CUMPLE CON TODOS LOS REQUISITOS NECESARIOS PARA SER CLASIFICADO COMO LENGUA INTERNACIONAL...

Otra cosa muy diferente parece ser la primera acepción de la definición que comentamos: "Difusión mundial de una lengua que fomenta la uniformidad lingüística más allá de sus fronteras nacionales", pensada para el inglés, naturalmente. Es innegable que a primera vista, el inglés cumple con todos los requisitos necesarios para ser clasificado como lengua internacional: fuerza demográfica, amplios campos de relaciones internacionales, desarrollo económico, tecnológico, político y científico (Ammon 2003) y otros más "sutiles", como los califica Gimeno (2005): la tradición histórica y el sentimiento de grupo o de identidad social.

Son muchos los que coinciden en estos puntos, empezando por los colegas (salvo algunas excepciones) que se reunieron, tan temprano como en 1998, en el *Center for Research and Documentation on World Languages Problems (CRD)* en Hartford y, al año siguiente, en el *Whitney Humanities Center at Yale University* para examinar el futuro de las lenguas en el siglo XXI. La comunicación que abre el volumen que recoge esas deliberaciones, de Paul Bruthiaux (2003) *("Contexts and trends for English as a global language")* es un modelo de persuasión:

> La economía, el poder militar y el contexto tecnológico —traduzco— que elevan la posición del inglés como lengua internacional es asunto muy bien documentado. Pero extrapolar desarrollos del pasado con el fin de responder a esta pregunta [¿Cuáles son las posibilidades de que la posición dominante del inglés llegue a tener serios problemas en un futuro previsible?] no ayuda demasiado porque como anota David Crystal (1977), la dominación del inglés es un fenómeno parcialmente nuevo por el hecho de que ninguna lengua de amplia comunicación ha llegado a alcanzar nunca un grupo de hablantes de tal magnitud (tanto en términos relativos como absolutos) y tan ampliamente distribuido.

A partir de aquí el profesor Bruthiaux va desechando a los posibles contrincantes: el árabe, el alemán, el japonés, el ruso, el español, el francés y el esperanto. Hay, desde luego, argumentos impecables, junto a algunos deslices de información ("el inglés en los Estados Unidos tiene fuertes competidores en el francés [!!!!] y en el español", por ejemplo).[7]

Después vienen los detalles. Todos esos millones de individuos que efectivamente hablan inglés ¿hablan el mismo inglés?,

400

¿hay un mismo nivel de competencia en todos?, ¿se entienden fácilmente entre ellos?, ¿no hay diferencias entre el "inglés internacional" y el inglés "lingua franca"? y un interesante etcétera.[8]

Está claro que con todas las reservas que pueda hacerse, el inglés es el mejor de los candidatos a convertirse en una auténtica lengua mundial. Gimeno (2005) ha señalado con pericia que efectivamente existe un inglés internacional que se extiende cada día más, pero que el fenómeno no ha nacido precisamente ayer, que a mediados del siglo XX la mitad de los periódicos y de las revistas del mundo, las tres cuartas partes del correo y las tres quintas partes de las emisoras de radio utilizaban esta lengua. La tendencia continúa en nuestros días, apoyada también por las exportaciones de películas, las canciones de moda, los casetes de videos, los programas de computación y la expansión de internet.[9]

EN NUESTRO MUNDO HISPÁNICO EXISTEN DIFERENTES MANERAS DE ACERCARSE AL PÚBLICO, ESPECIALMENTE EN LA TELEVISIÓN Y EN LA RADIO

Por otra parte, además de la tan llevada y traída simplificación idiomática, algunos temen que esa apertura al mundo, esa internacionalización del español, pudiera llegar a afianzar el empleo inadecuado e incorrecto de nuestra lengua de que hacen gala —según algunos— los medios de comunicación. También en este caso se han hecho desde advertencias moderadas hasta pronósticos apocalípticos. Pero nada serio.

Sí es verdad, en cambio, que en nuestro mundo hispánico existen diferentes maneras de acercarse al público, especialmente en la televisión y en la radio. Para un hispanoamericano, la televisión española actúa con un desenfado verbal sorprendente y le parece inadmisible, sobre todo a los televidentes más exigentes, la naturalidad con la que se maneja un léxico vulgar y soez, supuestamente tabuizado.[10]

Las sorpresas obedecían a un hecho muy sencillo: en casi ninguna televisión hispanoamericana eso hubiera sido posible y si, por una imprevisión involuntaria, alguien decía una palabra irrespetuosa para la audiencia, las multas habrían sido cuantiosas para la empresa y las consecuencias no serían suaves para el "agresor". Es fácil deducir de lo dicho que la televisión en Hispanoamérica era —y es— más conservadora en materia idiomática, mucho más que la española.

Se trata, claro está, de dos posturas encontradas. En los países hispanoamericanos, donde no todo es homogéneo, sino que existen pequeñas diferencias de matices, se piensa que el estilo de lengua propio de este importante medio de comunicación es el cuidadoso. Esto excluye el uso de cierto vocabulario ofensivo o sentido como vulgar por la comunidad en cuestión. En España, en cambio, en algunos programas se habla con un estilo espontáneo, a veces muy espontáneo, en el que caben desde palabras malsonantes hasta una sintaxis coloquial, simplificada, y una pronunciación precipitada. Las acusaciones que se hacen mutuamente los de uno y otro lado del Atlántico son muy divertidas.

Si a esto se añade el hecho de que el discurso hispanoamericano está lleno de atenuantes y de elementos de cortesía ("por favor, ¿me daría un café?", "¿no le importaría cerrar la ventana?", "¿lo molesto con la sal?"), que tan atinadamente ha estudiado Antonio Briz y sus colaboradores de la Universidad de Valencia, mientras que en el español, sobre todo el del norte y centro de la península, es más directo ("póngame un café", "no quiero azúcar", "¡eso es una tontería!", etc.), las diferencias se agrandan. Pero estas y otras manifestaciones de lengua se dan preferentemente en ámbitos nacionales. Solo que de forma progresiva estos dominios se tornan más pueblerinos, pues los canales de televisión que se internacionalizan son muchos, y los programas en vivo (en directo) o enlatados (diferidos) que se ven fuera de las fronteras donde han sido hechos cada día alcanzan mayor proporción. Estas circunstancias, sin duda, han influido, e influirán aún más, en el tipo de español que se utilice.

Pero ¿es que la lengua de los medios se simplifica realmente?

Pero ¿es que la lengua de los medios se simplifica realmente? Si la respuesta a esta pregunta fuera afirmativa, tendríamos que preocuparnos muy seriamente por el futuro de nuestra lengua, ya que, dado el poder de los medios, trasmitiríamos a las próximas generaciones de hablantes un español esquelético y despersonalizado. Por fortuna, investigaciones muy rigurosas se han encargado de refutar tan peregrina conjetura.

Gracias al proyecto Dies-M (Difusión Internacional del Español en el Mundo) y a sus avances, nos es posible observar hoy lo que sucede con la riqueza léxica de textos periodísticos, radiofónicos y televisivos del mundo hispánico. El proyecto, que dirige desde El Colegio de México Raúl Ávila, cuenta con el apoyo de la Secretaría de Relaciones Exteriores de México, la Universidad Pedagógica Nacional y la Universidad Autónoma Metropolitana, y con la colaboración entusiasta del Grupo Televisa, el Instituto Mexicano de la Radio y la Dirección General de Radio, Televisión y Cinematografía de la Secretaría de Gobernación.

El profesor Ávila nos informa que la recopilación de los datos se hace a través de muestras estadísticas aleatorias u homogéneas de las diferentes clases de programas de cada estación de radio o televisión, y de los diferentes tipos de textos de cada periódico. Los programas y los textos, salvo excepciones justificadas, deben ser producidos o escritos por personas nativas de cada país —que son todos los integrantes del mundo hispánico— pues se trata de recoger precisamente este tipo de formas de expresión. Las muestras se graban en cintas de audio (casetes cerrados) para radio o de video (VHS) para televisión.[11]

De las radioemisoras estudiadas, por ejemplo, Radio Almería cuenta con un índice de riqueza léxica del 66,6%; de las nacionales, Radio Nacional de España, del 67,2%, XEB de México, del 67, y RCN de Colombia, del 66,7%. En cuanto a la televisión nacional, Televisión Española arrojó índices de 68,1%, XEWTV de México, de 66%, y el Telenoticiero AM de Colombia, de 68,6%. Las de carácter internacional: CNN en español, 69,6% y ECO, el 67,8%. En este caso, el promedio de las cinco estaciones estudiadas arrojó un porcentaje del 68,8. De la prensa colombiana, *El Tiempo de Bogotá* obtuvo una densidad del 68,4%.

Comparados estos índices de los medios con los de un ensayo de Carlos Fuentes (69,7%) y con los de la lengua hablada de la Ciudad de México en sus tres niveles —nivel culto: 68,5%; nivel medio: 62,5% y nivel popular: 56,5%— el lector podrá apreciar sin la menor duda que los índices de riqueza léxica de nuestra prensa, radio y televisión están muy lejos de las características que le han sido atribuidas. Otras investigaciones llevadas a cabo sobre la lengua de los medios confirman de manera sobresaliente la improvisación y superficialidad de las palabras de algunos críticos (López Morales 2006).

… DURANTE CASI 40 AÑOS DE "CULEBRONES" HISPANOAMERICANOS ESA PRODUCCIÓN SE HA MANTENIDO EN LA CRESTA DE LA OLA

Podemos afirmar sin temor a equivocarnos que durante los casi 40 años de "culebrones" hispanoamericanos esa producción se ha mantenido en la cresta de la ola. Ya va por su tercer período de vida y sigue cosechando triunfos, no solo entre nosotros, sino en países muy alejados geográfica y culturalmente de nuestras tierras.

El período inicial se caracterizó por la producción nacional; otro intermedio, que se caracteriza por los intentos, no siempre logrados, de conseguir audiencia más allá de las fronteras nacionales, y este tercero, en que han conseguido una internacionalización sin precedentes. Este devenir ha ido de la mano de una importante evolución lingüística.

Durante la primera etapa era frecuentísimo encontrar abundante presencia en ellas de elementos locales —costumbres, tradiciones, lengua, elementos del diario vivir, alusiones geográficas concretas— puesto que iban destinadas a un público nacional.

México hacía telenovelas para los mexicanos, Venezuela para los venezolanos y la Argentina para los argentinos. Aún en esta primera etapa, sin embargo, ha habido sus excepciones, como la producción peruana *Simplemente María* que dio la vuelta al mundo hispánico en varias ocasiones y siempre con sumo éxito.

Pero cuando esta industria advirtió que podían producirse telenovelas que viajaban al extranjero sin dificultad, aparecieron las coproducciones en las que intervenían actores y actrices invitados de otros países. De esa manera su distribución estaba asegurada al menos en otro país. Así empezó la tarea de retocar los textos originales: se eliminaron palabras malsonantes en otros lugares o desconocidas y difíciles de entender en otros países, especialmente en el de las estrellas invitadas.[12]

No siempre fue así como corresponde a un período inicial. Aún recuerdan algunos argentinos, más bien argentinas, una coproducción con Puerto Rico, en la que el joven enamorado, pobre y sin perspectivas de futuro, se le declara a la joven rica y poderosa, diciéndole: "Te quiero mucho, amor mío. Pero nuestras familias son diferentes. Nosotros no tenemos 'chavos' —y entonces mirando fijamente a la cámara, el joven explicaba a la audiencia—: 'chavos' en Puerto Rico quiere decir 'dinero'". Se conoce que el libretista no se sentía satisfecho con poner en boca de un chico pobre otras palabras más generales —no tenemos dinero, somos pobres, etc.— porque en Puerto Rico un muchacho de esas características lo que habría dicho era precisamente no tenemos "chavos". Por supuesto que la cinta que se vio en la isla carecía de esta especificación. Se comprende que Raúl Ávila, investigador de estos temas del Colegio de México, adoptó la expresión "¿Me entiendes o no, mi amor?" como título de uno de sus trabajos.[13]

Pero tan pronto como comenzó a hacerse notable el aumento de ingresos en las firmas que elaboraban estos "productos de entretenimiento" desaparecieron estos momentos de tanteos. Para empezar, los autores reducen hasta eliminarlos del todo en ocasiones los regionalismos que sepan o supongan que no van a ser entendidos por el público receptor de otros lugares para asegurarse que la inteligencia del mensaje no queda comprometida, vigilar, además las palabras tabuizadas para no ofender, y por supuesto olvidarse de la localizaciones específicas de un lugar, las referencias a sitios determinados, las menciones de personajes o sucesos regionales y cualquier otro elemento que pudiera perturbar la recepción del "producto".

En realidad no se trata de ningún descubrimiento reciente. Delia Fiallo, veterana escritora de estos libretos —ya escribía radionovelas en su Cuba natal— confesaba en una charla dada en la Universidad Internacional Menéndez Pelayo de Santander que las claves del éxito de una telenovela radicaban en evitar "una coloración excesivamente local de la lengua en que se expresan los autores". A estas declaraciones apostillaba Lodares (2005): "Los guionistas y asesores lingüísticos buscan, más que un estilo plenamente neutro que podría sonar artificioso, la utilización de rasgos comunes inteligibles para todos".

El resultado de todo esto es altamente satisfactorio. Así lo han demostrado los resultados del estudio de un corpus integrado por libretos de telenovelas de un total de 29 097 palabras: de este total, el 99,8% estaba constituido por palabras del español general; los localismos estaban representados por entre un 0,2 y un 0,3%; el de los extranjerismos, 21 en total, fue 0,03%, es decir tres por cada diez mil palabras.

Hoy, además de Hispanoamérica misma, las telenovelas viajan a los Estados Unidos y a España, los países de mayor importación de telenovelas, aunque también al resto de Europa, al norte de África y a Israel. El rico filón ha hecho nacer en Miami, de la mano de Televisa, un gran centro de producción. Con libretos hispanoamericanos y actores traídos de diferentes partes del continente se realizan producciones de gran lujo y esplendor, con las que están entrando con paso fuerte en los mercados internacionales. Lo que maravilla de todo esto es que actores de diferentes lugares del mundo hispánico, con diferentes variedades dialectales, logren unificarlo en uno solo con un realismo convincente: en una producción llamada *Pasión de gavilanes*, los protagonistas eran tres hermanos de padre y madre y criados juntos, y uno de los actores era argentino, otro cubano y un tercero venezolano (!).[14]

Aunque con menor pujanza, al menos hoy, las telenovelas hechas en Brasil también se ven en muchas pantallas del mundo, sobre todo las grandes producciones de O Globo. En los países hispánicos y en los Estados Unidos se doblan todas al español. Los doblajes suelen hacerse en el mismo Brasil, y si es en el extranjero, preferentemente en México o en Miami.

Lo que sorprende de las telenovelas es su conversión en estandartes del idioma español, y en ser responsables de su extensión en el mundo, ya que en muchísimos sitios las ven en versión original con subtítulos. Así es en el norte de África, en amplias zonas de Europa[15] y en Israel, para no decir nada de los Estados Unidos, donde *Betty, la fea,* dado su rutilante éxito, ha llegado a tener una nueva versión en inglés, *Ugly Betty,* también de gran éxito.

Ya desde 2005, fecha en que el Instituto Cervantes publica su *Enciclopedia del español en el mundo,* aparecen importantes noticias sobre la expansión de estas producciones: allí se señalan a Rumania, Albania, Malasia, Indonesia, Kenia e Israel como recipiendarias asiduas de telenovelas hispanoamericanas. Y hace unos pocos meses, Covarrubias (2010) nos informaba de que el consumo internacional de estos materiales va en constante aumento: la telenovela venezolana *Topacio* se exportó a 45 países, las de Telemundo llegan a 87 naciones, las venezolanas van a cien países, Televisión Azteca exporta a más de 120, y *Kassandra,* de la veterana Delia Fiallo, logró un lugar en el libro de marcas mundiales Guiness por su difusión en 195 países del mundo.

El mismo Covarrubias nos indica que las telenovelas hispanoamericanas que se difundían en febrero de 2010 eran muchísimas.

En Azerbaiyán, el canal líder transmitía *La fea más bella, Tierra de pasiones,* y *Dame chocolate.* Los armenios podían ver *Gata salvaje* por el Canal C1. En Bosnia, Pin<BH transmitía *Destilando amor, Marina*

y *Heridas de amor*. Los canales btv, nova y TV7 de Bulgaria ofrecían *Luna la heredera, Rubí* y *Sos mi vida*. En Croacia se podía ver *Duelo de pasiones* por HRT; *Sos mi vida* y *Rubí*, además de *Cuando seas mía*, estaban a disposición de los televidentes checos. En Malasia, astro Prima y TV3 lanzaban al aire *El cuerpo del deseo* y *La mujer en el espejo*. En Mauricio, los canales MBC1 y MBC2 echaban *Luna la heredera*. Georgia, por medio de IMEDI, transmitía *Gata salvaje*. Los televidentes del canal Creta, en Grecia, podían ver *La extraña dama*. En Polonia, *Tú o nadie* y *Celeste* eran ofrecidos por Polonia 1. *Rebelde* se daba en el Kanal A de Eslovenia, mientras que en Serbia, los canales PIN y Fox daban *Marina, Destilando amor, La viuda de blanco* y *La fea más bella*. Del 1 al 7 de noviembre de 2009 se difundían en la televisión norteamericana.

Covarrubias ofrece en su trabajo muchos y muy valiosos testimonios, tanto de alumnos como de profesores, en los que se afirma que el aprendizaje del español se lleva a cabo con mayor rentabilidad, incluso al hablar de enseñanza reglada recibida en importantes centros universitarios de los Estados Unidos, gracias a las telenovelas. Aunque solo sea en el más modesto plano de promover la competencia pasiva, lo que ya es importante, las telenovelas son de una utilidad muy estimable.

HASTA HACE POCO MÁS DE UNA DÉCADA, EL ESTUDIO REGLADO DEL ESPAÑOL EN ISRAEL ERA MUY ESCASO...

Israel tiene dos lenguas oficiales que son el hebreo y el árabe. Sin embargo, en ese país de casi siete millones de habitantes, conviven hablantes de otras muchas lenguas, entre ellas los de español. Esta situación se debe a dos circunstancias específicas. La existencia de una comunidad hispanohablante oriunda mayormente de Hispanoamérica, casi todos judíos o descendientes de judíos que dejan sus países de origen para asentarse en Israel; también los hay procedentes de España, aunque en mucho menor número. Por otra parte, están también aquellos inmigrantes hispanos, procedentes de distintos países de América y de Europa, que por motivos laborales han llegado a afianzarse en el país. Ambos grupos constituyen hoy el 2,3% de la población total. Hay que añadir los hablantes de judeoespañol, procedentes del antiguo Imperio Otomano y del norte de África, que en la actualidad suman unos cien mil.

Lerner (2006) nos informa que en la actualidad existen algunos medios de comunicación en español: el semanario *Aurora*, un periódico digital y tres estaciones radiofónicas por internet; desde 1990 se transmiten por televisión telenovelas hispanoamericanas. Últimamente, la presencia del español se hace notar también en las campañas publicitarias de varios productos (alimentos, cosméticos, bancos, etc.).

Hace apenas poco más de una década, el estudio reglado del español en Israel era muy escaso, pero con el tiempo las escuelas que lo ofrecían en sus *curricula* se cuadruplicaron, como evidencia este cuadro:

Cuadro 18.7: Evolución del número de escuelas secundarias, en Israel, en las que se imparte el español como lengua extranjera

Año lectivo	Número de escuelas
1998-1999	10
1999-2000	12
2000-2001	14
2001-2002	15
2002-2003	25
2003-2004	31
2004-2005	42

Fuente: Ministerio de Educación Israelí, sección de español
Tomado de Lerner (2006).

En la enseñanza universitaria la situación es paralela con respecto al aumento de matrículas de español en los últimos años.

El cuadro siguiente indica el número de profesores de ELE en centros universitarios:

Cuadro 18.8: Evolución del número de profesores de español como lengua extranjera en centros universitarios israelíes

Institución	1998-99	1999-00	2000-01	2001-02	2002-03	2003-04	2004-05
Universidad de Jerusalén	7+1 lector	8+1 lector	10+1 lector	10	8	6	6
Universidad de Tel Aviv	2+1 lector	2+1 lector	2+1 lector	2+1 lector	2+1 lector	2+1 lector	2+1 lector
Universidad de Haifa	1 lector	1 lector	1 lector	1 lector	1 lector	1 lector	1 lector
Universidad de Technion	1	1	1	2	1	1	1
Universidad Bar Ilan	2	2	2	2	Se cerró	Se cerró	Se cerró
Universidad Ben Gurion	No había	No había	1	1	1	1	1
Facultad de Agricultura	1	1	1	1	1	1	1
Colegio Universidad Sapir	No había	No había	No había	No había	1	1	1
Centro Interdis. Hertzlya	No había	No había	No había	No había	1	1	1

Al terminar el pasado año lectivo, 550 adolescentes eligieron español en sus exámenes de lengua extranjera

Según informa el diario *Yediot Abaronot*, por boca de Beatriz Katz, que está a cargo de la enseñanza de español en las escuelas israelíes, existe un canal de televisión, *Viva*, que está totalmente dedicado a la proyección de más de 30 telenovelas hispanoamericanas por día, y que publica en hebreo una revista con reportajes y con entrevistas a sus intérpretes estelares. Este mismo canal programa lecciones diarias de español de diez minutos de duración, ofrecidas por Gregorio Bermúdez, en cooperación con el Instituto Cervantes. "No habríamos podido llegar a tener centenares de estudiantes que hasta rinden sus exámenes en español, sin las telenovelas", declaró a la prensa la Sra. Katz.

Lo interesante es que nuestra lengua no es de aprendizaje obligatorio en Israel (son el hebreo, el inglés y el árabe), pero, a pesar de ello, se enseña en 40 escuelas secundarias (se ofrecía solo en doce el año 2000), y al terminar el pasado año lectivo, 550 adolescentes eligieron el español en sus exámenes de lengua extranjera.

Gracias a la popularidad de estas telenovelas, muchos estudiantes llegan con conocimientos previos de español a las aulas, lo que favorece su elección en el bachillerato; lo entienden y lo hablan "de oídas". El éxito alcanzado por estas producciones obedece al hecho de que los adolescentes y jóvenes israelíes se identifican más con los problemas que presentan y con los personajes de estas telenovelas que con las series norteamericanas con que los abruma la televisión del país.

Las noticias

Es natural que todas las agencias de noticia aspiren no solo a utilizar un instrumento comunicativo correcto, sino también a hacerse entender por sus "clientes" de los países con los que trabajan. De ahí el título de la comunicación que Miguel Platón presentó en el Congreso de la Lengua Española de Zacatecas, que es "Aspirar a entendernos". Pero mientras los medios de comunicación nacionales, no digamos regionales, terminan aquí con sus preocupaciones lingüísticas, los organismos internacionales, como la agencia Efe, se enfrentan a otros retos. Aunque encomiables, los libros de estilo confeccionados para un medio en especial o para un grupo de medios no pueden satisfacer todas las necesidades de las grandes agencias internacionales.

LAS PALABRAS *CONDUCIR, TRÁFICO, PASO DE CEBRA* Y *COCHE,* QUE APARECEN EN UNO DE LOS EJEMPLOS DE *MANUAL DEL ESPAÑOL URGENTE,* SON PALABRAS QUE, SI BIEN SE ENTIENDEN EN CONTEXTO, CHOCAN CON LA "NORMA" DE MUCHOS PAÍSES HISPANOAMERICANOS, QUE PREFIEREN *MANEJAR, TRÁNSITO, PASO DE PEATONES* Y *AUTOMÓVIL*

Aquí los imprescindibles criterios de corrección idiomática se enfrentan a una notable variación dialectal: lo que es correcto en un lugar, puede no serlo tanto en otro y, además, suceder que unos usos, aunque correctísimos en una latitud, sean desconocidos —o indecorosos— en otra. Así, por ejemplo, las palabras *conducir, tráfico, paso de cebra* y *coche,* que aparecen en uno de los ejemplos del *Manual de español urgente,* son palabras que, si bien se entienden en contexto, chocan con la "norma" de muchos países hispanoamericanos, que prefieren *manejar, tránsito, paso de peatones* y *automóvil.* El caso de *tráfico,* en el sentido indebido de "tránsito", tiene muchas papeletas para triunfar (salvo casos aislados de "tráfico de blancas", "tráfico de drogas" que recuerdan su significado propio); la neutralización léxica, en la que quizás el inglés haya representado algún papel, aunque no importante, está cercana a ser un hecho en muchos lugares; el *paso de cebra,* metáfora al fin e ingeniosa, cuesta algo más de entender en lugares donde no se usa.

Es lo que ocurre cuando inadvertidamente los despachos de prensa enviados desde Madrid emplean términos desconocidos en la otra orilla del Atlántico o vocablos que allí significan cosas diferentes. Por ejemplo, la palabra *vaqueros* es conocida en Venezuela, pero solo con su sentido primario de "cuidador de reses vacunas". Sin embargo, una búsqueda en el Corpus de Referencia del Español Actual (CREA) de la Real Academia Española nos da cinco casos para Venezuela con el significado de "pantalones hechos con un tipo de tela de algodón muy resistente de color azul, parecido al que llevan los vaqueros del lejano Oeste".

Pero tres de ellos son de Boris Izaguirre (todos ellos procedentes de la misma obra), venezolano, sí, pero radicado en España desde hace varios años, por lo que su uso de la palabra queda explicado; los dos últimos corresponden a sendas noticias de prensa aparecidas en *El Universal* de Caracas (23-IX-1996 y 15-X-1996). Una búsqueda, nada fácil, de las fuentes de estas noticias nos lleva directamente a despachos de la Agencia Efe. Y es que los medios que contratan los servicios de la agencia española encuentran en su material, entre otras ventajas, el que no hay que traducirlos. *El Universal*, por ejemplo, solo cambia aquellas palabras que pueda producir confusión en el lector venezolano, como coche, que allí es "carruaje tirado por caballos", no automóvil. El resto queda igual. Pero téngase en cuenta que la agencia escribe "pantalones vaqueros" en los dos despachos que comentamos, lo que, desde luego, ayuda al lector a desambiguar la interpretación: se trata de un tipo de pantalones, aunque quizás no sepa muy bien de cuál, pero no de un cuidador de ganado vacuno.

Con todo, obsérvese que los únicos ejemplos de esta procedencia que existen en el citado corpus son de hace 14 años. Ahora existe una mayor conciencia de lo unitario y lo diferencial. Hasta hace muy poco figuraban casos como estos en el *Vademecum* de esta agencia, en el que se atendía sin matices a la norma que, suponemos que en su día fuera general, pero que ahora solo se conserva, y con alguna dificultad, en el español de España.

GRACIAS A LAS TELENOVELAS Y A ALGUNAS OTRAS COSAS, CLARO
ESTÁ, SE ESTÁ UNIFICANDO Y COHESIONANDO LA LENGUA

Es importante subrayar que además de participar activamente
en la enseñanza de nuestra lengua a extranjeros, las telenovelas cumplen otras funciones. Salvador las ve, además, como
un vehículo de cohesión lingüística dentro del ámbito de la
hispanidad:

> … las telenovelas son algo extraordinariamente beneficioso para
> el mantenimiento del español. En nuestra Academia —se refiere
> a la Real Academia Española— algunos consideramos que gracias a
> las telenovelas y a muchas otras cosas, claro está, se está nivelando
> y cohesionando la lengua.
>
> Las telenovelas pueden ser el camino de retorno de muchos
> lexemas que estaban ignorados en España…[y] …pueden modifi-
> car la historia futura de nuestra lengua; los culebrones pueden
> hacer más por el idioma castellano [sic] que, por ejemplo, una
> reunión de academias.

Pedro Luis Barcia, presidente de la Academia Argentina de Letras, opina que "hoy los diarios y las telenovelas son el mejor
instrumento de unificación idiomática", y Enrique Durand, jefe
de redacción de la influyente CNN en español, dice que "no hay
duda de que las telenovelas ayudan a enriquecer el léxico de los
propios países hispanoamericanos (y habría que añadir, de España), con la asimilación de nuevos vocablos que han ido ganando el favor popular", y Raúl Ávila, mantiene que

> … además de permitir a los televidentes conocer cómo se habla
> en otras latitudes, las telenovelas favorecen la unidad al limitar de
> diferencias… La televisión internacional refuerza la unidad del es-
> pañol; su masiva comunicación promueve la convergencia lingüís-
> tica y limita consecuentemente las voces divergentes.

La radio

La radio, sobre todo la internacional, sigue cada día más pujante en nuestro mundo hispánico. Buenos ejemplos de ello son Radio Exterior de España y Radio Vaticano.

Uno de los mejores ejemplos del interés de esta radio por aquellas tierras fue el programa *América está cerca*

Aunque desde 1944 se sucedieron en España los ensayos en materia de programas para el extranjero, Radio Exterior de España, la entidad que surgió de aquellas experiencias primeras, ha cumplido sus primeros 33 años de vida. Entre las misiones encomendadas a esta radio, la estelar ha sido el mantener comunicaciones fluidas con los emigrantes españoles a través de todo el mundo, pero muy especialmente con Hispanoamérica; ser, además, espejo fiel de la cultura española y, sobre todo, estrechar lazos de unión con todo el mundo hispánico.

Es verdad que siempre primaron los españoles de América porque desde el primer momento la correspondencia de oyentes que vivían en aquellas latitudes fue extremadamente copiosa. Así lo corroboran programas como *América hermana, Debate América, Radiogaceta Hispanoamericana, Correo de América, Matinal América,* más algunos concursos que atrajeron poderosamente la atención del otro lado del Atlántico, como por ejemplo, la designación del "Mejor Futbolista Iberoamericano de la Liga Española de Fútbol", concedido mayoritariamente por la audiencia hispanoamericana, que fue otorgado por primera vez al argentino Jorge Valdano.

Uno de los mejores ejemplos del interés de esta radio por aquellas tierras fue el programa *América está cerca,* que comenzó a emitirse en noviembre de 1982. Ese programa intentó sintonizar con la realidad del mundo hispanoamericano, con sus problemas, sus aspiraciones y sus esperanzas […] en un análisis exento de paternalismo histórico, al tiempo que se leían poemas y páginas en prosa —a cargo de Nuria Espert— de la producción literaria de sus países. Lo mismo viajaba a El Paso, Texas, para ahondar en la vida de los chicanos, como se iba a Montevideo para debatir a fondo el problema guerrillero de la época. En 1985 cambió su nombre a *América 92,* no sus contenidos que se mantuvieron fieles al primer diseño. A lo largo de aquellas emisiones estuvieron frente a los micrófonos Concha Velasco, Esperanza Roy, Adolfo Marsillach, José Luis Pellicena, Analía Gadé y otras figuras de igual relieve.

El hecho de que entre sus objetivos Radio Exterior tuviese "la defensa del castellano [sic] y de la calidad del lenguaje" nos asegura de que siempre haya estado presente la intención y el prurito de ofrecer muestras correctas de nuestra lengua. En general, como es lógico, prima la variedad centropeninsular, sin embargo, no faltaron los casos en que las ondas difundían otras variedades, hispanoamericanas las más, y también voces de otros que no tenían al español como lengua materna. Fueron memorables en su momento las entrevistas que algunos directivos de importantes rotativos de nuestra América hacían a figuras de gran relieve en la vida política española, como la que se realizó al entonces presidente, Felipe González.

Pero, sin duda, el ejemplo más notable es el programa llamado *Un idioma sin fronteras,* en el que se entrevista a un número considerable de personas de diversas procedencias dialectales del español de España y de América. El que escucha diariamente esta radio sabe que la emisora produce una serie de cuñas en las que diversos integrantes de la comunidad cultural hispánica y otros invitados glosan brevemente —y a la vez explican— aquello de que el español es "una lengua sin fronteras".

A tenor de su alcance internacional, Radio Vaticano para España e Hispanoamérica procura —y consigue— manejar un español lo más general posible, de modo que su palabra llegue fácilmente a más hogares

La emisora de la Santa Sede fue fundada en febrero de 1931, como instrumento de comunicación y de evangelización al servicio del ministerio del Papa. Informa sobre puntos importantes para el Vaticano, como son los relativos al santo padre (discursos, intervenciones, canonizaciones, viajes, etc.), las actividades de la Santa Sede, lo que sucede con la iglesia católica en el mundo, más información actualizada sobre la coyuntura política, social y económica mundial. Tiene también la misión, entre otras cosas, de asesorar a las conferencias episcopales de cada país en el campo de la radiodifusión.

Posee cinco redes radiofónicas con diversas frecuencias (onda corta, onda media y frecuencia modulada) y se difunde internacionalmente a través de dos satélites con dos canales cada uno; las transmisiones trasatlánticas viajan gracias a Intelsat 325,5°. Entre sus 400 empleados destacan 200 periodistas pertenecientes a 60 nacionalidades. El español es, por supuesto, de las más importantes entre las 40 en que transmite.

A tenor de su alcance internacional, Radio Vaticano para España e Hispanoamérica procura —y consigue— manejar un español lo más general posible, de modo que su palabra llegue fácilmente a más hogares. Y así lo confirma un estudio estadístico de Ávila (2001), que en una muestra representativa de la programación vaticana encontró solo un 0,1% de términos locales, lo que indica que prácticamente el 100% de esos textos respetan la norma léxica del español general.

La radio sigue siendo el medio de comunicación más universal

Según Roncagliolo (1998), la radio sigue siendo el medio de comunicación más universal. Puede decirse que los ciudadanos se enteran de las noticias por la radio, las confirman en la televisión y las reflexionan al día siguiente con el diario. Los que leen los diarios son, por supuesto, una minoría. Mientras que la radio la escuchan todos. Porque uno puede atender a la radio mientras se ducha, o viaja en el micro o se distrae en el trabajo. Pero no se puede meter a la ducha con el televisor. Y menos aún con el periódico. Es decir, puede, pero... Por otro lado, la gente quiere ver las guerras en vivo y en directo, pero también quiere saber lo que le pasa al vecino y cuánto debieran costar las papas en el mercado del pueblo.

El libro y los lectores

Aunque ha habido muchas predicciones sobre la desaparición del libro impreso en los tiempos modernos, ninguna hasta a la fecha se ha cumplido. El libro —dicen— va camino de la tumba porque cada día se lee menos.

México, nuestro segundo gran centro editorial en el presente, aumentaba notablemente sus publicaciones

Ya en 1998, Moreno de Alba había salido al paso de estas declaraciones apocalípticas, esgrimiendo datos estadísticos absolutamente irrebatibles. Según el reconocido lingüista mexicano, el total de títulos publicados durante la última década del siglo XX llegarían a los diez millones, que producirían un total de diez mil millones de ejemplares. Sus proyecciones se han convertido en realidad.

Ya desde antes los datos internacionales que podían manejarse iban dando muestras evidentes de que la publicación de libros iba en constante aumento. En 1991, el Anuario Estadístico de la UNESCO daba cuenta de que se habían publicado, sin tener en cuenta las publicaciones periódicas, 875 mil títulos, 403 mil en Europa y 42 mil en Hispanoamérica, que ya eran cantidades muy superiores a las de años anteriores. En los años siguientes, México, nuestro segundo gran centro editorial en el presente, aumentaba notablemente sus publicaciones: 1992: 13 481 títulos; 1993: 16 055; 1994: 12 479. Moreno de Alba concluye que en 1900 se publicaron 300 títulos mientras que en 1993, la cantidad había subido a más de 16 mil. Y esta información correspondía, según el profesor de la Universidad Nacional Autónoma de México, "a un país subdesarrollado". Para esas últimas fechas, España publicaba más de 70 mil libros al año.

En 2009, en que debido a la crisis, la producción editorial disminuyó en España un 13,7% (la cifra más baja en los últimos diez años), el total de libros publicados en español fue de 74 321 títulos, frente a los 86 870 del año anterior.

Por otra parte, las bibliotecas han experimentado un aumento de suma importancia, y en casi todas las naciones, no solo en las realmente subdesarrolladas, y se ampliaban de continuo los horarios de lectura. Algunas bibliotecas españolas —cada día más— abren hasta las doce de la noche, e incluso algunas permanecen abiertas durante las 24 horas del día, especialmente durante los períodos de exámenes. El número de usuarios sigue también en aumento.[16]

Aquí no hay "reglas tajantes" sino de "arte" y de "toma de decisiones", con frecuencia sutiles

Uno de los tópicos favoritos de muchos (y no solo de puristas a ultranza) es el derrumbe y aniquilación que sufre nuestra lengua en manos de los comunicadores, a los que acusan de incompetentes, displicentes y frívolos. Sin duda esa "impresión" la han sacado de sus lecturas de la prensa o de escuchar la radio y ver la televisión, más de la sensación de desplome total y de la corrupción sin límites que algunos cazadores de gazapos han contribuido a difundir: errores —reales o supuestos— contra los que dirigen dardos mortales.

No puede negarse la existencia de errores y disparates idiomáticos que saltan por aquí y por allá en cualquier sitio. Imposible mantener otra postura después de las docenas de datos con que nos enfrentamos. Es cierto: carteles inentendibles, azafatas que golpean la lengua, narradores deportivos que, micrófono en mano, y presas del ardor de la contienda, desbarran a placer, y un largo etcétera. Pero, salvo casos como este último, pueden ser considerados usos "privados" y que no trascienden.

En cuanto a los lectores y escuchas, sin duda se trata de individuos que, sin pensar que han leído sin sobresalto gramatical varias páginas de un periódico, encuentran un error por aquí y otro por allá, y se escandalizan. No tienen conciencia estadística, aunque sea de una parcela de ella tan elemental como la frecuencia. Pero tras la lectura de varios ejemplares de *El País* y de otros tantos de *ABC,* diario este tan anatematizado por José Manuel de Pablos, el índice de errores, no de erratas (que son debidas a impericias mecanográficas de los autores y a la ausencia de correctores profesionales) no ha pasado en ninguno de los casos del 1,8%, aunque los hay ciertamente llamativos, como este titular de *ABC:* "Se está produciendo un alejamiento afectivo *hacia* Cataluña" (22-1-2002).

Incluso la puntuación, tan compleja y esquiva, es todo lo correcta posible, teniendo en cuenta que no se trata solo de la aplicación de un conjunto de reglas, porque aquí no hay "reglas tajantes", sino de "arte", y de "toma de decisiones" con frecuencia sutiles. Se trata de una muestra corta y simple, es cierto, y nada representativa, además, pero sí es un índice que ni de lejos parece incitar al rasgado de las vestiduras.

No puede olvidarse que los medios cuentan, quizás hoy con más frecuencia que ayer, con escritores consagrados que, entre otras cosas, ponen gran atención y cuidado a la lengua que utilizan; y que ahora los periodistas, hasta los más bisoños y más inexpertos, cuentan con ayudas de mucha utilidad, desde los libros de estilo propios de sus medios hasta la invaluable ayuda de la Fundación de Español Urgente, Fundéu, sin mencionar los servicios de consulta de dudas que ofrecen algunas Academias de la lengua a la comunidad nacional e incluso internacional.

NOTAS

[1] Sin embargo, a pesar de los 43 millones de hispanos que viven en los Estados Unidos, hoy día hay pocos programas de español para hispanohablantes, nos recuerda García (2008). Por ejemplo, en el año 2000, solo un 1,9% de los estudiantes de español de escuela secundaria (41 212) asistían a estas clases. Si comparamos esta cifra con los 8 595 305 escolares (de 5 a 17 años) clasificados como hispanos en el censo del año 2000, o con los 928 765 que tienen entre 15 y 17 años, nos damos cuenta de que el número de estudiantes en esas clases es mínimo.

[2] En el sistema educativo norteamericano no existe un currículum de lenguas extranjeras a escala federal en el que se detallen los objetivos, los métodos de enseñanza de lenguas extranjeras y los de evaluación, ni una ley federal que establezca la obligatoriedad de este tipo de enseñanza. Los planes de estudio se deciden en cada estado y, en última instancia, en las instituciones locales o en cada uno de los distritos escolares. Por ello, mientras que en algunos estados la presencia de idiomas es importante, en otros se les presta una atención mínima e incluso es posible terminar los estudios universitarios sin haber estudiado ninguna lengua extranjera. Del mismo modo, el inicio de estos estudios comienza en la enseñanza primaria en algunos casos y en otros, en la secundaria. En unos y otros las lenguas extranjeras se ofrecen como una asignatura más del currículum.

[3] El estudio del árabe aumentó de manera muy significativa tras los atentados del 11 de septiembre de 2001 contra las Torres Gemelas. A partir de este momento se incrementó el conocimiento de esta lengua dado el descubrimiento de la escasez en todo el país de traductores e intérpretes y la necesidad de contar con estos profesionales.

[4] Desde 1813 exactamente, fecha en que George Ticknor ocupa la primera cátedra de francés y español en la Universidad de Harvard, siendo sucedido a su jubilación por Henry Wadsworth Longfellow, James Russell Lowell, Washington Irving y William Prescott. Es cierto que el objetivo de esta cátedra no era la enseñanza de la lengua española sino la interpretación y valoración de textos literarios y el desarrollo de conocimientos filológicos. *Vid.* García 2008: 423.

[5] Consensuar una definición para el término globalización en el ámbito económico no le ha sido nada fácil a la Real Academia Española. Más consenso hubo en el caso de su adaptación al plano lingüístico y cultural, en el que se han

establecido dos acepciones: 1) difusión mundial de una lengua que fomenta la uniformidad lingüística más allá de sus fronteras nacionales; y 2) difusión internacional de una variedad dialectal específica de una lengua natural que fomenta la uniformidad lingüística en todo su ámbito idiomático. El término "globalización" no parece proceder de nuestro acervo léxico, sino del mundo anglosajón. No obstante nuestro diccionario mayor lo recoge sin marca de origen extranjero, sin duda porque existe "globalizar" en el sentido de internacionalizar y algo más lejano, globo [terráqueo] con el sentido general de globo y el particular de tierra. Bien se considere de origen hispánico, bien pensemos en una influencia del inglés, lo cierto es que globalización ha terminado imponiéndose de manera sorprendentemente rápida. Sus oponentes "mundialización", que tanto han patrocinado los franceses sin el menor éxito, e "internacionalización" han perdido la batalla, a juzgar por los datos estadísticos que se recogen en los *corpora* lingüísticos más amplios de nuestra lengua; en el de Referencia del Español Actual (CREA), por ejemplo, globalización cuenta con 1 077 entradas, mientras que mundialización solo alcanza 85 e internacionalización, 18 y no siempre estos dos últimos con el sentido que aquí interesa.

⁶· Tejera (2003) señala con su habitual precisión que, a pesar de la resistencia de muchos lectores, la prensa venezolana ha empezado a utilizar términos ajenos a esa variedad dialectal: *jueza* por "la juez", *velatorio* por "velorio", *noticiario* por "noticiero", competición [deportiva] por "competencia", *la radio* por "el radio" (para el aparato) y *toalla de manos* por "paño de mano". Este tipo de español, que junto a un léxico procedente del español general utiliza otras de una determinada variedad dialectal, impuesto por diversos motivos, ha recibido distintos nombres: "español internacional", "supradialecto estándar" y "tercera norma del español de América". Ávila (2001), padrino del primero de ellos, se refiere específicamente al usado en los medios internacionales de comunicación que por fuerza buscan aquellos términos que sean —o que se crean que son— comprendidos con mayor facilidad por sus "clientes", cuantos más, mejor.

⁷· Sus informes sobre nuestra lengua se basan en datos muy poco fiables, como se ve, pues hasta el investigador más despistado puede darse cuenta de inmediato de que el francés no es, ni de lejos, competencia alguna con el español en los Estados Unidos.

⁸· Es pertinente recordar aquí que algunos estudiosos se resisten a hablar del "inglés" sin más, y prefieren matizar: inglés americano, euroinglés, afroinglés, hindinglés, y no faltan los que en esta serie incluyen disparatadamente al espanglish. Tampoco conviene olvidar que algunos científicos alemanes de talla en sus respectivas especialidades tienen serias dificultades para hablar inglés en las conferencias internacionales, que muchos se ven obligados a hacer traducir sus trabajos porque ellos no son capaces, que los que se lanzan a hablarlos dan la impresión de hacerlo como bebés *("sound like babies")* y los que se atreven a escribirlo producen manuscritos (lingüísticamente) raquíticos.

⁹· Görlach (2002) ha mostrado que, aunque no sea de una gran importancia, la fuerte irrupción de anglicismos léxicos en diferentes lenguas producidas hasta hoy, y el hecho de que este influjo será más contundente en un futuro inmediato, gracias a la invasión que se avecina de centenares de términos de nueva creación, son hechos que parecen favorecer la primacía del inglés.

[10.] Son botones de nuestra de la televisión el del autor que afirmaba con sarcasmo ser "un escritor de mierda", la entrevistadora que al ser entrevistada confesaba que estaba "cagadita" y otra que preguntaba directamente a un supuesto famoso que si era "maricón".

[11.] Estas cintas se procesan después en computadoras para analizarlas mediante programas diseñados con este propósito. En cuanto a la prensa, las nuestras se recogen directamente en computadora. La coordinación general guarda copias de todos los materiales para facilitarlos a los investigadores o instituciones que los soliciten. El programa informático, llamado Exégesis, es creación de IBM México para El Colegio de México. Exégesis evalúa el léxico de cada uno de los programas que integran la gran muestra panhispánica en cuanto al empleo de la norma internacional, nacional o regional, y también sus índices de riqueza léxica y el nivel de comprensión del auditorio. Sobre sus avances hay informes periódicos que pueden verse en la página electrónica http://colmex.mx/persona/cell/ravila/index.htm/.

[12.] Una muy conocida actriz puertorriqueña de los años setenta se negó a decir la palabra "bicho" que aparecía en uno de sus parlamentos —entonces los libretos se entregaban a los actores con anticipación y se memorizaban— porque en su país, donde ya un importante canal de televisión había comprado la telenovela, esa palabra estaba —y está— fuertemente tabuizada, ya que allí tiene el significado popular de "pene". Sin duda eran los primeros intentos, un tanto precarios, de elaborar una modalidad lingüística supranacional que cumpliera con dos importantes propósitos, que se entendiera el texto y que no ofendiera a los telespectadores.

[13.] Estos eran *baby, bye, chance* "oportunidad", *hey, locker* (2), *miss, okey, show* (3), *smog, suite, sushi* (2), *test* (2), *vedette* y *yes*.

[14.] El lector interesado podrá acudir a un sitio electrónico creado en 2008, llamado "El Rincón de tus telenovelas", dedicado a reunir las mejores telenovelas de habla hispana, con datos y referencias desde las más clásicas a las más actuales. Allí se compran y se envían a todas partes del mundo.

[15.] Una profesora africana comentaba que en sus clases, tan pronto como podía poner a hablar a sus estudiantes, lo hacía. Empezaba con diálogos muy simples, que memorizados, un estudiante tenía que practicar con otro. Y un buen día fue gratamente sorprendida porque un joven haciendo su ejercicio con una compañera, añadió a su diálogo rutinario, la expresión: "Tú eres la mujer de mi vida". Naturalmente que la había aprendido en una telenovela de éxito en el país. También en Croacia, una joven entrevistada decía que el español era muy popular allí, gracias a las telenovelas, y que todos sabían frases como "Estoy embarazada", "Te quiero, Juan" y "¡Es una bruja!".

[16.] En España, por ejemplo, los préstamos por habitante eran en 1999 de un 0,006%; en 2003 de 1,044%, lo que supone que los préstamos se han multiplicado por 174 en cuatro años.

CAPÍTULO 19
EL FUTURO DEL ESPAÑOL

UN TRÁNSITO ASIDUO QUE EMPIEZA A CONGESTIONARSE EN LAS VÍAS INFORMÁTICAS

El español es hoy lo que es, por la cantidad de hablantes de que dispone, por la relativa homogeneidad lingüística de la que goza, por el indiscutible protagonismo que ostenta en cientos de universidades, bibliotecas, archivos, en docenas de periódicos de difusión internacional y en poderosas cadenas radiofónicas y de televisión: a todo ello se une hoy un tránsito asiduo que empieza a congestionarse en las vías informáticas.

SE TRATA DE UNA LENGUA HABLADA POR MUCHAS GENTES DE DIVERSOS PAÍSES DEL MUNDO

En efecto, se trata de una lengua hablada por muchas gentes en diversos países del mundo. Este hecho, sin embargo, no tendría demasiada importancia si todos estos hablantes pertenecieran a una misma entidad política nacional, pero estamos ante una amplia dispersión que abarca 18 países que la tienen como lengua oficial única —aunque en algunos casos, como el de México, este hecho no tenga constatación en el texto de sus constituciones— más otros tres, en que es lengua cooficial: Paraguay (con el guaraní), Puerto Rico (con el inglés) y Guinea Ecuatorial (con el francés y el portugués).

Claro que estos datos no son capaces de ofrecernos un panorama completo de la cuestión. Faltan los núcleos de inmigrantes a otros países donde nuestra lengua carece de reconocimiento oficial: los Estados Unidos, hoy el segundo país del mundo hispánico por el número de sus hablantes, y ya, con cifras inferiores, Francia, las islas ABC (Aruba, Bonaire y Curaçao), Canadá, Alemania, Suiza, Australia, Belice, Suecia, Bélgica, Israel, Andorra, Turquía, Islas Vírgenes, Luxemburgo y Marruecos. Añádanse las islas Filipinas, Gibraltar y Guam, donde la lengua fue llevada desde antiguo y posee cierto grado de conservación.

Mapa 19.1: Distribución de los hispanohablantes en países donde el español no es lengua oficial

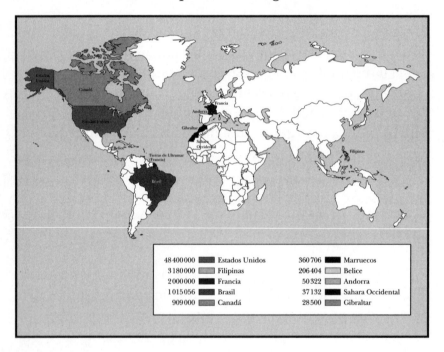

48 400 000 Estados Unidos		360 706 Marruecos	
3 180 000 Filipinas		206 404 Belice	
2 000 000 Francia		50 322 Andorra	
1 015 056 Brasil		37 132 Sahara Occidental	
909 000 Canadá		28 500 Gibraltar	

No debe causar sorpresa que una lengua como la nuestra, tan extendida por muy diferentes partes del mundo y con tal cantidad de hablantes, presente divergencias entre sus múltiples variedades regionales

Es verdad que entre hablantes de todo el mundo hispánico y, en general, entre los que manejan un español aprendido, la comunicación suele ser muy transparente, sobre todo, si pertenecen a niveles altos y medio altos del espectro sociocultural. Hoy, las investigaciones sociolingüísticas dejan muy claro la constante relación asociativa existente entre niveles medios y bajos y una creciente presencia de peculiaridades lingüísticas, y no solo léxicas. Una riquísima bibliografía dialectal nos da continuados ejemplos de ello.

No debe causar sorpresa que una lengua como la nuestra, tan extendida por muy diferentes partes del mundo y con tal cantidad de hablantes, presente divergencias entre sus múltiples variedades regionales. Ya hemos visto que una rápida mirada a la historia y a la geografía nos explica sobradamente el porqué de esta situación.

Hiroto Ueda y Toshihiro Takagaki, que dirigen desde Tokio el proyecto "Variación léxica del español en el mundo", señalan una serie de datos muy aleccionadores: *auto/automóvil* es palabra usual en Costa Rica, Panamá, Cuba, República Dominicana, Puerto Rico, Perú, Bolivia, Paraguay, Uruguay, Chile y la Argentina; *carro*, en México, Guatemala, Costa Rica, Panamá, Cuba, República Dominicana, Puerto Rico, Colombia, Venezuela y Perú; *coche*, en España, México, Paraguay y la Argentina; y *máquina*, en Cuba y la República Dominicana. *Carro* y *coche* son palabras conflictivas porque cambian de significado en lugares diferentes: en América *coche* suele ser el de caballos; en España, *carro* es el de tracción animal, mientras que *máquina* tiene una dispersión geográfica muy reducida. Ninguna de estas tres pertenece al español general. Solo *auto/automóvil* lo es, no solo por su amplio índice distributivo de uso, ni tampoco porque no confluye con ningún otro contenido semántico que acarrearía confusiones comunicativas, sino por ser palabra que, aunque usada principalmente por el 36,5% de los hablantes nativos (frente al 60,2% de *coche*), es la que *comprenden* "todos" inequívocamente.

No todas las palabras de nuestra lengua, por supuesto, tienen equivalencias indiscutibles en el español general, como suele suceder en todas las lenguas de gran extensión y de muchas variedades dialectales. Es el caso, por ejemplo, de la voz para designar la "pieza, generalmente en forma de aro, con la que el conductor dirige un vehículo automóvil": *dirección* es la más usada en México; [el] *guía*, en la República Dominicana y Puerto Rico; *manubrio*, en Venezuela, Chile y la Argentina; *manivela*, en Costa Rica; *timón*, en Guatemala, El Salvador, Panamá, Cuba, la República Dominicana, Colombia y Perú; *volante*, en España, México, República Dominicana, Puerto Rico, Ecuador, Venezuela, Perú, Bolivia, Paraguay, Uruguay, Chile y la Argentina. Aunque *volante* sea la forma más frecuente (al hablar o escribir) entre 79,8% de los hablantes nativos de español, no es comprendida con facilidad por el resto de esta comunidad idiomática, a menos que el contexto lo precise. *Volante* es palabra polisémica, es decir, que posee muchos significados diferentes, como demuestran las 14 acepciones generales que trae el *Diccionario* académico, más las cuatro que considera regionales y, además, presenta restricciones semánticas en algunos países, como México, en donde solo se aplica a lanchas o a barcos.

La norma general hispánica, como se ve, no está formada del todo, pues aun siendo cierto que a ella pertenece una gran cantidad de términos, otros están en vías de solución. Parece natural que los grandes medios de comunicación panhispánicos y las Academias tengan mucho que decir en este sentido.

La propuesta de Raúl Ávila (1998a) de elaborar un *Diccionario internacional de la lengua española* (DILE) ha sido recibida con entusiasmo. El DILE tendría como objetivo presentar el español de 20 naciones, dentro de la "necesidad de comprensión general y de aceptación". Este diccionario debería incluir en sus entradas una breve referencia semántica y todos los sinónimos nacionales, junto a la indicación de países que lo usan de manera habitual, excluyendo todo tipo de regionalismos intranacionales —andalucismos de España o yucatequismos de México— sean los que sean. Quedamos a la espera de este importante y arduo trabajo.

Potencialmente rodeado de un sinfín de medios de comunicación masiva

Cualquier hombre que no viva en lo más intrincado de una selva agreste o en medio de un dilatado desierto está hoy (y mucho más, mañana) potencialmente rodeado de un sinfín de instrumentos de comunicación masiva, que pudieran hacerle llegar cantidades ingentes de información. Solo en el mundo hispánico, es enorme el número de aparatos radiofónicos de que se dispone; la onda corta difunde más y más programas, incluso aquellos que habían sido creados para consumo nacional. La televisión se internacionaliza y cada vez llega a más sitios: en Hispanoamérica, el 90% de los hogares dispone de al menos un televisor, que permanece encendido el tiempo equivalente a una jornada de trabajo diaria, unas tres horas al día por cada usuario. En la América hispana, incluyendo Las Antillas, el número de usuarios de internet es, al día de hoy, de 18 068 919.

En España, a finales de 1995, había unos cien mil usuarios de internet; en 1996 eran 802 mil, un 2,4% de la población total de más de 14 años. En diciembre de 2005 sumaban 14 590 180, lo que significa que desde el año 2000 hasta finales de 2005, los usuarios de internet en este país experimentaron un crecimiento de un 170,8%; las casas españolas que la disfrutaban constituían el 63,9%. En México, que junto con España pertenece a la lista de los 20 países líderes en el mundo electrónico, los usuarios eran (al 31 de marzo de 2005) 12 250 000, lo que indica un crecimiento de un 351,6% en cinco años.

En los Estados Unidos 7,6 millones de hispanohablantes hacen uso de internet y visitan sitios y portales electrónicos (Nielsen/NetRatings); los hogares hispanos con cable son más de diez millones (Kahan World Media Projections).

Con todos estos avances a la mano se puede estar en contacto con CNNenEspañol.com, CNN móvil, Telefutura (Univisión), Galavisión, Telemundo (NBC Universal), Telemundo Internacional, dirigido especialmente a Hispanoamérica, Mund2, de carácter bilingüe y dirigido a los jóvenes; en televisión, con satélite directo a los hogares: DirectTV, con 20 canales en español, Dish latino, con otros 20, además de las versiones españolas de otros canales como Discovery Channel, Music Television Español, Fox Sports World Español, Espn Deportes, más el Servicio SAP, donde aparecen TBS Superstation, Braves, Cartoon Network y Boomerang Cartoon Network. No hay que olvidar la rica gama de posibilidades que ofrece la radio digital, y dentro del mismo mundo hispánico, Televisión Española Internacional y Antena 3.

No todo lo que se lee y, sobre todo, se escucha, viene en ese supuesto "español neutro".[1] No. Es cierto que algunos medios buscan premeditadamente el entendimiento general de sus "productos"; es el caso, por ejemplo, de CNNenEspañol, ECO y Discovery Channel, entre otros, en los que nunca faltan las controversias y las discusiones sobre aspectos lingüísticos, especialmente léxicos, a la hora de traducir al español materiales escritos originalmente en inglés o de producir los propios textos en español, conscientes como están en que tras cada decisión idiomática subyacen intereses económicos. Para todos los que intervienen en estas operaciones, su dialecto es mejor que el de los demás, y son sus palabras, por tanto, las que deben primar. Pero lo verdaderamente importante es que la comprensión internacional sea fácil.[2]

A este respecto Abel Dimant, jefe de redacción de CNN en Español, comentaba a Raúl Ávila (1998), en un mensaje en internet, lo siguiente:

> Debo admitir que una de las partes más difíciles de mi trabajo es decidir qué palabras y expresiones usar o no, considerando la gran variedad en cuanto al empleo del español en los distintos países latinoamericanos [sic] [...] No pasa un día en que algún vocablo no sea motivo de debate interno, particularmente porque en nuestra redacción hay representantes de numerosos países latinoamericanos [sic], lo cual ayuda a nuestro propósito de encontrar un lenguaje uniforme, claro, coherente y expresivo.

Sin embargo, existen otros medios que utilizan la variedad del español de sus lugares de origen. Sin duda, estos últimos son mucho más numerosos. Televisión Española Internacional y Antena 3, por ejemplo, apenas producen programas especiales para enviar al resto del mundo, sino que, por el contrario, suelen seleccionar de entre su programación regular, concebida originalmente para españoles, los que creen de mayor interés para un público internacional, incluyendo películas españolas, hispanoamericanas y extranjeras (dobladas), obras teatrales y telenovelas de la otra orilla del Atlántico ahora, por ejemplo, *Amarte así, frijolito.* Me informan que en estos momentos los programas de mayor éxito en el extranjero son *Mira quién baila* y *Sábado noche,* diseñados y producidos ambos para televidentes nacionales.

No es de sorprender. En Puerto Rico, donde el acceso a Televisión Española Internacional (que llega a través de Hispasat 1C) cuesta apenas unos pocos dólares, existe una abrumadora cantidad de telespectadores que prefiere enterarse de lo que pasa en el mundo a través de los telediarios de este canal "extranjero" (y no de los locales), pues piensan que en aquel las noticias no están ni sesgadas ni influidas por las agencias de noticias norteamericanas, y porque se ocupan de los asuntos ocurridos en todo el mundo, no importa cuán lejana esté de España la zona en cuestión. Y mucho más contundente: durante casi un año, el programa de mayor audiencia en la isla no pertenecía a un canal local, sino al de Televisión Española Internacional: era *¿Quién sabe dónde?,* un lacrimógeno espacio creado, dirigido y presentado por "Paco" Lobatón, que se encargaba de buscar a personas desaparecidas, encontradas en algún lugar de América en muchas ocasiones, para total felicidad de sus seres queridos.

Luego, no puede pensarse ni decirse que estemos todos constantemente bombardeados por ese español internacional —que han dado en llamar "neutro" maliciosamente— y que ello traerá consecuencias catastróficas para nuestra lengua, puesto que lo más visto y oído son —salvo excepciones— las producciones locales, y al margen de ellas, la programación de medios extranjeros que difunden en otros sitios su propia variedad idiomática.

Estudios lexicoestadísticos muy solventes nos demuestran una y otra vez que existe una unidad sobresaliente entre las diversas variedades de nuestra lengua. Juan Miguel Lope Blanch (2000), en un recuento de 133 mil vocablos seleccionados del habla de Madrid, descubrió que el 99,9% era vocabulario común a México; las que disonarían en ese país hispanoamericano alcanzarían apenas un 0,1% del total. En resumen, que Madrid y México coinciden casi en un 100% con el vocabulario de la norma culta del español general. Por otra parte, el tantas veces citado Raúl Ávila (1994), que analizó un total de 430 mil palabras utilizadas en la radio y en la televisión mexicanas, concluyó que el léxico general hispano que se encontraba en ese corpus correspondía al 98,4% del total; es decir, que el vocabulario diferencial obtenía un porcentaje residual: 1,6%. ¿Está o no está unificado el vocabulario del español culto?

No en vano el maestro Ángel Rosenblat, tan temprano para estas discusiones como en 1967, afirmaba sin ambages: "Frente a la diversidad inevitable del habla popular, el habla culta de Hispanoamérica presenta una asombrosa unidad con la de España", y no tenía a la mano las estadísticas de que hoy disponemos.

Ante estos hechos nos volvemos a preguntar —ya lo hizo Lodares (2005)— si estas coincidencias léxicas son un invento de las grandes cadenas de televisión, si Televisa, por ejemplo, crea un español especial para que todos sus televidentes entiendan sus programas, o si se trata más bien de todo lo contrario. ¿No será más bien que la variedad culta del español que se habla en México (y en todas partes) es imitada por la televisión hispánica internacional?, ¿no ocurrirá que los medios utilizan una variedad general que saben que sirve para que todos nos comuniquemos sin problemas?, ¿quién imita a quién?

Todos los programas radiofónicos o televisivos, y los lectores de textos en papel o en internet, terminan por ampliar la nómina pasiva de oyentes, telespectadores y lectores

Lo que está claro es que no resulta necesario, no ya viajar, sino tan siquiera moverse uno de su casa para tener acceso —no como antaño— solo a productos locales, sino a textos orales o escritos procedentes de todo el mundo hispánico y aun de fuera de él. En un programa radiofónico español de los de micrófono abierto una señora de un pequeño pueblo de la sierra de Huelva dijo (a propósito de unos consejos dados por la ministra del ramo en la época de las "vacas locas"): "eso es muy *chévere*, como dicen en las telenovelas".

Y en un divertido estudio de Gregorio Salvador (1995), el académico comenta muy atinadamente una serie de casos reales en los que hablantes españoles usaban con toda normalidad algunos americanismos aprendidos en las telenovelas de moda en el país: las chicas de Burgo de Osma que frente a un escaparate de la ciudad calificaban unos zapatos de *chéveres*; la refinada señora que le pedía por favor que *agarrara* la copa; la vecina que se quejaba amargamente de su marido, al que tachaba de *malagradecido*, porque se adueñaba del televisor para ver el Tour de Francia en momentos en que daban *Abigail*, cuando ella siempre le había dejado ver el fútbol de los sábados; se lo había echado en cara, y él se había puesto más *bravo* que nunca. Y después de dictar esa conferencia, cuando la telenovela de moda en España era la chilena *Machos*, escuchó a una jovencita que le decía a otra: "Pepe y yo estamos *pololeando*".

Y así *abusador* por "abusón", *anestesiólogo* por "anestesista", *loqueras* por "locuras", *llamado* telefónico por "llamada" telefónica, *sindicalero* por "sindicalista", y muchos ejemplos más. Hablantes, ellas y ellos, espectadores fieles y asiduos de *Cristal*, de *Manuela*, de *Betty, la fea*, y de tantas otras. No causa la menor sorpresa que se haya llegado a publicar un *Diccionario chévere*, que aunque solo recoge 43 términos, llevaba el siguiente reclamo: "Válido para entender todas las telenovelas". Su publicación se hizo en Salamanca en 1992; hoy sería innecesario.

No siempre, desde luego, las palabras "extrañas" pasan a la competencia activa de los usuarios (como en los ejemplos anteriores), pero todos los programas radiofónicos o televisivos, y la lectura de textos en papel o en internet, terminan por ampliar la nómina pasiva de oyentes, telespectadores y lectores.

Hace tan solo unos diez años, era rarísimo encontrar en Hispanoamérica un conocimiento pasivo de la palabra *grifo*, por ejemplo, en el sentido de "espita de agua". Con este significado, había entrado en el caudal común de nuestra lengua en el siglo XVIII pero solo en la variedad española. En los países de aquellas latitudes se manejaba y se maneja una amplia variedad de formas: *caño, canilla, chorro, llave, pluma*, etc. Pero los programas de televisión procedentes de Madrid, originales o doblados, iban presentando *grifo* con auténtica disciplina casi militar (aunque sin proponérselo), puesto que en esta variedad *grifo* "es" la palabra. No diré que ahora se usa grifo en ciertas zonas americanas, porque no es cierto, pero sí lo es el hecho de que cuando alguien dice *grifo*, ya hay muchas personas que "entienden" de qué se trata. Es algo que he podido comprobar en diversos viajes a Centroamérica y a México.

¿Qué indica este dato aislado? Que la exposición que hacen los medios de una zona en otra(s) no se limita a cuestiones de información, sino que llega también a asuntos idiomáticos. Salta a la vista del viajero más distraído que algunos camareros de Guatemala, El Salvador y Honduras, por ejemplo, poseen unos saberes asombrosos sobre el futbol español, las ligas, los cambios, los despidos y las compras de jugadores, los triunfos de cada equipo y el estado actual de cada uno de ellos en su respectiva categoría (cosa que no deja de asombrarme, ignorante como soy de todas esas cosas), pero además entienden preguntas como "¿Se puede consumir aquí el agua del grifo?". O te traducen una palabra o una expresión local al "español de España": *carro*: "en España le dicen *coche*"; *cuarto*: "*habitación* en España", *cuadras*, "o *calles*, como dicen en España", etc.

¡Excelente! Todo lo que sea ampliar la nómina pasiva del léxico de un hablante de español es un signo muy positivo. Esos hablantes conservarán en su habla habitual "sus" propios términos y, salvo que hable con un español, las actualizará de continuo; pero si alguien le habla de *grifos*, de *coches*, de *habitaciones*, entenderá sin la menor dificultad de qué se trata. Y al revés. La comunicación está salvada, que es, sin la menor duda, lo importante.

Si a esto quiere llamársele globalización, cuando se trata de un abigarrado conjunto de factores, pase. Pero de todos modos habría que insistir, como se ha encargado de hacer muy recientemente Irene Lozano (2005), en que la globalización lingüística tiende a eliminar los privilegios, construidos gracias a ciertos usos perversos de las lenguas (o de sus variedades), que otorgan a sus hablantes dominación o primacía. Las barreras idiomáticas —no se trata de nada nuevo— suelen permitir, entre otras cosas igualmente nefastas, el control del poder. ¿Por qué, por ejemplo, no se convierte en bilingües (lengua materna/español) a ciertas poblaciones aborígenes de América?

Todas las puertas y las ventanas —nos dice atinadamente la autora de *Lenguas en guerra*— se han abierto, los mares y las montañas han dejado de constituir un obstáculo, y las distancias, aunque sean de miles de kilómetros, no ponen ya límites a la comunicación humana. Pero eso no tiene por qué constituir un peligro. Antes al contrario, si se sabe arbitrar la convivencia, lo que otorga son enormes posibilidades de intercambio, conocimiento y desarrollo personal.

No está de más subrayar una y otra vez que una de las responsabilidades de lenguas como la nuestra —aunque todas sean igualmente respetables— es que "pueden ser vehículos de comunicación de grandes grupos humanos en defensa de sus intereses, sus derechos y su bienestar".

Hacia el futuro

En los cálculos sobre densidad demográfica de hispanohablantes han influido dos hechos muy significativos: si las proyecciones se confirman, los Estados Unidos serán, para 2050, el primer país hispanohablante del mundo. En el año 2000 los hispanos —35,2 millones— eran el 12,5% del total de la población. Esta cifra ha ido creciendo día a día de manera vertiginosa.

Gráfica 19.1: Evolución de la inmigración de hispanohablantes en los Estados Unidos: 1820-2010

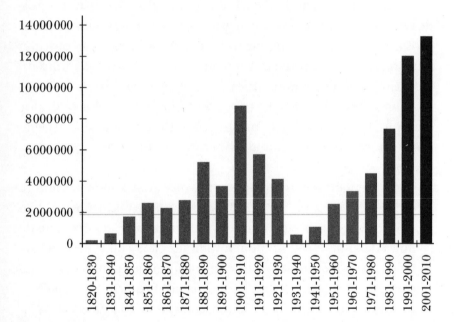

Según Cancela (2007: IX) por cada minuto que pasa entran 2,5 hispanos a la corriente de inmigrantes del país, es decir, cerca de 3 700 al día, por lo que estaríamos hablando de más de 13 millones al año. Así, no causa sorpresa que dentro de los 40 años que faltan para 2050 los hispanos sean 102,8 millones, aún contando con las inevitables tasas de mortandad. Con una mayoría como esa puede que haya cambios sobresalientes en la política del país.

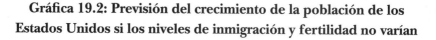

Gráfica 19.2: Previsión del crecimiento de la población de los Estados Unidos si los niveles de inmigración y fertilidad no varían

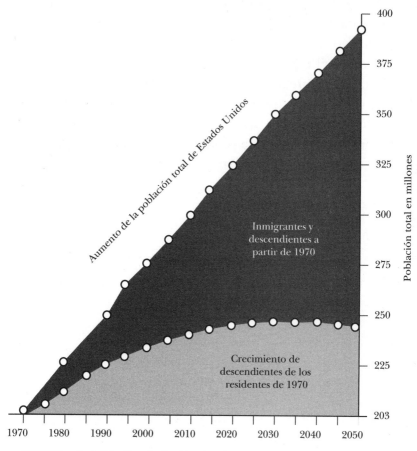

Aumento de la población total de Estados Unidos

Inmigrantes y descendientes a partir de 1970

Crecimiento de descendientes de los residentes de 1970

Población total en millones

© 1996 Roy Beck, The Case Against Immigration

Observe el lector esta gráfica y notará que la zona oscura es considerablemente mayor que la clara y que es ella precisamente la que corresponde al aumento de inmigrantes y sus descendientes. Es verdad que no todos son hispanohablantes, pero sí una mayoría muy señalada. Esta cantidad correspondería al 70% del crecimiento total de la población de todo el país entre 1993 y 2050.[3]

Por su parte Brasil, según declaraciones de su actual Ministro de Educación, en tan solo diez años más, contará con unos 30 millones de su población que hablarán español como segunda lengua.

El español es hoy la cuarta lengua más hablada del planeta, pues la utiliza el 5,7% de la población mundial. La situación va en aumento, pues las proyecciones hechas por la Británica World Data (Chicago) para 2030 nos dicen que seremos el 7,5% de los hablantes de todo el mundo (un total de 535 millones), muy por encima del ruso (2,2%), del francés (1,4%) y del alemán (1,2%), lo que indica que para entonces solo el chino superará al español como grupo de hablantes de lengua materna. Si no cambian los rumbos, es muy posible que dentro de tres o cuatro generaciones el 10% de la población mundial se entienda en español. Esperemos que así sea.

NOTAS

[1] Junto a la etiqueta "español neutro" conviven otras menos marcadas: Ávila (2001) habla de "español internacional", Demonte (2001) de "supradialecto estándar", y Tejera (2003) de "tercera norma del español de América"; todos ellos representantes de la visión "lingüística de los hechos".

[2] Algunos han llegado a temer que la nueva "lengua" que jóvenes y adolescentes manejan en sus mensajes en los medios electrónicos de comunicación —la *ciberlengua* la llama Covarrubias, que ha estudiado este fenómeno cuidadosamente (2009)— lleguen a romper la unidad lingüística de la que disfrutamos. Se trata de una "lengua" caracterizada por su deprecio a la ortografía, sus raras abreviaciones, el curioso uso de los puntos suspensivos, la sustitución de unas letras por otras, la constante presencia de la oralidad, la ausencia total de acentos, la elisión de letras, la reiteración de palabras, letras o signos, los acortamientos de palabras, el uso desordenado de mayúsculas y minúsculas, los signos de interrogación y exclamación solo al final, la simplificación de dígrafos, aféresis, cambios de códigos, onomatopeyas, emoticonos, etc. Pero no son pocos los que no prestan la menor atención a esta "forma de comunicación". En realidad, no parece que estos "sistemas", muy variables entre sí, lleguen a influir en nuestra lengua. Es verdad que algunos maestros y profesores han hecho denuncias públicas sobre la presencia de este tipo de comunicación en exámenes y en trabajos de algunos estudiantes, pero se trata de casos aislados, que no son motivo de preocupación. Estamos ante un tipo de comunicación muy circunscrito a edades, principalmente adolescentes, a ciertos niveles sociales, altos y medios, y a tipo de temas, en extremo ocasionales y superficiales. Nada que temer.

[3] El ritmo de la inmigración a los Estados Unidos ha cobrado un desarrollo no solo drástico sino inesperado. Desde la primera década del siglo XX no se había producido nada igual, pues la media de inmigrantes entre 1921 y 1979 había sido solo de 195 mil por año. Hoy se piensa seriamente en tratar de reducir las cifras actuales, aunque en el caso de los hispanos las cosas no son tan fáciles, debido a los ingresos ilegales, práctica muy difícil de detener. Actualmente hay algo más de un millón de estos irregulares en las cárceles norteamericanas en espera de solución. La situación no deja de ser preocupante para ese país. En la actualidad, California —por ejemplo— necesita construir un aula nueva cada

hora (24) los 365 días del año para poder acomodar a los niños inmigrantes. Estos costes son sufragados por los ciudadanos, que se ven obligados a aportar 1 200 dólares anuales extra en sus impuestos debido a este crecimiento excesivo de la inmigración (*National Academy of Science Report*).

Bibliografía

Aebischer, Paul. 1948. *Estudios de toponimia y lexicografía románica*. Barcelona: Consejo Superior de Investigaciones Científicas.

Aguirre, A. 1982. "Language use patterns of adolescent Chicanos in a California border town", en *Bilingualism and Language Contact: Spanish, English and native American Languages*, ed. F. Barkin, E. A. Brandy y J. Ornstein-Galicia. Nueva York: Columbia University, 278-289.

Albó, Xavier. 1974. *Los mil rostros del quechua. Sociolingüística de Cochabamba*. Lima: Instituto de Estudios Peruanos.

Alonso, Amado. 1949. *Castellano, español, idioma nacional*, 2ª ed. Buenos Aires: Losada.

Alonso, Dámaso. 1942. *Tragicomedia de Don Duardos de Gil Vicente*. Texto, estudio y notas de D. A. Madrid: Consejo Superior de Investigaciones Científicas.

———. 1956. "Unidad y defensa del idioma", en *Memoria del Segundo Congreso de Academias de la Lengua Española*. Madrid: Comisión Permanente de la Asociación de Academias de la Lengua Española, 33-48. Reproducido en *Del siglo de Oro a este siglo de siglas*. Madrid: Gredos (Campo Abierto), 237-260.

Alonso, Gladys y Ángel Luis Fernández, eds. 1977. *Antología de lingüística cubana*. La Habana: Editorial de Ciencias Sociales.

Alonso, José Antonio. 2007. "Naturaleza económica de la lengua", en: DTo2/06. www.ucm.es/info/icei.

Alonso de Rúffolo, María Soledad. 1999. "Uso de las completivas objetivas en documentos coloniales del s. XVII", en E. Rojas Mayer, ed., *Estudios sobre la historia del español de América*. San Miguel de Tucumán: Instituto de Investigaciones Lingüísticas y Literarias Hispanoamericanas, Universidad Nacional de Tucumán, 108-118.

Alvar, Manuel. 1953. *El Dialecto aragonés*. Madrid: s. p. i.

———. 1970 b. *Americanismos en la "Historia de Bernal Díaz del Castillo"*, Madrid: Anejo LXXXIX de la *Revista de Filología Española*; 2ª ed. Madrid: Instituto de Cooperación Iberoamericana.

————. 1975. *Atlas Lingüístico y Etnográfico de las Islas Canarias (ALEICan)*, vol. 1. Las Palmas: Cabildo Insular de Las Palmas de Gran Canaria.

————. 1976. "Español. Precisiones languedocianas y aragonesas", *Homenaje a Vicente García de Diego*, I, *Revista de Dialectología y Tradiciones Populares*, 32, 23-33.

————. 1980. "Hacia la geografía lingüística de América", en Lope Blanch, ed., *Perspectivas de la investigación lingüística en Hispanoamérica*. México: Universidad Nacional Autónoma de México, 79-92.

————. 1981. "Español, castellano, lenguas indígenas (actitudes lingüísticas en Guatemala suboccidental)", en *Logos semantikos: Studia Lingüistica in honorem Eugenio Coserio*, vol. 5, 393-506. Madrid: Gredos.

————. 1982. "Español e inglés. Actitudes lingüísticas en Puerto Rico", *Revista de Filología Española*, 51, 1-38.

————. 1983. "Español de Santo Domingo y español de España. Análisis de unas actitudes lingüísticas", *Lingüística Española Actual*, vol. 5, 225-239.

————. 1987. *El léxico del mestizaje en Hispanoamérica*. Madrid: Ediciones Cultura Hispánica-Instituto de Cooperación Iberoamericana.

————. 1990a. "Medios de comunicación y lingüística", *Lingüística Española Actual*, 12, 151-173.

————. 1991a. "Proyecto de un *Atlas Lingüístico de Hispanoamérica*", en *Estudios de geografía lingüística*. Madrid: Paraninfo, 439-456.

————. 1991b. "Encuestas en Estados Unidos", *Lingüística Española Actual*, 13, 273-278.

————. 1992. "Ladino", en *El español de las dos orillas*. Madrid: MAPFRE, 117-130.

————. 1995. "Lengua y sociedad: las constituciones políticas de América", en *Política, lengua, nación*. Madrid: Fundación Friedrich Ebert, 51-69.

————. 1996. "El judeo-español de Marruecos", en *Manual de dialectología hispánica. El español de España*. Barcelona: Ariel, 368-377.

———— *et al.* 1986. *El castellano actual en las comunidades bilingües de España*. Salamanca: Junta de Castilla y León, Consejería de Educación y Cultura.

———— y Antonio Quilis. 1984a. *Atlas Lingüístico de Hispanoamérica. Cuestionario, Estudios introductorios de M. Alvar*. Madrid: Instituto de Cooperación Hispanoamericana.

———— y Antonio Quilis. 1984b. "Reacciones de unos hablantes cubanos ante diversas variedades del español", *Lingüística Española Actual*, vol. 6, 229-265.

————, Antonio Llorente y Gregorio Salvador. 1961-1973. *Atlas lingüístico y etnográfico de Andalucía*, vols. I-VI. Granada: Universidad de Granada-Consejo Superior de Investigaciones Científicas.

ALVAR EZQUERRA, Manuel, coord. 1994. *La realidad americana y sus cronistas*. Málaga: UNED, Centro Asociado de Málaga.

ÁLVAREZ DE MIRANDA, Pedro. 1995. "La Real Academia Española y la Académie Française", *Boletín de la Real Academia Española*, vol. 75, 403-417.

ÁLVAREZ NAZARIO, Manuel. 1974. *El elemento afronegroide en el español de Puerto Rico*, 2ª. ed. San Juan de Puerto Rico.

AMMON, Ulrich. 2003. "Global English and the non native speakers", en *Language in the 21th Century*, 23-34.

ANDIÓN HERRERO, María Antonieta. 2003. "La lengua en la prensa española e hispanoamericana en Internet: el fantasma de la diferenciación", *Español Actual*, vol. 76, 71-92.

———. 2004. *Los indigenismos en la "Historia de las Indias de Bartolomé de Las Casas"*. Madrid: Anejos de la Revista de Filológea Española.

———. 2006. "*Castellano* vs *español*: perspectiva panhispánica en la rivalidad terminológica", *Español actual*, vol. 85, 7-23.

ARCE, Joaquín. 1971. "Significado lingüístico cultural del Diario de Colón", estudio preliminar en eds. Joaquín Arce y M. Gil Esteve, *Diario de Colón*.

ARCE DE BLANCO, María del Carmen. 1999. "Actas Capitulares: una aproximación desde la pragmalingüística histórica", en E. Rojas Mayer, ed., *Estudios sobre la historia del español de América*, vol. II. San Miguel de Tucumán: Instituto de Investigaciones Lingüísticas y Literarias Hispanoamericanas, Universidad Nacional de Tucumán, 81-96.

ÁVILA, Raúl. 1994. "El lenguaje de la radio y la televisión: primeras noticias", *II Encuentro de lingüistas y filólogos de España y México*. Salamanca: Universidad de Salamanca, 101-117.

———. 1998a. "Españolismos y mexicanismos: hacia un Diccionario Internacional de la Lengua Española", *Nueva Revista de Filología Hispánica*, vol. 46, 395-406.

———. 1998b. "Televisión internacional, lengua internacional", en *La lengua española y los medios de comunicación*, vol. II. México-España: Secretaría de Educación Pública-Instituto Cervantes-Siglo XXI, 911-930.

———. 2000a. "Lenguaje y medios: noticias internacionales", *Anuario de Letras*, 38, 37-65.

———. 2000b. "¿Me entiendes o no mi amor? Telenovelas, audiencia, nivel de comprensión", ponencia presentada en el Simposio "El lenguaje de las telenovelas". México: El Colegio de México. [ms. inédito]

———. 2001. "Los medios de comunicación masiva y el español internacional", *II Congreso Internacional de la Lengua Española*, 16-19. Madrid: Instituto Cervantes. http://cvc.cervantes.es/ofref/congreso/valladolid/ponencias/unidad-diversidad.../avila-rht

BALUTED, Nicolás. 2000. "Reflexiones sobre la integración de los amercanismos en el español peninsular", *Revista de Humanidades*, 8, 175-180.

BELLO, Andrés. 1847 [1981]. *Gramática de la lengua castellana destinada al uso de los americanos*, ed. crítica de Ramón Trujillo. Tenerife: Instituto Universitario de Lingüística "Andrés Bello".

BICHERTON, D. y A. Escalante. 1970. "Palenquero: a Spanish-based creole", *Lingua*, 24, 254-267.

CABRERA, Lydia. 1954. *El Monte. Igbo. Finda. Ewe Orisha. Vititi Nfinda (Notas sobre las religiones, la magia, las supersticiones y el folklore de los negros criollos y del pueblo de Cuba)*. La Habana: Ediciones C.R.

CARO, Miguel Antonio. 1878. "Fundación de la Academia Colombiana", *Anuario de la Academia Colombiana*, vol. 1; recogido en sus *Obras Completas*, 1920, vol. II. Bogotá: Academia Colombiana de la Lengua, 131.

CASANI, Joseph, 1726, 1739. "Historia de la Real Academia Española", *Diccionario de Autoridades*, vol. I. IX, XL y vol. XXIV. Madrid: Real Academia Española.

CASTAÑEDA, Luz Stella. 2005. "El parlache: resultados de una investigación lexicográfica", *Forma y función*, 18, 74-101.

CASTELLANOS, Diego. 1983. *The Best of Two Worls. Bilingual-Bicultural Education in the U.S.* Trenton: Nueva Jersey State Department of Education, 39.

CASTRO, Américo. 1973. *Sobre el nombre y el origen de los españoles*. Madrid: Taurus.

CASTRO, Max J. 1992a. "The politics of language in Miami", en G. L. Grenier y A. Stepick III, eds., *Miami Now! Immigration, Ethnicity, and Social Change*, 109-132. Gainsville: University Press of Florida.

———. 1992b. "On the curious question of language in Miami", en Crawford 1992, 178-186.

CAVILLA, M. 1978. *Diccionario yanito*. Gibraltar: Medsum Publishing.

CELADA, María Teresa y Fernanda Dos Santos Castelano Rodrigues. 2005. "El español en Brasil: actualidad y memoria", *ARI*, núm. 31. Consultado en: www.realinstitutoelcano.org

CEREZO, José M. dir. 2006. *La blogosfera hispana: pioneros de la cultura digital*, www.fundacionauna.com.

CHÁVEZ FRANCO, M. 1930. "Palenque y pichilingüe", en *Crónicas de Guayaquil antiguo*. Guayaquil.

COLL I ALENTORN, Miguel. 1963-1968. "Sobre el mot espanyol", en *Estudis dedicats a la memoria de Pompeu Fabra*, II. Estudis Romanis, XIII.

COLÓN, Cristóbal. 1942. *Relación del primer viaje de D. Cristóbal Colón*. Buenos Aires: Emecé.

———. 1961. *Diario de navegación*. La Habana: Comisión Nacional Cubana de la UNESCO.

————. 1962. *Diario de Colón, Libro de la primera navegación y descubrimiento de las Indias*, ed. facsímil y comentario preliminar Carlos Sanz. Madrid: Gráficas Yagües (Biblioteca Americana Vetustissima).

————. 1968. *Diario de Colón*, pról. Gregorio Marañón. Madrid: Instituto de Cultura Hispánica.

————. 1971. *Diario de a bordo, Libro de la primera navegación y descubrimiento de las Indias*, estudio preliminar Joaquín Arce, ed. Joaquín Arce y M. Gil Esteve. Turín: A. Tallone.

————. 1976. *Diario del descubrimiento*, estudios, ed. y notas Manuel Alvar. Las Palmas de Gran Canaria: Cabildo Insular, "Comisión de Educación y Cultura".

COLÓN, Germán. 1986. "Las regiones de habla catalana", en el *Mapa lingüístico de España*. Madrid: Fundación Juan March.

CONDE, O. 1998. *Diccionario etimológico del lunfardo*. Buenos Aires: Libros Perfil.

COTARELO VALLEDOR, Armando. 1946. *Bosquejo histórico de la Real Academia Española, leído en la sesión conmemorativa del centenario de Felipe V, celebrado por el Instituto de España el día 26 de octubre de 1946*. Madrid: Instituto de España-Imprenta de la Editorial Magisterio Español.

COTARELO Y MORI, Emilio. 1914. "La fundación de la Real Academia Española y su primer director, D. Juan Manuel Fernández Pacheco, Marqués de Villena", *Boletín de la Real Academia Española*, vol. 1, núm. 2, 89-127.

COVARRUBIAS, Jorge Ignacio. 2009. "La ciberlengua juvenil en los Estados Unidos", en *Enciclopedia del Español en los Estados Unidos*. Madrid: Instituto Cervantes-Santillana, 512-538.

CRAWFORD, James, ed. 1992. *Language Loyalties. A Source Book on the Official English Controversy*. Londres y Chicago: The University of Chicago Press.

————. 2004. *Educating English Learners: Language Diversity in Classrooms (Bilingual Education, History, Politics, Theory, and Practice)*, 5ª ed. Los Ángeles: Bilingual Education Services.

CRYSTAL, David. 1977. *English as a Global Language*. Cambridge: Cambridge University Press.

————. 2001. *La muerte de las lenguas*. Madrid: Cambridge University Press.

————. 2003. *English as a Global Language*. Cambridge: Cambridge University Press.

CUADRIELLO, Jorge Domingo. 2009. *El exilio republicano español en Cuba*, pról. Alfonso Guerra. Madrid: Siglo XXI Editores.

CUERVO, Rufino José. 1899. "Prólogo" a *Nastasio* de F. Doto y Calvo Chartres: Durand, VII-X.

————. 1907. *Apuntaciones críticas sobre el lenguaje bogotano*, 5ª ed. París: Roger-Chernoviz.

CUESTA, Leonel Antonio de la. 2008. "La lengua española y la legislación estadounidense", en *Enciclopedia del español en los Estados Unidos*. Madrid: Instituto Cervantes-Santillana, 541-549.

CUESTA ESTÉVEZ, G. 2001. "Toponimia bilingüe de Gibraltar: acercamiento a un problema histórico y sociolingüístico", *Almoraima. Revista de Estudios Gibraltareños*, 25, 437-447.

DEMONTE, Violeta. 2001. "El español estándar (ab)suelto. Algunos ejemplos del texto y la gramática", *II Congreso Internacional de la Lengua Española*. Madrid: Instituto Cervantes, 16-19. Consultado en: http://cvc. Cervantes.es/ofref/congreso/valladolid/ponencias/unidad-diversidad.../demonte-v. ht

DIDION, Joan. 1987. *Miami*. Nueva York: Simon and Schuster.

DIEGO, Gerardo. 1963. "Un cuarto de milenio de la Academia Española", *Boletín de la Real Academia Española*, 43, 413-429.

DOMÍNGUEZ, Carlos. 2008. "La enseñanza del español en cifras", en *Enciclopedia del Español en los Estados Unidos*. Madrid: Instituto Cervantes-Santillana, 429-450.

DOMÍNGUEZ, José María. 1969. "Limpia, fija y da esplendor. La Real Academia Española de la Lengua", *Idioma*, 6, 133-137.

DRAPER, Jaime B. y June H. Hicks. 2002. *Foreign Language Enrollments in Public Secondary Schools*. American Council on the Teaching of Foreign Languages-Yonkers.

ECHENIQUE, María Teresa. 1980. "Los vascos en el proceso de nivelación Lingüística del español americano", *Revista Española de Lingüística*, vol. 10, núm. 1, 177-188.

———. 1986. "La lengua vasca", en *Mapa lingüístico de la España actual*. Madrid: Fundación Juan March, 78-97.

———, Milagros Aleza y María José Martínez, eds. 1995. *Historia de la Lengua Española en América y España*. Valencia: Universitat de Valéncia-Tirant lo Blanch.

——— y Juan Sánchez. 2005. *Las lenguas de un Reino. Historia lingüística hispánica*. Madrid: Gredos.

ELIZAINCÍN, A. 1976. "The Emergence of Bilingual Dialects on the Uruguayan Brazilian Border", *International Journal of the Sociology of Language*, 9, 122-134.

———. 1979. "Estado actual de los estudios sobre el fronterizo uruguayo-brasileño", *Cuadernos del Sur*, 4, 193-201.

———. 1992a. *Dialectos en contacto: español y portugués en España y América*. Montevideo: Arca.

———. 1992b. "Historia del español en el Uruguay", en César Hernández Alonso, ed., *Historia y Presente del Español de América*. Valladolid: PABECAL-Junta de Castilla y León, 743-758.

————. 1995. "Personal pronouns for inanimate entities in Uruguayan Spanish in contact with Portuguese", en ed. Silva Corvalán, ed., *Spanish in Four Continents. Studies in Language Contact and Bilingualism*. Washington: Georgetown University Press.

————. 1996. "Introducción: la sociolingüística en la Argentina, Paraguay y Uruguay", *International Journal of the Sociology of Language*, 117, 1-9.

————. 2004. "Las fronteras del español con el portugués en América", *Revista Internacional de Lingüística Iberoamericana*, vol. 2, núm. 4, 105-118.

————, L. Behares y G. Barrios. 1987. *Nos falemo brasileiro. Dialectos portugueses en Uruguay*. Montevideo: Amersur.

———— y L. Behares. 1981. "Variabilidad morfosintáctica en lo dialectos portugueses del Uruguay", *Boletín de Filología* [Universidad de Chile], vol. 31, 401-417.

ENGUITA UTRILLO, José María. 2005. "Evolución lingüística en la Baja Edad Media: aragonés, navarro", en R. Cano, ed., *Historia de la Lengua Española*, 571-592. Barcelona: Ariel.

ESCALANTE, A. 1954. "Nota sobre el palenque de San Basilio, una comunidad negra de Colombia", *Divulgaciones Etnológicas*, 3, 207-351.

FERNÁNDEZ, J. A. 1988. "La fonología en la televisión española: violencias fonéticas", *Revista de Dialectología y Tradiciones Populares*, 43, 236-258.

FERNÁNDEZ, Mauro, ed. 2001. "Schedding Light on the Chabacano Language", *Estudios de Sociolingüística*, vol. 2, núm. 2. Consultado en: www.sociolinguistica.uvigo.es

————, Manuel Fernández-Ferreiro y Nancy Vázquez Veiga. 2003. *Los criollos de base ibérica*. Madrid: Vervuert-Asociación de Criollos de Base Léxica Portuguesa y Española.

FERNÁNDEZ DE NAVARRETE, Martín. 1954. *Obras*. Madrid: Biblioteca de Autores Españoles, LXXVI.

FERNÁNDEZ ORDÓÑEZ, Inés. 2004. "Alfonso el Sabio en la historia del español", en R. Cano, ed., *Historia de la Lengua Española*. Barcelona: Ariel, 381-422.

FIERRO CUBIELLA, E. 1997. *Gibraltar (Aproximación a un estudio sociolingüístico y cultural de la Roca)*. Cádiz: Servicio de Publicaciones de la Universidad de Cádiz.

FONTANELLA DE WEINBERG, María Beatriz. 1967. "La 's' postapical bonaerense", *Thesaurus, Boletín del Instituto Caro y Cuervo*, vol. 22, 294-400.

————. 1973. "Comportamiento ante 's' de hablantes masculinos y femeninos del español bonaerense", *Romance Philology*, vol. 27, 50-59.

————. 1974. *Un aspecto sociolingüístico del español bonaerense. La -s en Bahía Blanca*. Bahía Blanca: Cuadernos de Lingüística.

————. 1976. *La lengua española fuera de España*. Buenos Aires: Paidós.

————. 1992. *El español de América*. Madrid: MAPFRE.

FRAGO GRACÍA, Juan Antonio. 1999. *Historia del español de América*. Madrid: Gredos.

FRANCO, José Luciano. 1980. *Comercio clandestino de esclavos*. La Habana: Editorial de Ciencias Sociales.

GALINDO ROMEO, Pascual y Luis Ortiz Muñoz, eds. 1946. *Gramática de la lengua castellana* de Antonio de Nebrija [Salamanca, 1492]. Madrid.

GARCÍA, Constantino. 1986. "La lengua gallega como lengua de cultura", *Mapa lingüístico de la España actual*. Madrid: Fundación Juan March, 147-168.

GARCÍA, Erica. 1986. "El fenómeno (de)queísmo desde una perspectiva dinámica del uso comunicativo de la lengua", en J. Moreno de Alba, ed., *Actas del II Congreso Internacional sobre el Español de América*. México: Universidad Nacional Autónoma de México, 46-65.

GARCÍA, Ofelia. 2003. "La enseñanza del español a los latinos de los Estados Unidos. Contra el viento del olvido y la marea del inglés", *Ínsula*, 679-680.

———. 2008. "El uso del español en la enseñanza, La educación bilingüe", en *Enciclopedia del español en los Estados Unidos*. Madrid: Instituto Cervantes-Santillana, 417-428.

——— y Ricardo Otheguy. 1985. "The masters of survival send their children to school: bilingual education in the ethnic schools of Miami", *Bilingual Review/Revista Bilingüe*, vol. 12, 3-19.

——— y Ricardo Otheguy. 1988. "The bilingual education of Cuban American Children in Dade County's ethnic schools of Miami", *Language and Education*, 1, 83-95.

GARCÍA, Pilar y Francisco Moreno Fernández. 1988. "Proyecto de un Atlas Lingüístico (y etnográfico) de Castilla-La Mancha", en M. Ariza, A. Salvador y A. Viudas, eds., *Actas del I Congreso Internacional de Historia de la Lengua Española*, Madrid: Arco/Libros, 1461-1480.

GARCÍA DE CORTÁZAR, Fernando. 2006. *Atlas de Historia de España*. Barcelona: Planeta.

GARCÍA MARTÍN, J. M. 1996. *Materiales para el estudio del español de Gibraltar*. Cádiz: Servicio de Publicaciones de la Universidad de Cádiz.

GIL AYUSO, F. 1927. "Nuevos documentos sobre la fundación de la Real Academia Española", *Boletín de la Real Academia Española*, 1, 4-38 y 89-127.

GIMENO, Francisco. 2005. "La respuesta de la lengua española ante la globalización económica y el anglicismo léxico", en C. Hernández Alonso y Leticia Castañeda, eds., *Comunicación presentada al VI Congreso Internacional del español de América*, [*Tordesillas*]. *Valladolid: Diputación Provincial de Valladolid*, 251-268.

GÓMEZ DACAL, Gonzalo. 2001. "La población hispana de Estados Unidos", en *El español en el mundo. Anuario del Instituto Cervantes*. Madrid-Barcelona: Instituto Cervantes-Plaza & Janés-Círculo de Lectores, 169-242.

GÖRLACH, Mafred, ed. 2002. *An Annotated Bibliography of European Anglicisms.* Oxford: Oxford University Press.

GRADDOL, David. 2006. *English Next.* Plymouth: The British Council.

GRANDA, Germán de. 1971. "Algunos datos sobre la pervivencia del criollo en Cuba", *Boletín de la Real Academia Española,* 51, 481-491.

———. 1978. *Estudios lingüísticos hispánicos, afrohispánicos y criollos.* Madrid: Gredos.

———. 1979a. "Préstamos morfológicos del guaraní en el español de Paraguay", *Estudios paraguayos,* 7, 53-63.

———. 1979b. *El español del Paraguay. Temas, problemas y métodos.* Asunción: s. p. i.

———. 1988. *Lingüística e historia. Temas afro-hispánicos.* Valladolid: Universidad de Valladolid.

———. 1994. *Español de América, español de África y hablas criollas hispánicas.* Madrid: Gredos.

GUITARTE, Guillermo L. 1962. "Cartas desconocidas de M. A. Caro, J. A. Gutiérrez y E. Uricoechea", *Theasurus. Boletín del Instituto Caro y Cuervo,* 17, 300-301.

———. 1981. "El origen del pensamiento de Rufino José Cuervo sobre la suerte del español de América", en H. Geckeler *et al.,* eds., *Logos Semantikos: Studia Linguistica in honorem Eugenio Coseriu,* vol 1. Madrid: Gredos.

———. 1988. "Dialecto, español de América e historia en Coseriu", en Jörn Albrevht, Jens Lüdtke y Haral Thun, eds., *Energeia und Ergon: sprachliche Variation, Sprachgeschichte, Sparachtypologie: Studia in honorem Eugenio Coseriu.* Tubinga: Narr, 487-500.

———. 1992. "Del español de España al español de 20 naciones. La integración de América al concepto de lengua española", en César Hernández Alonso *et al.,* ed., *El español de América,* vol. 1. Salamanca: Junta de Castilla y León, 65-86.

GUTIÉRREZ, Rodolfo. 2007. *Lenguas, migraciones y mercado de trabajo,* DT 05/07: www.ucm.es/info/icei.

GUTIÉRREZ MARRONE, N. 1980. "Estudio preliminar de la influencia del quechua en el español estándar de Cochabamba, Bolivia", en E. G. Scavnicky, ed., *Dialectología hispanoamericana. Estudios actuales.* Washington: Georgetown University Press.

HENAO SALAZAR, José Ignacio y Luz Stella Castañeda. 2010. "El parlache: lenguaje de los jóvenes marginales de Medellín": http://www.alli.fi/youthreserearcg/ibyr/articles/salazar.htm

HENSEY, F. G. 1966. "Livramento/Rivera: The Linguistic Side of International Relations", *Journal of Inter-American Studies,* 36, 434-520.

———. 1972. *The Sociolinguistics of the Brazilian-Uruguayan Border.* La Haya: Mouton.

————. 1982. "Spanish, Portuguese, and Fronteiriço: Languages in contact in northern Uruguay", *International Journal of the Sociology of Language*, vol. 34, 7-23.

————. 1993. "Portuguese and/or 'Fronterizo' in nothern Uruguay", en *TRLP*, vol. 5, 433-452.

HUDSON-EDWARDS, A. y G. D. Bills. 1982. "Intergenerational language shift in an Albuquerque barrio", en J. Amastae y L. Elías-Olivares, eds., *Spanish in the United States: Sociolinguistics Aspects*. Cambridge: Cambridge University Press, 135-153.

INSTITUTO CERVANTES. 2001. *Actas del II Congreso Internacional de la Lengua Española*, Valladolid. Consultado en: http://cvc.cervantes.es/obref/congresos.

————. 2005. *El español en el Mundo. Anuario del Instituto Cervantes.* Madrid: Círculo de Lectores-Plaza & Janés.

————. 2006-2007. *Enciclopedia del español en el mundo. Anuario del Instituto Cervantes.* Barcelona: Círculo de Lectores-Plaza & Janés.

————. 2008. *Enciclopedia del español en los Estados Unidos. Anuario del Instituto Cervantes.* Madrid: Santillana.

KAHN, D. 1979. *Syllable-based Generalization in English Phonology.* Nueva York: Garland Press.

KING, Willard F. 1963. *Prosa novelística y academias literarias en el siglo XVII.* Madrid: Real Academia Española..

KLEE, Carol A. 1987. "Differential Language usage patterns by males and females in a rural community in the Río Grande Valley", en ed. T. A. Morgan, J. F. Lee y B. Van Patten, *Language and Language usage.* Nueva York: University Press of America, 125-145.

————. ed. 1991. *Sociolingüistics of the Spanish-Speaking World: Iberia, Latin American, The United States.* Tempe: Bilingual Press.

KRAMER, J. 1986. *English and Spanish in Gibraltar.* Hamburgo: Buschke.

LAPESA, Rafael. 1971. "Sobre el origen de la palabra español", en Lapesa 1985, 132-137.

————. 1980. *Historia de la lengua española*, 8ª ed. Madrid: Gredos.

————. 1985. *Estudios de historia de la lengua española.* Madrid: Paraninfo (Filológica).

————. 1987. "La Real Academia Española: pasado, realidad, presente y futuro", *Boletín de la Real Academia Española*, 67, 329-346.

LEÓN REY, José Antonio. 1980. "Génesis de las Academias Americanas de la Lengua Española", *Boletín de la Academia Venezolana de la Lengua*, 146, 43-51.

LERNER, Ivonne. 2006. "El lugar de la lengua española en Israel", *ARI*, núm. 50. Consultado en: www.realinstitutoelcano.org.

LIHANI, John. 1958. "Some notes on sayagués", *Hispania*, 41, 165-169.

————. 1979. *El lenguaje de Lucas Fernández. Estudio del dialecto sayagués.* Bogotá: Instituto Caro y Cuervo.

LIPSKI, John. 1985. "Contactos hispanoafricanos: el español guineano y su importancia para la dielactología hispanoamericana", *Anuario de Letras*, 23, 99-130.

————. 1986. "Sobre el bilingüismo anglo-hispánico en Gibraltar", *Neuphilologische Mitteilungen*, 87, 414-427.

————. 1996. *El español de América.* Madrid: Cátedra.

LODARES, Juan Ramón. 2005. *El porvenir del español.* Madrid: Taurus.

LOIS, Élida. 1976. "Las Academias y sus diccionarios", *Limen, Revista de Orientación Didáctica*, vol. 14, núm. 52, 51-52.

LONGMIRE, B. J. 1976. *The Relationship of Variables in Venezuelan Spanish to Historical Sound Change in Latin and Romance Languages* (tesis doctoral). Washington: Georgetown University.

LOPE BLANCH, Juan M. 1968. *El español de América.* Madrid: Edic. Alcalá.

————. 1969a. *El léxico indígena en el español de México.* México: El Colegio de México.

————. 1969b. "Hispanic Dialectology", en ed. T. Sebeok 1969, 106-157.

————. ed. 1971. *El habla de la ciudad de México. Materiales para su estudio.* México: Universidad Nacional Autónoma de México.

————. 1972. "El concepto de 'prestigio' y la norma lingüística del español", *Anuario de Letras*, vol. 10, 29-46.

———— dir. 1974, *Atlas lingüístico de México.* México: El Colegio de México.

————. ed. 1976. *El habla popular de la ciudad de México: Materiales para su estudio.* México: Universidad Nacional Autónoma de México.

————. 1979. "Anglicismos en la norma lingüística culta de México" en *Investigaciones sobre dialectología mexicana.* México: Universidad Nacional Autónoma de México, 183-192.

————. 1980. "Estructura del habla culta en Puerto Rico y en México, *Homenaje a Ambrosio Rabanales*, número especial del *Boletín de Filología* [Universidad de Chile], vol. 32, 807-815.

————. 1983. "¿Lengua española o castellana? Un problema de política lingüística", en *Serta philologica Fernando Lázaro Carreter*, vol I. Madrid: Cátedra, 309-314.

————. 1996. *Estudio del español hablado culto. Historia de un proyecto.* México: Universidad Autónoma de México.

————. 2000. "Diversidad léxica y uniformidad gramatical. En torno al porvenir de la lengua española", *Revista de Filología Española*, vol. 80, 201-214.

LÓPEZ CHÁVEZ, Juan y Carlos Strassburger. 1991. "Otro cálculo del índice de disponibilidad léxica", en *Presente y pasado de la investigación computacional en México. Actas del IV Simposio de la Asociación Mexicana de Lingüística Aplicada.*

López García, Ángel. 1985. *El rumor de los desarraigados. Conflicto de lenguas en la Península Ibérica.*

———. 2000. "El significado de Brasil para la suerte del idioma español", *Anuario Brasileño de Estudios Lingüísticos*, 129-143.

———. 2005. "El avance del español americano dentro de sus fronteras: ideología y sociolingüística", en *Homenaje a Wolf Dietrich*. Frankfurt: Vervuert.

———. 2007. *El boom de la lengua española. Análisis ideológico de un proceso expansivo*. Madrid: Biblioteca Nueva.

———. 2009. *La lengua común en la España plurilingüe. Lengua y sociedad en el Mundo Hispánico*. Madrid: Vervuert-Hispanoamericana.

López Morales, Humberto. 1967. "Elementos leones en la lengua del teatro pastoril de los siglos XV y XVI", en *Actas del II Congreso Internacional de Hispanistas*, 411-419.

———. 1971. "Indigenismos en el español de Cuba", en *Estudios sobre el español de Cuba*. Nueva York: Las Américas Publishing Co, 51-61.

———. 1973. "Hacia un concepto de la sociolingüística.", *Revista/Review Interamericana*, 2, 478-489. Reimpreso en F. Abad, ed. 1978, 101-121 y en *Cuadernos de Lingüística*, México: ALFAL, vol. 5, 27-44.

———. 1976. "¿Es posible una dialectología transformativa?", en ed. H. López Morales, *Actas del III Congreso de la Asociación de Lingüística y Filología de la América Latina*. Río Piedras: Universidad de Puerto Rico, 179-188.

———. ed. 1978. *Corrientes actuales en la dialectología del Caribe hispánico. Actas de un simposio*. Río Piedras: Universidad de Puerto Rico.

———. 1979. *Dialectología y sociolingüística. Temas puertorriqueños*. Madrid: Hispanova de Ediciones.

———. 1980. "Sobre la pretendida existencia y pervivencia del 'criollo' cubano", *Anuario de Letras*, 18, 85-116.

———. 1981. "El estudio de la competencia sociolingüística: los modelos probabilísticos", *Revista Española de Lingüística*, 11, 247-268.

———. 1982. "Nasals in Puerto Rican Spanish", en D. Sankoff y H. Cedergren, eds., *Variation Omnibus*. Montreal: Edmonton Linguistic Research, 105-113.

———. 1983a. *Estratificación social del español de San Juan de Puerto Rico*, México: Universidad Nacional Autónoma de México.

———. 1983b. "Lateralización de /-rr/ en el español de Puerto Rico: sociolectos y estilos", *Philologica Hispaniensia in honorem Manuel Alvar*, vol. 1. Madrid: Gredos, 387-298.

———. 1984. *La enseñanza de la lengua materna. Lingüística para maestros de español*. Madrid: Editorial Player.

———. 1985. "Lingüística y dialectología", *Cuadernos de Filosofía y Letras*, vol. 3, 99-108.

————. 1986. "La sociolingüística en el Caribe hispánico", en J. Moreno de Alba, ed., *Actas del II Congreso Internacional sobre el Español de América*. México: Universidad Nacional Autónoma de México, 46-65.

————. 1987. "Anglicismos léxicos en el habla culta de San Juan de Puerto Rico", *Lingüística Española Actual*, 9, 285-303.

————. 1991. "Muestra de léxico panantillano: el cuerpo humano", en *Investigaciones léxicas sobre el español antillano*. Santiago de los Caballeros: Pontificia Universidad Católica Madre y Maestra, 45-80.

————. 1992. *El español del Caribe*. Madrid: MAPFRE.

————. 1993-1994. "Precisiones sobre el concepto de competencia sociolingüística", *Boletín de Filología* [de la Universidad de Chile], 34, 257-270.

————. 1995a. "América en el Diccionario de la Real Academia Española: de la edición de 1992 a la de 2001. Índices de mortandad léxica", en M. T. Fuertes Morán y R. O. Werner, eds., *Diccionarios: textos con pasado y futuro*. Frankfurt-Madrid: Iberoamericana-Vervuert, 65-73.

————. 1995b. "/s/ final dominicana: cuestiones teóricas", en *Homenaje a Félix Monge. Estudios de lingüística hispánica*. Madrid: Gredos, 282-292.

————. 1996. "Marginación lingüística en Hispanoamérica", *Lexis*, vol. 20, 421-426.

————. 1997. "Papel del nivel sociocultural y del estilo lingüístico en el uso del eufemismo", en Moreno Fernández 1977, 27-35.

————. 1999. "Problemas de cohesión discursiva en la enseñanza de lenguas", en *Las lenguas de la Europa comunitaria, III*. Ámsterdam-Atlanta: Diálogos Hispánicos 23, 223-235.

————. 2000. "Los estudios lingüísticos en Rio Piedras", *Revista de Estudios Hispánicos*, 27, 149-157.

————. 2001. "Syntactic Variation, Revisited", en Fontana, McNly, Turell y Vallduví, eds., *Proceedings of the First International Conference on Language Variation in Europe*. Barcelona: Universitat Pompeu Fabra, 141-151.

————. 2003. *Los cubanos de Miami*. Miami: Universal.

LÓPEZ, L. 1983. *A sociolinguistic analysis of /s/ variation in Honduran Spanish* (Tesis Doctoral). Minesota: University of Minesota.

LÓPEZ, Brenda de. 1993. *Lenguaje fronterizo en obras de autores uruguayos*, 2ª ed. Montevideo: Nordan Comunidad.

LOZANO, Irene. 2005. *Lenguas en guerra*. Madrid: Espasa Calpe.

LYNCH, Andrew y Carol Klee. 2003. "Estudio comparativo de actitudes hacia el español en los Estados Unidos: educación, política y entorno social", *Lingüística Española Actual*, vol. 27, 273-300.

MALKIEL, Yakov. 1968. "Hispanic Philology", en T. Sebeok, ed., *Spanish America and Caribbean Linguistics*, vol. IV, *Current Trends in Linguistics*. La Haya-París: Mouton, 158-228.

MARAVALL, José Antonio. 1964. *El concepto de España en la Edad Media*. Madrid: Instituto de Estudios Políticos.

———. 1974. "Notas sobre el origen de 'español'", en *Studia Hispanica in honorem Rafael Lapesa*, II. Madrid: Gredos, 343-354.

MARGERY PEÑA, Enrique. 2005. "Las lenguas indígenas en los sistemas educativos de los países hispanoamericanos: problemática y situación actual", en H. Urrutia y T. Fernández Ulloa, eds., *La educación plurilingüe en España y América*. Madrid: Dykinson, 123-140.

MAR-MOLINERO, Clar. 2000. *The Politics of Language in the Spanish Speaking World*. Londres-Nueva York: Routledge.

MARTÍN MUNICIO, Ángel, ed. 2003. *El valor económico de la lengua española*. Madrid: Espasa.

MARTINELL GIFRE, Emma. 1988. *Aspectos lingüísticos del descubrimiento y la conquista*. Madrid: Consejo Superior de Investigaciones Científicas.

———. 1992. *La comunicación entre españoles e indios: palabras y gestos*. Madrid: MAPFRE.

MARTÍNEZ SHAW, Carlos. 2004. "La España moderna (1474-1700)", en Rafael Cano, ed., *Historia de la lengua española*. Barcelona: Ariel, 659-680.

MAYOR MARSÁN, Maricel, ed. 2005. *Español o espanglish. ¿Cuál es el futuro de nuestra lengua en los Estados Unidos?*, 2ª ed. Miami: Ediciones Baquiana.

MENÉNDEZ PELAYO, Marcelino. 1942. "De los historiadores de Colón", en *Estudios y discursos de crítica histórica y literaria*, en *Obras Completas*, vol. VII. Santander: Aldus.

MENÉNDEZ PIDAL, Ramón. 1904. *Manual elemental de gramática histórica española*. Madrid: Viuda e hijos de Tello.

———. 1919. *Documentos lingüísticos de España*, l. Madrid.

———. 1940. "La lengua de Cristóbal Colón". *Bulletin Hispanique*, vol. 42, 5-28.

———. 1950. *Orígenes del español*, 3ª ed. Madrid: Espasa-Calpe.

MERCHÁN, Rafael María. 1977. "Estalagmitas del lenguaje", en G. Alonso y Á. L. Fernández, eds., *Antología de Lingüística Cubana*, vol. I. La Habana: Editorial de Ciencias Sociales, 189-211.

MICHELENA, Luis. 1982. "Normalización de la norma escrita de una lengua: el caso del vasco", *Revista de Occidente*, núm. 10-11, 55-75.

———. 1983. "La langue vasque", en *Etre basque*. Tollousse.

MILANI, Virgil I. 1973. *The Witten Language of Christopher Columbus*. Buffalo: State University of New York at Buffalo.

MOLINERO, Leticia. 2009. "El español en los Estados Unidos", *Academia Norteamericana de la Legua Española*, Seminario realizado el 2 de abril.

MONDÉJAR, José. 1979. "'Castellano' y 'español', dos nombres para una lengua", en *Curso de estudios hispánicos*. Granada: Universidad de Granada.

MONTANILLO MERINO, Enrique y María Isabel Riesgo. 1990. *Teleperversión de la lengua*. Barcelona: Anthropos Hombre.

MONTES, José Joaquín. 1962. "Sobre el habla de San Basilio de Palenque", *Thesaurus. Boletín del Instituto Caro y Cuervo*, 17, 446-450.

MORALA, José. 2005. "Del leonés al castellano", en R. Cano, ed., *Historia de la Lengua Española*. Barcelona: Ariel, 555-569.

MORALES, Amparo, ed. 1980. *Actas del VII Simposio de Dialectología del Caribe Hispánico*, número especial del Boletín de la Academia Puertorriqueña de la Lengua Española, vol. 8, núm. 2.

———. 1986. *Léxico básico del español de Puerto Rico*. San Juan: Academia Puertorriqueña de la Lengua Española.

———. 2001. "Convivencia de español e inglés en Puerto Rico: mitos y realidades", en L. Ortiz, ed., XIX *Congreso del español en los Estados Unidos* (en prensa).

MORALES, Amparo y María Vaquero, eds. 1979. *Actas del III Simposio de Dialectología del Caribe Hispánico, Boletín de la Academia Puertorriqueña de la Lengua Española* [Número especial], vol. 7, núm. 2.

——— eds. 1990. *El habla culta de San Juan. Materiales para su estudio*. San Juan: de la Universidad de Puerto Rico.

MORALES PADRÓN, Francisco. ed. 1986. *Humanismo y cultura y Descubrimiento de América*. Madrid: Colegio Mayor Zurbarán.

MORENO DE ALBA, José G. 1978. *Unidad y variedad del español en América*. México: Universidad Nacional Autónoma de México.

———. 1992a. *Diferencias léxicas entre España y América*. Madrid: MAPFRE.

———. 1992b. "Léxico de las capitales hispanoamericanas. Propuesta de zonas dialectales", *Nueva Revista de Filología Hispánica*, vol. 40, núm. 2, 575-597.

———. 1994. *La pronunciación del español en México*. México: El Colegio de México.

———. 2001. *El español en América*, 3ª ed. corregida y enmendada. México: Fondo de Cultura Económica.

———. 2003. *La lengua española en México*. México: Fondo de Cultura Económica.

——— ed. *Actas del II Congreso Internacional sobre el Español de América*. México: Universidad Nacional Autónoma de México.

MORENO FERNÁNDEZ, Francisco. ed. 1993. *La división dialectal del español de América*. Alcalá de Henares: Universidad de Alcalá.

———. 1996. "Proyecto para el estudio sociolingüístico del español de España y de América (PRESEEA) ", *Lingüística*, 5, 268-271.

———. 2000. "El español de Brasil", en *El español en el Mundo*. Anuario del Instituto Cervantes, 197-227.

———. 2004. "El futuro de la lengua española en los EEUU", *ARI*, núm. 69. Consultado en: www.realinstitutoelcano.org

————. 2005a. "Corpora of Spoken Spanish Language. The representative-ness Issue", en Y. Kawaguchi *et al.*, eds., *Linguistic Informatics. State of the Arte and the Future.* Ámsterdam: John Benjamins, 120-144.

————. 2005b. "Corpus para el estudio del español en su variación geográ-fica y social. El corpus PRESEEA", *Oralia*, 8, 23-139.

————. 2005c. *Historia social de las lenguas de España.* Barcelona: Ariel.

————. 2006a. "Información básica sobre el Proyecto para el estudio socio-lingüístico del español de España y de América. PRESEEA (1996-2010)", *Revista Española de Lingüística*, vol. 36, núm. 3, 85-92.

————. 2006b. "El español en su variedad geográfica y social. Informe sobre el corpus de PRESEEA", en A. Cestero, I. Molina y F. Paredes, eds., *Estudio sociolingüístico del español de España y de América.* Madrid: Arco/Libros, 15-31.

———— ed. 2007. "Spanish in Spain: The Sociolingüistics of Bilingual Areas", *International Journal of the Sociology of Language*, 184.

————. 2008a. "El estudio coordinado de las hablas hispánicas (PILEI-PRE-SEEA), en *Homenaje a Humberto López Morales.* Sevilla: Universidad de Sevilla.

————. 2008b. "La voz 'dialecto' en la historia del español", *Boletín de Filolo-gía de la Universidad de Chile*, 43, 175-204.

————. 2008c. "Caracterización del español patrimonial", en *Enciclopedia del español en los Estados Unidos.* Madrid: Instituto Cervantes-Santillana, 179-199.

————. 2009. "Estudio sociolingüistico de las hablas hispánicas. Noticias de PRESEEA", en Corbella y Dorta, eds., *La investigación dialectal en la actualidad.* Santa Cruz de Tenerife: Agencia Canaria de Investigación-Instituto de Estudios Canarios, 103-117.

———— y Jaime Otero Roth. 2007. *Demografía de la lengua española.* Madrid. Instituto Complutense de Estudios Internacionales. Consultado en: www.icei.com.

————, F. M. Sancho Pascual e I. Moreno Martín de Nicolás. 2007. *El español hablado en las comunidades hispánicas. Informe PRESEEA 2007.* Madrid: Fundación Campus Comillas.

NAVAS SÁNCHEZ-ÉLEZ, María Victoria. 1997. "Transferencias morfológicas del castellano a un dialecto de base portuguesa, el barranqueño", *Revista de Filología Románica*, 13, 253-266.

NEIRA MARTÍNEZ, Jesús. 1976. *El bable: estructura e historia.* Salinas.

————. 1982. *Bables y castellano en Asturias.* Gijón: Silverio Cañada.

————. 1986. "La realidad lingüística de Asturias", en *Mapa lingüístico de la España actual.* Madrid: Fundación Juan March, 61-77.

NETTLE, Daniel. 1999. *Linguistic Diversity.* Oxford: Oxford University Press.

NICHOLS, Madaline W. 1941. *Bibliographical Guide to Material on American Spanish*. Cambride, Massachussetts: Harvard Universitty Press.

ORTIZ, Javier. 2007. "Indígenas protestones", *Público.es*, 20 de diciembre.

OTERO, Jaime. "La lengua española y el sistema lingüístico Asia-Pacífico." *DT*, núm. 2. Consultado en: www.realinstitutoelcano. org

——. 1995. "Una nueva mirada al índice de importancia internacional de las lenguas", en Marqués de Tamarón, ed., *El peso de la lengua española en el mundo*. Valladolid: Universidad de Valladolid-Fundación Duques de Soria, 235-282.

——. 2004. "El español en la universidad estadounidense: las cifras", en *ARI*, núm. 57. Consultado en: www.realinstitutoelcano.org.

——. 2007. "Lengua e inmigración. Aspectos culturales de la inmigración latinoamericana en España", en *Análisis del Real Instituto Elcano*. Consultado en: www.realinstitutoelcano.org.

—— y H. Perdiguero, coord. 2006. *El provenir del español en la sociedad del conocimiento*. Burgos: Fundación Caja de Burgos.

PARIENTE, Ángel. 1968. "Más sobre el étnico español", *Revista de Filología Española*, 59, 1-32.

PIÑA ROSALES, Gerardo. 2009. "Las universidades norteamericanas, departamentos de español, grandes figuras del hispanismo e instituciones culturales", en *Enciclopedia del español en los Estados Unidos*. Madrid: Instituto Cervantes-Santillana, 451-454.

QUESADA PACHECO, Miguel Ángel. 1966. "El español de América Central", en Alvar, coord., *Manual de dialectología hispánica. El español de América*. Barcelona: Ariel, 101-115.

——. 1992a. *Atlas Lingüístico-Etnográfico de Costa Rica. Cuestionario*. San Pedro: Nueva Década.

——. 1992b. "Pequeño Atlas Lingüístico de Costa Rica", *Revista de Filología, Lingüística y Literatura de la Universidad de Costa Rica*, 18, 85-189.

——. 1993. "El Atlas Lingüístico de Costa Rica: un proyecto piloto", en el *Congreso Costarricense de Filología, Lingüística y Literatura*. San José: Oficina de Publicaciones de la Universidad de Costa Rica.

——. 2002. *El español de América*. Cartago, Costa Rica: Tecnológica.

——. 2008a. "De la norma monocéntrica a la norma policéntrica en español. Algunas reflexiones históricas según testimonios y actitudes lingüísticas", en *II Congreso Nacional. "Multiculturalidad y norma policéntrica. Aplicaciones en el aula de ELE*. Consultado en: http://www.educacion.es/redele/Biblioteca2009/anpe/ANPE2008MiguelAngelQuesada.pdf.

——. 2008b. "América Central", en A. Palacios, ed., *El español de América. Contactos lingüísticos en Hispanoamérica*. Barcelona: Ariel, 57-76.

——. 2010. *El español hablado en América Central. Nivel fonético*. Madrid: Iberoamericana Vervuert.

QUILIS, Antonio. 1986. "Entonación dialectal hispánicas", en H. López Morales y M. Vaquero, eds., *Actas del I Congreso Internacional sobre el español de América*. San Juan: Academia Puertorriqueña de la Lengua Española, 117-164.

———. 1989. "Los estudios sobre la lengua española en Filipinas", en *El Extremo Oriente Ibérico*. Madrid. Agencia Española de Cooperación Internacional y Consejo Superior de Investigaciones Científicas, 623-630.

———. 1990. "Notas sobre el español de Belice", *Voz y Letra*, vol 1, 139-147.

———. 1991. "Situación actual del Atlas Lingüístico hispanoamericano", *Lingüística Española Actual*, 13, 269-271.

———. 1992a. "Rasgos generales sobre la lengua española de Ecuador", en *Historia y presente del español de América*. Valladolid, 593-606.

———. 1992b. *La lengua española en cuatro mundos*. Madrid: MAPFRE.

——— y Matilde Graell. 1991. "Datos sobre la lengua española en Panamá", en *El español de América. Actas del III Congreso Internacional de El Español de América*. Valladolid: Junta de Castilla y León, 997-1005.

——— y María José Quilis. 2003. "Datos para la caracterización fonética del español de Bolivia", en F. Moreno Fernández *et al.*, eds., *Lengua, variación y contexto. Estudios dedicados a Humberto López Morales*, Madrid: Arco/Libros, 775-791.

QUILIS, María José. 2002. "Les Académies de la Langue Espagnole", en J. C. Herreras, ed., *La diffusion des langues internationales de l' Union européenne*, vol. II. Lovaina: Cahiers de L'Institut Linguistique de Louvain, 197-199.

RECKERT, Stephen. 1977. *Gil Vicente: espíritu y letra*, Madrid: Gredos.

RIVAROLA, José Luis. 1990. *La formación lingüística de Hispanoamérica*. Lima: Pontificia Universidad Católica del Perú.

———. 2004. "La difusión del español en el Nuevo Mundo", en R. Cano, ed., *Historia de la lengua española*. Barcelona: Ariel, 799-824.

ROCA, Ana, ed. 2000. *Research on Spanish in the United States. Linguistic Issues and Challenges*. Somerville: Cascadilla Press.

ROCA DE TOGORES, Mariano, Marqués de Molins, 1870. "Reseña histórica de la Real Academia Española", en *Memorias*, vol. 1. Madrid: Real Academia Española.

RODRÍGUEZ ALFANO, Lidia. 1996. "La construcción de la crisis en el discurso; funcionamiento ideológico en tres grupos sociales de Monterrey", en L. Rodríguez Alfano y L. Rodríguez Flores, *Lengua y sociedad. Metodologías y análisis aplicados al habla de Monterrey*. México: Trillas, 137-164.

———. 2002a. "Acercamiento teórico crítico al discurso de las mujeres", *Iztapalapa*, 53, 67-82.

———. 2002b. "La argumentación como macro-operación de la lógica natural", *Signos Literarios y Lingüísticos*, 4, 121-150.

————. 2004. *¿Qué opinas con verbos y pronombres? Análisis del discurso de dos grupos sociales de Monterrey.* Monterrey: Universidad Autónoma de Nuevo León.

———— y A. Sauceda Pérez, eds. 1996. *Lengua y sociedad. Metodología y análisis aplicados al habla de Monterrey.* México: Trillas.

RODRÍGUEZ BOU, Ismael. 1952. *Recuento del vocabulario de Puerto Rico.* Río Piedras: Consejo Superior de Enseñanza.

RODRÍGUEZ LOREDO, M. y A. Sauceda Pérez. 1996. "Metáforas coloquiales en *El Habla de Monterrey*", en L. Rodríguez Alfano y L. Rodríguez Flores, *Lengua y sociedad. Metodologías y análisis aplicados al habla de Monterrey.* México: Trillas, 35-64.

RODRÍGUEZ-PONGA, Rafael. 1996. "Islas Marianas", en ed. Alvar, *Manual de dialectología hispánica. El español de América.* Barcelona: Ariel, 244-248.

————. 2000. "La enseñanza de la lengua española en las Islas Marianas", *Cuadernos Cervantes*, 28, 13-18.

ROJO, Guillermo. 1979. *Aproximación a las actitudes lingüísticas del profesorado de EGB en Galicia.* Santiago de Compostela: Universidad de Santiago.

————. 1982. "La situación lingüística gallega", *Revista de Occidente*, Extraordinario II, 93-110.

————. 2007. "El español en la red", *Telos*, núm. 71, abril-junio.

RONA, José Pedro. 1959a. *El "caingusino" : un dialecto mixco hispano-portugués.* Montevideo: Universidad de la República Mimeo.

————.1959b. *El dialecto "fronterizo" del norte del Uruguay.* Montevideo: Publicaciones del Departamento de Lingüística, Universdidad de la República.

————. 1963. "La frontera lingüística entre el portugués y el español en el norte del Uruguay", *Veritas*, 8, 201-221.

————. 1965. *El dialecto "fronterizo" del norte del Uruguay.* Montevideo: Adolfo Linardi.

————. 1966. "The social and cultural status of Guaraní in Paraguay", en W. Bright, ed., *Sociolinguistics: Proceedings of the UCLA Sociolinguistics Conference* [1964]. La Haya-París: Mouton, 277-298.

————. 1970. "A structural view of sociolinguistics", en P. Garvin y M. Mathiot, eds., *Method and Theory in Linguistics*, 199-211. Versión española en P. Garvin y Y. Lastra, eds., 1974. *Antología de estudios de etnolingüística y sociolingüística.* México: Universidad Nacional Autónoma de México, 203-216.

ROSENBLAT, Ángel. 1971. "Base del español de América: nivel social y cultural de los conquistadores y pobladores", *Revista de Indias*, vol. 31, 13-74.

RUBIN, Joan. 1962. "Bilingualism in Paraguay", *Anthropological Linguistics*, vol. 4, núm. 1, 52-58.

————. 1967. "Lenguaje y educación en Paraguay", en *Suplemento Antropológico* de la *Revista del Ateneo Paraguayo*, vol. 2, núm. 2, 401-413.

————. 1968. *National Bilingualism in Paraguay*, La Haya-París: Mouton. [Versión española: *Bilingüismo nacional en Paraguay*. México: Instituto Indigenista Interamericano, 1974.]

————. 1973. "El guaraní dominante y dominado: Una respuesta", *Suplemento Antropológico, Revista del Centro de Estudios Antropológicos de la Universidad Católica*, vol. 8, núm. 1, 124-131.

————. 1985. "Towards bilingual education for Paraguay", en eds. Alatis, J. E. y J. J. Staczek, *Perspectives on bilingualism and bilingual education*. Washington: Georgetown University Press.

RUIZ MARTÍNEZ, Ana María. 2007. "La Universidad Nacional de Guinea Ecuatorial y la enseñanza del español como lengua extranjera en África", *Enforex. Spanish in the Spanish World*. Consultado en: http://www.cuadernoscervantes.com/art_44_guinea.html

SALVADOR SALVADOR, Francisco.1992. *Léxico del habla culta de Granada*. Granada: Universidad de Granada.

SALVADOR, Gregorio. 1987. *Lengua española y lenguas de España*. Ariel: Barcelona.

————. 1993. "La lengua de los culebrones", en González y Terrón 1993, 101-117.

————. 1995. *Un vehículo para la cohesión lingüística: el español hablado en los culebrones*. Burgos: Caja de Burgos, Aula de Cultura.

SÁNCHEZ, José. 1961. *Academias literarias del Siglo de Oro español*. Madrid: Gredos.

SÁNCHEZ MARTÍNEZ, A. V. 1996. "Algunos aspectos de la descripción de procesos en *El Habla de Monterrey*", en L. Rodríguez Flores y L. Rodríguez Alfano, eds., *Lengua y sociedad. Metodologías y análisis aplicados al habla de Monterrey*, México: Trillas, 121-133.

————. 2002. "Operaciones argumentativas de la descripción de procesos en El Habla de Monterrey", en L. Rodríguez Flores y L. Rodríguez Alfano, eds., *Lengua y sociedad. Metodologías y análisis aplicados al habla de Monterrey*, México: Trillas.

SÁNCHEZ MÉNDEZ, Juan. 2003. *Historia de la Lengua Española en América*. Valencia: Tirant lo Blanch.

SÁNCHEZ-PRIETO BORJA, Pedro. 2005. "La normalización del castellano escrito en el siglo XIII. Los caracteres de la lengua: grafías y fonemas", en R. Cano, coord., *Historia de la Lengua Española*. Barcelona: Ariel, 423-448.

SANTILLO, Mario. 2004. *Balance de las migraciones actuales en América Latina*. Buenos Aires: Centro de Estudios Migratorios Latinoamericano.

SERRANO SÁENZ, Miguel. 1918. "Los amigos y protectores aragoneses de Cristóbal Colón", en *Orígenes de la dominación española en América. Estudios Históricos*, vol 1. Madrid: Casa Bailly-Bailliere (Biblioteca de Autores Españoles).

SIGUÁN, Miguel. 1999. *Conocimiento y uso de las lenguas de España*. Madrid: Centro de Investigaciones Sociológicas.

SILVA CORVALÁN, Carmen. 1992. "Direcciones en los estudios socilingüísticos de la lengua española", *Actas del Congreso de la Lengua Española*. Sevilla: Pabellón de España-Instituto Cervantes-Real Academia Española, 399-415.

——. 1994a. "Direcciones en los estudios sociolingüísticos de la lengua española", en *Direcciones en los estudios sociolingüísticos de la lengua española*. Pabellón de España-Instituto Cervantes-Real Academia Española, 399-415.

——. 1994b. *Language contact and change. Spanish in Los Angeles*. Clarendon: Oxford University Press.

SINNER, Carsten y Andreas Welsch, eds. 2008. *El castellano en las tierras de habla catalana*. Madrid: Lingüística Iberoamericana.

SMORKALOFF, Pamela María. 1987. *Literatura y edición de libros. La cultura literaria y el proceso social en Cuba (1900-1987)*. La Habana: Letras Cubanas.

SOLANO, Francisco de. 1992. *Documentos sobre política lingüística en Hispanoamérica. 1942-1800*. Madrid: Consejo Superior de Investigaciones Científicas, Centro de Estudios Históricos.

——, coord. 1986. *Estudios sobre la abolición de la esclavitud*, Anexos de *Revista de Indias*. Madrid: Consejo Superior de Investigaciones Científicas, Centro de Estudios Históricos.

SOLÉ, Carlos. 1982. "Language loyalty and language attitudes among Cuban Americans", en J. Fishman y G. D. Keller, eds., *Bilingual Education for Hispanic Students in the United States*. Nueva York: Columbia University, 254-268.

STAVANS, Ilan. 2003. *Spanglish. The Making of a Nueva American Language*. Nueva York: Harper-Collins.

TEJERA, María Josefina. 1983. *Diccionario de venezolanismos*. Caracas: Universidad Central de Venezuela.

——. 2003. "La tercera norma del español de América", en *Lengua, variación y contexto. Estudios dedicados a Humberto López Morales*, vol. II. Madrid: Arco/Libros, 455-467.

THUN, Harald y Adolfo Elizaincín. 2000. *Atlas Lingüístico Diatópico y Diastrático del Uruguay* (ADDU). Kiel-Montevideo: Christian-Albrechts-Universität-Universidad de la República.

—— y Almidio Aquino. 1988. "El Atlas Lingüístico Guaraní-Románico (ALGR), un trabajo necesario para actualizar informaciones lingüísticas sobre el español y el guaraní del Paraguay", en *Ñemity*, 36, 8-11.

TORREJÓN, Alfredo. 1991. "El castellano en América en el siglo XIX: creación de una nueva entidad lingüística", en Hernández *et al.*, vol I. Salamanca: Junta de Castilla y León, 361-369.

TOSCANO, Nicolás. 2009. "La Florida y el suroeste americano", en *Enciclopedia del español en los Estados Unidos*. Madrid: Instituto Cervantes-Santillana, 32-55.

VALBUENA PRAT, Ángel. 1953. "En torno al hispanismo de Brasil", en *Anuario Brasileño de Estudios Hispánicos*. Brasilia: Consejería de Educación de Brasil, 11-15.

VALERA, Juan. 1900. "Sobre la duración del habla castellana", en *Obras Completas* (1961), vol. II. Madrid: Aguilar, 1036-1040.

VALLE, José del. 2004. "Lingüística histórica e historia cultural: notas sobre la polémica entre Rufino José Cuervo y Juan Valera", en José del Valle y Luis Gabriel Stheeman, eds., *La batalla del idioma. La intelectualidad hispánica ante la lengua*. Madrid: Vervuert Iberoamericana, 94-107.

————— ed. 2007. *La lengua ¿patria común? Ideas e ideologías del español*. Madrid: Vervuert-Iberoamericana.

————— y Laura Villa. 2007. "La lengua como recurso económico: Español, S.A. y sus operaciones en Brasil", en José del Valle, ed., *La lengua ¿patria común?* Madrid-Frankfurt: Vervuert-Iberoamericana, 97-127.

VALLE, Sandra del. 2003. *Language Rights and the Law in the United States*. Clevedon, Reino Unido: Multilingual Matters.

VIDOS, B. E. 1977. "Contributo ai portughesismi nel Diario di Cristoforo Colombo", *Archiv fur das Studium der neueren Sprachen und Literaturen*, vol. 214, 49-59.

WALLACE, Richard. 1991. "South Florida grows a Latin bent", *Miami Herald*, 6 de marzo, 1A y 22A.

WELLES, Elizabeth B. 2004. "Foreign language enrollments in U. S. State Institutions of Higher Education", *ADFL Bulletin*, vol. 35, 7-26.

WHINNOM. 1968. "The margins of Spanish", conferencia pública dictada en el Instituto de España, Londres.

WILSON, Jack. 1980. "El español de Costa Rica. Estudio fonológico-generativo", *Revista de Filología, Lingüística y Literatura de la Universidad de Costa Rica*, 3-46.

WILSON, Kenneth L. y W. A. Martion. 1982. "Ethnic enclaves: A comparison of the Cuban and Black economies in Miami", *American Journal of Sociology*, vol. 80, 135-160.

WRIGHT, Sue. 2004. *Language Policy and Language Planning: From Nationalism to Globalization*. Nueva York: Palgrave.

ZAMORA VICENTE, Alonso. 1962. *Comedia del Viudo de Gil Vicente*, pról. y notas A. Zamora Vicente. Lisboa. s. p. i.

—————. 1999. *Historia de la Real Academia Española*. Madrid: Espasa-Calpe.

ZENTELLA, Ana Cecilia. 1987. "El habla de los niños bilingües del Barrio de Nueva York", en Humberto López Morales y María Vaquero, eds., *Actas del I Congreso Internacional del español de América*. San Juan: Academia Puertorriqueña de la Lengua Española, 877-888.

II Premio Internacional de Ensayo Isabel Polanco

Acta del jurado

Guadalajara, Jal., a 12 de octubre de 2010

Reunido en la ciudad de Guadalajara, Jal., el jurado de la segunda edición del Premio Internacional de Ensayo Isabel Polanco, presidido por Ricardo Lagos, de Chile, e integrado por Concepción Company Company, de México, quien deliberó por vía telefónica desde la ciudad de Washington en los Estados Unidos de América; José G. Moreno de Alba, de México; Laura Restrepo, de Colombia; Daniel Samper, de España y Colombia y Gonzalo Celorio, de México, quien funge como secretario permanente del galardón, decidió por unanimidad otorgar el premio a

HUMBERTO LÓPEZ MORALES,

quien se presentó al concurso bajo el seudónimo de Hernán Luna, por su trabajo intitulado

LA ANDADURA DEL ESPAÑOL POR EL MUNDO

Las consideraciones del jurado para emitir este veredicto son las que a continuación se exponen:

Se trata de un ensayo académico que aúna al rigor conceptual y metodológico que lo impulsa la amenidad y sencillez de su escritura, lo que permitirá que, una vez editado, el libro pueda ser leído lo mismo por especialistas en la historia y la configuración de la lengua española, que por un público general culto interesado en el tema de nuestro idioma. La obra ofrece una visión completa de la lengua española a lo largo de su historia y a través del vasto territorio en el que se habla, así como de sus variedades diastráticas y de las aportaciones que ha recibido de otras lenguas. Da una imagen espléndida del poderío del español, hoy por hoy la segunda lengua más hablada del mundo y una de las más importantes de comunicación internacional, y de su gran vitalidad, en la que son dignas de mención la unidad, que la fortalece no obstante el alto número de países que la tienen como suya, y la variedad, que tanto la enriquece. Es además, un texto bien escrito, bien organizado, bien presentado, que sabe contener discretamente la erudición que en él subyace en beneficio de una lectura apasionante y grata a propósito de lo que nos define, nos configura y nos comunica: nuestra lengua.

Ricardo Lagos
Presidente

Gonzalo Celorio
Secretario

Concepción Company

Laura Restrepo

José G. Moreno de Alba

Daniel Samper

Taurus es un sello editorial del Grupo Santillana

www.taurus.santillana.es/mundo

Argentina
Av. Leandro N. Alem, 720
C 1001 AAP Buenos Aires
Tel. (54 114) 119 50 00
Fax (54 114) 912 74 40

Bolivia
Calacoto, calle 13, n° 8078
La Paz
Tel. (591 2) 279 22 78
Fax (591 2) 277 10 56

Chile
Dr. Aníbal Ariztía, 1444
Providencia
Santiago de Chile
Tel. (56 2) 384 30 00
Fax (56 2) 384 30 60

Colombia
Calle 80, 10-23
Bogotá
Tel. (57 1) 635 12 00
Fax (57 1) 236 93 82

Costa Rica
La Uruca
Del Edificio de Aviación Civil 200 m al Oeste
San José de Costa Rica
Tel. (506) 22 20 42 42 y 25 20 05 05
Fax (506) 22 20 13 20

Ecuador
Avda. Eloy Alfaro, 33-3470 y Avda. 6 de
Diciembre
Quito
Tel. (593 2) 244 66 56 y 244 21 54
Fax (593 2) 244 87 91

El Salvador
Siemens, 51
Zona Industrial Santa Elena
Antiguo Cuscatlan - La Libertad
Tel. (503) 2 505 89 y 2 289 89 20
Fax (503) 2 278 60 66

España
Torrelaguna, 60
28043 Madrid
Tel. (34 91) 744 90 60
Fax (34 91) 744 92 24

Estados Unidos
2023 N.W. 84th Avenue
Doral, F.L. 33122
Tel. (1 305) 591 95 22 y 591 22 32
Fax (1 305) 591 74 73

Guatemala
7ª Avda. 11-11
Zona 9
Guatemala C.A.
Tel. (502) 24 29 43 00
Fax (502) 24 29 43 43

Honduras
Colonia Tepeyac Contigua a Banco Cuscatlan
Boulevard Juan Pablo, frente al Templo
Adventista 7° Día, Casa 1626
Tegucigalpa
Tel. (504) 239 98 84

México
Avda. Universidad, 767
Colonia del Valle
03100 México D.F.
Tel. (52 5) 554 20 75 30
Fax (52 5) 556 01 10 67

Panamá
Vía Transísmica, Urb. Industrial Orillac,
Calle segunda, local #9
Ciudad de Panamá.
Tel. (507) 261 29 95

Paraguay
Avda. Venezuela, 276,
entre Mariscal López y España
Asunción
Tel./fax (595 21) 213 294 y 214 983

Perú
Avda. Primavera 2160
Surco
Lima 33
Tel. (51 1) 313 4000
Fax (51 1) 313 4001

Puerto Rico
Avda. Roosevelt, 1506
Guaynabo 00968
Puerto Rico
Tel. (1 787) 781 98 00
Fax (1 787) 782 61 49

República Dominicana
Juan Sánchez Ramírez, 9
Gazcue
Santo Domingo R.D.
Tel. (1809) 682 13 82 y 221 08 70
Fax (1809) 689 10 22

Uruguay
Juan Manuel Blanes, 1132
11200 Montevideo
Tel. (598 2) 402 73 42 y 402 72 71
Fax (598 2) 401 51 86

Venezuela
Avda. Rómulo Gallegos
Edificio Zulia, 1° - Sector Monte Cristo
Boleita Norte
Caracas
Tel. (58 212) 235 30 33
Fax (58 212) 239 10 51

Esta obra se terminó de imprimir en octubre de 2010
en los talleres de Litográfica Ingramex, S.A. de C.V.
Centeno 162-1, Col. Granjas Esmeralda
C.P. 09810, México, D.F.